龍谷大学アジア仏教文化研究叢書7

蔵俊撰『仏性論文集』の研究

楠　淳證・船田淳一　編

法藏館

序辞

蔵俊撰『仏性論文集』は、立命館大学アートリサーチセンター所蔵の資料群「藤井永観文庫」の中にある一帖であり、これまで全く知られていなかった新出貴重文献である。早稲田大学のニールス・グュルベルク氏が初めてその存在に目を留め、氏より情報を得た編集者の一人である船田淳一がごく初歩的な調査を実施した後、楠淳證・船田淳一・野呂靖・村上明也・小野嶋祥雄・吉田慈順の六名で共同研究を行なうことになった。

本帖『仏性論文集』の作者である菩提院蔵俊（一一〇四―一一八〇）は、平安末期の著名な唯識学匠であったが、現存する著書の数は少なく、僅かに『第六巻菩提院抄』『法相宗章疏目録』『法華玄賛文集』（巻八〇・八六・八九・九〇のみ）の三書が伝えられる他は、数点の短釈が残されているにすぎない。そのような中、本帖は新規に発見された極めて貴重な書籍といってよく、本帖を解明することによって蔵俊教学はもちろんのこと、世親（四〇〇―四八〇年頃）の『仏性論』研究にも大きな一石を投じるものと期待される。

繕写させた人物は、蔵俊の法孫であった解脱房貞慶（一一五五―一二一三）である。その奥書によれば、本来は一部十二巻の大著であったが、貞慶が入手した折りには第四巻もしくは全十二巻の内の四巻分が欠落した状態にあったという。さらに現存写本は抄出本であり、全四十八丁しか残されていない。また、抄出本であったためか題名もなく、表表紙に付された後補題箋に「仏性論」とあるばかりであった。しかし、その内容を検討した結果、本帖は世親の『仏性論』について多角的視野からの検証を行なった勝れた書物であり、ことに現行の『仏性論』が漢訳者の真諦三蔵（四九九―五六九）によって改変されたものであると主張している点に大きな特色を有する書物であることが明らかとなった。題名不詳の書物ではあったが、証文を集録しながら論証していく撰述スタイルが蔵俊撰『法華玄賛文集』と軌を一にするものであったので、我々の研究グループでは、この書を仮に『仏性論文集』と称することにした。また、一部十二巻の書を「原書」、全四十八丁の抄出本を「本帖」と呼ぶことにし、楠・船田・野呂・村上・小野嶋・吉田の六名で分担し、翻刻読解研究を行なうことにした（煩雑な文書整理は一貫して村上が担当した）。したがって、本研究書は単なる文献の翻刻紹介ではなく、第一部総論はもちろんのこと、第二部の翻刻読解研究においてもまた、各自の研究成果を反映した「論稿」スタイルがとられている。

注目すべきは、本帖に集録される書籍である。本帖には、神昉撰『種姓差別集』、徳一撰『教授末学章』『中辺義鏡章』『法相了義灯』、源信撰『一乗要決』の「奥記」、著者不明『天台宗要義』等の散逸文献が多々集録されており、きわめて貴重である。また、徳一撰『教授末学章』『中辺義鏡章』『法相了義灯』は、最澄との間でなされた一三権実論争の折りに執筆された未確認文献と考えられるから、従来の一三権実論争研究に対しても一石を投じる貴重な文献であるといってよい。かかる文献を世に紹介する機会を得られたことは、研究者として望外の喜びである。

なお、本研究書の発刊にあたっては、龍谷大学世界仏教文化研究センター並びに龍谷大学アジア仏教文化研究センターの格段の助成を受けた。ここに篤く謝意を表する次第である。

平成三十一年二月二十五日

楠　淳證　識す

蔵俊撰『仏性論文集』の研究＊目　次

凡例

一、本研究書は、蔵俊撰述・貞慶繕写という奥書を有し、「仏性論」というタイトル（表表紙に付された後補題簽）で伝わってきた聖教の【翻刻】【訓読】【註記】【解説】と研究論文からなる。ただしこれは仮タイトルであり、本文の形態からは同じく蔵俊の著作である『法華玄賛文集』に近いものと判断できることに鑑み、『仏性論文集』という、より正確性を期した仮タイトルを新たに考案した。以下、全てこの書名で記述していく。

一、『仏性論文集』は奥書によれば、本来は一部十二巻からなるものである。しかし、現存するものは全四十八丁からなる一帖のみであり、全体の一部（抄出本）に過ぎない。よって以下、蔵俊原撰の一部十二巻の著作を「原書」、このたび本研究書で翻刻紹介する抄出本を「本帖」と称することにした。

一、底本は、立命館大学アートリサーチセンターの藤井永観文庫所蔵本（請求記号はEIK2-0-10）であるが、現在のところ、これ以外の写本や版本の存在を確認できておらず、対校作業は不可能な状況である。

一、翻刻は以下の要領で行なった。

・旧字体はそのまま翻刻した。

・異体字や略字は、原則として通行の字体に改めた。ただし「證」と「証」は異体字や略字の関係ではなく本来別字であるが、一般的に使用頻度の高い「証」に統一したなど、一部に例外もある。

・仏教用語の特殊な省略体も、正式な表記に改めた。

・虫損等で判読不能の文字は■とし、前後の文脈から判断して補える場合は文字囲いを付して表示した。

一、訓読は以下の要領で行なった。

・訓読文は原則として常用漢字・現代仮名遣いを用いた。

・出来るだけ原文の漢字を残す方針を採った。ゆえに原文の「也」もそのまま残るかたちとなっているが、終尾辞の「なり」を補って訓んだ場合には、平仮名の「なり」と表記し、区別した。

・訓読文は、原本通りの追い込みとはせず、文脈を重視して、適宜改行を行なっている。

・経典などの書名には、悉く『　』を付した。

・経論疏などからの引用文は、「　」で括った。また、「　」のなかに再度引用や他師の説などがある場合は、出来るだけ以下のような順序で括弧を使い、区別した。

「〈《［］》〉」

・原文が「ユカ」「サハタ」など片仮名表記の場合、漢字の「瑜伽」「薩婆多」等に改めた。

・難解であると判断した漢字や熟語にはルビを付した。

一、本研究書は、『仏性論文集』研究会による共同研究の成果であるから、【翻刻】【訓読】【註記】は原則として全体の統一性を意識して作成したが、細部においては厳密なルールを定めず、各執筆者の判断に任せた。特に【解説】については、研究会メンバーの個別的研究成果（論稿）となるので、形式よりも個人の特色を活かせるよう配慮した。

一、本研究書では、章・節ごとに執筆者が異なるため、本文中の人物については初出に限らず、適宜その生没年を（　）内に付した。また暦年は和漢暦で示し、（　）に西暦を併記するよう努めた。

一、使用テキストの略号は、次のようにした。

大正＝『大正新脩大蔵経』（大蔵出版）

新版日蔵＝『増補改訂日本大蔵経』（鈴木学術財団）

新纂続蔵＝『新纂大日本続蔵経』（国書刊行会）

仏全＝『大日本仏教全書』（仏書刊行会）

伝全＝『伝教大師全集』（日本仏書刊行会）

恵全＝『恵心僧都全集』（思文閣出版）

新全集＝『新編日本古典文学全集』（小学館）

新導本＝『新導成唯識論』（法隆寺）

続天＝『続天台宗全書』（春秋社）

一、引用箇所を示す場合は、前項の略称を用い、次のような表記で統一した。

【例】

大正一二・六一九中（『大正新脩大蔵経』、第一二巻、六一九頁、中段を意味する）

新纂続蔵五五・六七六下（『新纂大日本続蔵経』、第五五巻、六七六頁、下段を意味する）

蔵俊撰『仏性論文集』の研究

第一部　総論

第一章　蔵俊撰『仏性論文集』の書誌解題と歴史的位相

第一節　本帖の題名と奥書の検証

本研究書において紹介する『仏性論文集』は、立命館大学アートリサーチセンター所蔵の資料群「藤井永観文庫」の中の一帖である。従来紹介されたことのない新出資料であり、蔵俊撰述・貞慶書写という。

藤井永観文庫は、美術品のコレクターであった立命館大学文学部出身の故藤井孝昭氏（一九一三―一九八三）が生涯に亘って蒐集したコレクション四百二十点余を収蔵する文庫である。二〇〇五年以降、立命館大学にコレクション全体が寄贈され、現在に至っている。藤井永観文庫には宗教関係の絵画・図像資料や古典籍が多く収蔵されており、この資料もその中の一点であるが、いかなる経緯で藤井氏の所蔵に帰したかは不詳である。

この一帖は、実は欠題であり、後補題簽に「仏性論」と記されてはいるが、本来の題名とは考え難い。冒頭に「『仏性論』の第一に云わく」とあるように、世親菩薩（ヴァスバンドゥ／四〇〇―四八〇年頃）造・真諦三蔵（パラマールタ／四九九―五六九）訳の『仏性論』の文を引いて検証を始めているため、便宜的にそう命名されたように思われる。むろん何らかのタイトルが備わっていたはずだが、当初の表表紙が失われている。そのため失名となったのだろう。現状では他に伝本が確認できておらず、天下の孤本と考えられるので、本来のタイトルについては不詳と言う他はない。ただ後に編者の一人である楠淳證が指摘するように、蔵俊の著作である『法華玄賛文集』との本文形態上の共通点が窺えることから、本研究書のタイトルにおいては、世親の『仏性論』との混乱を避けるため、仮に『仏性論文集』の名称を用いることにした。

さて奥書によれば、院政期興福寺の大学匠たる蔵俊（一一〇四―一一八〇）の撰述、その法孫でこれまた蔵俊以上に著名な貞慶（一一五五―一二一三）の書写になるものというから、[1]誠に貴重な資料である。しかし、「蔵俊撰・貞慶写とは事実か」という疑義も存するであろう。根本的な問題である真偽の判定も含めて、この資料の成立過程を考える場合、先ずは奥書の内容に注目せねばならない。以下に、訓読文で掲載する。

> 此の書一部は、故道南房僧都蔵俊の抄書せ被らるる所也。誠に是れ中辺を照らす明日、金石を択ぶの要、道を示すの亀鏡なり。何を以てか旃変を加えん。治承第五の歳、中春上旬の候、図らずも十二巻を伝得す。大いに以て伏膺し、忽ちに繕写せんと企つ。潤二月五日、馳翰已に了わる。但、惜しむらくは四巻欠闕して一篇の備わらざることを。寺塔は空しく灰煙の藉と為り、併《しかしながら》煙雲と化す。今、法滅の期に当たり、適《たまたま》恵命の縷を得、悲喜の腸、一時に九廻す。仍て且つは興隆の為、自ずから筆毫を尽くし、下尽の功を廻らして、上生の因に資せんのみ。
>
> 興福寺沙門　釈貞慶
>
> （本研究書三九九頁）

このように平家による南都焼き討ち直後の、正に余燼くすぶる「法滅」的な状況の中、「誠に是れ中辺を照らす明日、金石を択ぶの要、道を示すの亀鏡なり」という程、高い教学的価値を有する書物が、仏法再興を強く志向する貞慶によって、一か月程で書写されたことが明らかとなる。よってこの貞慶の書写奥書は臨場感の溢れるドキュメントと言えよう。

ただしこの貞慶書写奥書の解釈は難しい。元来の巻数は一部十二巻とされており、しかも第四巻あるいは全十二巻の内の四巻分が欠落しているとのことである。一部十二巻となれば（これを「原書」と呼んでおく）、仮に四巻分が欠落しても八巻分が残ることになる。単純に考えれば、全四十八丁からなる一冊（これを「本帖」と呼んでおく）の現存形態とは大きく齟齬するのである。ここに奥書の問題点が存する。

第二節　『仏性論文集』の成立に関する検証——貞慶自筆写本であるか否か——

先ず簡単に本帖の書誌事項を記載する。本帖は綴葉装（三括）である。全四十八丁からなるもので、しっかりとした装丁がなされている。法量は縦二十七・五センチ、横十七・二センチで、比較的大振りの本である。幕末頃に修補されたと思しく、後補された表表紙はこの時のものであろう。また本来の表見返し紙は、八ミリを残した十六・四センチで切り取られ、上下逆にした形で裏表紙に転用されている。なおアートリサーチセンターの所蔵となった折にも修復が加えられたとのことである。虫損箇所もあるが、保存状態は比較的良好と言える。料紙は楮紙の打紙が使用されており、斐紙のように滑らかで高級感がある。アートリサーチセンターで本帖を具に実見した際、数丁分の料紙に透過光を当てて見た所、どの丁にも繊維の塊が複数個確認できた。近世以降の紙は、現在も行なわれている「流し漉き」で製造されるため繊維に塊が無く均等である。つまり本帖の料紙は「溜め漉き」なのである。

そのことからすれば、本帖の成立は中世にまで遡及させることが可能であり、さらに厳密にいえば、その漉き方は鎌倉時代風の溜め漉きであると言える。(2)そしてもう一点、先述のように本帖は綴葉装であるが、その閉じ穴は錐で開けたものである。近世以降では閉じ穴を小刀で開けるため、ここからも本帖の成立を中世に遡及させることができるのである。

さて、奥書の記述と現存形態が齟齬を来すという問題についてだが、本帖の素性・来歴を疑うならば、中世に多く作成されたいわゆる「偽書」（仮託書）の類である、という推測が有り得るだろう。密教の秘伝書や本覚思想文献、中世神道書は言うに及ばず、鎌倉新仏教の祖師の作とされるものにも偽書は少なくないのである（特に日蓮遺文に顕著）。近年そうした偽書への、近代的文献学からする否定的な位置づけを改め、中世宗教における思想表現の問題として正当に評価する成果が現れてきている。(3)法相宗の興福寺においても、『教授末学章』といった前代未聞の徳一著作からの引文を含み、蔵俊や貞慶の名を奥書に持つ偽書が、両者の没後の鎌倉時代のある時期に生成していたというのであれば、それ自体が実に興味深い考察対象となるだろう。そして偽書であるならば十二巻も存在したという書写奥書についても、その整合的理解にさほど拘る必要はなくなってこよう。

だが性急に偽書・仮託書と見做さず、こう考えてみてはどうか。つまり本帖を、本書全体（一部十二巻）のごく一部のみの写本、すなわち抄出本と推定するのである。具体的に言うと、ひとたび平安末期（治承五年）に、貞慶によって書写された一部十二巻（第四巻或いは四巻分が欠落）の書籍を、貞慶没後の鎌倉時代のある時期に、貞慶の学統に連なる興福寺僧が一部分のみ抄出したものが本帖であるというように想定するのである。全十二巻存在したとすれば、全編が仏性をめぐる議論ではなかった可能性も考慮される。ある巻では、成仏には無限に近い時間を要するという法相宗の厳格な伝統的修道論として知られる「三祇成道」をめぐる議論が展開されていたのかも知れない。仏性ということを中軸として、そこから派生する諸問題として、内容が成仏論に及んだとしても、さして不自然ではなかろう。もし『仏性論文集』といったタイトルの下に、そのように多様な巻が存在したと想定するならば、例えば鎌倉中期頃のある学僧が寺内の論義法会への出仕を控えており、差し当たって必要となる部分として本帖のみを書写し、「此の書一部は、故道南房僧都蔵俊の抄書せ被らるる所也……」という元来の一部十二巻（『仏性論文集』の原書）に付された貞慶の書写奥書を転記し、自らの書写奥書を新たに付すことはしなかったというような筋書きが成り立つ。(4)

またこの貞慶書写奥書からすれば、蔵俊の自筆本（原撰本）には、蔵俊自身の本奥書が備わっていなかったと考えられる。そのため貞慶は書写奥書において、本書が蔵俊撰であることを明示し、「中辺を照らす明日……」という高評価を与えて、その業績の顕彰を期したように思う。(5)少なくとも本研究会は、「蔵俊撰・貞慶写」という奥書の記述に即して、『仏性論文集』の教学的な特質や、議論の内実を分析してきたのであり、本研究書はその成果なのである。門外漢である筆者が書誌学的に論じられることは極めて少ない。むしろ仏教学の視座からの思想分析を通して、本帖の蔵俊撰述説（偽書ではないこと）は首肯されるものと考える。詳しくは楠淳證による第一部第二章の論稿を参照されたい。ちなみに貞慶に関わる著作は最近でも新たに発見されている。国際仏教学大学院大学によって興聖寺（京都市）の所蔵する一切経が調査されたのだが、この一切経は貞慶ゆかりの海住山寺旧蔵であり、一切経に付随して興聖寺に伝来した無題の短編が見出されたのである。内容は「五重唯識観」に関わるもので、貞慶晩年の談義を弟子が筆記したと考えられて貴重である。(6)このように蔵俊・貞慶にまつわる新資料は、今なお出現しているのであり、今後の研究に資することが期待される。

さて、本帖の表表紙の後補題箋には治承五年（一一八一）に貞慶が書写した情報も明記されているが、この部分もまた奥書と同様、貞慶写本から抜き出して記載したものと考えられる。そして先述のように、本帖『仏性論文集』は「貞慶写本」そのものではなく、その後の転写本である。なぜならば、本帖内に複数の筆跡が明確に認められるからである。例えば一丁表の一行目から一丁裏最後の行までが一筆であり、二丁表からはすぐさま別人の筆に変わっている。そして七丁裏からはまた筆が変わり、二十七丁表の二行目まで続くが、この筆は冒頭の一丁表・裏の筆と同じであろう。二十七丁三行目からの筆は、三十丁表の最後の行までである。三十丁裏一行目から同七行目まで（『仏性論』の品名一覧）が短いものの一筆と見え、同八行目から、また筆が変わるようである。これ以降は概して同筆のように見えるが、まだ別筆が含まれているかとも思われる。ともあれ、①蔵俊自筆本（原撰本）→②貞慶書写本→③本帖という流れが想定されるので、少なく見積もっても本帖は、第二段階の写本であると結論付けられる。

本帖を貞慶が書写した一部十二巻を元とする、その抄出本と見ることについて、さらに付言しておくならば、奥書の位置にも注意すべきものがある。恐らく一部十二巻の蔵俊著作は、本帖の文末以降も、仏性を巡る議論か、或いは「三祇成道」など別の議論が続いたものと思われる。もし仮に、本帖末尾が元来の一部十二巻の書籍（『仏性論文集』の原書）の末尾でもあったならば、貞慶奥書も、二行目以降に充分なスペースの確保された四十八丁表に、そのままの流れで書き込んで収めてしまえば良いはずだからである。わざわざ丁を改めて奥書のみを別に書写しているることは、この先も継続する蔵俊原本に本来ある議論を一度、ここで区切るという意識に基づいているからであろう。そして奥書を謹厳な字体で強調するかの如くに大書してあることも、この奥書自体を尊重し、本帖の本文と等価の作品であるかのように扱っていることを感じさせる。これも貞慶の学統に連なる僧侶の意識の現れと見るべきである。

第三節　『仏性論文集』の問題点

さて次に本帖の本文の問題や書写の在り方について述べたい。先ず本帖は経論等からの引文を集成し、その間に蔵俊の自釈を挿入した書物である。要文集に近い本文構成であり、よく知られた親鸞の『顕浄土真実教行証文類』や、神道における度会家行の『類聚神祇本源』なども基本的には同様であるが、本帖の本文は聊か状態的に未整理であるようにも感じられる。[7]天台教義への批判的姿勢と法相教義の正統化という志向は明瞭であるし、先述のように貞慶の書写奥書も本書を称賛するが、本帖を見る限り、一部十二巻の蔵俊著作は、法相論義のための書物の草稿本と評すべきもののようであり、充分に完成された教義書とは少しく異なる作であるように見受けられる。

さて、草稿本（あるいは中書本）であったためか、本帖には「事書き」等による章段構成は一切明示されていない。ただし明らかに内容的に前後半で二分割することは可能と判断される。ひとまず前半は三十丁表の最終行まで、後半は三十丁裏の一行目からと思われる。前半は「五姓各別」を正義とする法相宗の祖師の一人であるはずの世親（天親）が、「悉有仏性」を説く『仏性論』を著したという矛盾を問題視し、『仏性論』翻訳の際に真諦が悉有仏性説を混入させたものとして批判し、そのような翻訳上の難点を抱えた『仏性論』は、世親の真意を反映していないので、依用するに足らざるものであることを論じる点に主眼がある。[8]そして後半は、おおむね「五姓各別」と「悉有仏性」との思想対立を『法華経』理解に即して詳しく論じ、天台教学を批判し法相教学の正統性を主張するという展開であると概括できる。

ただしこの後半冒頭の部分に問題点が認められる。三十丁裏は一行目から七行目までが『仏性論』の品名一覧であり、八行目から「第二巻三因品文復次仏性躰有三種三性所摂義應知三」とあるように『仏性論』第二巻「三因品」の一文を引いて、そこから議論が展開しているようだが、後掲の野呂靖・村上明也の両論稿が述べるように、ここには錯簡があり、三十一丁表「458知地又云汝等所行是菩薩道」には直結できない。三十一丁表・裏は錯簡箇所であるから、これを飛ばすと三十二丁表の「476答若以多分ニ為其宗者翻大般若六百巻ニ」に、形式上は繫がるものの、実際には文章上、ここにも直結できないのである。

ともあれ、この『仏性論』品名一覧は実に唐突に現れた感じではあるが、「第二巻三因品文復次仏性躰有三種三性所摂義應知三」という『仏性論』引用の前提をなしているのであろうか。恐らく三十丁裏一行目「450佛性論世親菩薩造真諦訳此論一部四巻四分十七品……」の以前に欠落があるものと想定され、三十丁裏の全八行は何らかの典籍の引用文であったかと思われる。

錯簡箇所を飛ばして形式上それに続く、三十二丁表の「476答若以多分ニ為其宗者翻大般若六百巻ニ」は、「答う」とあるように問答体の議論であるから、この前に「問う」が本来ならなくてはならず、ここにも欠落があることは容易に看取されるが、この部分の終わりは三十二丁裏一行目の「玄奘所宗正是一乗仏性也云々」であるに相違ない。内容的に天台側の主張であることは明白であり、法相宗の玄奘の真意が悉有仏性にあったとして文が終わっている。「云々」とあることからも、当然ここは引用文である。何らかの天台系聖教からの引用文なのであるが、三十丁裏との関係は明確にし得ないままである。このような錯簡や欠落といった問題点が本帖には存するのであるが、これがどの段階で生じたものかは不詳である。

この他、本帖には本文の中に削除記号と思しきものが確認され[9]、また書写者によっては詳細に訓点を付している。それらは本帖自体もまた、完成形態の清書本ではなく、その前段階にあるためと見られる。字数や行取りの不統一も目立ち、[10] 本文末尾である四十八丁表が、僅か二行のみで余白を多く残して終わることなども、やはり不自然に感じられる。例えば一続きの巻子本を、既に仮綴じされている冊子本へと書写してゆく際に分量の目測を厳密に行なわないと、こうした不備が生じるが、[11] それも本帖が清書本でないことを示唆しよう。当然のことだが、綴葉装とは両面書写のノート形式なのであるから、一紙ずつ書写してから最後に綴じるなどということは有り得ない。巻子本から綴葉装の冊子本に書き写すには、事前に親本の文字数・行数を勘案し、丁数を決めて冊子を綴じてから作業に移るのである。仮にそう考えるならば貞慶書写本は、巻子形態として存在していたということになり、貞慶以降に一部十二巻の蔵俊著作から、いわば本帖『仏性論文集』を冊子本形態で抄出した（換言すれば新たな文献として〈再生〉させた）学僧グループは、この次の段階としてより正確・厳密な清書本の作成を目指していたように思われる。[12] その際には、問題の錯簡・欠落等も訂正・補正されたものと考えられる。

第四節　貞慶による南都復興と本帖の書写

第一項　南都廃滅と若き貞慶の修学

貞慶は治承五年（一一八一）の二月上旬に本書を得て書写を開始し、翌月の閏二月五日に終えている（貞慶二十七歳）。本書は十二巻あったとされ、一部が欠如していたわけだが、奥書に「寺塔は空しく灰燼の藉と為り、併《しかしなが》ら煙雲と化す」とあるように、治承四年十二月の平家による南都焼き討ちの直後のことであるので、焼失したと考えるのが自然だろう。この焼き討ちで興福寺は全焼に近い損害を被ったことが、九条兼実の日記『玉葉』治承五年正月六日条の記事から窺え、「わづかに残るところは角院内の小房と窪院内小房一宇にすぎなかった」[13] とされる。

幸運というべきか、蔵俊はこの南都仏法の危機の直前に世を去ったが、彼の『注進法相宗章疏』に記載された典籍の中で、この時に失われたものも少なくないようであり[14]、正に貞慶が言うように「法滅」と、当時の人々の目には映ったのである。兼実も『玉葉』に、「為レ世為レ民、仏法王法滅盡了歟」「南都湮滅即是破滅仏法」などと書き付け、さらに「不レ異二会昌天子之跡一」と、唐土の会昌の廃仏にも比擬しているが[15]、『教授末学章』や『瑜伽論菩薩地抄』などという従来未聞の文献は、本帖に引用されながら、蔵俊の目録に所見していないという問題を抱えているため[16]、この焼き討ちで失われたものとして片づければ済むという訳には行かない。とはいえ『教授末学章』については、後掲の吉田慈順の解説（第二部第一章第三節）が、その文章構成から犀利な分析を展開しており、引用文以上の実体を有しない偽書（架空の書）と見做すのは早計である[17]。ともかく貞慶は法滅的状況という混迷の中で、ただ悲嘆に暮れるのではなく、早くも仏法興隆のための仏書・聖教の書写作業を開始していたのである。貞慶が期せずして得た本書は深く敬慕する蔵俊の著作であり、先述のようにそれは本帖の思想内容から演繹される所、全体が対天台を強く意識した仏性論争および他の教学的諸論点を含む、一種の仏教要文集の草稿本と評すべきものであったと考えておきたい。

貞慶は南都仏教界復興の旗手であり、その活動は興福寺から笠置山への遁世（一一九三年）以降に本格化する。だが若き日の彼は、興福寺壊滅を目の当たりにし、明確な仏日中興の意識をもって蔵俊本一部十二巻（『仏性論文集』の原書）の書写から、その活動をスタートさせていたと言えよう。すぐさま堂塔復興も開始されるのであるが[18]、聖教類の書写活動は、僅かに焼失を免れた僧房などを拠点に行なわれたものと思われ、堂塔の再建事業よりも迅速に、その功をある程度まで達成することが可能である。このように、この奥書は詳細が定かでない興福寺在住期の若き貞慶の修学＝仏法興行の一コマを伝えていて貴重である。

さらに知られる限り『仏性論文集』は、貞慶が作成、或いは書写した書としては、承安二年（一一七二年・十八歳）の『虚空蔵要文』（法隆寺蔵）に次ぐ二番目に当たる。その奥書によれば、若き日の貞慶は醍醐寺において真言密教を聊か学び、虚空蔵求聞持法を修するに際して収集した要文が同書であるから、その意味では「一部十二巻」の蔵俊著作は、法相教学について貞慶が書写・勉学した文献として、確認し得るものでは最も古いものになる。これに続くのが養和二年（一一八二）の子島真興作『唯識義私記』（個人蔵）の書写と同年（改元して寿永元年）に作成した因明書『四種相違短冊』(19)であるが（二十八歳）、貞慶は十一歳で出家しているので、当然これまでに既に相当量の教義書を読破・書写しているはずである。貞慶はこの「一部十二巻」の蔵俊著作を書写した翌年（一一八二）には興福寺維摩会で研学竪義を勤め、一一八三・一一八四年には法勝寺御八講に聴衆として参加、一一八六年には興福寺維摩会で講師を、一一八七年には法勝寺御八講で講師を、さらに一一八九年には仙洞最勝講で講師を勤仕している。その後も国家的法会への出仕が続き、三会已講となり僧綱への昇進が可能となるが、ここでドロップアウトする。(20)

『唯識義私記』の奥書によれば、維摩会の研学竪義となったために仲間と共に書写を行ない、全六巻の内、自身は第一巻を書写したといい、最後に「資㆓上生之業因㆒」「興福寺沙門貞慶」と弥勒浄土への上生信仰を表明しているが、(21)これは「資㆓上生之因㆒」「興福寺沙門貞慶」とする『仏性論文集』にも通じ、この弥勒信仰が後に彼の笠置遁世に繋がってゆく。治承五年における一部十二巻の蔵俊著作の書写もまた、法滅的状況の中でも、遠からぬ論義法会への出仕に備えて励んだ修学の一端であったはずであり、顕密仏教にとって寺院における仏事・法会の存続とは、仏法それ自体の存続に等しい意味を持つのである。末法思想が喧伝された十一・十二世紀は、同時に仏法中興が叫ばれた時代であり、一例として南都ではないが、貞慶とほぼ時代が重なる叡山天台の大学匠として著名な宝地房証真（一一三一―一二二〇の間におさまる学僧）[22]が建久元年（一一九〇）に法華会（霜月会）の広学竪義探題を勤仕した際の表白にも、「豈不㆓仏日再中㆒乎」[23]と見えることのみ紹介しておく。[24]法滅的状況であればこそ、仏事・法会を断絶させることなく勤修することが、仏法興隆の方途として要請されるのであり、そのための基盤こそが学侶の弛まぬ研学に他ならないのである。

第二項　蔵俊（平安）から貞慶（鎌倉）へ――法相教学の継承――

原書を蔵俊がいつ頃、著したかは不明と言わざるを得ないが、院政期にこうした「対天台教学」ということを強く意識した聖教が作成された背景についても、少しばかりここで考えを巡らせておきたい。

天台と法相が日本においても、平安初期の最澄・徳一以来、論争を展開したことは日本仏教史上、周知の事柄に属し、今さら贅言を要しまい。平安中期（摂関期）には、この論争が再燃した。世に謂う「応和の宗論」（九六三年）である。この宗論は後世の伝承において種々に語られるものの、歴史的な実態を把握し難い憾みがあり、天台・法相の双方が自宗の勝利を喧伝している。最澄と徳一の場合のように、決着がつかなかったと見るべきである。[25]もとより客観的かつ明示的な形での決着など付くはずもないのであろうが、ともあれ天台側の代表的論者であった良源の弟子である、源信の主著たる『一乗要決』（一〇〇六年）全三巻は、応和の宗論より実に四十年の月日が経過した晩年に著作されたものではあるが、この宗論における問題意識をよく継承し、悉有仏性説の立場から五姓各別説を詳細に批判してゆく。一方の法相側ではこの時、特に応和の宗論を受けた教義書を撰述する者はいなかったが、教義対立の構図は温存されていた。そして、『一乗要決』に遅れて院政期になって、法相側から天台への批判姿勢を再度示した学僧が出た。それが他ならぬ蔵俊であったと言ってよいのである。

院政期における天台と法相の対立構図について考える時、争点の一つとして因明の問題を挙げることができる。元来、因明は唯識学の論証式として用いられたので、法相宗では因明学を重んじている。蔵俊はその碩学・大家であって、慈恩大師基の『因明大疏』の注釈書たる『因明大疏抄』や『唯識比量抄』などを著しており、俗人でありながら藤原頼長が蔵俊に師事して因明を教授されたことは、頼長の日記『台記』に記されるところである。そして、貞慶も先述した興福寺の若き修学時代から笠置遁世後まで生涯に亘って因明を重んじ、晩年に海住山寺にて『明本抄』を撰述している。だがこの因明が天台側からは小乗仏教の学問として貶称されてゆくのである。

天台では最澄が因明を修学しつつも、『守護国界章』にて「三支之量、何顕二法性一」と述べ、因明の三支作法によって法性の理を明かすことはできないと否定的なのである[26]。これを根拠に院政期天台は、因明を重視していた摂関期の良源・源信と異なり、因明を排除してゆく姿勢を強めるのである。延久四年（一〇七二）十月二十五日、後三条天皇御願寺である円宗寺の法華会において、法相の頼信から因明論義を仕掛けられた天台の頼増は、先述の最澄の言を楯に因明論義を拒否したことが知られている。頼増はここでさらに「付レ中我日本国是純大乗根性、猶以不レ尚二毘曇・成実小教一」[27]と述べ、因明は本来、小乗仏教に付属する学問であり、純粋なる大乗仏教国の日本には不必要であると主張する。これが、自己を純大乗の一乗教とし、対する三乗教の法相宗を権大乗として批判する、天台宗の形式化した論法とパラレルなものであることは明らかである[28]。

そして、蔵俊とほぼ同時代の院政期を代表する天台学匠であり、叡山における唱導の大家であった安居院澄憲（一一二六―一二〇三）もまた、法相宗を権大乗と厳しく評するのである。澄憲は他ならぬ貞慶の叔父にも当たるが、その最晩年の建久十年（一一九九・七四歳）に著した『雑念集』に注目したい[29]。同集中の「顕宗学生事」は、三論宗を評するものであり、「未レ窮二仏教源由一、只読二般若一隅一歟」として低く位置づけているが、それでも「但本朝明一折ニ法相玄賓《入唐》一、勒(勤)操僧正挫ニ法相明徳一……」とし、また「勒(勤)操対法表白云、当知三論者祖君之宗、法相者臣子之教也……」(30)とあるように法相宗よりも上位に置いている。そして「法相宗事」では、

至下依ニ深密三時一摂ニ一代教法一、任ニ楞伽五性一、立中无性定性上者、
三論天台同不レ許レ之、就レ中天台一宗殆為ニ讎敵一、
縦雖レ為ニ如来所説菩薩領解一、只是随レ宜所レ立也、
非ニ一代惣摂一（歟）、所謂三時領解是也
縦雖レ為ニ慈尊所説無着解尺一、猶則ニ性相一途一也、
非ニ仏意実義一歟、　所謂定性無性不成仏義是也、
深密楞伽者、猶方等随宜所説也、
法花涅槃者、如来最後之実説也、
何会レ実従レ権通ニ了義一入ニ不可義一哉、
故伝教大師破ニ東土徳溢一、法相明徳重不レ破也、
　源信僧都撰ニ一乗要決一、彼宗碩学見レ之点然也、
況一乗妙典、道俗修レ善堅ニ懺悔一、
世所レ用、
人所レ崇、
此事顕然、

此義極焉也

などと述べている。

完全に整ってはいないものの対句を強く意識した唱導用の文章構成であり[31]、典麗でありながらも同時に畳みかけるように、法相宗への難辞を吐露している。自宗（天台）を法相の最大の論敵として任じ、無仏性・不成仏の衆生の存在を認める法相教学は所詮「一代惣摂」「仏意実義」ではなく、「随ㇾ宜所ㇾ立」「則㆓性相一途㆒」とあるように、方便的教説であり偏ったものでしかないとする。そのような方便説に対し、真実の仏説（法華・涅槃）を正しく伝えるものこそが天台宗であり、「実」大乗（天台・一乗）を「権」大乗（法相・三乗）に「会」「通」するなど有り得ないとする。こうした顕著な法相教学への否認は、ぶれることのない天台宗の基本姿勢であり、ある意味では心性《メンタリティ》とさえ言えるものであるが、蔵俊の『仏性論文集』には、法相の側から天台を会通するという方向性の萌していることが窺える（この点は第二部第三章第四節の舩田の解説を参照）。さらに最澄は徳一を破斥したが、法相側からは反批判がなかったとか、源信の『一乗要決』が法相学僧に衝撃を与えたとも記される。『一乗要決』をもって法相への勝利宣言とするような言説が院政期の叡山に存在したことは、『仏性論文集』からも明らかである（この点も後掲の舩田解説を参照）。そして世間の道俗は皆、法華一乗（悉有仏性義）に帰していることを高らかに謳い、文を終えるのである。

さらに続く「天台宗事」でも、以下のように述べている。

予窺㆓我朝之風㆒

道俗男女皆帰二一乗一、不レ顧二誰無性誰定性云事ヲ一、
貴賤賢愚悉欣二九品一、不レ用二凡夫往生ハ法相不レ許歟
以二此等梗概一、可レ備二学者明鏡一也
況三論嘉祥者、帰二智者徳一、散二我徒衆一廃二我講説法一、
法相撲楊者、帰二天台義一、背二自宗教尺一用二他宗義一乎[32]

世間の道俗男女が天台の一切皆成仏説を信奉し、法相の無仏性説（不成仏説）を一顧だにしないこと、また貴賤賢愚は極楽浄土往生を願っており、凡夫往生を許さない法相宗義を採用しないこと[33]、三論宗の開祖吉蔵が天台智顗に帰依して門徒を解散し、さらに自らの講説・説法を停廃したこと、法相の第三祖智周は天台教学に帰順して自宗教義に背いたとも語って、天台の優越性を誇示して已まない。

むろん天台の伝統的見解を修辞性豊かに祖述したまでのこと、とも言えなくはないものの、法相批判が執拗かつ露骨であるという事実は否めまい。また本書が「晩年の澄憲の精神世界（身体の状況をも）を覗くことのできる貴重な文献[34]」と見做されていることからすれば、澄憲の法相への酷評は、院政期天台教学の担い手の一人であった彼の偽らざる〈本音〉であったのだろう。このように院政期の叡山と興福寺は、二大権門寺院としての政治・経済的矛盾は無論のこと、思想・教学的にも対立構図を孕みながら顕密体制という宗教秩序の裡に共存していたのである。こうした時代的背景が、一部十二巻の蔵俊著作（繰り返すがその抄出が『仏性論文集』と推察される）を成立ならしめた要因の一端として確実に存したはずであり、蔵俊の学統を継承する貞慶が南都復興（仏法興隆）のために、先ず以って着手した営為が、他ならぬ蔵俊本一部十二巻の書写であったとすれば、それは意義深いものに映るのであ

る。

さて、実はこの蔵俊本の書写と正に踵を接するように、貞慶が仏書・聖教の書写事業を展開していくことの分かる資料を最後に紹介しておきたい。それは貞慶の跡を慕って笠置寺にも籠居した鎌倉中期の東大寺学侶である宗性が、貞慶の願文・表白等を編纂した『讃仏乗抄』巻八に収録される追善の諷誦文である。「治承五年五月　日」とあるこの諷誦文は「敬白　請二諷誦一事、三宝衆僧御布施上紙十五帖」から始まり、続けて「右為レ滅二罪生善上生内院一所レ修如レ件」とあって、『仏性論文集』や『唯識義私記』の奥書と同じく貞慶の弥勒信仰が表明されている。また続けて「聊□（述?）二願念之趣一、仏子一期之命大半空暮、出離之業如レ無所レ勤、雖レ学二聖教一多拘二名利一、雖二誦経一論猶不二無相一……」とあり、当時の若い貞慶にとって「一期之命大半空暮」とは過大な表現に思えるが、「雖レ学二聖教一多拘二名利一」とも記していることは、笠置遁世以前の興福寺学侶としての在り方を省察的に捉えた自己表現と見える。以下にも興味深い記述が見えるので、煩を厭わず引用したい(35)。

爰去年初冬、或人以二経論章疏等一千余巻一、授二与仏子一、多是古書也、部帙欠闕文字朽損矣、于時悲喜相交竊作二此念一、縦始調二大部一、微力雖レ不レ堪、補二闕綴破蓋一建二其功一、而間窮冬下旬仏法忽滅、修学之道自他共廃滅、適有二其志之人一、未レ書而空懈二疎此業一之者待縁而已退、法滅之期已当二于此時一、興隆之期非レ今又何日、仍今年春夏之間、奉レ写二数部要書一、所謂百法論疏一巻（大垂光撰）(36)、種姓差別集一部三巻（新羅神昉撰 此内中巻古書也）、法花義決解節記一部四巻（護命撰）、心経幽賛解節記一部四巻（同師撰）、三論大義抄一部四巻（西大寺玄叡集）、普賢経玄賛一部三巻（専寺守朝集）、通破四教章一巻（東大徳一撰）、仏智浄論一巻、最勝遊心決、唯識肝心各一巻（本所補闕之）、加レ之殊発二大弘願一、自二去閏二月八日至四月二十八日一、首尾八十箇日之間、敬書二写法華玄賛要集一部三十五巻一、此書者妙経之肝心玄賛之目足也、而巻軸数大本小、当寺玄冬災火之後、已無二全部之備一、仍偏為二令法久住利益有情一、普励二自他一所二繕写一也、本不レ簡二遠近一聞而請レ之、人不レ謂二親疎一尋而誂レ之、心身弱労片時不レ忘、願念之至微功忽成、是非自力是仮衆力也、未為利養只為利生也、三宝諸天悉知証明、此間之結縁同心之人其数是多、所謂筆師三十九人、〈一人写二五巻一、三人各写二一巻一、十七人各写二一巻一、五人各写二半／巻一、四人各写二三分之一一、此外自筆各二巻、令レ及二三巻奥一〉、又、勧レ他令レ書之人八人、〈一人勧二五巻一、七人勧二一巻一〉、此外或運二再治調巻之功一、或資二紙筆墨竹之費一、乃至一動二手足一聊成二讃毀一、若漉レ紙作レ筆之人庶、若分レ皮抜レ毛之貧獣、設発二其心一設二不レ発レ志、与二此善根一結二一縁一者皆普廻向、又資二尊考幽霊及現在悲母□□□諸結縁之輩一……（中略）……同生二知足一、並レ座聞二法輪一……（後略）

治承四年の十月に貞慶は一千巻以上もの聖教を得たという。それほどの聖教を与えた人物が、「或る人」と朧化されているのはもどかしい。多くが古書であり、破損が激しいので修復したいが、それを果たし得ぬ内に十二月下旬の南都焼き討ちとなり、仏法（法相教学）修学の廃滅危機を迎える。法滅の今こそが仏法興隆の時と思い定め、千部以上もあったというから、恐らく焼失してしまった聖教も多数に上ったかと思われるが、治承五年の春から夏にかけて、特に重要な聖教の書写事業に着手する。ここには『仏性論文集』にも引用される散逸書『種姓差別集』の名が見え、『法花義決解節記』や『心経幽賛解節記』といった護命の散逸書も見える。『普賢経玄賛』と『通破四教章』も散逸書である。著者名が付されていない『仏智浄論』『最勝遊心決』『唯識肝心』だが、『仏智浄論』はいかなる聖教か不明である。『最勝遊心決』は、『唯識論本文抄』[37]に「最勝遊心決善珠云……」とある他、室町期興福寺の学僧たる光胤の『唯識論聞書』[38]に「善珠先徳最勝遊心決」とあるので善珠の著作と判明するが、散逸書である。

『唯識肝心』は、善珠の『唯識論疏肝心記』のことで現存している。南都焼き討ちでの焼失を免れたにもかかわらず、その後に散逸してしまった聖教も多いことが窺える。(39)

貞慶はさらに一部十二巻の蔵俊著作を書写し終わった閏二月五日の三日後の八日から、『仏性論文集』のように焼き討ちで部分的に焼失してしまった、「妙経之肝心玄賛之目足」と評される重書たる唐の栖復『法華玄賛要集』一部三十五巻を、他者の協力も得て八十日を費やし繕写したという。こうした一連の法相教学書（三論教学書も含む）の書写事業は、三十九人にも及ぶ筆師を動員し、この他に勧進に応じた八名、そして発願者であり上紙を布施した貞慶自身も加わって、法滅状態の興福寺において果敢に遂行されたのである。聖教書写の分担の詳細から、紙を漉き筆を作成した「人庶」（この場合、職人を指すのだろう）のことや、我が身の一部を毛筆の素材に提供した動物の存在にも言及しており、この諷誦文も『仏性論文集』の奥書同様に、南都廃滅直後の復興運動最初期の在り様を伝える貴重なドキュメントである。

こうした教学体系の継承・保存を最優先とする仏法復興運動は、この諷誦文によれば貞慶にとって亡き父の供養、(40)そして生存している母への孝養の意味を有すると共に、

殊奉ㇾ謝二我大師上綱二諦之恩徳一、願□□不ㇾ離二此善士一、□下之□生々□従二彼教誡一、同□□□□□(報?)□(大)師上綱伝法徳……

と末尾に記されており、「我大師上綱」への報恩でもあった。欠字が多く文意の測り難いものであるが、師説を述べる際に「大師上綱云……」(41)といった表現が用いられることがある。ここでは誰を指すであろうか。恐らく今は亡

き師の恩徳に謝するものであるようだから、蔵俊を指している可能性があり（覚憲は存命）、蔵俊が「菩提院上綱」と称されたことはよく知られている。そうであれば、南都焼き討ち直後の復興への営為として蔵俊撰述の一部十二巻著作が書写され、それに続いて比較的短期間の内に数多くの聖教書写が行なわれたことになり、この一連の事業は貞慶にとって蔵俊への敬慕に支えられたものであったと言えよう。南都の廃滅は、平安末期法相教学の担い手であり、奇しくも廃滅への直面を回避するかのようにして没した、先徳たる蔵俊の存在を喚起させたことであろう。いずれ鎌倉法相教学の新時代を開拓してゆくことになる若き日の貞慶は、前時代の法相教学を継承することが（その根幹をなす営為が聖教書写）、「我大師上綱」（蔵俊）への報恩謝徳に他ならないという意識で、興福寺の仏法再興のための修学活動へと邁進したのである。この諷誦文を参照することで、『仏性論文集』の歴史的な位相が、より立体的に浮き上がってきたのではないだろうか。

註

（1）貞慶は幼くして蔵俊の門下に投じたという。後に蔵俊の弟子の覚憲に師事することになる。よってここでは法孫とした。

（2）藤本孝一氏のご教示による。藤本氏には二〇一七年十月二十七日に、立命館大学アートリサーチセンターにお越しいただき、共に本帖を実見していただいた。その際に種々の非常に有益なご教示を賜ったが、本節の論述に充分に生かせなかったことをお詫びしたい。

（3）「偽書」の問題は、中世文学・思想史の領域で研究が進展している。錦仁他編『偽書の生成―中世的思考と表現―』（森話社、二〇〇三年）、『日本古典偽書叢刊』全三巻（現代思潮社、二〇〇四～二〇〇五年）、佐藤弘夫『偽書の精神史―神仏・異界と交感する中世―』（講談社メチエ二四二、講談社、二〇〇二年）など参照。

（4）ただし後述するように本帖は、単独ではなく複数の人物によって書写されている。

（5）蔵俊奥書が元より付されていなかったとすれば、それは後述するように本書があくまでも「研究ノート」か、あるいは草稿本・中書本であったためかも知れない。なお管見の限りだが、「道南房僧都」という蔵俊の呼称は他に例がないようである。

（6）詳しくは、小島裕子「興聖寺蔵伝解脱房貞慶筆唯識の書―一切経に付随して伝来した聖教―」（『東アジア仏教写本研究　講演資料集』、国際仏教学大学院大学日本古写経研究所、二〇一四年）を参照。

（7）『顕浄土真実教行証文類』は親鸞が長期間に亘って改訂・修正を加えている。

（8）『仏性論』を世親作とすることへの疑問は、先学も指摘する所であるが、本帖からは中国以来、日本の平安時代の法相宗においても批判的に検討されていたことが具に窺えて興味深い。

（9）藤本孝一氏のご教示によると、例えば十四丁裏五行目の冒頭から引用される『対法論疏』の題名に付せられた、一見すると合点に見える記号は削除記号とのことである。十六丁裏の最終行の『教授末学章』の題名に付されているのも同じく削除記号である。他に十八丁表四行目「初縁起分～」にも同様の記号が見られ、同八行目「問。顕体分～」に付せられた合点と比較すると違いが分かる。さらに二十八丁表三行目「貞元録第十云」にも同様の記号がある。

（10）罫線のない白紙に書写する際には罫線枠が使用される。行取りの不統一は、複数の僧侶が異なる罫線枠を用いて書写作業を行なったためと考えられる。なお罫線枠は冷泉家時雨亭文庫等に遺品が伝存する。

（11）綴葉装は丁を足すことができないので、目測を誤ると逆に帖内に収めきれないこともあり得る。

（12）もし清書本が作成されていたのならば、本帖は処分されたことであろう。なお、以上の考察は、藤本孝一氏の一連の研究を参照したものである。『国宝『明月記』と藤原定家の世界』（臨川書店、二〇一六年）、『日本の美術436　古写本の姿』（至文堂、二〇〇二年）、『日本の美術454　『明月記』巻子本の姿』（至文堂、二〇〇四年）、『日本の美術468　『定家本源氏物語』冊子本の姿』（至文堂、二〇〇五年）、『日本の美術505　文書・写本の作り方』（至文堂、二〇〇八年）。

(13) 平岡定海『日本弥勒浄土思想展開史の研究』（大蔵出版、一九七七年）の一七一頁。

(14) ニールス・グュルベルク「インターネット時代の仏教史学―蔵俊編『注進法相宗章疏』の本文をめぐって―」（『早稲田大学）人文論集』五一、二〇一二年）を参照。

(15) 国書刊行会本『玉葉』を使用。

(16) これを遡る平安中期興福寺の永超『東域伝灯目録』にも所見しない。蔵俊は『教授末学章』や『瑜伽論菩薩地抄』を、『注進法相宗章疏』作成以降に入手し、『仏性論文集』を作成したという想定もあり得る。本研究書第二部第一章第三節（吉田論稿）を参照。

(17) 一方で書名のみ、或いは一部の引用文という形でのみ存在する偽書も多い。例えば中世の天台系山王神道書に現れる「三聖二師二十巻」と総称される偽書群には実体がないと考えられている。門屋温「三聖・二師二十巻をめぐって―山王神道における偽書の位相―」（『仏教文学』二〇、一九九六年）を参照。また『蓮華三昧経』の偈文とされる「本覚讃」は、本来、偈文のみが人口に膾炙していたが、鎌倉時代には実際に『蓮華三昧経』が偽作されるに至る。

(18) 興福寺の復興については、藤岡譲「解脱房貞慶と興福寺の鎌倉復興」（『京都国立博物館学叢』二四、二〇〇二年）を参照。

(19) 後藤康夫「貞慶の「因明四種相違」解釈」（『南都仏教』九五、二〇一〇年）を参照。

(20) 貞慶の行実については、『御遠忌800年記念特別展　解脱上人貞慶―鎌倉仏教の本流―』（二〇一二年）の「解脱上人貞慶年譜」を参照した。

(21) 『御遠忌800年記念特別展　解脱上人貞慶』に写真が掲載されている。

(22) 証真については瀧川善海「宝地房証真の史的考察」（『天台学論集』一、一九八四年）に詳しい。

(23) 『天台霞標』第二篇巻三（仏全一二五巻二一四頁）。

（24）この問題については、平雅行「末法・末代観の歴史的意義」（『日本中世の社会と仏教』、塙書房、一九九二年）に詳しい。
（25）応和の宗論については、良源の発案になる勝敗を度外視した上での天台の示威行為（デモンストレーション）と理解する東舘紹見「平安中期平安京における議会開催とその意義―応和三年の二つの経供養会を中心に―」（『仏教史学研究』四三（二）、二〇〇一年）が興味深い。また畑中智子「応和の宗論関連記事にみる良源像変遷の一側面―『太平記』の記述を中心に―」（『仏教文学』二八、二〇〇四年）、三好俊徳「仏教史叙述のなかの宗論―応和の宗論に関連するテクストをめぐって―」（『日本宗教文化史研究』一二（一）、二〇〇八年）も参照。
（26）最澄の因明理解については、吉田慈順「最澄の因明批判―思想的背景の検討―」（『天台学報』五六、二〇一四年）を参照。
（27）国史大系本『扶桑略記』を使用。
（28）以上の議論は、横内裕人「藤原頼長の因明研究と南都仏教―院政期小乗仏教試論―」（『南都仏教』七九、二〇〇〇年）、三後明日香「平安・鎌倉期の論義の儀礼と実践―延久四年の法会における「因明論義」論争―」（『東アジアの宗教文化―越境と変容―』、岩田書院、二〇一四年）を参照。
（29）山崎誠「龍門文庫『雑念集』　翻刻並びに解題」（『国文学研究資料館』調査研究報告』一六、一九九五年）。
（30）（　）内は筆者補。空海の師とされることもある「勤操」である。
（31）対句的な表現を再現できるように少々形を改めて引用した。なお（歟）は筆者補であり、読点は私意にて補充した箇所がある。
（32）ここも対句的な表現を再現できるように少々形を改めて引用した。また読点を私意にて改めた箇所がある。
（33）法相宗が凡夫往生―厳密に言えば、凡夫が極楽の「化土」ではなく「報土」に往生すること、つまり「凡入報土」説―に否定的であることについては、楠淳證「貞慶撰『安養報化』（上人御草）の翻刻読解研究」（『南都仏教』九五、二〇一〇年）・同『心要鈔講読』（永田文昌堂、二〇一〇年）などを参照。ここで澄憲は、凡夫往生（凡入報土）を是認しない法相に批判的だが、一方で凡夫往生を批判した形跡もある。新倉和文「澄憲と貞慶による法然の凡入報土説批判―後白河院の「往生談義」を中心として―」（『仏教学研究』六六、二〇一〇年）を参照。澄憲の思想的立場については、今後さらに考察を深めなくてはならない。

(34)　山崎誠「龍門文庫『雑念集』　翻刻並びに解題」（『調査研究報告』一六、一九九五年）。

(35)　藤田経世『校刊美術資料』（寺院篇下巻、中央公論美術、一九七六年）所収。引用に際しては、異体字・旧字を新字に直し、振り仮名・送り仮名は省いた。

(36)　「大垂」とあるのは「大乗」が正しい。

(37)　大正六五・七八二中。

(38)　大正六六・七三四下。

(39)　なお『最勝遊心決』も恐らくは善珠か護命の著作かと思われる。永超と蔵俊の目録双方に所見せず、現状では他の論疏にもその名を確認し難いようだが、貞慶の手元には存在していたのである。ちなみに徳一の著作として唯一現存する『真言宗未決文』も、永超・蔵俊の両目録に所見しないものである。

(40)　ただし現在、貞慶の作と考えられる『観世音菩薩感応抄』（七段の講式の形態）には、貞慶が笠置に遁世した後も、父は存命であったと思われる記述があり、この点は慎重な判断を要する。新倉和文「貞慶著『観世音菩薩感応抄』の翻刻並びに作品の意義について―阿弥陀信仰から観音信仰へ―」（『南都仏教』九二、二〇〇八年）、同「東大寺所蔵　貞慶撰『観世音菩薩感応抄』」（『南都仏教』八九、二〇〇七年）を参照。

(41)　杲宝『大日経疏演奥抄』（大正五九・二六六上）、長宴『四十帖決』（大正七五・八六六上）など。

（舩田淳一）

第二章　蔵俊撰『仏性論文集』の思想的特色

第一節　『仏性論』の作者をめぐる学界の異義

蔵俊撰『仏性論文集』には、『仏性論』に悉有仏性義が説かれているのは世親の本意ではなく、訳者である真諦三蔵が自義を加増して改変した結果であるという、非常にショッキングな見解が示されている。周知のように、『仏性論』四巻は「五姓各別」を宗旨とする唯識教学を大成した世親菩薩（四〇〇―四八〇年頃）の「造」と伝えられる書籍である。『大正新脩大蔵経』では巻三一の「瑜伽部」に「天親菩薩造」として収録されているが、

(1)　対校本として用いられている宋・元・明の三本と宮内庁本には「造」が「説」になっていること（大正三一・七八七の欄外脚注）。
(2)　『婆藪盤豆法師伝』に列挙される世親（天親）の書籍の中に『仏性論』の明記がないこと。
(3)　漢訳以外に原典や他訳がないこと。
(4)　悉有仏性義が説かれていること。

等より、唯識思想を大系づけた世親の書物であるのか否かということが、昭和より平成年代の学界においても議論されてきたのである。一方、訳者については真諦三蔵（四九九―五六九）であることを疑う者はいない。いつ訳出されたかは不詳ながらも、『大正新脩大蔵経』に「陳天竺三蔵真諦」とあり、かつまた『開元録』にも陳代の箇所に『仏性論』の名が記載されていたこと等より、おしなべて真諦が陳代になって訳出したものと見做されてきた(1)。

ことの発端は明らかではないが、この問題について最初に明確な見解を示したのは木村泰賢氏であった。すなわち、没後に明治書院より刊行された『大乗仏教思想論』において木村氏は、無著・世親の著述一覧を示した上で、次のように述べたのである。

無著は少なくとも大乗転依後にあっては、初めより一定の教理的立脚地に立ったものであった。すなわち聖典の上からすれば、あくまでも解深密経、大乗阿毘達磨経に基づく阿頼耶識主義を奉じたもので、例の如来蔵または仏性説にはでき得るだけ関係を持つまいとしたものである。（中略）これに対して世親の方はいかにというに、世親は無著よりもその範囲広く、悪しくいえば一種の著述家であり、善くいえば竜樹の亜流で、あらゆる大乗をもり立てようとした結果、その立場も必ずしも首尾一貫したものではなかった。（中略）阿頼耶識思想、如来蔵思想となれば――阿頼耶識に主力を注ぎながらも――その何れにも注意した結果として、著書によって多少その立場を異にするに至ったものである。かくして、純粋に無著の系統を継いで、しかもこれを簡単に纏めながら、内容的には大成しようとしたのは唯識二十論および同三十頌の立場であって、支那にあっては、いわゆる新訳家（玄奘一派）はこの系統を継いだものである。この意味において、私はこの系統を瑜伽仏教、または深密経―世親系（または無著―世親系）の唯識派と名づけたいと思う。これに対して如来蔵系（大乗涅槃経を含めて）の思想を加味して、許され得るならば入楞伽経的立脚地を主張したのはその十地経論および仏性論である。（中略）私はしばらくこれを如来蔵経―世親系と名づけたいと思うが、菩提流支、般若流支、真諦等の立場は主として、この系統に属するものである。（中略）如来蔵―世親の唯識説と、阿頼耶識―世親の唯識説との間には多少の区別のあったということは吾らの飽くまでも認めねばならぬところである。(2)

と、これを見ると木村氏は、世親の教字が「あらゆる大乗をもり立てようとした結果、その立場も必ずしも首尾一貫したものではなかった」とし、その思想系統を「阿頼耶識―世親」と「如来蔵―世親」の二種に分類し、『仏性論』を世親の著書であると判じていたことが知られるのである。『大乗仏教思想論』は昭和十一年（一九三六）に刊行された書籍ではあるが、木村氏自身は昭和五年（一九三〇）に亡くなっているので、本論稿はそれ以前の作となる。したがって、少なくとも昭和五年時点では、木村氏の「仏性論世親撰述説」が世に知られていたことになる。

ところが、『仏性論』の書誌学的思想学的検証が意欲的に進められる中で、木村氏の見解とは異なる種々の異義が次々に示されるようになる。まず最初に、『仏性論』に出る「釈曰」は「真諦の注釈である」との見解を示したのが常盤大定氏であった。すなわち常盤氏は、昭和五年（一九三〇）に丙午出版社より発刊された『仏性の研究』において、

本論中には、真諦三蔵の註釈を諸所に見る。「釈曰」といふは、三蔵の注釈にして、本論の文にあらざるを以て、之を本論に区別するを要す。(3)

といい、『仏性論』には「世親の本論」以外に「訳者である真諦の解釈」が含まれた独特の翻訳スタイルを取る書であることを現学界において初めて指摘したのである。

次いで、昭和十年（一九三五）に月輪賢隆氏が、「究竟一乗宝性論に就て」（『日本仏教学協会年報』七）を公表し、『宝性論』の成立に関する検討をする中で、『仏性論』の作者は世親でないとするセンセーショナルな見解を示した。いわゆる、

> 世親の仏性論は全くこの一段（宝性論の仏性の十義）に主点を置いて宝性論を改作塩梅したものである。（中略）然るに賢首大師の法界無差別論疏や起信論義記等の引用例では大概仏性論を先にし、宝性論を後にして、その間に漠然ながら仏性論に依って宝性論が造られたかの如くに取り扱われて居る。之れは恐くその反対でなければならぬ。何となれば仏性論では屢々宝性論の偈を引用しているからである。（中略）真諦訳の無上依経一巻も、恐くは此宝性論を改作したものではあるまいか。（中略）無上依経の成立は宝性論の後、仏性論の前でなければならぬ。而して若し宝性論の長行が無著の作で、仏性論はその弟、天親の作であるならば、此間に然る如き無上依経が作られる期間があったであろうか。ここは一つの難点である。然るに仏性論は天親造とあるは高麗本のみで、他の三本並に宮内省本では説とある。これに依れば天親は唯宝性論の主意を布衍し、後人之れを編する時、無上依経が取り入れられたものと考えられる。(4)

というものであった。この見解によれば、まず『宝性論』が成立し、次に『宝性論』を改作した『無上依経』が成立し、最後に『無上依経』の見解を取り入れた『仏性論』が成立したことになる。また、『仏性論』は『宝性論』

の主意を敷衍したものであり、後の人が編集する際に『無上依経』の見解を取り入れて造られたものであろうとの指摘もなされている。これは伝本にある「天親説」の語に着目した見解であり、あくまでも「世親は宝性論の主意を説いた」にすぎず、『仏性論』を著したわけではないと論じているところに特色があるといえよう。

このような常盤・月輪の両氏の説をふまえた上で同年（昭和十年）、坂本幸男氏は「仏性論解題」（『国訳一切経』瑜伽部一一、大東出版社）を著し、次のように記した。すなわち、

「造」とあっても「説」とあっても其の間に本質的な区別がある訳ではなく、何れも本論が天親の著作たることを示すものであろう。然るに最近、「説」とあるに関係付けて、天親は本論の主意のみを説き、後人が之れを編纂するに際し無上依経を取り入れて敷衍したのが現在の仏性論であるという新説が発表された。乍併これには尚、異論もあり復た未だ学界の定説となってゐないから茲では暫く従来の説に随って天親の著作と見做して置く次第である。但し、後に述ぶるが如く、本論中、十七ケ処に存する「釈曰」の文は、真諦三蔵の註記であると思ふから、之は仏性論の本文と区別して考ふべきである。(5)

と。要するに、『仏性論』の主意部分は「世親造」であるが、「釈曰」の部分は世親の書いたものではないという常盤説にならった見解を示した上で、月輪説をしばらく置き、坂本氏は十七箇所ある「釈曰」を検討した結果、「世親の本論とは区別すべき」旨を明確にしたのである。

次いで、昭和三十年（一九五五）になると、服部正明氏が月輪説を継承して『究竟一乗宝性論』の再検討を行ない、「仏性論は真諦三蔵による宝性論の異訳である」という新たな説を示し、両論の比較検証をおこなった上で、

次のように述べた。すなわち、

仏性論は決して宝性論を依用して作られた別個の論ではなく、宝性論の異訳と見做す方が正常の様に思われるのである。（中略）茲に於いて、仏性論は真諦三蔵が宝性論を翻訳しつつ講じたものであると論定しても、さして無根拠な独断とはならないであろう。挿入された註釈は、真諦に帰せらるべきものである。真諦の漢訳した論の数種に関して、宇井博士のなされた異訳との対照研究の示すが如く（印度哲学研究第六参照）、本論の訳文中の随処に自らの註釈を附加するのは、真諦の訳書に於いて通例のことである。仏性論に於いて、特に「釈曰」の語を附して註釈を述べている個処が十七回あるが（夫等は、国訳一切経、瑜伽部十一に収められた坂本幸男氏の仏性論訳註の解題中に悉く挙げられているが、その訳文の引き出し方は必ずしも適切ではない）、真諦の訳文はそれらを「釈曰」の附された個処に限られるべきでないことは、三無性論の例が示している。而してまた、術語の説明が屢々詳細な法数分別を以て極めて長文に亘るのも、真諦の訳を特徴づけている性格である。恐らくそれは忠実な訳経よりも講述を事とするために、論の主題を離れて術語の解説に意を尽くす事が屢々あったであろう為と思われる。これらの点から判断すれば、仏性論の中の宝性論と一致せぬ部分は、真諦の註釈的な附加と見做し得るのである。（中略）右の検討によって、仏性論が宝性論の異訳であることを論定する為に障礙となる諸点は、略々説明づけることが出来たと思う。(6)

といい、『仏性論』は真諦が『宝性論』を翻訳しながら講述したものであり、『宝性論』の異訳であると論じた。また、真諦の訳出態度を見ると「随処に自らの註釈を附加」するのが通例であるといい、「釈曰」はもちろんのこと、

他の個所でも真諦の解釈が多々入っていることを指摘したのである。その上で、

兎にかく仏性論の骨子は宝性論如来蔵品なのであり、(中略)斯かる原典があったとなすよりも、真諦が翻訳講述の必要上別の論を附加したとなす方が考え易い。そして真諦の著作である経や論の疏や義記が、一部も現存していないのは、文間に註釈を挿入し、秩序次第を変更し、或は他論を便宜的に併せる等によって出来上がった書が、或は翻訳と呼ばれ、或は著作と見做されたのではなかったであろうか。蓋し真諦は単なる翻訳三蔵であるよりも、教義の流行宣布に意を注ぐ所大であったものと解せられるのである。(中略)仏性論が宝性論であるとすれば、宝性論の所説乃至引用を適宜に用いつつ造られた無上依経を仏性論が引用することは不可解である。既に無上依経の成立には何らかの特殊な意図の蔵されていることが予想される。(中略)然し仏性論と宝性論との間に無上依経を介在せしめるためには、仏性論の作者或は説者が世親であるということを前提する必要はないであろう。[7]

と述べ、『仏性論』には原典がなく、真諦が翻訳をする際に『宝性論』如来蔵品を骨子として他の論典を付加したものであるといい、『仏性論』の作者を世親とみなす必要がないと結論づけたのである。もっとも、服部氏は『宝性論』の作者が誰なのかについては論じていない。服部氏は月輪氏の研究に依拠しながら論述しているが、月輪氏が結論づけた「賢慧が本偈を作り、弥勒が註偈し、無著が註疏した」(前掲月輪論文三七〇頁)とする見解までは採っていない。もし月輪説を採っていれば、「宝性論は仏性論である」とする服部氏の立場からすれば、『仏性論』の作者は賢慧であるということになろうか。なかなか興味深い展開である。

次いで、月輪・服部の両氏の説を継承しながら、さらなる検討を加えたのが中村瑞隆氏である。中村氏は昭和三十六年（一九六一）に『梵漢対照　究竟一乗宝性論研究』（山喜房仏書林）を著し、次のように論じた。すなわち、

> 宝性論と近似性をもつものに仏性論がある。仏性論が宝性論を依用したものであることは月輪博士によって論述された。（中略）仏性論が宝性論の異訳的関係にあることは、既に京都大学の服部正明氏によって論述されたところである（仏教史学通巻第十五号）。宝性論と仏性論の縁起分と弁相分を対照して見るとき、仏性論の本文中に挿入された註釈を取り去るとき宝性論に合致することに気付くのである。（中略）開元録以前の諸経録には著者に関説するものがなく、開元録巻第七に天親菩薩造、貞元録巻二十二に天親菩薩造。単訳。と記しているが、天親菩薩造の理由を示さない。（中略）諸経録が作者名を記さなかった理由、造が説とされた所以も、この論は内容的に直ちに世親造とするに躊躇せざるを得ないことが既に指摘されていたに違いない。この疑問に対し、最も明瞭に断を下した記事を載せているのは玄奘門下の霊雋である。凝然の五教章通路記巻二十（大日本仏教全書p328）に「（前段略）霊雋対法論疏第十末云、仏性論・無相論西方別無㆓梵本㆒」と。（中略）彼は為に仏性論を梵本なしと抹殺的態度をとったのではなく、寧ろ仏性論を世親造とすることに玄奘門下は躊躇していたに違いないのである。（中略）如上、仏性論は宝性論と比較して見ると、論の縁起分・弁相分の主要部分は宝性論の異訳註釈である。宝性論にない破執分二・顕体分三は、既に指摘されたように、瑜伽論六十一・七十三・七十四・七十五巻によるものであって真諦の決定蔵論はその部分訳、三無性論の三性説は顕体分別説と同一であることから、仏性論は世親造というよりも、真諦との関係に於て見るべきものと思われる。[8]

とし、月輪・服部両氏の説に依拠して「仏性論は宝性論の異訳」であると論じた。また、玄奘門下の霊雋が「西方に別して梵本なし」と記していたことを指摘した点に、中村氏独自の新たな進展が見られる。また、月輪・服部両氏の説を参考にしながら、『仏性論』の縁起分・弁相分の主要部分が『宝性論』の異訳注釈であること、『宝性論』にはない破執分二・顕体分三は『瑜伽師地論』巻六一・七三・七四・七五によるものであるとも述べ、「仏性論は世親造というよりも真諦との関係に於て見るべきものと思われる」と結論づけた点に、月輪氏・服部氏・中村氏と続く一連の研究成果がよく纏められているものと思われる。

これらの見解を念頭に、昭和五十二年（一九七七）になると武邑尚邦氏が百華苑より『仏性論研究』を公刊し、詳細な理論を展開する中で反論した。すなわち、

この『仏性論』については、宋元明三本にその著者名と訳者名を「天親菩薩説　陳三蔵法師真諦訳」としている。そのために、かつては本論は天親の説であって著作ではなかろうといわれたこともあった。その理由は本論の中に「釈曰」の言が十七箇所あり、それが問題となるからである。しかし、経録の上で著者名を出すものは、「天親菩薩造」とあり、ここで、ことさらに造と説とを区別する必要はなかろう。次に訳者についても真諦を疑うような材料は見当たらない。（中略）『歴代三宝紀』の真諦訳出項下に真諦自身の著作として『仏性義』三巻『無上依経』四巻のあったことが伝えられているが、共に現存しない。（中略）この『仏性義』は恐らく『仏性論』の註釈であり、現存の『仏性論』中に「釈曰」「記曰」等とあるのは、その一部が残ったものであるとする解釈が有力な学説となっている。しかし果たしてこの理解は当を得たものであろうか、またそうとしても「釈曰」の文章それぞれについて、それをどれだけの範囲に認めるか、そこには多くの問題を含んでいる。(9)

といい、世親の撰述であることを前提として、十七箇所ある「釈曰」の詳細な検討を行なったのである。その上で、武邑氏は、

以上『仏性論』に「釈曰」として出されるものについて検討してきたが、これらの十七の釈は必ずしも真諦の付加と決定づけることができない。さらに、これを世親のものとすることにも、ある種の難点がある。例えば第一の分別部薩婆多部等の仏性の取扱いの注意、階位としての十住等の取扱い、さらに第四の心意識の見方等にあらわれる。（中略）従って、これら「釈曰」を直ちに真諦付加としたり、また、その釈の範囲を機械的に決定したりすることは、随分と危険をともなうことである。しかも翻訳者が無暗に自分の意見を「釈曰」等として書きこむことは、翻訳の性格上あまりあり得ることではない。このような意味で本論の「釈曰」は本論の訳出を真諦と考えた場合、訳出のとき既に何らかの形であったものであり、真諦はそれを素直に訳したものと考うべきであろう。ただ、この中で「記曰」というのが一ケ所あったが、これはあるいは真諦が訳出の際入れたものとも考えられる。（中略）かくて、『仏性論』は著者訳者に関してはこれをくつがえすような有力な根拠はないが、論の内容の形態では十分に疑問がない訳でなく、賢首大師がいう仏性論師なる人々による註釈的なものが混じって伝承されてきているように思われるのである。(10)

として、「疑問」は残るものの、世親の撰述を否定する明確な根拠がないと論じた。ことに、十七の「釈曰」についての検証は詳細を極め、「附加の部分を真諦のものとみなければならないという必然性は見出されない」（一二頁）、「この心意識の解釈は真諦訳の他の論書にはない全く別の解釈であり、これを真諦の註釈と決定するには問題

がある」（一五頁）、「「釈曰」以外にも「釈曰」に相当するもののあることが知られる」（一六頁）等々と述べている。「釈曰」以外のものの一つが「記曰」であり、この点に着目したところに武邑氏の論稿の特色の一つがあるといってよいであろう。[11] また、武邑氏は、『宝性論』と『仏性論』との比較一覧を示した上で、

以上の対照表示で明らかに『仏性論』が説明に詳しいことを知り、（中略）『仏性論』は『宝性論』によって書かれたことを推定せしめる。もっとも、『宝性論』の梵本は事情を異にすることは注意すべきである。従って、『宝性論』（漢訳）→『仏性論』と見るとすれば、この「釈曰」は即ち既に『宝性論』にあったものであるから、後世の真諦附加説は無理のように思われる。（中略）この「釈曰」を従来、真諦の釈とするのであるが、『仏性論』のそれの原形は『宝性論』に見出すことができる。しかも『仏性論』の説明は少し『宝性論』とは詳しい。ところが梵本『宝性論』を見るに、そこでは『仏性論』と全く同じ文章になっているのを知る。これは明らかに漢訳『宝性論』→『仏性論』→梵本『宝性論』という論成立の次第を示していると思われる。[12]

といい、『宝性論』→『無上依経』→『仏性論』の順で成立したとする月輪氏・服部氏・中村氏の見解に一工夫を加え、梵本『宝性論』が後で成立したとの見解を新たに提示したのである。以上のように見てくると、武邑氏の見解は世親の著述を否定する確かな根拠はないものの、仏性論師等の何者かが『宝性論』に手を加えて『仏性論』を作り、それを真諦が訳したと結論づけていたことが知られる。

これらを受けて、平成元年（一九八九）に発刊された『宝性論／インド古典叢書』の中で高崎直道氏が、次のような見解を示した。すなわち、

恐らく『宝性論』の影響下に著されたと思われる二、三の経論が訳出されていることである。それは『無上依経』と、天親菩薩造とされる『仏性論』の二書と、『金光明経』の「三身分別品」とである。このうち『仏性論』は『無上依経』を引用し、『無上依経』はその中心部分が「如来界」「如来菩提」「如来功徳」「如来事業」と『宝性論』と同じ章立てをもち、しかも『宝性論』が他経から引用する文を地の文に織り込むという形で変容しているなど、明らかに『宝性論』の内容の経典化を示している。そこに『宝性論』→『無上依経』→『仏性論』の製作順序が予測される。（中略）『仏性論』を仔細に見ると、すべて『宝性論』との類似点を『無上依経』を介して取り入れているわけではなく、むしろ直接に何らかの意図にもとづいて、『宝性論』を改作したものと考えられる。『仏性論』には『宝性論』にはないアーラヤ識の説や三性説があり、また『瑜伽論』の「摂決択分」を利用するなど、瑜伽行派の基本教理により多く親しんでいるので、あるいは世親に名を借りた瑜伽行派内の一グループの創作ではないかと思われる。しかし、そこにも真諦自身の註釈の挿入が見られるし、あるいは真諦の手になる作品ではないかとすら疑われる。（中略）『宝性論』からの改作たること歴然たるものがある。(13)

と述べたのである。これには武邑氏の説は入れられず、月輪氏・服部氏・中村氏と続く見解を支持していることが知られるが、「世親の名を借りた瑜伽行派内の一グループの創作ではないか」としている点に、武邑氏と同様の発想が窺える。また、『仏性論』を『宝性論』の「改作」であると断定し、「真諦の手になる作品ではないかとすら疑われる」と一歩踏み込んだ見解を示している点などにも、高崎氏独自の見解が示されている。その後、高崎氏は平成十七年（二〇〇五）になって「仏性論解題」（『新国訳大蔵経』一九〈論集部二〉所収、大蔵出版）を発表したが、その中で前に挙げた諸論稿の要点を整理した後、

『仏性論』は大まかに言えば、『宝性論』に依拠し、特にその第一章（如来蔵章、漢訳の前七品相当）の所説や枠組を用いながら、新しい角度からの解釈を加えて、「一切衆生悉有仏性」の義を改めて解説しようとした論典である。(14)

と述べた。さらに「まとめ」において、

『仏性論』は『宝性論』を基軸として如来蔵・仏性の教理を説き、その上に他説批判および唯識瑜伽行派の主張なども採り入れて説かれた論典である。作者は瑜伽行派中で如来蔵思想に関心をもつグループ、その成立は世親よりは新しいと推定される。世親（天親菩薩）がその作者とされたのは『宝性論』にない唯識説を導入したときであり、また作者はこの『仏性論』が引用する『無上依経』（これも『宝性論』にもとづいて作成されたもの、『宝性論』所説の経典化）の作者と同じであった可能性がある。右のことはしかし、『宝性論』にもとづいていること以外、あくまでも推測の域を出ず、何の客観的資料もない。作者世親説も、『仏性論』所伝以外には知られていない。(15)

と、「推論の域を出ない」と断りつつも、かなり踏み込んだ推論を展開している。武邑氏が「賢首大師がいう仏性論師なる人々による介在」と推論したように、高崎氏は「瑜伽行派中で如来蔵思想に関心をもつグループによる製作」と推論しており、興味深いものがある。

以上のように見てくると、昭和年代初期から平成年代初期にかけて、『仏性論』の作者をめぐる研究が多々進められた結果、総じて見れば漢訳『宝性論』↓『無上依経』↓『仏性論』↓梵本『宝性論』の順に成立していったことが明らかにされたといってよい。また、作者についての見解は総じて「世親造」を否定あるいは疑っており、「訳者真諦による脚色」から始まって、「『宝性論』の改作」「仏性論師なる人々による介在」、あるいは「瑜伽行派内の如来蔵思想に関心をもつグループによる製作」など、種々の推論のなされていたことが確認された。いずれにせよ、『大正新脩大蔵経』に収録される『仏性論』を「天親菩薩造」とする点については、このような種々の疑義の出されていたことが明らかとなったのである。そして興味深いことに、今回発見した平安末期の唯識学匠である蔵俊の作成した『仏性論文集』にもまた、「天親菩薩造」を疑って「真諦加増説」を展開する見解が種々に示されていたのである。

第二節　『仏性論文集』における「訳者真諦加増説」

菩提院蔵俊（一一〇四―一一八〇）は、唯識に関する日本初の論義抄といってよい『菩提院抄』（問答と変旧抄の二書構成）を撰述した人物であり、かつまた没後に平清盛より僧正の位を贈られたことでも知られる学匠である。しかし、残念ながら『菩提院抄』は散逸し、その一部が貞慶撰述の『唯識論尋思鈔』や良算編纂の『成唯識論同学鈔』に残されているにすぎない[16]。現存する他の書籍も、『法相宗章疏目録』『法華玄賛文集』（巻八〇・八六・八九・九〇のみ）の二書がある他は短釈が数点あるばかりで、蔵俊教学の全体像を把握することは極めて困難な状況にある。しかし、『法華玄賛文集』をもとにした新倉和文氏の論稿「蔵俊による天台一乗批判の展開―『法華玄賛文集』八十九の翻刻読解研究を中心として―」においてすでに明らかにされたように、蔵俊には「玄奘回帰による法相宗護持」の思想があったといってよい[17]。それは取りもなおさず、法相宗を「権大乗」と謗り続ける「天台一乗」への批判ともいえるものであり、この点ではこのたび発見した『仏性論文集』もまた、「玄奘回帰・慈恩回帰による法相宗護持」を鮮烈に打ち出した書籍だったのである。

『仏性論文集』は、すでに第一部第一章において船田淳一が指摘しているように、本来は一部十二巻（原書）の書籍であったが、いかなる経緯を経てか四十八丁（本帖）のみが抄出書写され、今に伝えられた。抄出であったためか題名の記載はなく、本帖四十八丁の表表紙に付された後補題箋に「仏性論」と記載されるのみであった。そこで我々の研究グループでは、多数の証文を集録（文集）して自己の見解を述べる蔵俊撰『法華玄賛文集』と同形態の書である点より、本書を仮に『仏性論文集』と呼ぶことにした。そして、全四十八丁を仔細に検討したところ、前半においては「真諦加増説」等をもって五姓各別説の護持が示され、後半においては慈恩大師の「観音後身説」等まで用いて五姓各別を宗旨とする法相宗の正統性が論じられた書であったことが明白となったのである。

ところで、筆者が初めて「真諦加増説」にふれたのは、良算篇『成唯識論同学鈔』（以下『同学鈔』）の巻一「種姓義」に目を通した時であった。種姓義は周知のように計二十七論題で構成されているが、これを筆者独自の視点より大別すると、

（1）五姓各別の根拠を問うもの（瑜伽五姓）
（2）三乗と一乗について問うもの（摂論十義・勝鬘四乗・五姓一乗）
（3）理性行性について問うもの（涅槃拠理性・無性真理）
（4）定姓二乗について問うもの（衆生界増減・若有無漏・無余廻心・一乗一道・根未熟故・定性比量）

(5) 不定姓について問うもの（聞大乗経・荘厳不定・楞伽声聞乗性）
(6) 無姓有情について問うもの（無性真理・五難六答・第七常没・雖復発心・無性発心・毛道生・無姓比量）
(7) 無姓有情の中の断善闡提について特に問うもの（瑜伽断善・果成因不成）
(8) 無姓有情の中の大悲闡提について特に問うもの（大悲闡提）
(9) 無姓有情の中の無性闡提について特に問うもの（楞伽第五無性・荘厳畢竟）

の計九種となる。概観すると、五姓説を了義説として主張した上で、その際に一乗家より受けるであろう論難について、特に定姓二乗・不定姓・無姓有情の三種姓に関しての論理を整理していたことがわかる。いうまでもなく、五姓各別とはいいながらも、組み換えると、菩薩グループ（定姓菩薩・不定姓菩薩・断善闡提・大悲闡提）・二乗グループ（定姓二乗・不定姓二乗）・無性闡提の三種となり、不成仏の種姓は二乗グループと無性闡提に限られることになる。したがって、『同学鈔』「種姓義」においても、問題となる二乗と無姓有情に対する会通に重点の置かれていたことが知られるのである。換言すれば、『同学鈔』「種姓義」の問答は、単なる五姓説の主張を行なおうとしたものではなく、唯識行者が定姓二乗でも無姓有情でもなく菩薩種姓であることを示し、もって「唯識行者の抱く不安を払拭」しようとして編集されたものであったと見ることが出来るのである。(18)

その二十七論題の中に、「唯識行者の抱く不安」の一つといってよい、世親の『仏性論』についても言及する論題が存する。それが「五難六答」「五性一乗」である。まず、論義「五難六答」であるが、この論義テーマは法相宗の正依の論典である『瑜伽師地論』に無姓有情の存する証明として示されている五難六答に関して、はたして無姓有情説は「大乗の実義か否か」を問うものである。『同学鈔』「五難六答」には三問答が収録されているが、その第一問答の答文において「無性有情の存在は『瑜伽師地論』等の五部の論蔵によって立てられたものであるから大乗の実義である」と明確に論ずる中、次のような記述が存する。すなわち、

仏性論天親所製也。尤可説五種差別之旨。既立悉有仏性之宗。頗非世親本意歟。以知家依三蔵任自所解加増此詞。(19)

といい、『仏性論』は世親の著述であるから五姓各別義が説かれてしかるべきなのに、実際には悉有仏性義が説かれている。これは、訳者である家依三蔵が言葉（詞）を加増した結果であると述べられているのである。家依三蔵とは真諦三蔵のことであり、梵名として伝えられるパラマールタを意訳すると真諦、今一つ伝えられるクラナータを意訳すると家依（クラ＝家、ナータ＝依）あるいは親依（クラ＝親、ナータ＝依）となる。慈恩大師が真諦をしばしば家依と称したので、『同学鈔』もこの呼び名を用いたものと思われるが、注目すべきは「真諦加増説」が明記されている点である。このような記述がすでに『同学鈔』に見られる点については、昭和初期からの研究者も指摘していない。一方、もう一つの論義「五性一乗」では、『楞伽経』等に説かれる「五種姓」と『法華経』等に説かれる「一乗」とでは、いずれが了義真実の教えであるか否かが問われている。もちろん、答文では「五種姓が真実である」と答えるのであるが、その際、次のように述べられている。すなわち、

至仏性論者。古東土徳一会之。仏性論雖天親所造。真諦三蔵。立悉有仏性義人也。翻訳之時。任意楽加増。謂非天親本意故。云々(20)

と。ここには、「真諦が翻訳時に自己の思いにまかせて加増した」ことの根拠として、徳一の会通文が示されている。これも、今まで学界で紹介されてこなかった記述である。しかし、すでに確認されている徳一関係の文献資料の中には、『仏性論』について言及した記述が見当たらない。では、このとき拠り所とされた徳一の書籍とは何だったのであろうか。種々に疑念を抱く中、このたび発見した蔵俊撰述の『仏性論文集』において、「真諦加増説」を論ずる徳一撰述の散逸文献である『教授末学章』『法相了義灯』『中辺義鏡章』の三書の証文が集録されていたのである。まさしく僥倖であったといってよい。

本帖『仏性論文集』における蔵俊の「真諦加増説」は、第二部第一章の第二節から第四節（五丁裏から十七丁裏）にかけて詳しいが、その冒頭において蔵俊はまず、神昉撰『種姓差別集』（散逸文献）を引用して、次のような神昉説を紹介している。

『種姓差別集』の中巻に云わく、「法師の解に云わく、『瑜伽』六十七に五返の問答をもて衆生に畢竟無涅槃法の者の有ること無しと云わば、客も亦た衆生に畢竟無涅槃法の者有りという。問者の辞賓にして無性を成ずるを得る。『仏性論』の五返の問答の若きは、此れと同じからず。皆な仏性有りといわば、無性有りと執する問いに答えて云わく、理をば窮めて広く無性を破す、と。是の二論の理、相い背くこと有り。是れを以て、法師は三蔵に問うて云わく、何を以て聖教に此の不同有るや、と。三蔵の解して云わく、梵本の『仏性論』の文を校勘するに、絶えて此の文無し、と。又た云わく、西方の論師は五性の別に皆な諍論無し、と。又た和上、又た測法師も亦た是の義を以て那提三蔵に問う。大乗を以て倶に其の訳を為す人は、彼の説も亦た同じ。都て異なり有ること無し。水の方円の器に遂うが如く、木の曲を受けて直すが若し」と。(21)

と。『種姓差別集』を著した神昉は、『諸嗣宗脈記』「法相宗派図」によれば玄奘三蔵（六〇二―六六四）門下の高足の一人であり、新羅の人であったという。上掲の『種姓差別集』によれば、『瑜伽師地論』巻六七に記される五返の問答には「無性あり」と論じられているのに、『仏性論』「破執分」の五返の問答では「無性なし」と説いている。この「不同」について法師（不明）が玄奘三蔵に質したところ、玄奘三蔵は「梵本の『仏性論』にそのような文はない」と言いきり、さらに「インドの論師の間では五姓各別についての諍論はない」とも断言したという。また、永徽六年（六五五）に千五百余部の仏典を携えて長安に来至した那提三蔵（生没年不詳）に対して、和上（不明）ならびに円測が同じ問いを発したところ、那提三蔵からも玄奘三蔵と同様の答えが返ってきたという。ここで注目すべきは、『仏性論』に梵本があったということ、および梵本の『仏性論』には「無性なし」と説く五返の問答自体がないという証言が、二人の三蔵法師によってなされていたという事実である。

もっとも、これについては異義もあり、神昉同様に玄奘門下の一人であった霊雋（生没年不詳）の『対法論疏』巻一〇の末に次のような記述のあることも、蔵俊は併せて指摘している。すなわち、

『対法論疏』霊雋の十の末に云わく、「〇今、会釈を欲するに、上来の諸論と『瑜伽』・『顕揚』・『対法』の文義は悉く同じ。『仏性論』と『無相論』は西方に別の梵本無し。然かるに、此の『仏性論』の「三性品」に云うところは、勘うるに『瑜伽』等の文と一として差別無し。〇又た『無相論』の「三無性品」と『顕揚論』の「無相品」も別無し」と。云々(22)

と。これを見ると、霊雋は『仏性論』には梵本そのものがないと述べている。そうなると、『仏性論』自体が何者

かによる「贋作」であったということになってしまう。しかし、霊雋は神昉とは異なり、その根拠を明らかにしていないので、『仏性論文集』では一つの説として紹介するにとどめ、「梵本はあった」とする玄奘・那提の両三蔵の言葉を伝える神昉の『種姓差別集』を根底に据えて、さらなる証文の集録が進められていくことになる。

以上のように、『仏性論文集』の発見によって、昭和初期からの研究史では存在が疑われていた『仏性論』にも梵本のあったことが、少なくとも六百年代には一部で確認されていたことが明らかとなった。では、なぜ『瑜伽師地論』と『仏性論』の間に、真逆の「不同」が生じたのであろうか。この点について神昉は、明らかに誰かが書き換えたことを示唆している。ここに蔵俊が『種姓差別集』を引用した意図があったといってよいであろう。そのことをさらに裏付けるため、蔵俊は次に「相伝」なるものを引く。おそらくは、法相宗内に伝わる伝承であったと考えられるが、そこには興味深い記述が見られる。すなわち、

又た相伝に言わく、「真諦所翻の諸論部の内の、〈論曰〉は正しく是れ論主の語、〈釈曰〉は是れ西方別釈の言、〈記曰〉は真諦伝釈の辞なり」と。今、彼の『論』の「破執品」の文を勘みるに、〈釈曰〉以下は乃ち是くの如き問答分別あり。即ち云わく、是れ天親論主の所翻の語に非ずと。然るに真諦所翻の諸論を勘みるに、或いは〈論曰〉と〈釈〉はあって、〈記曰〉なし。『三無性論』等の如し。或いは〈釈曰〉あるも、〈論曰〉〈記曰〉なし。『仏性論』等の如し。然るに、彼の論の中の上下の文、明らかに〈復次〉の言あり。或いは復た同巻の後に方に〈釈云〉あり。或いは〈復次〉の言ありて、都て三の〈曰〉の言なき也。彼の『仏性論』等は其れ三の〈曰〉を具するか勘みるに、未だ獲ず」と。云々[23]

と。例の「釈曰」の検討が示されているのである。昭和初期からの研究者が着目した「釈曰」についての疑念が、すでに平安末期の時点で「法相宗内の相伝」として確認できるのである。しかも、興味深いことには真諦の翻訳形態を分類し、「論曰」とあるのは論典の執筆者の言葉、「釈曰」はインドの人師による別釈、「記曰」が真諦の解釈であると明快に述べている。その上で、『仏性論』の「破執分」を検討し、「釈曰」以下に問答分別があるので、「無性なし」は世親菩薩の言葉ではないという。そして、さらに真諦の翻訳形態についての分析を進め、『三無性論』等を翻訳する際には「論曰」と「釈曰」があって「記曰」がなく、『仏性論』等を翻訳する際には「釈曰」のみで「論曰」と「記曰」がない。ところが、『仏性論』の「破執分」を見ると、「復次」「釈云」のものと「復次」のものしかなく、三つの「曰」がないと述べて、明らかに梵本の『仏性論』に手が加えられたという疑念を示しているのである。(24)たいへん興味深い見解である。これを昭和初期からの諸研究と合して検討すると、『宝性論』とは別に唯識義をもって書かれた梵本の『仏性論』が存在し、これにインドの論師が『宝性論』や『無上依経』の思想を加味した別釈を加えて改変し、真諦がさらに私釈を加えて編集したものが漢訳の『仏性論』であったという仮説が、ここに成立するのである。なお、蔵俊はこれを一歩進め、「記曰」の方がインドの別師の釈、「釈曰」が真諦の説であると述べるに至るが、(25)これは諸先徳の説や『仏性論』の見解を吟味した結果であったと見てよい。

このように、蔵俊は「真諦加増説」を示唆する瞠目すべき「神昉説」「相伝説」を示した後、さらに徳一の『教授末学章』『法相了義灯』『中辺義鏡章』等の文を証文として相次いで収録し、「釈曰」を真諦の加えた「自義」であるとする「真諦加増説」を組み立てていくのである。なお、これらの徳一の書籍はいずれも散逸文献であり、最澄・徳一による一三権実論争の実態を解明する上での貴重な新資料であるといってよい（詳細は、吉田慈順による第二部第一章第三節の論稿を参照のこと）。その中でまず、蔵俊が紹介したのは『教授末学章』の次のような文であっ

た。すなわち、

末学者に教授して云わく得一の作なり、「第一小乗執違の文は、第一巻〈破小乗執品〉に小乗の分別部の有性義を叙べ、薩婆多部の無性義を破す。『瑜伽』の声聞地は薩婆多部の無性義を叙べ、分別部の有性義を破す。此の二論を案ずるに、『瑜伽』は是とし、『仏性論』は非とす。所以は何ん。弥勒菩薩は是れ教授師にして、世親菩薩は教を更ぐ弟子なり。豈に師の建義に違す耶。是れ一の違理也。又た同処の文に二部の執を叙べ已わる。『論』に云わく、〈一切衆生は有性と無性と異なるが故なり。仏性有れば種種妙行を修し、仏性無くば則ち種種の麁悪を起こす。是の故に小乗を学す人、此の二説を見て皆な道理有りとせり。未だ知らず、何者に定まらんと為るかを。故に疑心を起こせり。復た次に不信の心を生ずとは、二説の中に於いて、各おの一に偏して執するが故に、相い信ぜず。何となれば、若し分別部に従りて説かば、則ち無性衆生有るを信ぜず。若し薩婆多等部の説ならば、則ち皆な仏性有るを信ぜず〉と。此の論文を案ずるに、有性・無性の二執は、是れ論主の破する所の執著なり。何の故に分別部の有性の義を叙べて、薩婆多部の無性の執を破すや。是れ二の違理也。又た世親の『摂論』第十巻に云わく、〈若し諸如来、一切法に於いて自性にして転ずれば、何が故に一切有情の類は涅槃を得ざるや。障を具え因を闕けば、無量寿仏の出現出世したもうと雖も、彼をして般涅槃を得せしめること能わず。諸仏、彼に於いて自在有ること無し。若し諸の有情に涅槃法無くば、名づけて闕因と為す。此の意は、彼に涅槃の因無きを説く。無種姓なるが故に、諸仏も彼に於いて自在の望、有ること無し〉と。此れ等の文は有性の義を明かし、無性の義を叙ぶ。此の『仏性論』と彼の『摂論』は、倶に世親菩薩の所造なりとせば、何が故に彼の『摂論』は『瑜伽』に順じ、而して彼の『仏性論』は『瑜伽』に違すや。是れ三の違理也。此等の理に准ずれば、明らかに知んぬ。彼の『仏性論』は、分別部の有性義を叙べ、薩婆多部の無性義を破すも、是れは論主の意に非ず。此れは是れ真諦三蔵、自義を増せり。何を以て然りといわば、真諦三蔵は悉有仏性の義を建立するを以ての故に自義を成ぜんが為に、論主の義を改む」と。云々(26)

と。周知のように、『仏性論』「破執分」には「分別部の有性」と「薩婆多部の無性」とを破す中で「有性を了説、無性を不了説」とする見解が展開されているが、徳一は「無性不了説は世親の本意ではなく真諦三蔵が自義を加増したものである」と説き、このことを論証するために「三つの違理」を示しているのである。すなわち、一つは弥勒説『瑜伽師地論』を根拠とするもので、教授師である弥勒の教えを継ぐ弟子の世親が「師の建義」に違背した教義を展開するはずがないとするもの。二つには、「分別部の有性」と「薩婆多部の無性」は「論主の破するところの執着」として示されたものであるとし、世親には元来「分別部の有性を叙べて薩婆多部の無性を破す」意図などないとするもの。三つには、世親の『摂大乗論釈』巻一〇に出る「無種姓」の文言を根拠とするもので、『瑜伽師地論』に順じた見解を示す『摂大乗論釈』と同様に、『仏性論』もまた本来は『瑜伽師地論』に順じた説を展開していたはずであるとするものである。これをもって、徳一は「悉有仏性義」を自義とする真諦が、『仏性論』を改変したと論じているのである。この徳一の見解が、蔵俊の真諦加増説の大きな根拠の一つとなっていくのである。

とはいえ、「三つの違理」の内の前二の違理については確認する手だてが何もない。ただ「徳一の見解であった」として認識することしかできない。ところが、後の一違理については、確認する手だてが存する。なぜならば、世親造『摂大乗論釈』の「無種姓」の文言を証拠としているからである。周知のように、無著の『摂大乗論』を注釈した「釈論」には「世親菩薩造」と「無性菩薩造」の二種があり、更に世親釈には真諦訳・笈多共行矩等訳・玄奘訳の三種が現存し、また無性釈にも玄奘訳の一種が伝えられている。これらを比較検討することで真諦の翻訳態度を確認することができれば、徳一の「真諦加増説」が妥当なものであるか否か検証することが可能になるものと思われる。そこで、まずは世親造『摂大乗論釈』の「玄奘訳」を示すと、およそ次のようになる。

此中有二頌
円満属自心　具常住清浄
無功用能施　有情大法楽
遍行無依止　平等利多生
一切仏智者　応修一切念

釈曰。（中略）若諸如来於一切法自在而転。何故一切有情之類不得涅槃。故今一頌顕由此因諸有情類不能證得究竟涅槃。有情界周遍具障而闕因者。謂諸有情有業等障名為具障。由具障故雖無量仏出現於世。不能令彼得般涅槃。諸仏於彼無有自在。若諸有情無涅槃法名為闕因。此意説彼無涅槃因。無種性故。諸仏於彼無有自在。(27)

と。実はこの文が前掲の『教授末学章』に引用されていたのであるが、玄奘訳では「障を具え因を闕くならば無量の諸仏が世に出現なさっても般涅槃を得させることはできない」といい、「涅槃の因を闕くものを無種姓という」と明確に述べられていることが知られる。これを見る限り、徳一がいうように、『瑜伽師地論』に示される無種姓論に順じた展開となっているといってよいであろう。では、真諦訳ではどうなっていたのであろうか。引用すると、およそ次のようになる。

論曰

随属如来心　円徳常無失

無功用能施　衆生大法楽

論曰。随属如来心円徳　釈曰。諸仏円徳。謂六通等。但属自心不関外縁。

論曰。常　釈曰。此円徳由依常住法身真実善為性故。衆徳皆常。

論曰。無失　釈曰。由法身離一切障。所依無失。故能依亦無失。

論曰。無功用　釈曰。由修因及本願成熟。所作仏事皆自然成。無惓無難故言無功用。

論曰。能施衆生大法楽　釈曰。由得浄土自在。有大人能受大法。得弘自如理行。令他如理行故名法楽。

論曰

遍行無有礙　平等利多人

一切一切仏　智人縁此念

論曰。遍行無有礙　釈曰。於八世法。如来後智恒分別此事。於中無憂喜心故。遍行無礙。若有礙則有苦。無礙故安楽。諸仏雖行六塵。過於言説。以離有無執故。

論曰。平等利多人　釈曰。凡夫二乗新行菩薩。及深行菩薩名多人。如来能平等利益。説大富行善道行安楽行自利行二利行。此即是有大事用。

論曰。一切一切仏智人縁此念　釈曰。一切者即目。智人謂諸菩薩。諸菩薩縁此七相。念一切仏法身。(28)

と。偈頌からして同一箇所の翻訳であることは明白であるにもかかわらず、「自心に属す」か「如来心に属す」かという偈頌翻訳の相違がある上に、「釈曰」の内容がまるで異なっている。すなわち、「無種姓」の語もなく、「所作の仏事はみな自然に成る。大人あって能く大法を受く」「凡夫・二乗・新行菩薩および深行菩薩を多人といい、如来は能く平等に利益し、大富行・善道行・安楽行・自利行・二利行を説く」としか述べられていない。これを見る限り、真諦にとって都合の悪い箇所は書き換えるか略すかして、「自義」に叶った翻訳に改変していた疑惑が明白となった。非常に興味深い展開である。とはいえ、玄奘と真諦のいずれが正しい翻訳であったか否かは、更に検証しなければならない。そこで、もう一訳ある笈多共行矩等訳『摂大乗論釈論』を引くと、そこには次のように記されていた。

此中有偈

　随逐於自心　常具浄相応
　無復諸功用　施与大法楽
　無依止遍行　平等於多人
　一切一切仏　智人如是念

釈曰。諸菩薩若念諸仏法身。如七相修念。今当顕示此修義。於中於一切法得自在者。以神通故於一切法得自在。由諸仏於一切世界中得無障礙神通。非如声聞等有障礙故。若諸仏於一切法得自在者。何故一切衆生不得涅槃。此義以偈顕示。有因縁故。不能令得涅槃故。説障礙及闕因等偈。此中障礙者。由業障等所礙故。雖無量諸仏。不能令其得涅槃。是故諸仏於彼衆生無有如上自在。闕因者。謂無涅槃法性。此為闕因。由無彼性故。(29)

と。これを見ると、明らかに玄奘訳と同趣旨であることが知られる。笈多共行矩等訳でも「自心」と訳し、「涅槃の因を闕く彼の性の無きもの」の存在が明確に説かれているから、真諦訳が特殊であったことが確認できるのである。そこで、更に念のため、もう一本の無性造・玄奘訳の『摂大乗論釈』も確認してみると、およそ次のように記されていた。

此中有二頌
　円満属自心　具常住清浄
　無功用能施　有情大法楽
　遍行無依止　平等利多生
　一切仏智者　応修一切念

釈曰。此顕菩薩修念諸仏法身功徳。於一切法自在転者。謂諸如来於一切法。由串習故得自在転。暫起欲楽一切功徳皆能円満。現在前故。若諸如来普於一切無量無辺諸世界中。神通無礙。何因縁故一切有情不般涅槃。由彼有障及無因故。前総明仏於一切法得自在転。今別顕示仏於有情不得自在故説伽他。有情界周遍具障而闕因者。謂具煩悩業異熟障故名具障。猛利煩悩諸無間業愚戇頑嚚如其次第。無涅槃因無種性故。名為闕因。(30)

と。これを見ると、無性の「釈論」ではあるがやはり「自心と訳し」、「有障と無因のために般涅槃しない無種性」の存在の説かれていたことが確認されたのである。これら四訳を徳一が見ていれば、より詳細な論難をしていた可能性もあり、興趣の尽きないところである。いずれにせよ、世親造『摂大乗論釈』を比較検討するかぎり、真諦の翻訳には明らかに「私意」の入っていたことが確認された。したがって、『仏性論』の翻訳に際しても、真諦の「私意」の入った「加増」のなされた可能性が非常に濃厚になったといってよいであろう。

話を戻そう。『仏性論』に説かれる「有性を了説、無性を不了説」とする記述をいかに会通するか。ここに、法相宗義を護持するための肝要の一点が存するといってよいが、そのため蔵俊はまた徳一の『教授末学章』に出る次のような要文を摘出し、集録した。すなわち、

又た云わく、「〈有情了説〉は文に違すというは、（中略）今案ずるに、此の判は、分別部の有性の義を叙べて、薩婆多部の無性の義を破す。此れも亦た真諦三蔵の判ずる所にして、了・不了の義は世親論主の本意には非ず。（中略）明らかに知んぬ、前は畢竟の人にして、後は断善の人なることを。世親論主、既に〈闡提には此の観無し〉と判ず。而るに、何ぞ返りて、判じて有性を了説と為す乎。若し世親論主、自ら判じて有性を了説と為さば、『瑜伽』に六問答を設けて無性有性の義を建立するに違す。又た『善戒経』・『涅槃経』等の諸経論に説く所の無性有情の義に違す。是の如く知りて推徴するに、真諦法師、自宗を成ぜんが為に、判じて有性を了説とするなり。論主の意には非ず。又た無着菩薩の造れる所の『荘厳論』・『顕揚』等の中に広く一闡提を建立す。豈に世親菩薩、無着師に違して別に有性の義を立つるや。明らかに知んぬ、翻訳の加増にして、本主の意には非ざることを。彼の『仏性論』は是の如く錯乱するが故に、決定の証と為すに足らず」と。云々[31]

と。これを見ると、『仏性論』「破執分」に説かれる「分別部の有性の義を叙べて薩婆多部の無性の義を破す」判そのものが真諦の加判であって、了・不了は世親の本意でないことがまず明確に示されている。その上で、『仏性論』

には「畢竟闡提」についても明記されているから、世親は畢竟無性を不了説とはしていないと説くのである。そして、唯識説を継承した世親が『瑜伽師地論』『菩薩善戒経』『涅槃経』等の諸経論に説かれる無姓有情の義や、無著の『荘厳論』『顕揚論』等に説かれる一闡提の義に違背するようなことを説くはずがないと述べ、すべてを真諦の翻訳時の加増であると主張している。また、同じく徳一の散逸文献の一つである『法相了義灯』の文をも引き、

『法相了義灯』の一に云わく、「然るに『仏性論』に〈性有りという者を了説と為す〉と云うは、此れ真諦法師の増語にして、論主の意には非ず。此の義は長遠なるが故に、暫らく止む也」と。云々(32)

と述べ、重ねて徳一が「真諦加増説」を展開していたことを示すである。そして、自らの結語として、

今、案勘するに、（中略）『仏性論』は、是れ真諦の訳にして、自らが悉有仏性の義を主とするが故に、此の説を作す。即ち『論』の文を勘うるに、多く真諦の義を載せり。謂わく、真実の性を明かすに、之れ「分別と依他との二性が極まりて所有無きに由るが故に顕現することを得」と。云々既に、依他に顕行と成実無し。『三無性論』に同じ。則ち真諦の自義にして、『瑜伽』等の説に違す。又た心意識を釈して、「識心とは即ち六識心、意とは阿陀那識、識とは阿黎耶識なり」と。云々『深密』・『瑜伽』、世親の『摂論』・『顕揚』等の説に違す。明らかに知んぬ、真諦の解して加うる所にして、論主の意には非ざることを。(33)

と述べ、『解深密経』『瑜伽師地論』『摂大乗論釈』『顕揚聖教論』とは異なる「依他の異義」「心意識の異義」が説

かれていることでも明らかなように、『仏性論』には真諦の自義が大幅に加増されており、決して「世親の本意」が述べられた書ではないと結論づけているのである。

また、蔵俊は真諦の翻訳そのものにも不備のあったことを指摘しようとして、唐の円照が撰した『貞元新定釈教目録』を集録している（詳細は、野呂靖による第二部第二章第三節の論稿を参照のこと）。その中に、

経論を翻ずと雖も栖遑して記すところ靡し。（中略）真諦、経論を伝えると雖も、道欠け、情は離れて本意を申さず。(34)

等の文があるが、これを蔵俊は解釈して、次のように述べた。

今、『貞元録』等の意を案ずるに、梁代に四君あり。武帝、侯景、孝文帝、斉王なり。而るに、武帝の太清二年閏八月、漢土に至る。帝は寶雲殿を立て、躬を曲げて礼敬し、誠を竭して供養し、経論を伝翻せしめむと欲す。侯景、乱を作して、梁の主、困を被りて餓死す。真諦、（中略）二十余の文人と『十七地論』を翻ず。五巻を得たりと雖も、国の乱、未だ静かならず、（中略）山に隠れ、谷に遁れて、法を伝うるの間、証義・綴文等、経を翻ずるに遅として備わらず。経論を翻ずと雖も、文言、乖競し、仏法を伝うと雖も、本意を中さず。（中略）船に乗りて還らんと欲するに風に遇いて転還して広州に至る。其の刺使欧陽顗、宅に就くを請い供養し、翻経を乞わんと欲す。則ち広州に於いて『摂大乗』等五部の経論を翻す。僅かにして恵愷等相い翻ずるに、論義綴文等無し。此れに由りて紙謬多く誤り、翻訳実ならず。何ぞ必ずしも玄奘と同じく其の是非を論ぜんや。(35)

と。要するに、侯景の乱にあって山野に潜みながら翻訳したため、真諦の翻訳には論義や証義・綴文などが整わず、誤翻訳も多くなった。とても玄奘の翻訳に比すべきものではないと断じているのである。したがって、蔵俊は「真諦加増説」のみを展開した徳一とは異なり、翻訳自体にも問題があったとする「誤翻訳説」をも兼ねて主張していたことが知られるのである。

いずれにせよ蔵俊は、多くは徳一の説を借りながらも、神昉の『種姓差別集』や「相伝」等の要文をも適宜加味し、証文集録（文集）という特異な手法を駆使して、「真諦加増説」（誤翻訳説を含む）を論証し、もって法相宗義の護持をはかったというのが、本帖の特色の一つであったといってよいであろう。その姿勢が次節の「理仏性・行仏性」を用いた会通となって展開していくのである。

第三節　『仏性論文集』における「有性説」の会通――理仏性・行仏性――

周知のように、法相宗では「五姓各別」を正義説としているが、その淵源は玄奘三蔵の「西遊」にある。ナーランダー寺で戒賢論師より唯識を授けられた玄奘は、その後、インド各地を巡って諸徳より教えを学ぶのであるが、いよいよ本国（唐）に還帰するにあたって、戒賢論師に一つの問いを発したという。この点について蔵俊撰『法華玄賛文集』には、

玄奘三蔵、来《かえ》らんと欲するの時、西方の諸徳の云く、「無姓の文は若し本国に至らば各おの信を生ぜず。願はくは、将《ともな》う所の経論の内、無仏性の語を略言せんことを」と。戒賢論師の曰く、「若し其の文を除かば、弥離

車（辺地）の人、何の義を解せんや」と云々。是に知んぬ、五性の差別は実理にして疑い無しということを。(36)

と記されている。それによると、「無姓の教えは正しい教えではあるが、唐の国の人々には理解しがたい恐れがある。したがって、経論を翻訳する際には無仏性の語を略した方がよいであろう」という者がインドの諸徳の中にいた。そこで、戒賢論師に尋ねたところ、「無仏性の語を伝えなければインドから遠く隔てた地にいる人々が仏教の真実義を理解することなど出来ないではないか」と叱責されたという。なるほど、この文を見るかぎり、インドの諸徳は等しく「無姓」の存在を認めていたことが知られ、神昉の『種姓差別集』に記される「西方の論師は五性の別に皆な諍論無し」ともよく合致する内容となっている。そこで、得心した玄奘三蔵は「五姓各別義」を中国に持ち帰るのであるが、これを「三千の門人、七十の達者、四般の上足」がいる中で「一秀の入室」とまで讃えられた愛弟子の慈恩大師基に授けるにあたって、

五性の宗法、唯だ汝にのみ流通せん。他人は則ち否《しから》ず。(37)

と述べたという。かくして、慈恩大師によって確立された法相教学（法相宗）では、「五姓各別」が正義説とされることになる。では、五姓の差異は何によって立てられたものか。今さらいうまでもないが、「種姓」によって立てられている。「種姓」とは無漏種子が種子として活性化する以前の名称であり、無漏智を生ずる無漏種子は第八の阿頼耶識に依附しており、菩提心を発して一阿僧祇劫の修行の後に初地に入って、ようやく無漏智を生じる種子となる。この無漏種子より生じた無漏智（この段階では下品の無漏智）によって菩薩は、初めて我法二空の真理を分

証するのであり、智増の菩薩に至っては初地の段階で変易身を得て平等性智・妙観察智をも分得するといわれている。一方、声聞・独覚の二種姓もまた無漏智を生ずる「種姓」を有しているが、我空のみを証する無漏智しか生じえない点で、菩薩とは大いに異なっている。これをもって三乗の種姓が立てられるのであるが、やや難解なのは「不定姓」と「無姓有情」の存在である。不定姓は声聞乗から菩薩乗へ転向した人物が確認されたところより事実として語られたもので、声聞・独覚・菩薩の無漏種子を複数にわたって有しているため、姓類が確定していない点より不定姓という。すなわち、

(1)　声聞と独覚の種姓（無漏種子）を有する者
(2)　声聞と菩薩の種姓（無漏種子）を有する者
(3)　独覚と菩薩の種姓（無漏種子）を有する者
(4)　声聞・独覚・菩薩の種姓（無漏種子）のすべてを有する者

の四類があげられている。また、無姓有情については、

(1)　断善闡提
(2)　大悲闡提
(3)　無性闡提

の三類が示されているが、このうち菩薩の無漏種子を有している者が二類ある。すなわち、断善闡提と大悲闡提である。前者は仏果を成ずるための善根を悉く断ち切っているため一闡提とされるが、後に如来の大悲にあって仏道に入れば仏果を成じると考えられている。また、大悲闡提は「一切の衆生を救い尽くさなければ仏に成らない」との誓いを立てた一闡提であり、種々の論義研鑽の中で「畢竟成仏」と判じられるに至った。したがって、この二類は後に必ず仏果を成じる存在であり、その特殊性を強調するために一闡提とされたにすぎない。これに対して、無性闡提は畢竟無性である。インドの諸徳が述べた「無姓」「無仏性」は、この一類をさしている。悪性が強く、如来の大悲に遇っても仏の道を歩むことのない一類が、ここに示されたのである。以上を図示すると、およそ次のようになる。

- 声聞定姓……………………………………阿羅漢果
- 独覚定姓（縁覚・辟支仏）……………独覚果（辟支仏果）
- 菩薩定姓……………………………………仏果 ══ 頓悟菩薩
- 不定種姓
  - 声聞と独覚の無漏種子を有する者…………阿羅漢果 or 独覚果
  - 声聞と菩薩の無漏種子を有する者…………阿羅漢果 or 仏果 ─┐
  - 独覚と菩薩の無漏種子を有する者…………独覚果 or 仏果 ─┼─ 漸悟菩薩
  - 声聞と独覚と菩薩の無漏種子を有する者：阿羅漢果 or 独覚果 or 仏果 ─┘
- 無姓有情
  - 断善闡提（畢竟じて菩薩種姓）…………畢竟成仏 ↓ 仏果
  - 大悲闡提（菩薩の一闡提）………………畢竟成仏 ↓ 仏果
  - 無性闡提（無仏性の者）…………………畢竟不成仏

五姓各別は「事相」という現象面を分析したものであるから、「無性闡提」は悪逆非道にして改心の余地のない者を現実的なあり方として認めたものといってよい。その上で、仏法を聞く者に「仏の教えを信受して仏道を歩め」と勧めたところに「五姓各別」の意義があり、決して不成仏の一類の存在を強調することが目的ではなかったのである。ところが、中国から日本にかけて大乗仏教が展開していく中で、理と事の不即不離・不一不異をもって「五姓各別」「三祇成道」を説く法相宗を「権大乗」と貶める風潮が生じるようになった。

そもそも、大乗中道諸宗の中で理と事の不即不離・不一不異を明確に説いた宗は、法相宗（三乗家）のみである。これをもってして法相宗は「五姓各別」「三祇成道」を説いたが、天台宗等の一乗家はいずれも理と事の相即相融を殊更に強調し、「一切皆成」「一念即証」を主張した。要するに、事という現象界（我々を含むこの世界）に対して理という真理の世界がどう関わるかについての見解の相違である。これによって不即不離と説く法相宗では、現実的な五姓の違いを客観的にとらえるとともに、色心の縁起法（依他起性）の上に仮立された時間をも撥無することなく三阿僧祇劫の成道を主張したのである。これに対して相即相融を強調する一乗家では、現象そのものが理のあらわれであると見て、一切衆生の本質は仏であるから皆ことごとく仏に成ると説き、かつまた「即身成仏」「即心是仏」等の即証の論理をも展開した。この点に、「インドから遠く地を隔てた日本という辺地」において諍論の起こる要因があったのである。

周知のように、日本における一三権実論争は、天台宗の最澄（七六六―八二二）と法相宗の徳一（？―八二一～八四二？）による諍論が有名である。この点については田村晃祐氏などによる各種の研究があるので今は省略するが[(38)]、一言でいって「新宗」である天台宗を世に弘めるために最澄が仕掛けたものが一三権実論争であったといっても過言ではない。なぜならば、日本では法相宗が先に伝えられ興福寺を中心に栄えたのに対して、天台宗は最澄によって平安中期に伝えられ、南都優勢の中で天台宗から他宗へ転宗する者もあり、伸び悩んでいたからである。そのため最澄は、南都からの独立をめざして大乗戒壇の設立を推進し、僧綱職の長であった法相宗の護命（七五〇―八三四）とも相い対立した。当時、法相宗は「南都六宗の長」と見做されていたのみならず、本寺である興福寺は藤原氏の氏寺でもあったので、仏教界の中でもとりわけ大きな勢力を保持していた。その法相宗に対して最澄は、「一三権実論争」と「大乗戒壇独立論争」を仕掛け、天台宗の浮揚をはかったのである。ことに「一三権実論争」は、両宗の教義の根幹にも大きく関わっていたため、論義法会等においてもしばしば諍論の対象となった。最も有名なのが応和三年（九六八）に行なわれた天台宗良源と法相宗仲算による応和の宗論であり、その後、良源の弟子であった天台宗源信（九四二―一〇一七）も『一乗要決』を著して論理的に五姓各別の破斥を試みた。これをもって天台宗側の勝利で幕を閉じたなどとも伝えられたが、そのような事実は決してなかった。なぜならば、五姓各別は法相宗の教義の根幹といってよく、天台宗側の論難を容認することなど有り得なかったからである。そのような中で、天台宗に対する法相宗側の再反論の書として著されたのが、このたび発見された蔵俊撰『仏性論文集』だったといってよいであろう。

さて、『仏性論文集』において最も問題視されるのは、無性闡提の存在を否定するかのような「無性不了説」が示されている『仏性論』「破執分」の記述であった。ことに、「無種姓」の存在を認める弥勒説無著造の『瑜伽師地論』に対して、その教義を継承したはずの世親の『仏性論』に「無性不了説」が示されていたことは、大きな矛盾であった。この「不同」「背反」をいかに会通するかが、法相宗学侶の課題であったといってよいであろう。そこで、まずは『瑜伽師地論』の記述を検証してみると、巻三五「菩薩地・種姓品」に、次のような文が見られる。すなわち、

云何種姓。謂略有二種。一本性住種姓。二習所成種姓。本性住種姓者。謂諸菩薩六処殊勝有如是相。従無始世展転伝来法爾所得。是名本性住種姓。習所成種姓者。謂先串習善根所得是名習所成種姓。（中略）若諸菩薩成就種姓。尚過一切声聞独覚。何況其余一切有情。当知種姓無上最勝。（中略）言果勝者。声聞能証声聞菩提。独覚能証独覚菩提。菩薩能証阿耨多羅三藐三菩提。是名果勝。（中略）如是菩薩雖有種姓。因縁闕故不能速証無上菩提。若具因縁便能速証。若無種姓補特伽羅。雖有一切一切一切種当知決定不証菩提。(39)

と。これを見ると、種姓には「無始よりこのかた伝来した本性住種姓」と「善根の串（熏）習力によって得られた習所成種姓」があるという。要するに、本性住種姓が本有の種姓であり、これが善根の修習によって増上したものを習所成種姓というのである。このような種姓は声聞にも独覚にも菩薩にもあり、因縁が具われば声聞は声聞菩提（阿羅漢果）を得、独覚は独覚菩提（独覚果）を得、菩薩は無上菩提（仏果）を得るが、その中でも菩薩の種姓および菩提果が最も勝れていると述べられている。注目すべきは、その末尾に「無種姓人は菩提を証することはない」と記されている点である。まさしく五姓の中の「四姓」までがここに示され、無種姓人は声聞・独覚・菩薩の菩提（果）を得ることがないと説かれていたのである。次いで、『瑜伽師地論』巻七六「摂決択分・菩薩地」を見ると、

一切声聞独覚菩薩。皆共此一妙清浄道。皆同此一究竟清浄。更無第二。我依此故。密意説言唯有一乗。非於一切有情界中。無有種種有情種性。或鈍根性。或中根性。或利根性有情差別。善男子。若一向趣寂声聞種性補特伽羅。雖蒙諸仏施設種種勇猛加行方便化導。終不能令当坐道場証得無上正等菩提。何以故。由彼本来唯有下劣種性故。一向慈悲薄弱故。一向怖畏衆苦故。（中略）是故説彼名為一向趣寂声聞。若廻向菩提声聞種性補特伽

羅。我亦異門説為菩薩。(40)

といい、一切の声聞・独覚・菩薩は一妙清浄道・一究竟清浄を共同するので「密意」をもって「一乗」と説くが、実際には一切の衆生に「鈍根性・中根性・利根性」などの「有情差別」があるといい、一向趣寂声聞（定姓声聞）と廻向菩提声聞（不定姓声聞）の存在等が説かれている。したがって、右の二文を合して勘案すると、『瑜伽師地論』には五姓各別が明確に説かれていたことが知られるのである。

ところが、『瑜伽師地論』系統の唯識説を継承し、自らも『摂大乗論釈』において「無種性」の存在を説いていた世親が、『仏性論』では一転して「有性を了説、無性を不了説」とする見解を示したのである。すなわち、

経中説。一闡提人堕邪定聚。有二種身。一本性法身。二随意身。仏日慧光照此二身。法身者。即真如理。随意身者。即従如理起仏光明為憐愍闡提二身者。一為令法身得生。二為令加行得長修菩提行。故観得成。復有経説。闡提衆生決無般涅槃性。若爾二経便自相違。会此二説。一了一不了。故不相違。言有性者。是名了説。言無性者。是不了説。故仏説若不信楽大乗名一闡提。欲令捨離一闡提心故。説作闡提時決無解脱。若有衆生有自性清浄浄永不得解脱者。無有是処。故仏観一切衆生有自性故。後時決得清浄法身。(41)

といい、二経典の所説を会通する中で、「有性を了説、無性を不了説」と判じ、「大乗の教えを信じない者を一闡提というのであり、彼らも自性清浄なので後には必ず清浄の法身を得る」という有性了説論を展開した。これをもって「一切皆成」を主張する一乗家（天台宗等）の人たちは、法相宗（三乗家）が祖師と仰ぐ世親でさえも有性を了

説としているではないかと論難するに至ったため、この論難に対する会通を法相宗は迫られることになったのである。そこで、この問題について徳一は『教授末学章』（散逸文献）において、次のように論じた。すなわち、

末学者に教授して云わく得一の作なり、「末学者、第六の問難に曰わく、〈若し無性有情が成仏せざれば、天親の『仏性論』第二巻の末に、《性有りと言う者は、是れを了義と名づけ、性無しと言う者は是れを不了と名づく》と云うに違す〉と。今、愍れみて教授して云わく、会するに二義有り。一つには云わく、彼の『論』は断善闡提に拠りて了と不了とを判ず。畢竟闡提に拠りて了と不了とを判ずるには不《あら》ず。何となれば、若し教授有りて、〈断善闡提に仏性有り〉と説かば、是れを了説と名づく。若し教授有りて、〈断善闡提に仏性無し〉と説かば、是れを不了説と名づく。一つには云わく。理仏性に約して了と不了とを判ずと知るべし」と。云々[42]

と。「末学者」とは、おそらくは最澄をさすと考えられるが、その第六の問難に『仏性論』に出る「無性を不了説」とする記述をもって無性有情の成仏を問うていたので、これに対して徳一は二つの会通を示したのである。一つは『仏性論』は断善闡提に対して「了・不了」といったのであり、畢竟闡提（無性闡提）についていったものではないというもの、今一つは「理仏性」についていったものであるというものであった。この二つの会通は、共に『仏性論』に説かれる悉有仏性義を大きく覆す要素を秘めていたが、この箇所の会通に限っていえば前者の方が適していたといってよいであろう。

すでに指摘したように、法相宗では『瑜伽師地論』や『楞伽経』等を根拠として「五姓各別」義を展開するが、今ここで問題とされる「有性」は、法相宗においては我法二空を証する無漏智を生み出す無漏種子（行仏性）のこ

とであり、これを欠く者に二乗（定姓二乗・不定姓二乗）と無姓有情の二類があった。しかし、無姓有情にも経論の記述からすれば、更に「有性」と「無性」の別があったため、法相宗の開祖である慈恩大師基は『成唯識論掌中枢要』の中で次のように論じた。

大荘厳論第一巻種性品。説五種種性。三乗定及不定四同瑜伽。第五性中説有二種。一時辺。二畢竟。時辺有四。頌曰。一向行悪行。普断諸白法。無有解脱分。善少亦無因。畢竟無者以無因故。此中時辺応云暫時。（中略）楞伽所説二種闡提。初是断善根具邪見者。後是菩薩具大悲者。初者有入涅槃之時。後必不爾。以衆生界無尽時故。（中略）合経及論闡提有三。一断善根。二大悲。三無性。起現行性有因有果。由此三人及前四性四句分別。一因成果不成。謂大悲闡提。二果成因不成。謂有性断善闡提。三因果倶不成。謂無性闡提・二乗定性。四因果倶成。謂大智増上・不断善根而成仏者。(43)

と。すなわち、『楞伽経』に説かれる断善と大悲の二種闡提と、『荘厳論』に説かれる時辺（暫時）と畢竟の二種闡提とを合して、断善闡提・大悲闡提・無性闡提の三種に分類した上で四句分別し、その成不成を判じたのである。このうち問題となるのは、断善闡提と無性闡提である。すなわち、断善闡提は元来「有性」であるから暫く成仏の因を断じていても後には必ず成仏するが、無性闡提は「畢竟無性」であるから成仏することがない、と記されていたことがわかる。これをもって『仏性論』巻二の文を再度確認すると、「有性を了説、無性を不了説」と述べた後に、「仏が大乗を信楽しない者を一闡提とお呼びになったのは一闡提の心を捨離させようとなさってのことである。闡提となった時には解脱することはないが、しかし自性清浄の心（行仏性）があるかぎり後には必ず成仏する」と記されているから、これをもって徳一は『仏性論』に説かれる一闡提を断善闡提と判じたことが知られるのである。

その効果は絶大であった。これによって『仏性論』が問題とする闡提は断善闡提であり、「断善闡提に仏性あり」と説くのが了説の意、「断善闡提に仏性なし」と説くのが不了説の意であるとすることによって、「無性闡提を不了説」とする見解を斥けたのである。その結果、『仏性論』の顕体分・弁相分において展開される悉有仏性義のすべてが、五姓各別を前提としたものに様変わりしたといってよい。実に画期的な会通であったといってよいであろう。いわば、無性闡提のあり方を護持しつつ、『仏性論』の悉有仏性義を行仏性によって会通したのが、徳一の「第一の会通」の特色であったことが知られるのである。

この「第一の会通」をさらに確実なものにするため、『仏性論』の顕体分・弁相分の悉有仏性義が「理仏性」についても論じられたものであったと主張するために、徳一が立てたのが「第二の会通」であった。『教授末学章』では十分な見解が示されていないが、蔵俊が集録した徳一撰『中辺義鏡章』においては、「二つの会通」を論ずる中で「理仏性」についての会通も詳細に示されている。紹介すると、およそ次のようになる。

『中辺義鏡章』の下に云わく、「問う。若し無性有情にして終に成仏せざるもの有らば、天親の『仏性論』の文は如何んぞ会通するや。彼の『論』の第二に説く、〈有る『経』の中には、一闡提の人に仏性有りと説き、復た有る『経』の中には、一闡提の衆生には決定して涅槃の性無しと説く。二経相違せり〉と。即ち『論』は、此の二説を会して、一つを了、二つを不了とす。〈性有りと言うは是れをば了説と名づけ、性無しと言うは是れをば不了説とす。故に相違せず〉と。此の『論』の言うところに就かば、悉有仏性の義は是れ顕了の義にして、一分無性の家は是れ密意の語なり。如何んぞ一闡提の不成仏有りと言うや。答う。会するに二説有り。一つには云わく、彼の『論』は理仏性の有無に約して了・不了を判ず。行仏性には不ず。〈一闡提の人に理仏性有り〉という。此の『経』を了義と為す。〈一闡提の衆生に理仏性無し〉と説く。此の『経』を名づけて不了義と為す。何を以て然なるを知る。彼の『論』に、〈二空所顕の真如を名づけて仏性と為す〉と言う。又た云わく、〈一闡提の人に二種の身有り。一つには本性法身、二つには随意身なり。随意身とは即ち如理従り起こるなり〉と。文に既に〈一闡提の衆生には決して涅槃の性無し〉と云う。此の文に准じて知んぬ、理仏性の有無に約して了・不了を判ずることを。行仏性には不ず。一分無性の家は、行仏性の有無に約して、有と無の性を簡ぶと云う。故に相違せず。一つには云わく、彼の文は断善闡提に約して了・不了を判ず。畢竟無性の闡提には拠らず。何を以て然なるを知る。即ち『論』に言わく、〈若し大乗を信楽せざれば一闡提と名づく。闡提の心を捨離せしめんと欲すればなり。故に闡提と作す時は決して解脱無しと説く〉と。此れに准じて明らかに知んぬ、彼の『論』は断善闡提に約して仏性種子無しと判ずるを不了説と為すと。畢竟無性に拠りて有無の性を判ずるには不ず。(44)

と。ここでは、第一の会通に「理仏性」、第二の会通に「断善闡提」をあて、「成仏しない無性有情がいるというならば世親の『仏性論』の文をどのように会通するのか」という問難に対しての見解を示している。すなわち、第一の会通においては「理仏性の有無によって了・不了を判ずるのであり、行仏性の有無についていったものではない」とまずいい、「一闡提の人に理仏性あり」とするのが了説、「一闡提の人に理仏性なし」とするのが不了説であると会通している。その根拠となるのが、『仏性論』巻第一「縁起分」に出る、

仏性者即是人法二空所顕真如。(45)

という文言であり、これを逆手にとって『仏性論』に説かれる仏性は「真如の理」であり、したがって「理仏性の有無による了・不了であった」との会通を示したのである。第二の会通は、『教授末学章』で論じられた内容と同趣旨であり、「断善闡提によって了・不了を判じたのであって畢竟無性によって有性・無性を判じたのではない」と会通した。『仏性論』の当該箇所の会通としては断善闡提とするものが適しているが、『仏性論』の顕体分・弁相分において展開される悉有仏性義のあり方を考えると、「理仏性」による悉有仏性義であったと会通する方がより効果が大きい。そこで、徳一は『仏性論』「縁起分」に出る「仏性とは二空所顕の真如である」という文言を根拠に、理仏性会通説を打ち出したといってよいのである。では、いずれの会通を徳一はとるのか。この点について徳一撰『中辺義鏡章』（散逸文献）には、

答う。彼の『仏性論』は理性のみに准ぜず。又た行性を明す。第一巻に言わく、〈仏性とは即ち是れ人法二空所顕の真如なり。真如に由るが故に、能罵・所罵無し。此の理に通達すれば、虚妄の過を離るるなり〉と。此れ理仏性に准ず。又た「明因品」に言わく、〈四種の因有り。一つには大乗を信楽す、二つには無分別の般若、三つには破虚空の三昧、四つには菩薩の大悲なり〉と。此れを三身の因と為す。此れは即ち行仏性なり。又た「三因品」に言わく、〈仏性を三種の因と為す。一つには応得因。謂わく、二空所顕の真如なり。二つには加行因。謂わく、菩提心なり。此の心に由るが故に、能く三十七品と十地と、乃至、道後の法身とを得。是れをば加行因と名づく。三つに円満因とは、是れ即ち加行なり。加行に由るが故に因円満と及び果円満とを得るなり。

因円満とは、謂わく福徳と智恵の行なり。果円満とは、謂わく智徳・断徳・恩徳なり。三因の前の一は、則ち無為の如理を以て体と為し、後の二は則ち有為の願行を以て体と為すなり〉と。此の文は、通じて理・行の二性を明かす。此れ等の文に由るに当に知るべし、有性をば了説と為し無性をば不了説と為すというは、理仏性と及び断善闡提とに約して了・不了を判じ。行性と及び畢竟闡提とを開くなりと」と。云々[46]

といって、理仏性と行仏性のいずれをも取っていたことが知られる。すなわち、『仏性論』巻一「縁起分」に出る、ⓐ「仏性即是人法二空真如」は理仏性、「弁相分・明因品」に出る、ⓑ「信楽大乗・無分別般若・破虚空三昧・菩薩大悲」は行仏性、「顕体分・三因品」に出る、ⓒ「応得因・加行因・円満因」は理仏性と行仏性にあたるとし、『仏性論』に出る有性を了説とする見解は、「理仏性と行仏性」についていったものであると判じたのである。[47]ちなみに、応得因とは将来に得る可き果体である二空真如をいい、また加行因とは真如の果体（自覚覚他覚行窮満）を得るための加行を起こす菩提心、円満因とは自覚・覚他（果円満）と覚行窮満（因円満）をもたらす加行のことをいう。[48]したがって、法相教学の観点からすれば、応得因が理仏性であり、加行因と円満因が行仏性となる。これらの観点より、理仏性のみならず行仏性をも加味して論じられたのが『仏性論』であり、「真諦の加増」による書き換えはあったとしても、詳細に吟味すればなお随所に唯識の正統説が継承され、理仏性と行仏性とによって有性論（悉有仏性義）が展開していたと、徳一は判じたのであった。

このことを補足するために蔵俊は、『瑜伽論菩薩地抄』「略顕種姓差別章」を集録している（詳細は、小野嶋祥雄による第二部第二章第二節の論稿を参照のこと）。この書物は、各種目録類にも見出せない未詳の資料であるが、その中の問答分別では次のようにある。すなわち、

> 問う。『仏性』と『宝性』の二論の説く所の仏性は何なる仏性なる乎。答う。二論の意は是れ真如の性を仏性と為す。
>
> 問う。有為の法爾無漏の仏性は如何んぞ真なる乎。答う。世親の意は之れを建立すべし。真如の理を言わざるが故に有為の法爾無漏の仏性を建立せざるには非ず。其れ翻訳主は意を得ざる耳。論主は三因・三性・三無性の仏性を建てるが故に。（中略）
>
> 問う。理行の性を立てること、何を以て知ることを得る乎。答う。「顕体分」の中に而して三品有り。一つに「三因品」には、「謂わく三因とは、一つに応得因、二空所顕の真如理性なり。（中略）二つに加行因とは、謂わく菩提心なり。（中略）三つに円満因とは、即ち是れ加行なり。（中略）此の三因の中、初めの一因は、是れ無為の理なり。後の二因は是れ有為の行願なり。（中略）二に「三性品」。此れに二の三性有り。謂わく、三無性と及び三性と也。（中略）「此の三性は如来性を摂し尽くす。何を以ての故に。此の三性を以て通じて体と為すが故なり」と。以上は『仏性論』「三性品」の所説 則ち、三性の中、依他起性に染浄の性有り。彼の浄依他は即ち法爾の種にして、無始の時より来かた、第八阿頼耶識に依附して而も随転する也。(49)

と。要するに、『仏性論』において世親は、「三因」と「三性・三無性」を示して、理仏性（真如法性の仏性）と行仏性（有為の法爾無漏の仏性）を説いたというのである。しかも、このことを「翻訳主である真諦三蔵は理解していない」と指摘している。だから、「破執分」において「無性不了説」を加増したり、「顕体分」や「弁相分」で「悉有仏性義」を展開してしまうのであり、真諦は世親の本意を誤って理解していると暗に批判しているのである。

その上で、蔵俊の結語が示される。すなわち、今案ずるに、有性をば了義と為し、無性をば不了義と為すというは、理仏性に約して説くが故なり。『論』の上に又た云わく、「仏は小乗人の為に仏性に住せざる衆生有りと説く」と。云々 此れ則ち理仏性の説無きを説く也。此れを指して不了の説と為す也。若し救いて、若し理性有らば亦た行性有るべし、事理相即なるが故にと云わば、若し爾らば、識の字は事法の如し。一ならず異ならざるを以て了義と為す。事理相即は末学の僻見也。故に慈恩の云わく、「諸の末学の者は執を起こすに依るが故に」と。云々(50)

といい、「有性を了説、無性を不了説」とするのは「理仏性」についていったものであると結論づけたのである。五姓説を認める、より効果の大きい説を採用したといってよい。その際、蔵俊が根拠とした『仏性論』の文は「破執分」に出る次のような文であった。すなわち、

仏為小乗人。説有衆生不住於性。永不般涅槃故。(51)

と。明らかに「永く般涅槃しない」無仏性の存在が説かれている。ところが、この文の後には「此に於いて疑を生じ不信心を起こす」という文が続き、「釈曰」の解釈が展開されていくことになる。明らかに論理の流れが曲げられていると見た蔵俊は、世親の「破執分」の「本意」が本来は「無性」を前提としたものであったと読み取ったのである。しかも、すでに指摘したように蔵俊は「了不了は理仏性に約して説く」立場を鮮明にしているから、顕体分・弁相分の「悉有仏性論」は「五姓各別を前提とした理仏性による皆有性論」であったと最終的に判じたことになる。もう一点の注目すべき箇所は、慈恩大師の『成唯識論述記』の記述を引いて、「すべてを事理相即で見るの

は末学の僻見である」と天台一乗家の姿勢を批判しているところである。すでに指摘したように、事理の相即を強調して「一切皆成」と説くのは一乗家の立場であるが、これを蔵俊は明確に「僻見」であると否定したのである。ここに蔵俊の今一つの結論があったと見てよく、それが第二部第三章において、いよいよ明確になるのである。

第四節　『仏性論文集』における「一乗融会」の萌芽的思想

本帖『仏性論文集』の三十二丁表から四十八丁表（詳細は、村上明也と舩田淳一による第二部第三章の論稿を参照）にかけて蔵俊は、天台未詳文献、作者不詳の『天台宗要義』、最澄撰『守護国界章』、源信撰『一乗要決』の四点の天台宗関連の文献を相次いで集録している。その論難の内容を整理すると、

(1)　世親造『法華論』の四種声聞（決定声聞・増上慢声聞・退菩提心声聞・応化声聞）はすべて成仏する。……『天台宗要義』『守護国界章』『一乗要決』の論難

(2)　玄奘三蔵は一乗仏性を宗趣としている。……………………………………天台未詳文献の論難

(3)　慈恩大師基は一乗義と五姓義の一致を説いていた。……………………………………『一乗要決』の論難

となる。この内、(1)は中国から日本にかけて広く諍論の対象となったものであり、日本でも最澄と徳一がまた、この問題を取り上げている（詳細は、村上明也による第二部第三章第一節の論稿を参照）。これに関する蔵俊の反論は、第二部第三章第三節（詳細は、舩田淳一の論稿を参照）に見られる。それによると、

今案ずるに、二種の定性は経論の文に無しといわば、爾るべし。但だ『法花論』の趣寂声聞を暫時と為すというは、全く非なり。凡そ『法花経』の中に四種の声聞有り。一つには退大声聞。舍利弗等の如し。二つには応化声聞。富楼那等の如し。三つには趣寂声聞。万二千の声聞の授記を得ざる者の如し。四つには上慢声聞。五千の退坐の人等の如し。『瑜伽論』は此の経の意に依りて四の声聞を立つ。『宝積経論』と『法花経論』は、同じく『瑜伽』に依りて倶に四種を立つ。若し『瑜伽論』の趣寂は畢竟不成仏ならば、『法花論』の趣寂声聞も亦た応に爾るべし。豈に二類に分かつ哉。(52)

と述べている。ここで問題とされているのは、世親撰『法華論』に出る決定声聞が不成仏の定姓二乗か否かという点にある。この点に関しては、すでに徳一と最澄の間で諍論がなされ、「決定声聞は法に遇っても根未熟なため成仏することはない」とした徳一に対して、最澄は慈恩・神昉・義一等の文を引いて「決定声聞は暫時なので未来には必ず成仏する」と反論した。本帖には、このような天台宗側の論理が『天台宗要義』『守護国界章』『一乗要決』の要文を集録することで詳細に示された後、前掲の「今案ずるに」という蔵俊の見解が示されるのである。それによると、『瑜伽師地論』の四種声聞を世親の『法華論』も用いているのであるから、『瑜伽師地論』に説かれる趣寂声聞が畢竟不成仏であるなら『法華論』に説かれる趣寂声聞も必然的に畢竟不成仏である、と結論づけたのである。これをもって蔵俊は、世親撰述のもう一つの書籍である『法華論』の記述も会通したのであった。

次の(2)の天台未詳文献に見られる論難は、法相側からすれば破天荒なものであった。五姓各別を宗趣とする玄奘三蔵が「実は一乗の人であった」として論難するもので、法相宗の立脚基盤を根底から覆そうとするものであったといってよい。その集録された本文を示すと、およそ次のようになる。すなわち、答う。若し多分を以て其の宗と為さば、『大般若』六百巻を翻ずるが故に、応に般若宗なるべし。問う。若し爾らば玄奘の御意、何を以て宗と為すや。答う。十方三世の諸仏出世の大意は、唯だ一大事の為なり。玄奘、豈に乖かんや。故に玄奘も亦た一乗仏性を以て究竟の宗と為す。問う。翻ずる所を以て宗旨と為さずと答うるならば、何ぞ先に云わく、羅什所翻の『法花』に「唯だ一乗のみあり」と云い、『梵網経』に「皆な仏性有り」と云うや。答う。故に羅什は是れ一乗仏性の宗なり。答う。彼の所翻の経に所造の画図には、「一乗仏性」と云う。故に其の宗と為す。玄奘の所翻の『瑜伽論』には声聞地に無姓を建立し、菩薩地に「真如所縁々種子は一切に皆な有り」と云うと。云々唯だ此の無姓は小乗の分斉なり。有性は大乗の至極なり。所以に玄奘の宗とする所、正しく是れ一乗仏性なり。云々[53]

とあるように、明らかに「玄奘の宗を一乗仏性とする難」が示されている。その説くところによれば、玄奘翻訳の経論の中で多数を占めるのは『般若経』六百巻であるから玄奘の本意は般若教学（般若宗）にあり、かつまた所翻の経典の画図に「一乗仏性」とある点や、玄奘翻訳の『瑜伽師地論』「菩薩地」に「真如所縁縁種子」の存在が説かれている点等より、玄奘もまた「一乗仏性」を究竟の宗としていると主張していたことが知られるのである。この書の論難はこれ一点に尽きるが、これを見る限りではあまり説得力のあるものとは思えない。しかし、「玄奘が一乗仏性の人であった」という論難は、「玄奘回帰」を志向する蔵俊には到底、容認しがたいものであった。そこで、『日本書紀』『宋高僧伝』の証文を集録した後、「今案ずるに」として『大唐大慈恩寺三蔵法師伝』の文を示した上で、一百余科の未決に随いて、遂に西天に遊び、戒賢論師に謁して、五性の宗を窮め、以て慈恩に授く。慈恩、伝を受けて『唯識枢要』を製す。三経四論に依りて、一比量もて定性二乗を証《あか》し、四経一論を引きて、一比量もて無性有情を証《あか》す。『諸乗義章』を製し、諸経諸論を引きて諸乗の差別を成立す。明らかに知んぬ、三蔵の御意は五性各別を以て実義と為すことを。(54)

と述べ、戒賢論師より稟け、後に慈恩大師に授けた玄奘三蔵の宗旨が「五姓各別」にあったことを明確にしたのである。次いで、『宋高僧伝』に出る「五性各別の宗は慈恩一人のみ応に流通すべし」という有名な文をあらためて提示した後、

加之《しかのみならず》、我が聖朝の第三十七代斉明天皇の御代に、智通・智達の二人の沙門、勅を奉り、以て戊午秋の七月、新羅の船に乗りて大唐国へ往き、玄弉三蔵の所に於いて、無性衆生の義を受学す。若し爾らば、玄弉三蔵は悉有仏性の義を存すと云うは、是れ大妄語なり。穴賢穴賢、信ずること勿れ、信ずること勿れ。(55)

といい、智通・智達の二人が玄奘三蔵より受学して日本に伝えたのは「無性衆生の義」であったことを根拠に、玄奘三蔵を「悉有仏性の人」とするのは「大妄語」であると断じたのである。一方、「真如所縁縁種子」のあり方をも説いたと難じられた『瑜伽師地論』の問題については、

又た、『瑜伽論』の中の声聞地には、一分無姓を建立し、五十一巻に「真如所縁縁種子は一切に皆な有るが故

に」と。無姓は小乗の分斉なり、有性は大乗の実義なり。故に知んぬ、三蔵は一乗仏性を以て宗と為すとは、爾らず。声聞地の無姓は小乗と不同なり。豈に小乗の分斉と為す哉。若し其の声聞地に無性を明かすが故に是れ小乗の義なりといわば、如何が『瑜伽論』三十五巻の菩薩地に、所成の補特伽羅に就いて四種を出すの中に無性と有性を列ぬるや。並びに第三十五巻の菩薩地の住に、「無種姓の補特伽羅は無種姓なるが故に、後に発心し勤行精進すと雖も、終に阿耨菩提を得ること能わず」と。又た、第八十巻の菩薩地に、「四種声聞の趣寂声聞は永く成仏せず」と説く哉。明らかに知んぬ、『瑜伽論』は五性各別を以て至極究竟の説と為すと云う事を。若し爾らば、大遍学三蔵は全く一乗仏性を宗と存するにはあらず。是の如き妄語は自他に益無し。速やかに応に此の執を弃《す》つべし、此の執を弃つべし。[56]

といい、『瑜伽師地論』の別の箇所に説かれる、ⓐ無性と有性を列ねる文、ⓑ無種姓人は阿耨菩提を得ることはないとの文、ⓒ趣寂声聞は永く成仏しないとの文、の計三つの文を列挙して、[57]『瑜伽師地論』は「五性各別を至極究竟の説」としていると述べ、玄奘三蔵（大遍学三蔵）には一乗仏性を宗とする意思はまったくなかったと断じたのである。その際、「このような妄語は自他ともに益がないので速やかに棄捨すべきである」とまで、痛烈に批判している。

なお、『瑜伽師地論』の「真如所縁縁種子」の文について一点補足するならば、天台宗の未詳文献の作者の難は当該の『瑜伽師地論』の文を読む限り、およそ妥当なものであったとは思えない。なぜならば、『瑜伽師地論』には次のように記されていたからである。すなわち、

問若此習気摂一切種子。復名遍行麁重者。諸出世間法従何種子生。若言麁重自性種子為種子生。不応道理。答諸出世間法従真如所縁縁種子生。非彼習気積集種子所生。問若非習気積集種子所生者。何因縁故建立三種般涅槃法種性差別補特伽羅。及建立不般涅槃法種性補特伽羅。所以者何。一切皆有真如所縁縁故。答由有障無障差別故。若於通達真如所縁縁中。有畢竟障種子者。建立為不般涅槃法種性補特伽羅。若不爾者。建立為般涅槃法種性補特伽羅。若有畢竟所知障種子布在所依。非煩悩障種子者。於彼一分建立声聞種性補特伽羅。一分建立独覚種性補特伽羅。若不爾者。建立如来種性補特伽羅。是故無過(58)。

と。これについて『同学鈔』巻一七（大正六六・一五八）には「真如所縁縁種子」の解釈に種々の異論のあった旨が指摘されているが、おおむね「認識対象（所縁）である真如を縁として能縁の智（無漏智）を生じる種子」とする見解が常義とされる。したがって、法相教学においては「真如所縁縁は理」「真如所縁縁種子は能縁の智種」と見なされていたといってよい。換言すれば、前者が理性、後者が行性（無漏種子）である。重要なのはむしろ、「真如所縁縁（理性）は一切に皆あるものなのにどうして三種の種姓差別が生じるのか」という理性（理仏性）に関しての問難が示されていた点である。これに対して答文では「有障と無障の差別による」と答え、成仏を障える畢竟障種子ある者は「不般涅槃法種姓」（無性闡提）となり、法空を障える所知障種子ある者は「声聞種姓・独覚種姓」となり、障種子のない者は「菩薩種姓」となるという三類分別が示されている。したがって、『瑜伽師地論』の当該文は、主として「三乗と無性」の姓類差別のあることを論ずるものだったといってよいのである。しかし、天台宗の未詳文献の作者は中国・日本での諍論を受けて「真如所縁縁種子は一切に皆な有り」と説かれているのであるから、『瑜伽師地論』もまた「大乗至極の有性」を説いたものであると断じ、『瑜伽師地論』を訳出した玄奘を

「一乗仏性の人」としたのである。これに対して蔵俊は、「明らかに知んぬ、『瑜伽論』は五性各別を以て至極究竟の説と為すと云う事を」と結論づけ、『瑜伽師地論』をもって玄奘を「一乗仏性の人」とする天台宗側の論難は、およそ不当なものであるとして斥けたというのが実態であった。

ところが、これに別の視野から参戦した人物がいる。それが源信であった。(3)において示したように、源信は『一乗要決』巻下において、玄奘の弟子である慈恩大師の「一乗観」に切り込んだのである。すなわち、

問。一師引基師釈云。法華一乗。通理智。勝鬘一乗唯理仏性。法華一乗唯摂入。勝鬘等通出生。法華一乗唯有性。勝鬘一乗通無性。法華一乗唯不定性。勝鬘等通定性。法華多説教理。勝鬘等多説行果。法華一乗為実。二乗為権。勝鬘一乗為権。四乗為実。又法華一乗唯依摂入。用狭故為方便説。勝鬘一乗出生摂入。二皆周備。故是真実。法華一乗唯談有性。為依故是方便。勝鬘一乗亦談無性。為依故是真実。又法華唯談不定性故是方便。勝鬘亦談定性故是真実。云云　此義云何答。今謂慈恩和尚者。三蔵上足。百部疏主。探経論之奥旨。究文義之幽致。唯此一事理。恐不当。如是麁言。皆由定性不成仏執。(59)

とあるように、「問」においてまず慈恩の「一乗観」を整理した。それによると、「法華一乗は唯だ有性のみを説き、一乗を実と見て二乗を権としているが、勝鬘一乗は唯だ理仏性のみを説くので無性も認め、一乗を権と見て四乗を実としている」等というのが慈恩の一乗観であったとした。これを前提として源信は答文において、「慈恩和尚は勝れた人物であるが定姓不成仏の執を抱いたばかりに、このような麁言をなしたのであろう」と難じたのである。その上で、

然基公文。応有別意。如法華玄賛要集第四云。就法華経意。竝顕一乗。而先師疏文。多引五性。欲帰一致。故亦両存。勿因此言。遂生偏執。故百法記云。不応定説有之与無。推決於仏。斯為善会。此即疏主之深意也鏡水沙門棲復撰則知。慈恩一乗為勝。然本所宗故。勿不撥五性。順道理故。永不背一乗。由此唱言不可定説。例如世親出経部有部得等仮実二説已。云如是二途皆為善説。所以者何。不違理故。我所宗故見倶舎第四巻(60)

と論じた。この文を蔵俊は『仏性論文集』に集録しているが、注目すべきは慈恩大師基には別意ありとする源信の会通である。すなわち、慈恩は『法華経』を注釈した『法華玄賛』を著した際には「一乗」と説きながら、他の疏文では「五姓」と説くのは、「一乗と五姓の一致」「一乗と五姓の両存」を考えていたからであるというのである。そして、いずれが正しいか否かなどという「偏執」を起こしてはならないと諫めている。おそらく、源信も法相宗との諍論には辟易していたのではないかと思われる。そこで、最終的には一乗義に集約されていく過程で許容される五姓を慈恩は説いたのであると主張し、「一乗的立場からの五姓融会」を示したものと思われる。そして、これが蔵俊に一つのヒントを与え、一乗融会思想の展開を生み出すことになるのである。

唐代の天台宗に荊渓湛然（七一一―七八二）がいるが、蔵俊は湛然の『法華文句記』に出る要文を引いた上で、一々これを破していく。その詳細については、第二部第三章第四節の船田淳一の論稿にゆずるが、ここで最も注目されるのが「蔵俊に見られる融会思想の萌芽」である。すなわち、蔵俊はまず湛然の『法華文句記』に出る「以一乗妙行為眼目。以再生敗種為心腑。以顕本遠寿為其命。而却以唯識滅種死其心。以婆沙菩薩掩其眼」（大正三四・三五二中）の文に着目し、又た、「一乗妙法を眼目と為す。而るに婆沙菩薩を以て眼を掩う」というは、此れ亦た難し。亦た一乗は大乗と仏乗と菩薩乗と体一にして二無し。二を簡びて一と為し、小を簡びて大と為す。果に在りては仏と為し、因に在りては菩薩と為す。若し爾らば婆娑菩薩、却って其の眼を明らかにす。如何ぞ掩うと言はん。(61)

といい、「一乗」の語は小乗を簡び捨てた「大乗」を意味する言葉であり、かつ仏と成る道である「仏乗」「菩薩乗」をも意味していると論じた。これはまさしく、二乗を簡び捨てて菩薩の道を歩めと説く、「五姓各別」の教えそのものである。もっと端的にいえば、これは「五姓各別」の中に「一乗」を融会させた見解であると見てよく、後の貞慶や良遍などの学侶によって推進された一乗融会思想の萌芽に他ならない。法相宗でも世親造『法華論』や慈恩撰『法華玄賛』を重視しており、蔵俊自らも『法華玄賛文集』を著している。決して『法華経』の一乗説を否定しているわけではないのである。そこで右の文に続けて、次のような文を蔵俊は示した。すなわち、

而るに釈迦如来、慈氏尊を讃じて言わく、〈汝の智恵は広大にして猶し大海の如し〉と。爾るに慈氏如来、天親菩薩の往生して内院に至るの時、称歎して言わく、〈遂に来るか、広恵なり、広恵なり、広恵なり〉と。云々亦た是れ五天竺の内の千部の論師の広大の智恵なり。豈に『法花』の甚深の理に違すや。然るに今、何ぞ婆沙菩薩を以て眼光を掩うと云わん。亦た、『唯識本頌』は世親の所造なり。其の釈論は護法等の十大菩薩の所造也。護法菩薩は、賢劫千仏の中の其の一仏也。（豈に賢劫の千仏の中の其の一仏也）豈に賢劫の仏、『法花経』に違すや。(62)

と。要するに、智恵広大なる「千部の論師」であり、かつ弥勒慈尊より「広恵なり」と褒めたたえられたほどの世親菩薩が『法華経』の深理を正しく理解していないはずがなく、また世親の『唯識三十頌』を正しく注釈して法相教学の基盤を作った護法菩薩も現在時の千仏の一仏であり、やはり『法華経』の深理を誤るはずがない。その彼らが五姓各別を説いているのであるから、「五姓説と一乗説とは相反するものではない」との理論を示したのである。その上で、

> 我宗は論に依りて経を弘め、大いに荘厳す。慈氏の『本頌』・天親の『釈論』に従い、八義に依りて法花一乗を会す。『摂大乗論』の無着の『本頌』と世親・無性の『釈論』には、十義を以て彼の経の所説を述べたり。親光菩薩の『仏地論』は、亦た其の意を和らぐ。此れ乃ち経は論に依りて顕れ、論は疏を待ちて通ずるなり。東土の徳溢の聖《ひじり》の云わく、「経は論有るが故に、義則ち解し易し。炬《かがり》を執《と》りて闇に入るが如し。汝、経文を瞻て論の釈を顧みず。末代の凡夫、弥離車の人、豈に輙《たやす》く仏意を得んや」と。（中略）又た天人の言わく、「義を究めて理に通ずれば、水・乳も和同せり。詠《たわむ》れに依りて文を尋ぬれば、唯だ闘諍を増すなり」と。云々（中略）若し爾らば、偏に経文を守りて義を立てて仏意の文を失い、且つは経文に依りて義を取り、即ち闘諍を増す。慈氏の教えに依るに如かず。(63)

といい、源信と同じく「偏執による闘諍」を批判し、「弥勒慈尊の教えに依って義を究めれば極端に異なる〈水と乳〉も和同する」として、五姓各別を基盤にすえた一乗融会の案を密かに示しているのである。ただし、源信が「一乗の立場から五姓各別説を融会」しようとしたのに対して、蔵俊は明らかに「五姓各別の立場から一乗を融会」

しようとしている。この点が決定的に異なるが、この蔵俊の密かなる深意を汲み取って一乗融会思想を展開したのが誰あろう、他ならぬ『仏性論文集』を繕写した解脱房貞慶であった。

昭和年代より山崎慶輝氏や北畠典生氏等によって指摘されてきたように、貞慶撰『法相宗初心略要続篇』の「五性各別事」で示される見解は、明らかに「三性即三無性」の理論を用いた「一乗融会の思想」であった。すなわち、

諸教所説皆真実也。一乗即許五性一乗。三無性門所説也。五性即会一乗五性。三性門施設也。如是和会非私案立。源起深密無自性品。慈氏・無著・天親・護法等次第伝統也。誰疑之。(64)

とあるように、「一乗は即ち五姓を会するの一乗」(三無性門所説)、「五姓は即ち一乗を会するの五姓」(三性門所説)であるとの「和会」を明確に示し、その案の源を『解深密経』に置き、かつ弥勒・無著・世親・護法等と相承された伝統説であることを強調しているのである。もっとも、三性即三無性説は確かに伝統説ではあるが、それを用いた一乗融会の思想は貞慶独特のものであった。これと同様の見解が貞慶撰『論第一巻唯識論尋思鈔別要』「一乗五姓了不了義」にも見られる。そこでは、『法華経』の「薬草喩品」の真意について解釈する中で、貞慶は次のように述べている。すなわち、

若於有為説一乗説五姓者其意且可違。而此経意以理一乗対有為各別乗。其乗設雖三乗設五姓皆不違無為一理。〔是二〕　若五姓時定不許一乗者一文雖兼。而我宗惣許一乗。〔真理也。且随有為一乗。今且説理〕　其上有二重。謂法花大意許暫時二乗。此品別意許長時五姓。二門共不違一乗。(中略)或説真一乗仮三乗法華正意。或説真

一乗及長時五姓深密等意也(65)。

と。ここでもまた、法相宗において立てる三乗五姓の差別はあくまでも一乗を許す三乗五姓であり、『法華経』の一乗も二乗の存在を許す一乗であるといい、「真の一乗と仮の三乗」を説くのが『法華経』の正意、「真の一乗と長時の五姓」を説くのが『解深密経』等の意であると指摘したのである。実に巧妙な会通である。『法華経』の正意である「真の一乗と仮の三乗」は言葉を換えれば「理と事」、『解深密経』等の意である「真の一乗と長時の五姓」もまた言葉を換えれば「理と事」である。最終的には、理と事に行き着くのである。

すでに指摘したように、大乗中道諸宗の中で理事の不一不異・不即不離を説くのは唯一、法相宗のみである。源信は「五姓融会」を案として示したものの、源信の属する天台宗は理事の相即を説く面が強かったので、最終的には「五姓各別」を否定せざるをえなくなった。これに対して、五姓と一乗の融会を完璧に説き得るのは、理事の不一不異・不即不離を説く法相宗のみであるという。しかも、この会通によって法相宗は天台宗を凌駕することが可能となる。なぜならば、天台宗は相即に偏している（一向相即）ので一乗しか説き得ないが、法相宗は不即不離の立場を取るので一乗も五姓も共に説く完全円備な教えであると主張することができるからである。だから「巧妙」なのである。以降、貞慶の一乗融会思想は法孫の良遍（一一九四―一二五二）に受け継がれることになるが、その密かなる発案がすでに蔵俊撰『仏性論文集』に見出せたこともまた、今回の研究の大きな成果の一つであったといってよいであろう。

以上のように、本帖『仏性論文集』の発見は、幾つもの成果をもたらした。一つには『仏性論』に梵本のあったことが間接的にせよ証明されたということ、二つには『仏性論』は真諦三蔵によって改変されていたということ、三つには真諦三蔵には誤翻訳が多々あったということ、四つには『仏性論』の「悉有仏性義」が本来は「理仏性による皆有仏性義」であると論じられていたこと、五つには「一乗融会思想の萌芽」がすでに蔵俊において見られたということ等々である。もちろん、蔵俊は、現代の我々が目にするようなインド・中国・日本の各分野の多彩な研究成果を知らなかったわけであるが、逆に我々が目にすることのできない散逸文献を多々所持していた。したがって、過去と現代においてなされた両研究の成果を合して総合的に研究していけば、そこに『仏性論』に関する新たな知見も開かれてくるものと考えられる。そのため、我々の研究グループでは、第二部において本帖『仏性論文集』の詳細な翻刻読解研究（論文形式）を提示したのである。一読していただければ幸甚である。

註

（1）後述する常盤大定氏から高崎直道氏までの各研究者がこぞって指摘するところである。
（2）木村泰賢「大乗仏教思想論」（『木村泰賢全集』六所収、明治書院、一九三六年）の一四一～一四二頁。
（3）常盤大定『仏性の研究』（丙午出版社、一九三〇年）の一五二頁。
（4）月輪賢隆「究竟一乗宝性論に就て」（『日本仏教学協会年報』七、一九三五年）の三七三頁、三七六頁、三七九頁、三八〇頁。
（5）坂本幸男「仏性論解題」（『国訳一切経』瑜伽部一一所収、大東出版社、一九三五年）の二三五頁。
（6）服部正明「「仏性論」の一考察」（『仏教史学』四（三・四）、一九五五年）の二一～二三頁、二九頁。
（7）服部正明前掲論文の三〇頁。
（8）中村瑞隆『梵漢対照　究竟一乗宝性論研究』（山喜房仏書林、一九六一年）の五五頁、五七～五八頁。
（9）武邑尚邦『仏性論研究』（百華苑、一九七七年）の七頁。当該頁の文は、本来は「十八」と書かれていたが、実際には十七箇所しかなく、しかも三六頁には「十七の釈」とあったので、校正ミスと考え、「十七」に改めた。

(10) 武邑尚邦前掲書の三六～三七頁。
(11) 武邑氏が指摘するように、『仏性論』における「記曰」は「顕体分」第三の中の「三因品第一」に一箇所のみ見られる。当該箇所は、大正三一・七九四上。
(12) 武邑尚邦『前掲書』の二八頁、三四頁。
(13) 高崎直道『宝性論／インド古典叢書』（講談社、一九八九年）の四一二～四一三頁。
(14) 高崎直道「仏性論解題」（『新国訳大蔵経』一九〈論集部二〉所収、大蔵出版、二〇〇五年）の三一頁。
(15) 高崎直道「仏性論解題」の六〇～六一頁。
(16) 『菩提院抄』巻六が現存しているのは、良算編『成唯識論同学鈔』巻六が散逸していたために補われた結果であり、僥倖であったといってよい。また、貞慶の『唯識論尋思鈔』は蔵俊の『菩提院抄』を「規模」として著された書である関係上、文中に「本云」として蔵俊の『菩提院抄』を引用している。
(17) 新倉和文「蔵俊による天台一乗批判の展開―『法華玄賛文集』八十九の翻刻読解研究を中心として―」（『南都仏教』九五、二〇一〇年）を参照。
(18) こうした見解については、すでに平成三十年五月十三日に龍谷大学で開催された国際シンポジウム「日本仏教と論義」で発表を行なっている。平成三十一年度中に論文集として刊行予定。
(19) 大正六六・三二上。
(20) 大正六六・四五中。
(21) 本研究書一三六頁。この見解は、十六丁裏（本研究書一九四頁）にも見られる。そこでは、両三蔵が全く同意見であったことが、より明白に述べられている。
(22) 本研究書一五九頁。
(23) 本研究書一三六頁。
(24) 相伝では『仏性論』に「記曰」はないとしているが、前注(11)で指摘したように、「顕体分」第三の中の「三因品第一」に一箇所（大正三一・七九四上）のみ見られる。すなわち、無為真如たる応得因に具有されている三性について「記曰」として、「修行に入る前の凡夫位が住自性、発心より有学の聖位までが引出性、無学の聖位が至得性である」と解説している。これを見ると、『仏性論』の「記曰」の解説には、主論部分の内容の改変はないように思われる。

(25) 本研究書一二一頁。なお、『仏性論文集』には「三曰」について同趣旨の見解を述べた神昉の言葉も収録（本研究書一九四頁）されているから、あるいは神昉説が「相伝」の元になった可能性もある。ただし、神昉説には「釈曰」が真諦のものであると明記はされていないから、一二一頁の見解はやはり蔵俊による論証と見てよいように思われる。

(26) 本研究書一三六～一三七頁。
(27) 大正三一・三七六上～中。
(28) 大正三一・二六二中～下。
(29) 大正三一・三一七下。
(30) 大正三一・四四五上～中。
(31) 本研究書一五六～一五七頁。
(32) 本研究書一五七頁。
(33) 本研究書一九三～一九四頁。
(34) 本研究書二五三頁。
(35) 本研究書二五三～二五四頁。
(36) 前注(17)の新倉和文一五三頁。
(37) 大正五〇・七二六上。
(38) 詳しくは、田村晃祐『最澄教学の研究』（春秋社、一九九二年）等を参照のこと。

(39) 大正三〇・四七八下～四七九上、四八〇中。
(40) 大正三〇・七二〇下～七二一上。
(41) 大正三一・八〇〇下。
(42) 本研究書一五五頁。
(43) 大正四三・六一〇下～六一一上。
(44) 本研究書一五七～一五八頁。
(45) 大正三一・七八七中。
(46) 本研究書一五八頁。
(47) ⓐは大正三一・七八七中、ⓑは大正三一・七九七上、ⓒは大正三一・七九四上。
(48) 大正三一・七九四上。
(49) 本研究書二三〇～二三一頁、二三三頁。
(50) 本研究書二三五頁。
(51) 大正三一・七八七下。
(52) 本研究書三四六頁。
(53) 本研究書二七七頁。
(54) 本研究書三二七頁。
(55) 本研究書三二八頁。
(56) 本研究書三二八～三二九頁。
(57) ⓐは大正三〇・四八〇中、ⓑは大正三〇・四七八下、ⓒは大正三〇・七四四中。
(58) 大正三〇・五八九上。
(59) 恵全二一・二〇七～二〇八。

(60) 恵全二・二〇九～二一〇。
(61) 本研究書三七三頁。
(62) 本研究書三七四頁。
(63) 本研究書三七四～三七五頁。
(64) 日蔵六三・四一一上（新版）。旧版では法相宗章疏一・五五。
(65) 龍谷大学図書館蔵・未翻刻。

（楠　淳證）

第二部　蔵俊撰『仏性論文集』の翻刻読解研究

序　章（表表紙に付された後補題箋と遊紙裏の書き付け三行）

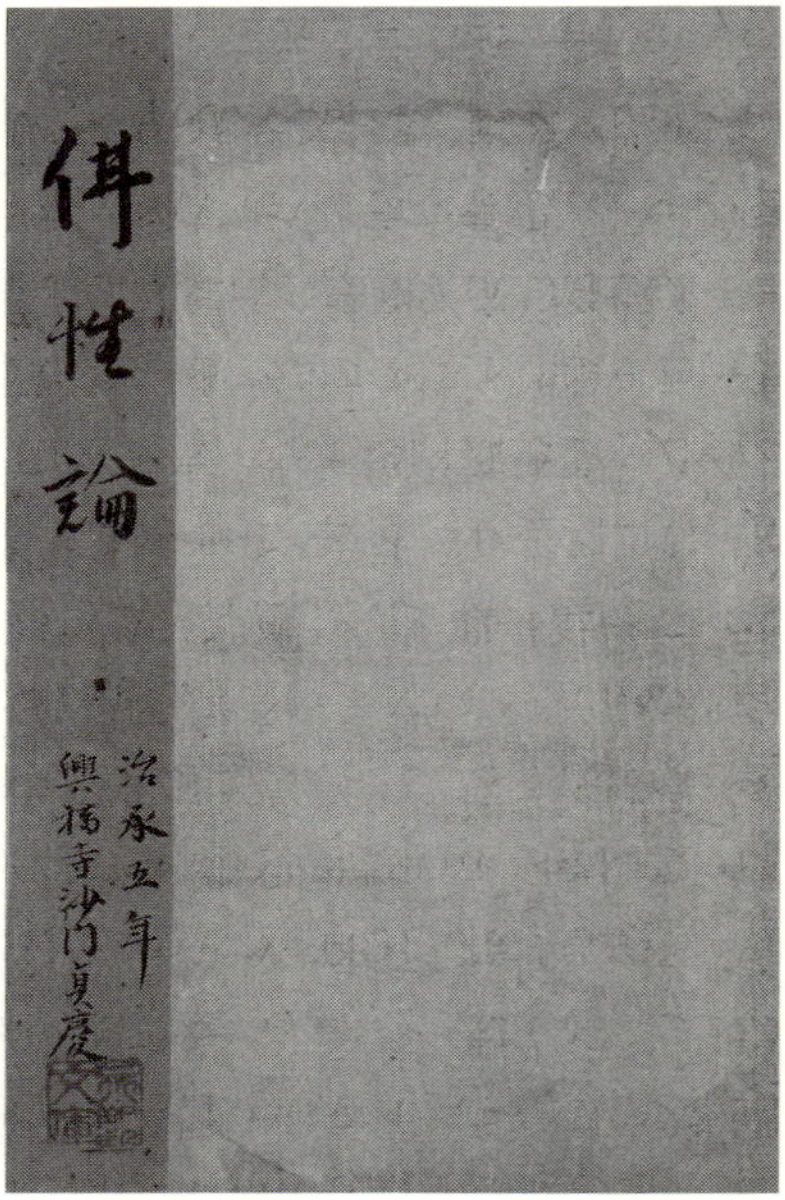

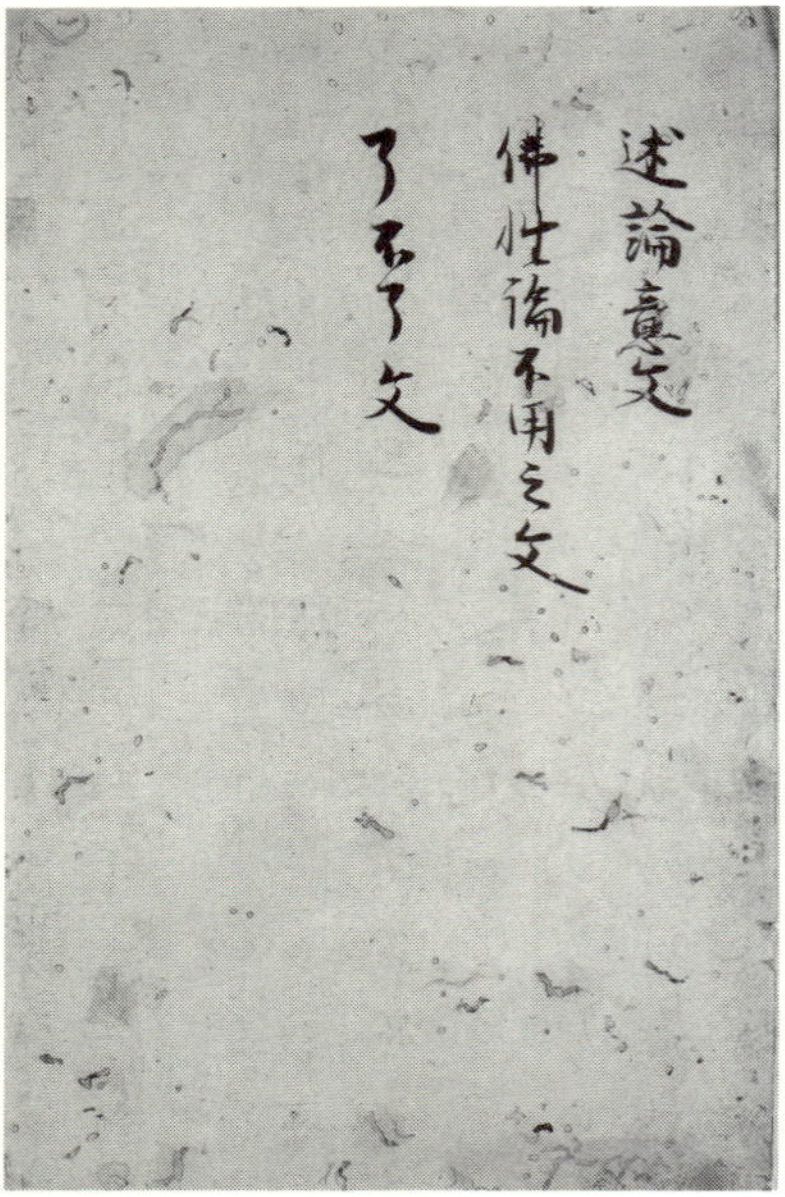

【翻　刻】

佛性論

治承五年
興福寺沙門貞慶

述論意文
佛性論不用之文
了不了文

【訓　読】

『仏性論』[1]　治承五年[2]

興福寺沙門貞慶[3]

述論意文

仏性論不用之文

了不了文

【註　記】

[1]『仏性論』……大正三一所収。法相宗の祖師であるインドの世親菩薩（ヴァスバンドゥ／四〇〇―四八〇年頃）の著書。真諦三蔵（パラマールタ／四九九―五六九）の訳出。

[2]治承五年……西暦一一八一年。このとき、貞慶（一一五五―一二一三）は二十七歳。また、蔵俊（一一〇四―一一八〇）入滅の翌年にあたる。

[3]興福寺沙門貞慶……『仏性論文集』を著した蔵俊（一一〇四―一一八〇）の法孫。藤原信西入道の孫にあたり、藤原貞憲を父として久寿二年（一一五五）に出生。八歳で菩提院蔵俊の室に入り、叔父の覚憲（一一三一―一二一二）に師事して法相と律を学ぶ。寿永元年（一一八二）二十八歳の時に維摩会竪義を受け、文治二年（一一八六）には維摩会講師、文治三年には法勝寺御八講講師を勤めるなど、順調に僧界での出世コースを歩んでいたが、『故解脱房遺坂僧正之

許消息之状』にも明らかなように、次第に仏道実践への希求心が強くなり、建久四年（一一九三）三十九歳の時に笠置寺に隠棲。翌建久五年には、書写した『般若経』を納める般若台ならびに自らが住する草庵を建て、永蟄居した。この頃より仏恩報謝の著作活動を活発に行なうようになり、建仁元年（一二〇一）の『唯識論尋思鈔』等の教学書、建久六年（一一九五）の『心要鈔』などの思想書の他、具体的な信仰実践のあり方が窺える各種講式（『発心講式』『舎利講式』『弥勒講式』『地蔵講式』『観音講式』など）を多数撰述した。また、法然浄土教の流布によって日本国が「魔界」に堕ちることを憂え、『興福寺奏達状』ならびに『興福寺奏状』を執筆した。自らは順次生に弥陀・釈迦・弥勒・観音の四尊のいずれかの浄土に生まれて仏道実践していくことを希求していたが、最初発心より第十回向位までの資糧位にある菩薩は一尊の世界にしか生まれ得ない「唯識の道理」ならびに「大悲行実践の思い」に従って、最終的には観音の補陀落浄土への往生を願い、臨終正念して入寂した。時に建暦三年（一二一三）、貞慶五十九歳であった。なお、蔵俊の『仏性論文集』を書写した治承五年（一一八一）は貞慶二十七歳となる。この頃すでに、「五姓各別説を護持しながら仏道を歩む道」を求めていたことが知られる。後に貞慶は、「仏法への信」をもってして菩薩種姓の自覚を深め、五姓各別を護持しながら仏道を着実に歩み始めることになるのである。

【解　説】

本帖は、一部十二巻の『仏性論文集』の抄出書写本であり、奥書によれば道南房蔵俊（菩提院／一一〇四―一一八〇）が撰述したものを治承五年（一一八一）に解脱房貞慶（一一五五―一二一三）が繕写したものである。研究の便宜上、もともとの原典を「原書」、抄出写本を「本帖」と呼ぶことにするが、おそらく原書では『仏性論』に関する種々のテーマを扱っていたのではないかと思われるが、本帖では特に法相宗内で長らく懸案となっていた「偽訳」問題が繰り返し論じられている。

周知のように、『仏性論』は唯識説を大成した世親菩薩（四〇〇―四八〇年頃）の著書として世に広く知られているが、同時に本書には「一切衆生悉有仏性」の義が説かれており、「五姓各別」を宗旨とする法相教学（唯識仏教）と大いに矛盾する点を有していた。そのため、月輪賢隆氏（一九三五）は『究竟一乗宝性論』の分析から『仏性論』の作者を世親と見ることを否定し、中村瑞隆氏（一九六一）は「真諦との関係で見るべきもの」との見解を示した（詳細は、第一部第二章の楠論稿を参照のこと）。しかし、このような指摘は実は昭和年代より遥か以前の七世紀以降の中国、八世紀以降の日本においてすでに行なわれていた事実が、本帖の研究によって明らかとなった。すなわち、『仏性論』の翻訳には真諦三蔵（四九九―五六九）の「私意」の入っていることを多角的視点より指摘した書が本帖だったのである。

したがって、本帖の表表紙に付された後補題箋には「仏性論」と記されているが、もちろんこれが本帖の題名ではない。これはあくまでも、世親造・真諦訳の『仏性論』を会通解釈するにあたって「仏性論」の名を表題に掲げたにすぎず、「課題名目」というべきものであった。それでは、本書一部十二巻の原題ははたして何だったのであろうか。これについて、多数の書籍を引用しつつ自己の見解を述べる撰述形態をとっている蔵俊撰『法華玄賛文集』と比較したところ、極めて類似していることがわかった。そこで、本研究書では原書ならびに抄出写本である本帖を『仏性論文集』と呼び、世親造・真諦訳の『仏性論』との混乱を避けることにした（詳細は、第一部総論の第一章の舩田論稿を参照のこと）。したがって、以降は本研究書の全編にわたって、『仏性論文集』の名称を用いることにしたい。

さて、その奥書からすると『仏性論文集』は元来一部十二巻よりなるものであったというが、「惜しむらくは四巻欠闕し」とあるので、第四巻もしくは全十二巻の内の四巻分が欠落していたことが知られる。それのみならず、本帖には錯簡・欠落も存する。すなわち、三十丁裏の一行目から七行目にかけて『仏性論』の品名一覧が唐突に示された後、「第二巻三因品文復次仏性躰有三種三性所摂義應知」（本研究書二六二頁）として『仏性論』巻二「三因品」の一文を引いた議論展開が進展されるはずのところ、そこから以降が欠落しているのである。そのため、三十一丁表の「知地又云汝等所行是菩薩道」（本研究書二七四頁）に、文章が繋がらない。実は、三十一丁表から三十一丁裏までの全文「知地又云〜本性決」は三十五丁裏の次に入る文章であり、その後に三十六丁表の文章が続いている。また、三十二丁表一行目から三十二丁裏一行目の「答若以多分〜一乗仏性也云々」も錯簡箇所であるが、この箇所が本帖『仏性論文集』のいずれに接続するかは詳らかではない。おそらくは、三十丁裏一行目「佛性論世親菩薩造真諦譯云々此論一部四巻四分十七品……」以前にも欠落文があったのではないかと推定され、そこに三十一丁表から三十二丁裏一行目までの文章が誤挿入されたものと考えられる（詳細は、第一部第一章の舩田論稿、第二部第一章第四節の野呂論稿、第二部第三章第一節の村上論稿を参照のこと）。とはいえ、この箇所には重大な記述が存する。それは、三十二丁裏一行目の「玄奘所宗正是一乗仏性也云々」（本研究書二七〇頁）である。内容的に見て一乗側の主張であることは明白であり、短い問答文を複数連ねながら「法相宗の玄奘の真意が一乗仏性にあった」と論じている。しかも、「云々」とあるから、引用文であったことは明白である。三十二丁裏の二行目からは『天台宗要義』が引かれるから、これもおそらくは何らかの天台系聖教からの引用文であったと考えられる。このように、本書は「四巻」を欠いているのみならず、錯簡や欠落もあるという問題点が存することに注意しなければならないのである。

それでは、その内容構成はいかなるものであろうか。これについて、『仏性論文集』には「述論意文」「仏性論不用之文」「了不了文」の三科段が示されているものの、本帖の構成の実態を述べれば、前半と後半の二部に分かれる。すなわち、前半は五姓各別を宗旨とする法相宗において、あろうことか祖師と仰がれる世親（天親）の『仏性論』に「悉有仏性」義が論じられているという矛盾点を問題視するものである。これについて蔵俊は、『仏性論』翻訳の際に真諦が自義である「悉有仏性」説を加増し、変質させたとして批判・会通し、『仏性論』は世親の真意を反映していないとして天台一乗家の論難を斥けているのである。次いで後半は、五姓各別説と悉有仏性説との思想対立を『法華経』に即して詳細に論じるもので、これをもって蔵俊は天台教学の誤りを指弾し、かつ慈恩大師「観音後身説」まで持ち込み、法相教学の正統性を主張しようとしている。これらの詳細は各章各節に譲るが、さらに本帖の要点を下記の科段を立てることによって、大まかに略述しておきたい。その際、本帖『仏性論文集』に引用されている主な経論疏を冒頭に示した上で略述していく。また、本研究書の目次はこの科段に基づきながらも、一部合併して作成したものである点、ここに明確にしておく。

一『仏性論』に説く「決定本有仏性」会通の段（二丁表～五丁裏）

1　真諦訳『仏性論』巻一の「下の文」「上の文」からの引用文。

2　真諦訳『仏性論』に対する会通文。

『仏性論』に説かれる「決定本有仏性」についての会通をするに際し、『仏性論』の当該文の中の後半部分（下の文）を先に引用し、次に前半部分（上の文）を引用し、前後を入れ換えることによって『仏性論』の意図が部派説への批判であったことを明確にし、決して世親が「有性」（決定本有仏性＝一切衆生悉有仏性）を主張したのではないことを論証している。さらに、『仏性論』の中で問題となる「三乗ともに仏性あり」とする文章をも提示し、五位の中の前四を有性、後の一を無性とする『瑜伽師地論』の所説をもって会通していく。そして、「天親（世親）の製」を疑い、「真諦の結構する所なり」と結論づけている。なお、「『瑜伽師地論』と『仏性論』の義は水火のように異なる」という師資相承の見解を示し、『仏性論』は世親菩薩の実義ではないとも述べている。

二　訳者真諦による「加増説」提示の段（五丁裏～八丁裏）
1　神昉撰『種性差別集』からの引用文。
2　「相伝」（法相宗相承の伝）からの引用文。
3　徳一（得一）撰『教授末学者（教授末学章）』からの引用文。

右の三説を引き、すでに古徳によって「訳者真諦の加増説」が示されていたことを提示する。

三　訳者真諦による「加増説」検証の段（八丁裏～十三丁裏）
1　真諦訳『仏性論』からの引用文。
2　徳一（得一）撰『教授末学者（教授末学章）』からの引用文。
3　徳一撰『法相了義灯』からの引用文。
4　徳一撰『中辺義鏡章』からの引用文。

『仏性論』に出る「畢竟無性」と「断善」の二種闡提の箇所を提示した後、徳一の『教授末学章』（未知の文献）を引いて世親菩薩が一闡提のすべてを有性とは見ていないことを指摘する。その上で、真諦法師が「悉有仏性」の自義を立てようとして、意図的に「有性を了義」と訳したものであると結論づける。なお、蔵俊はさらに徳一の『法相了義灯』および『中辺義鏡章』をも引用し、別の二書においても徳一が「真諦法師の加増説」を主張し、「『仏性論』の一闡提有性説は理仏性と行仏性について論じたものである」と会通していたことを紹介している。

四　訳者真諦による「加増説」結語の段（十三丁裏〜十七丁裏）

1　源信撰『一乗要決』からの引用文。

2　霊雋撰『対法論疏』からの引用文。

3　蔵俊の自説（真諦訳『仏性論』・神昉撰『種性差別集』・徳一撰『教授末学章』を引用）。

源信の『一乗要決』における「真諦加増説への反論」、および霊雋『対法論疏』における「『仏性論』『瑜伽師地論』趣旨同一説」を示した上で蔵俊は、「今案ずるに」として「真諦加増説」を詳説する。注目すべきは、引用した徳一撰『教授末学章』（未知の文献）に、「玄奘三蔵と那提三蔵がともに梵本の『仏性論』には有性・無性の問答はない」と述べていたことが指摘されている点である。これらをもって蔵俊は「翻訳家の加増」であることを結論づけようとしている。

五　『仏性論』における「二部派の仏性義」検証の段（十七丁裏〜二十丁表）

1　撰者不明『瑜伽論菩薩地抄』「略顕種姓差別章」（未知の文献）からの引用文。

『瑜伽論菩薩地抄』「略顕種姓差別章」に『仏性論』を引いて、薩婆多部の「修得仏性説」、ならびに分別部（大衆部・一説部・世出世部・鶏胤部）の「空仏性説」を難ずる各種問答が展開される。『瑜伽論菩薩地抄』「略顕種姓差別章」では、これらをまず示して後、さらに『成唯識論』等の文を引き、二部派の説を批判的に論ずる。

六『仏性論』の「理性・行性」検証の段（二十丁表〜二十七丁表）

1　撰者不明『瑜伽論菩薩地抄』「略顕種姓差別章」からの引用文。
2　真諦訳『仏性論』からの引用文。
3　曇無讖訳『涅槃経』からの引用文。
4　太賢撰『涅槃経古迹記』からの引用文。
5　慧遠撰『涅槃経義記』からの引用文。
6　法宝撰『大般涅槃経疏』からの引用文。
7　無著造『大乗荘厳経論』からの引用文。
8　慈恩撰『成唯識論述記』からの引用文。
9　弥勒説・玄奘訳『瑜伽師地論』からの引用文。

『瑜伽論菩薩地抄』「略顕種姓差別章」における前段の部派説を受け、ここでは十一の問答によって『仏性論』の「理性・行性」についての検証を行なっているが、「修得の仏性を具す位」「修得の仏性の体」「修得の仏性の性質」「修得の仏性の本性」等について検証する中で、『宝性論』と『仏性論』が引用されている。また、『宝性論』に説かれる「五種の過」についての検証もなされている。これらをもって蔵俊は、世親が真如理仏性と法爾無漏行仏性の二種の仏性を立てたと述べ、「今案ずるに」として「有性を了義、無性を不了義」とするのは理仏性についていったものであると結論づけている。

七　真諦の翻訳の不正を難ずるの段（二十七丁表〜三十丁表）

1　大覚撰『四分律行事鈔批』からの引用文。

2　円照編『貞元新定釈教目録』からの引用文。

二つの資料に基づき、真諦三蔵の翻訳には不備な点や誤りの多いことを指摘し、真諦三蔵の翻訳の不正を難じている。

八　『仏性論』の構成を示すの段（三十丁裏）

『仏性論』が一部四巻四分十七品よりなる書であり、四分（縁起分・破執分・顕体分・弁相分）内の計十七品の名目を示し、巻二「三因品」の仏性義について引用を始めた所で、後の文章の欠落となる。

九〔錯簡の文章〕

1　三十一丁表～三十一丁裏までの全文「知地又云～本性決」は、実は三十五丁裏の次に入る文章。その後に三十六丁表の文章が続く。

2　三十二丁表一行目～三十二丁裏一行目の「答若以多分～一乗仏性也云々」も錯簡箇所である。

以上の内、1は次項の『天台宗要義』からの錯簡箇所なので、次項で述べたい。また、2についてはその前の文章（問いなど）がさらに欠落しているものと考えられるが、この中に「玄奘の宗とする所、正しく是れ一乗仏性なり」等の重要な文言が見出せる。すなわち、「十方三世の諸仏の出世の大意は唯だ一大事の為なれば豈に玄奘も乖かんや」と述べて、「玄奘もまた一乗仏性をもって究竟の宗と為す」と論じているのである。このような一乗家からの論難のあったことは興味深いことである。

十　慈恩もまた「一乗真実」を説いたと難ずる段（三十二丁裏～三十八丁表）

1　著者不明『天台宗要義』（未知の文献）からの引用文。

2　最澄撰『守護国界章』からの引用文。

3　源信撰『一乗要決』からの引用文。

『法華経』以前の教えと『涅槃経』の帯権門の教えは随他意未開の教えなので五種姓を立てて成不成を説くこともあるが、『法華経』と『涅槃経』の顕実門の教えでは「五種姓皆成」と説かれる等と主張し、一乗家の説の正当なることを論じている。なお、「三草二木は皆な成仏せる也」と説く流れの中で、三十一丁表～三十一丁裏の錯簡箇所の文章が入り、「悉有仏性」の義が展開していく。次いで、最澄の『守護国界章』の文章が引かれ、徳一との間でなされた「決定声聞」についての見解が示され、「一切皆成」を標榜する天台宗の立場が説かれる。その上で源信の『一乗要決』の文を引き、「慈恩大師は五姓も一乗も共に認めていた」との難が示されるのである。

十一　玄奘三蔵は一乗仏性を宗とせずと結語するの段（三十八丁表～四十一丁裏）

1　舎人親王等編『日本書紀』からの引用文。
2　賛寧編『宋高僧伝』からの引用文。
3　慧立本、彦悰箋『大唐大慈恩寺三蔵法師伝』からの引用文。
4　蔵俊の自説。

蔵俊の反論的な結論部分にあたる。まず、冒頭に『日本書紀』、そして『宋高僧伝』『大唐大慈恩寺三蔵法師伝』を引き、玄奘から智通・智達に伝えられた唯識が「無性衆生」の義であったこと、および玄奘より慈恩が「五姓の宗法」を伝えられたことを示し、鼻祖玄奘から開祖慈恩に伝えられた法相宗が「無性有情」の義を説く「五姓の宗法」であったことを明確にしている。その上で、「玄奘三蔵や慈恩大師が一乗仏性を主張した」ということは妄言であって証拠がないと結論づけている。

十二　慈恩「観音後身説」に基づく正統性主張の段（四十一丁裏～四十三丁表）

1　源信撰『一乗要決』からの引用文。

2　景戒撰『日本霊異記』の説話を改変した引用文。

『瑜伽師地論』に説かれる「一向趣寂声聞」について源信が「これは『法華論』の決定声聞と同じであり、両者（一向趣寂声聞と決定声聞）も未来には必ず仏果に至る」と批判したことを受けて蔵俊は、「今案ずるに」として「声聞不成仏論」を唱えて反駁している。その根拠として蔵俊が用いたものが、『日本霊異記』に掲載される智光の説話である。その内容を改変して引用しながら、「慈恩大師は十一面観自在菩薩の後身であるが、天台大師智顗（五三八―五九七）は観音よりも低位の菩薩の化身に過ぎない」といった神秘的な議論を展開し、法相宗の正統性を主張していく。

十三　法相宗を貶める『一乗要決』「奥記」の夢想を破するの段（四十二丁表～四十三丁裏）

1　源信撰『一乗要決』「奥記」からの引用文。

『一乗要決』の一乗義は、その「奥記」に示されるように、「夢想」を正統性の根拠としている。しかし、蔵俊は一切皆成仏を説く天台宗が法相宗に優越することを露骨に主張した「奥記の夢想」に対して、「行仏性ならば虚夢である」と断じている。

十四　五姓各別を宗旨とする法相宗の正統性を論ずるの段（四十三丁裏〜四十八丁表）

1　湛然撰『法華文句記』からの引用文。
2　慧沼撰『能顕中辺慧日論』からの引用文。
3　賛寧編『宋高僧伝』からの引用文。
4　曇無讖訳『大般涅槃経』（北本）からの引用文。
5　玄奘訳『大乗大集蔵十輪経』からの引用文。
6　曇無讖訳『大般涅槃経』からの引用文。
7　鳩摩羅什訳『妙法蓮華経』からの引用文。

まず、冒頭に「一乗の妙行」を説く湛然（七一一―七八二）の『法華文句記』を引用し、逐一、天台教義への論難を展開する。その中で蔵俊は、法相宗第二祖慧沼（六四九―七一四）の『能顕中辺慧日論』に見られる天台と法相とを融会するあり方に着目し、このような融会的態度を放棄した天台宗に対して、「詠《たわむ》れに依りて文を尋ぬれば、唯だ闘諍を増すなり」（本研究書三七五頁）の文を引用して批判する。すなわち、法相批判に明け暮れる天台宗に対して法相宗の『法華経』解釈の正統性を主張しつつ、単なる反論に終始するのではなく、天台宗の狭隘な態度を批判して、自己の宗旨の優位性を展開しているといってよい。これが後に、貞慶による「真実の一乗・長時の五姓」という言葉となって現れるものと見てよいであろう。

十五　奥書の段（四十八丁裏）

本帖『仏性論文集』の成立・伝来・書写についての情報が記されている箇所である。すなわち、本帖は元は全十二巻からなる蔵俊の作であり、貞慶がこれを伝得し重んじたこと、治承の兵火で灰燼に帰した興福寺において、仏法興隆と兜率上生のために貞慶が繕写したこと等が記されている。詳細は、舩田淳一による第一部第一章の論稿「蔵俊撰『仏性論文集』の書誌解題と歴史的位相」を参照されたい。

（楠　淳證）

第一章　世親造『仏性論』の翻訳に関する疑義

第一節　弥勒造『瑜伽師地論』と世親造『仏性論』の背反

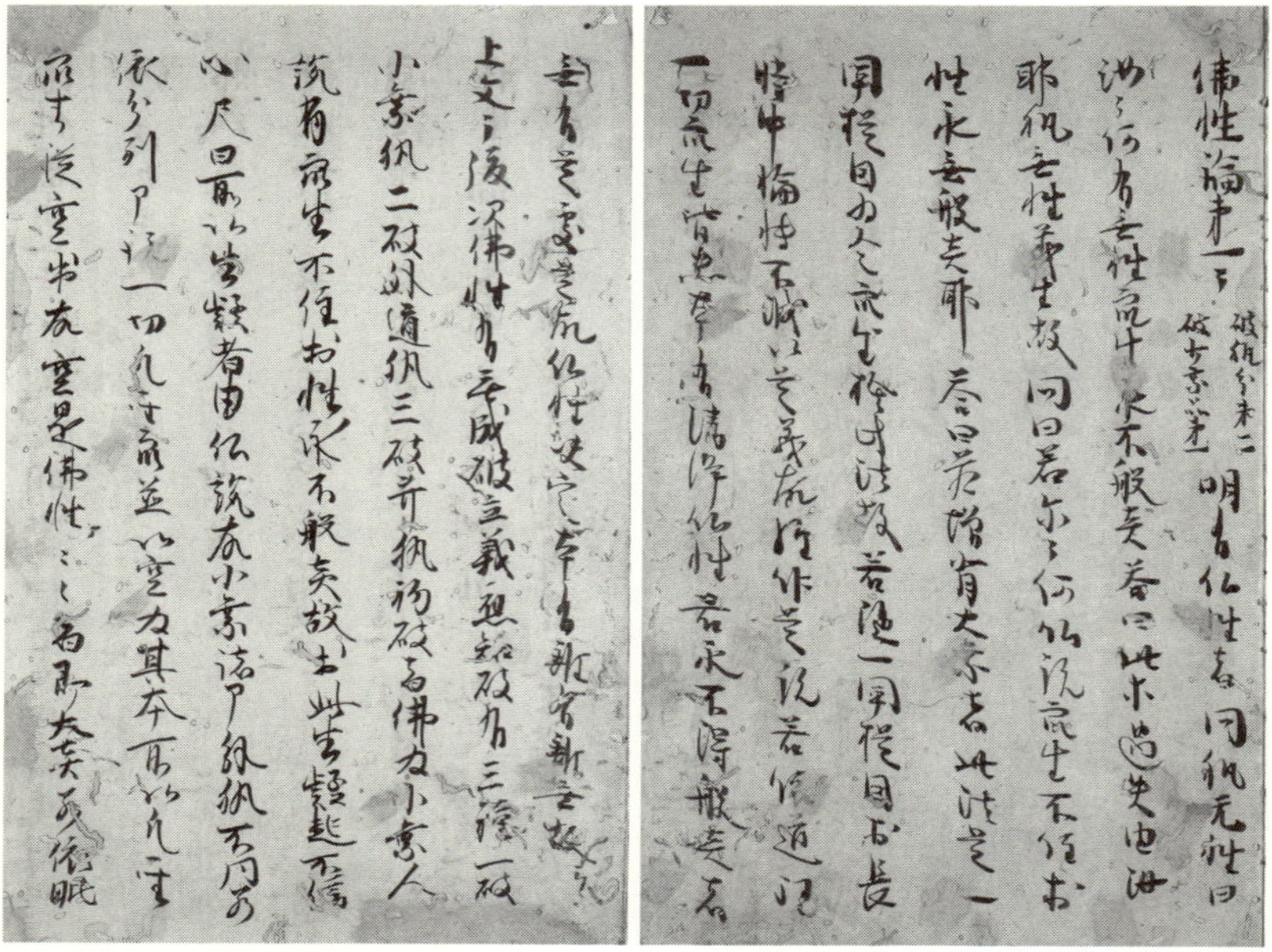

【翻　刻】

〔二丁表〕

001 佛性論第一云破執分第二 破小乗品第一 明有仏性者問執无性曰
002 汝云何有無性衆生永不般涅槃答曰此等過失由汝
003 邪執無性義生故問曰若爾云何仏説衆生不住於
004 性永無般涅槃耶答曰若憎背大乗者此法是一
005 闡提因為令衆生捨此法故若随一闡提因於長
006 時中輪轉不滅以是義故経作是説若依道理、
007 一切衆生、皆悉本有清浄仏性若永不得般涅槃者、

〔二丁裏〕

008 無有是處是故仏性決定本有離有離無故云々
009 上文云復次佛性有無成破立義應知破有三種一破
010 小乗執二破外道執三破菩薩執初破者佛為小乗人
011 説有衆生不住於性永不般涅槃故於此生疑起不信
012 心尺曰所以生疑者由仏説故小乗諸部解執不同若
013 依分別部説一切凡聖衆並以空為其本所以凡聖
014 衆生従空出故空是佛性々々者即大涅槃若依毘

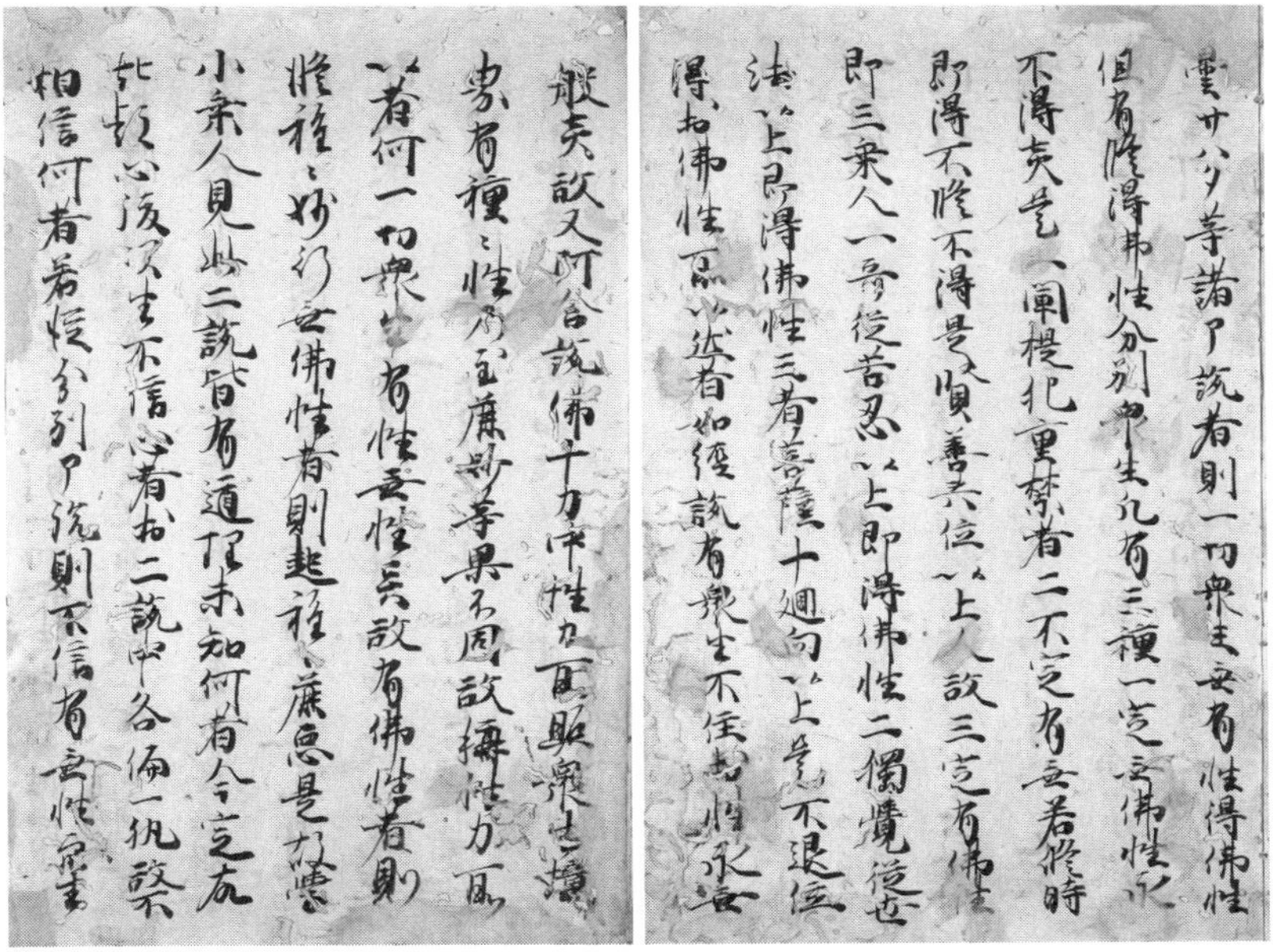

〔二丁表〕
015 曇サハタ等諸部説者則一切衆生無有性得佛性
016 但有修得佛性分別衆生凡有三種一定無佛性永
017 不得涅槃是一闡提犯重禁者二不定有無若修時
018 即得不修不得是賢善共位以上人故三定有佛性
019 即三乘人一声聞従苦忍以上即得佛性二獨覚従世
020 法以上即得佛性三者菩薩十廻向以上是不退位
021 得於佛性所以然者如經説有衆生不住於性永無
〔二丁裏〕
022 般涅槃故又阿含説佛十力中性力所照衆生境
023 界有種々性乃至麁妙等果不同故稱性力所
024 以者何一切衆生有性無性異故有佛性者則
025 修種々妙行無佛性者則起種々麁悪是故學
026 小乘人見此二説皆有道理未知何者今定故
027 起疑心復次生不信心者於二説中各偏一執故不
028 相信何者若従分別部説則不信有無性衆生

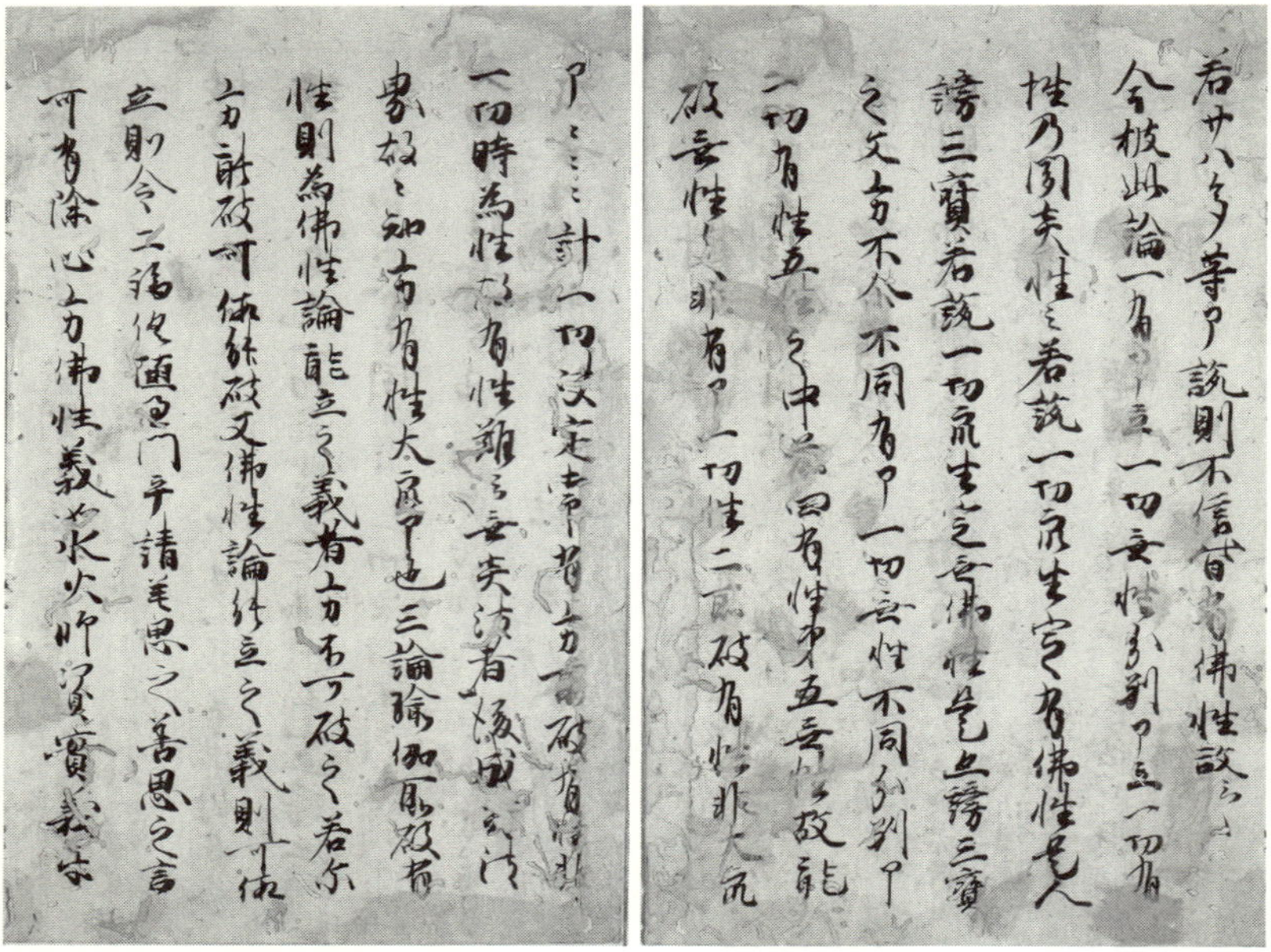

〔三丁表〕

029 若サハタ等部説則不信皆有佛性故云々
030 今披此論一有部立一切無性分別部立一切有
031 性乃聞涅槃性云若説一切衆生定有佛性是人
032 謗三寶若説一切衆生定無佛性是亦謗三寶
033 之文ユカ不爾不同有部一切無性不同分別部
034 一切有性五位之中前四有性第五無性故能
035 破無性之文非有部一切性二所破有性非大衆

〔三丁裏〕

036 部々々計一切決定常有ユカ所破有性非
037 一切時為性故有性難云無涅槃法者後成涅槃法
038 界故々知ユカ有性大衆部也三論瑜伽所破有
039 性則為佛性論能立之義者ユカ不可破之若爾
040 ユカ能破可假能破又佛性論能立之義則可假
041 立則令二論俱堕過門乎請善思之善思之言
042 可有除心ユカ佛性義如水火師資實義互

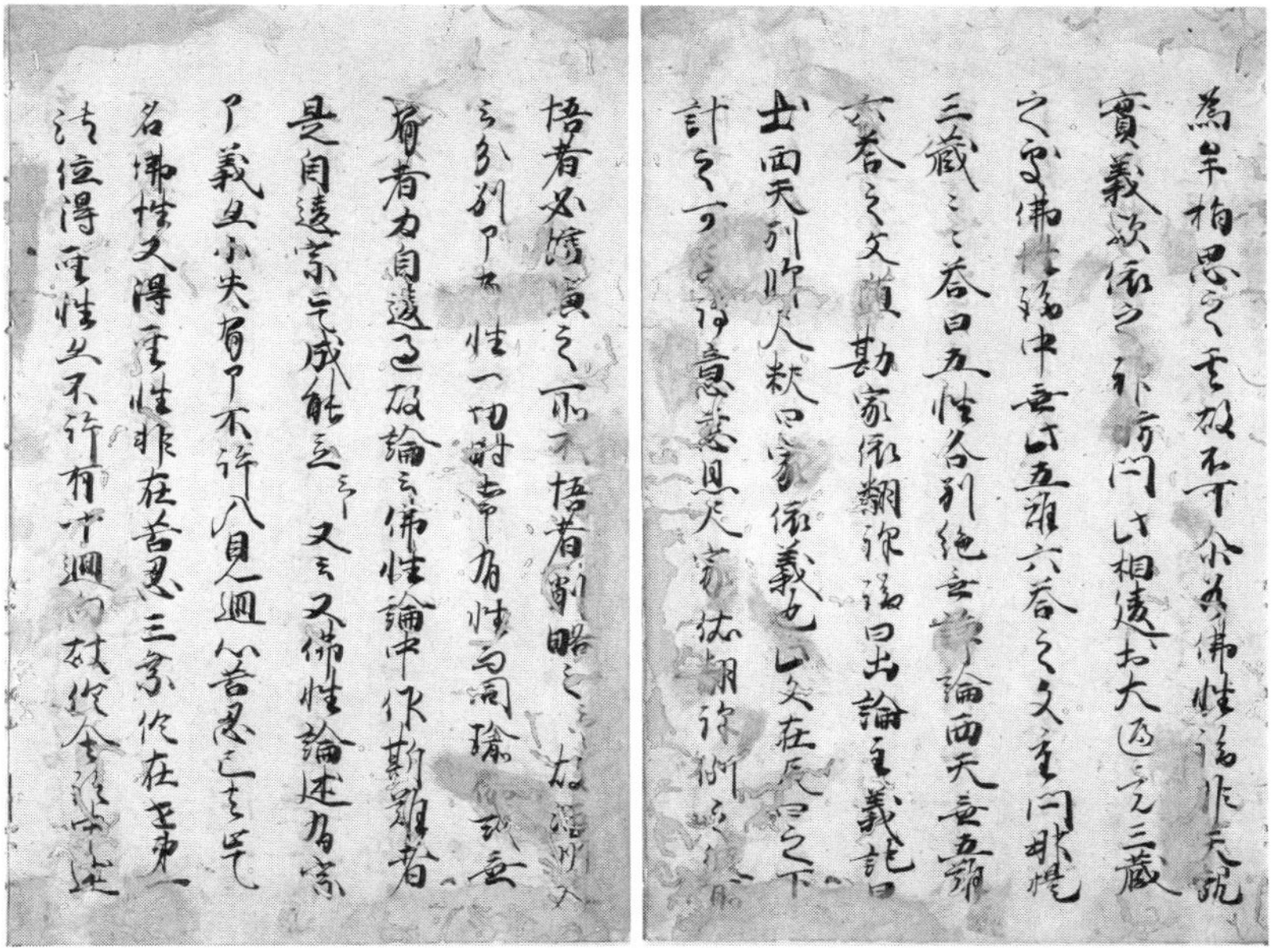

〔四丁表〕

043 為牟楯思之其故不可爾若佛性論非天親
044 實義歟依之神昉問此相違於大遍覚三蔵
045 之處佛性論中無此五難六答之文重問那提
046 三藏々々答曰五性各別絶無諍論西天無五難
047 六答之文随勘家依翻訳論曰出論主義記曰
048 出西天別師釈曰家依義也此文在尺曰之下
049 計之可真諦意慈恩釈家依翻譯例之彼[redacted]

〔四丁裏〕

050 悟者必増演之所不悟者削略之云々故淄洲尺
051 云分別部有性一切時常有性而同瑜伽或無
052 有者為自違過故論云佛性論中作斯難者
053 是自違宗豈成能立云々又云又佛性論述有宗
054 部義亦小失有部不許入見廻心苦忍已去豈
055 名佛性又得聖性非在苦忍三乗倶在世第一
056 法位得聖性亦不許有十廻向故倶舎論中述

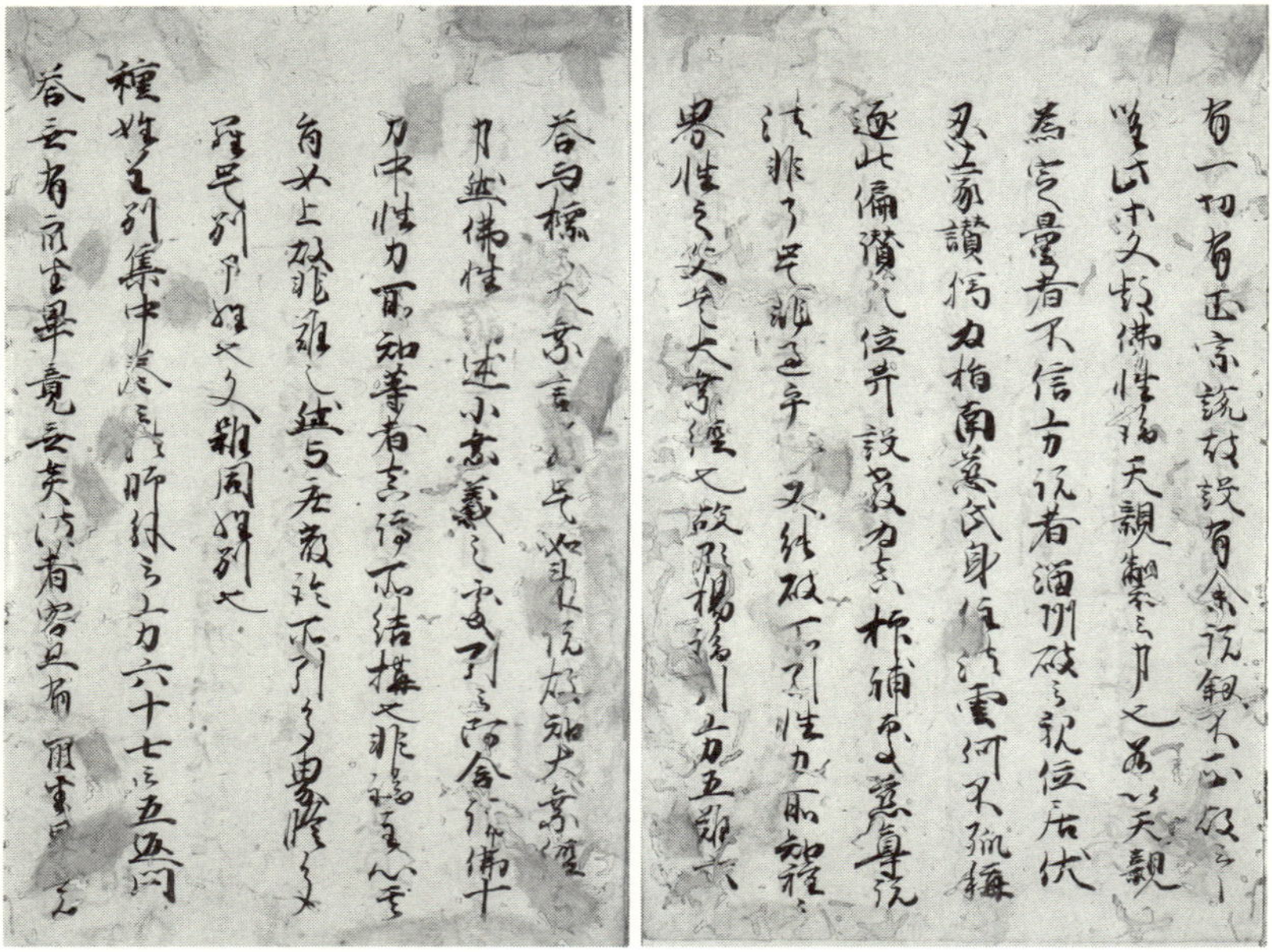

〔五丁表〕

057 有一切有正宗説故設有余説叙不正故云々
058 准此等文疑佛性論天親製云事也若以天親
059 為定量者不信ユカ説者淄州破云親位居伏
060 忍蒙讃獨為指南慈氏身住法雲何不孤稱
061 逐北偏讃凡位菩薩設教為真抑補処慈尊説
062 法非了豈非過乎云々又能破所引性力所知種々
063 界性之文是大乘經也故顕揚論引ユカ五難六

〔五丁裏〕

064 答而標云大乘言教是如来説故知大乘經云
065 事然佛性論述小乘義之處引云阿含説佛十
066 力中性力所知等者真諦所結構也非論主心其
067 旨如上故非難也然而庄厳論所引多界修多
068 羅是別部経也文雖同経別也

【訓　読】

『仏性論』の第一に云わく破執分第二破小乗品第一、「有仏性を明かさば、無性に執するを問うて曰わく、汝は云何ぞ無性衆生有りて永く般涅槃せずというや。答えて曰わく、此れらは過失なり。汝の邪執に由り、無性義の生ずるが故に。問うて曰わく、若し爾らば云何ぞ仏は、衆生の性に住せざるをば永く般涅槃すること無しと説かるるや。答えて曰わく、若し大乗を憎み背かば、此の法は是れ一闡提の因なり。衆生をして此の法を捨てしめんが為の故に。若し一闡提の因に随わば、長時中に於いて、輪転して滅せず。是の義を以ての故に、経に是の説を作す。若し道理に依らば、一切衆生は皆な悉く、本より清浄仏性有り。若し永く般涅槃を得ずといわば、是の処《ことわり》有ること無し。是の故に仏性は、決定して本より有り。有を離れ無を離るるが故に」と。云々[1]

上の文に云わく、「復た次に仏性の有無に、破・立の義を成ず。応に知るべし、破に三種有りと。一つには小乗の執を破す。二つには外道の執を破す。三つには菩薩の執を破す。初めに（小乗の執を）破すとは、仏、小乗の人の為に説かく、衆生有りて性に住せず、永く般涅槃せざるが故に、と。此に於いて疑を生じ、不信の心を起こす。釈して曰く、疑を生ずる所以は、仏説に由るが故なり。小乗の諸部の解執は同じからず。若し分別部の説に依らば、一切の凡聖の衆生は、並べて空を以て其の本と為す。所以は、凡聖の衆生は皆な空より出ずるが故に。空は是れ仏性なり。仏性は即ち大涅槃なり。若し毘曇薩婆多等の諸部の説に依らば、則ち一切衆生に性得の仏性有ること無し。但だ、修得の仏性有るのみ。衆生を分別するに、凡そ三種有り。一つには定んで仏性無し。永く涅槃を得ず。是れ一闡提と重禁を犯す者なり。二つには有無定まらず。若し修する時あらば即ち得るも、修せざれば得ず。是れ賢善共位以上の人なるが故に。三つには定んで仏性有り。即ち三乗の人なり。

一つには声聞。苦忍より以上は即ち仏性を得る。二つには独覚。世法より以上は即ち仏性を得る。三つには菩薩。十廻向以上は是れ不退位にして仏性を得る。然る所以は、『経』に〈衆生有りて性に住せず、永く般涅槃無きが故に〉と説くが如し。又た、『阿含』に説かく、〈仏の十力の中の性力の照らす所の衆生の境界に種々の性有り。乃至、麁・妙等の界は同じからざる故に性力に称う〉と。所以は何ん。一切衆生の有性と無性とは異なるが故に。仏性有らば則ち種々の妙行を修し、仏性無くば則ち種々の麁悪を起こす。是の故に小乗を学す人は、此の二説を見て皆な道理有りとするも、未だ何者を定と為すかを知らざるが故に、疑心を起こす。復た次に不信の心を生ずというは、二説の中に於いて、各おの一に偏して執するが故に、相い信ぜず。何とならば、若し分別部の説に従らば、則ち無性の衆生の有るを信ぜず。若し薩婆多等の部の説ならば、則ち皆な仏性有るを信ぜざるが故に」と。云々[2]

今、此の『論』を披くに、一つには「有部は一切無性を立つ。分別部は一切有性を立て、乃ち涅槃性ありと聞く」と云い[3]、「若し一切衆生定んで仏性有りと説かば、是の人、三宝を謗るなり。若し一切衆生定んで仏性無しと説かば、是れ亦た三宝を謗るなり[4]」の文もあり。『瑜伽』は爾らず。有部の一切無性に同じからず。分別部の一切有性に同じからず。五位の中、前四は有性、第五は無性なるが故に。能破無性の文は、有部の一切性には非ず。

二つには、破する所の有性は大衆部に非ず。大衆部は一切決定して常有と計るも、『瑜伽』の破する所の有性は、一切時に性と為すが故の有性に非ざるなり。難じて云わく、「無涅槃法」というは、後に涅槃法界を成ずる故に。故に知んぬ、『瑜伽』の有性は大衆部也ということを。

三つには、『瑜伽』の破する所の有性を論ずれば則ち『仏性論』の能立の義と為すといわば、『瑜伽』は之れを破すべからず。若し爾らば、『瑜伽』の能破は仮能破なるべし。又た、『仏性論』の能立の義は、則ち仮立なるべし。則ち二論をして倶に過門に堕せしむる乎。「請うらくは善く之れを思わんことを」の「善く之れを思わんことを」

[5]の言に除心有るべし。「『瑜伽』と『仏性』の義は水火の如し」というは、師資の実義なり。互いに矛盾と為る。之れを思うに、其の故は爾るべからず。若しくは『仏性論』は天親の実義に非ざる歟。之れに依りて神昉、此の相違を大遍覚三蔵（玄奘）に問うの処、「『仏性論』の中に此の五難六答の文無し」と。重ねて那提三蔵に問うに、三蔵答へて曰わく「五性各別絶えて諍論無し。西天に五難六答の文無し」と。随って家依（真諦）の翻訳を勘がみるに、「論じて曰わく」は論主の義を出だし、「記して曰わく」は西天別師の釈を出だし、「釈して曰わく」は家依の義也。此の文は「釈して曰わく」の下に在り。此れを計り真諦の意とすべし。慈恩も「家依翻訳」を釈するに、之れを例えて■、「悟は必ず之れを増演するの所にして、不悟は是れを削略す」と。云々 故に淄州（慧沼）の釈に云わく、「分別部の有性は一切時に常有の性なり。而るに『瑜伽』に同じ。或いは無有は自ら違する過と為す故に」と。『論』に云わく、「『仏性論』中に斯の難を作さば、是れ自ら宗に違す。豈に能立と成らんや[6]」と。云々 又た云わく、「又た『仏性論』に有宗部の義を述ぶるも、亦た小しく有部を失す。見に入りて廻心するを許さず。苦忍已去をば、豈に仏性と名づけんや。又た聖性を得て、苦忍に在るに非ず。三乗倶に世第一法位に在りて、聖性を得。また十廻向有るを許さざるが故に。『倶舎論』の中に、一切有と述ぶ。正宗の説なるが故に。設い余説有りて叙ぶるも、正しからざるが故に[7]」と。云々 此れらの文に准ずるに、『仏性論』は天親の製也と云う事を疑うなり。若し天親を以て定量と為す者ありて『瑜伽』の説を信ぜずといわば、淄洲の破して云わく「親は位をば忍に居伏し、讃を蒙りて独り指南と為すのみ。慈氏の身は法雲に住す。何ぞ孤りならず〈遂北〉と称し、偏に凡位の菩薩の説教を讃じて真と為し、補処の慈尊の説法を仰いで非了となすや。豈に過に非ず乎[8]」と。云々 又た、能破に引く所の「性力の知る所の種々の界性」の文、是れ大乗の経也。故に『顕揚論』は『瑜伽』の五難六答を引きて標して云わく、「大乗の言教にして、是れ如来の説なり[9]」と。故に知んぬ、大乗の経なりと云う事を。然るに『仏性論』に小乗義を述ぶる

論主の処に『阿含経』の説を引いて云わく、「仏の十力の中の性力の知る所なり[10]」等とは、真諦の結構する所也。論主の心には非ず。其の旨、上の如し。故に難ずるに非ざる也。然るに『荘厳論』に引く所の多界修多羅は、是れ別部の経也。文は同じと雖も経は別也。

【註記】

［1］世親造・真諦訳の『仏性論』の「破執分第二破正定執品第一」からの引用である。二行目「答曰」までが大正三一・七八七下の『仏性論』の文章からの引用、二行目「此等過失」より最後までが大正三一・七八八下の『仏性論』の文章からの引用である。引用文に誤字はない。ちなみに、中略箇所（大正三一・七八七下〜七八八下）には「仏性がないということは空性がないということに他ならない」として、そこから派生する「泰過過失」と「不及過失」に言及し、かつまた仏性のない衆生が定まってあるとすれば「無窮過失」と「不平等過失」と「同外道過失」が生じると述べている。そこで、中略後の答文では「此等過失」と記されるのである。

［2］「上の文に云わく」とあるように、前掲の『仏性論』の前にある文章を全文引用している。引用箇所は、大正三一・七八七下である。その内、大正と比較すると脱字が次の四点、確認された。

1二丁裏三行目「初破者」→「初破小乗執者」
2二丁裏六行目「凡聖衆」→「凡聖衆生」
3二丁裏七行目「従空出故」→「皆従空出故」
4二丁表七行目「得於仏性」→「皆得於仏性」

また、誤字が次の二点、確認された。

1二丁裏二行目「麁妙等果」→「麁妙等界」

２二丁裏五行目「何者今定」→「何者為定」

なお、『仏性論』自体に、『経』および『阿含経』からの引用がなされているが、引用箇所は残念ながら判然としない。

［3］『仏性論』の大意を取ったものと見られる。

［4］『大般涅槃経』の「若有説言八聖道分非凡夫得。是人亦名謗仏法僧。善男子。若有説言一切衆生定有仏性定無仏性。是人亦名謗仏法僧」からの取意引用（大正一二・五八〇中）。慈恩の『成唯識論掌中枢要』にも「涅槃三十六云。善男子若説一切衆生定有仏性。是人名為謗仏法僧。若説一切定無仏性。此人亦名謗仏法僧」（大正四三・六一二上）と引用している。

［5］慧沼撰『能顕中辺慧日論』に『瑜伽師地論』と『仏性論』の矛盾について「翻合二論。倶堕過門。請善思之」（大正四五・四三八中）と述べているので、蔵俊はこの文を借りたのであろう。

［6］慧沼撰『能顕中辺慧日論』の文（大正四五・四三八中）を引用。なお、本帖の四丁裏四行目の「豈成能立」は大正では「豈成破」となっている。ここは「難」の部分であるから「破」が正しい。

［7］慧沼撰『能顕中辺慧日論』の文（大正四五・四三八中〜下）を引用。なお、本帖の四丁裏四行目では「有宗部義」になっているが、大正では「有部宗義」であり、大正が正しい。

［8］慧沼撰『能顕中辺慧日論』にすでに「世親位居伏忍。蒙讃独為指南。慈氏身住法雲。何不孤称逐北。偏讃凡位菩薩説教為真。抑補処慈尊談法為非了。豈非過乎」（大正四五・四一八下）と説かれており、『仏性論』のすべてが世親の撰述であることが疑われている。この文章を蔵俊は引用した。もっとも、「説教為真」が「設教為真」に、「慈尊談法」が「慈尊説法」と誤字が見られる。

［9］無著造『顕揚聖教論』に「論曰。種性差別大乗言教是如来説」（大正三一・五八〇下）と出る。

［10］求那跋陀羅訳『雑阿含経』（大正二・一八五下〜一八六下）に十力が出るが、「性力」はない。他にも該当するものなし。

【解　説】

周知のように、唯識仏教の大成者である世親菩薩（四〇〇―四八〇年頃）には、『唯識二十論』『唯識三十論頌』『弁中辺論』『大乗成業論』『大乗五蘊論』『転識論』『顕識論』『大乗百法明門論』等の唯識関連の書籍が多数ある他に、浄土教に関する『浄土論』や如来蔵思想に言及する『仏性論』などの著作も残されている。その中で、ことに問題とされたのが『仏性論』であった。なぜならば、世親が「識転変」の道理をもって理論化した唯識説の根拠となる『解深密経』や『瑜伽師地論』等の唯識の経論には「五種姓」説が論じられているにもかかわらず、『仏性論』ではそれとは異なる「一切衆生悉有仏性」義が展開されていたからである。

玄奘三蔵（六〇二―六六四）によって中国に伝えられ、慈恩大師基（六三二―六八二）によって組織された法相教学においてもまた、五姓各別説は正義説として教義の中核を占めた。すなわち、慈恩撰『成唯識論掌中枢要』には「瑜伽所説五性」を解釈する中で、世親の『摂大乗論釈』の文を証拠として示した後、『瑜伽師地論』に説かれる「声聞定姓・独覚定姓・菩薩定姓・不定姓・無姓有情」の五種姓、ならびに『楞伽経』『大乗荘厳経論』の一経一論をもととした「断善闡提・大悲闡提・無性闡提」の三種の無姓有情が立てられていたのである。その結果、五姓各別説が法相教学の中核をなす教義として定着していくことになる。

実際のところ、世親の『摂大乗論釈』には「一つには声聞蔵、二つには菩薩蔵」（大正三一・三二一下）と述べて声聞蔵と菩薩蔵の二蔵を説く箇所と、「障りを具するに由るが故に無量の仏の世に出現したもうと雖も彼をして般涅槃を得せしむること能わず」（大正三一・三七六中）という一闡提を説く箇所が見られ、種姓差別の立場にあったことが確認できるが、種姓義に関してはむしろ『仏性論』が最も詳しいといってよいであろう。ところが、『仏性論』には「五姓各別」義ではなく、「一切衆生悉有仏性」義が説かれていたのである。このため中国・日本で大きな問題となったのであるが、蔵俊の撰述した本書もまた、この問題を解決するために著されたものであった。いわば『仏性論』は、五姓各別説を正義とする唯識学侶にとって、会通すべき重要課題の一つであったといってよいのである。

そこで、蔵俊撰述の『仏性論文集』において、まず冒頭に示されたのは『仏性論』の本文であった。蔵俊は『仏性論』「破執分第二破小乗執品第一」の文を順序どおりに引用するのではなく、まず「下の文」に出る「明有仏性」という箇所を先に引用した。そして、世親が「無性の義は邪執によるものであり、一切衆生には悉く仏性がある」と論じたとされる有名な文章を示した上で「上の文」に戻り、小乗の諸部の解釈を示して「部派の見解を難じるためであった」と会通しようとしたのである。すなわち、『仏性論』の「上の文」には、分別部では一切の衆生（凡夫と聖者）は空性（＝仏性・涅槃）より現れるので仏性があると説いているが、毘曇薩婆多（毘曇有門）等の多くの部派では一切衆生に性得の仏性はなく、ただ修得の仏性があるのみであるとし、衆生には「仏性のない者」「仏性の有無の定まらない者」「仏性のある者」の三種があり、三乗の者には仏性があると説かれていた。さらに、声聞は苦法智忍位より以降に仏性を得、独覚は世第一法位より以降に仏性を得、菩薩は十廻向不退位より仏性を得るとも説き、この道理のわからない小乗の者（分別部や薩婆多部など）に「有仏性」「無仏性」の一方に偏った見解が生じるのであると説いていたのである。これをもって蔵俊は、『仏性論』の記述は総じて「部派の見解を難じるため」であり、道理のわからない小乗の者を諭すために「一切衆生悉有仏性」と説かれたにすぎないとの会通理論を構築したのである。

この会通は実は、法宝（六二七？—七〇六～七一〇？）の『一乗仏性究竟論』（六九五—六九九）の難に対して反論した法相宗第二祖の淄洲大師慧沼（六四九―七一四）の『能顕中辺慧日論』においてすでに見られるものである。すなわち、法宝の批判する六義の内の第一義に対して、まず、

瑜伽所明。一不同薩婆多一切無。二不同分別部一切有。何以得知。准声聞地。六相明無及有相等。即有先有。非至忍位方有。無即畢竟無故。不同有部。有即時有。許有転変。非一切時決定常有故。不同分別部。（中略）先無此種性。後有此種性。或先有此種性。後無此種性。如是先有声聞定種性。後無此定種性等。准此設難。豈同分別部計一切有空為性耶。既計空為種性。一切時有。不応或有或無。仏性論中作斯難者。自違宗。豈成破。立瑜伽破一切有。仏性論破一切無。反復此難。豈不成過。何者。瑜伽所破即仏性論能立之義。若一切有。瑜伽不令破之。既是瑜伽所破。仏性論中不応成立。若以瑜伽所破。為仏性論能破正義。即瑜伽能破名似非真。取瑜伽所破而為能立。亦即所立。翻合二論。倶堕過門。倩善思之。（大正四五・四三八上～中）

といい、『瑜伽師地論』の明かす所は薩婆多部とも分別部とも異なることを指摘した上で、「一切有性」を破す『瑜伽師地論』の能破の立場と「一切有性」を立てる『仏性論』の能立の立場が正反対であると論じ、「翻じて二論を合すれば倶に過の門に堕するので倩《つらつ》ら之れを思え」と結んでいる。一見すると正邪の判断を据え置いたかのように見えるが、事前に『瑜伽師地論』の立場を明確にした点、および『仏性論』の難が「自らの宗（命題）に違す」と述べている点等に鑑みると、明らかに『瑜伽師地論』を正義とする立場より『仏性論』を批判していることが知られるのである。次に第二義として、

二云。瑜伽能破引文非大乗経。仏性論云。仏為小乗人。説有衆生不住於性永不般涅槃。復云。阿含説仏十力中性力所知。此亦不爾。無上依経亦説有無般涅槃性。善戒経行性品亦説有無性。豈小乗経耶。

（大正四五・四三八中）

といい、五種姓を説く『瑜伽師地論』が大乗経でないと批判されたことに対して、大乗の経典である『無上依経』や『善戒経』等にも「無性」の存在が論じられていると反論している。次に第三義として、

三云。瑜伽能破非大乗義。唯仏性論瑜伽顕揚証無性者。是有部義。仏性論云。薩婆多等説。一切衆生無有性得仏性。但有修得仏性。此亦不爾。声聞地中明其種性述自正義。不順有宗。有宗無性得。彼種性中立性得故。亦立無即畢竟無。有即無始有。不同仏性論述有部宗。本来是無後時方有。又仏性論述有部宗義。亦少失有部。不許入見道心。苦忍已去。豈名仏性。又得聖性。非在苦忍。三乗倶在世第一法位。得聖性故。亦不許有十回向故。倶舎論中。述一切有。正宗説故。設有余説。叙不正故。又若瑜伽声聞地中。順有部宗六相明無。更於何処証一切有。豈欲自明種性。不拠自宗。但随小説。又決択重明五難六答。亦無異説。顕揚亦同。豈皆須有部耶。又自立宗云。瑜伽等釈四十年前教故。明一分無等。今云一分無。何成順小。数数自違。豈不心労。

（大正四五・四三八中～下）

とあるように、無性の存在を説くのは有部の義であるという批判に対して、『瑜伽師地論』の無性義は有部のものとは異なる自宗の正義であると反論している。ここで注目すべきは、『仏性論』の解釈の誤りが指摘されていると

いう点であろう。すなわち、法宝の難を否定した後、「仏性論は有部の宗義を述ぶるに亦た少しく有部を失す」といい、『仏性論』の解釈は自宗（唯識）によらず小乗の立場より解釈したものであると難じているのである。これについて『仏性論』の当該の文を示すと、およそ次のようになる。

但有修得仏性。分別衆生。凡有三種。一定無仏性。永不得涅槃。是一闡提犯重禁者。二不定有無。若修時即得。不修不得。是賢善共位以上人故。三定有仏性。即三乗人。一声聞従苦忍以上即得仏性。二独覚従世法以上即得仏性。三者菩薩十廻向以上是不退位時得於仏性。所以然者。如経説有衆生不住於性。永無般涅槃故。

（大正三一・七八七下）

と。この一段は、すでに指摘したように「仏性を修得する」際に衆生に「仏性の無い者」「仏性の有無の定まらない者」「仏性の有る者」の三種の別があると分析した上で、その中の「仏性の有る者」について声聞・独覚・菩薩がいつ仏性を得るかを示すものである。すなわち、声聞は苦法智（欲界の苦諦を観じて見惑を断ずる智）を得て以降に仏性を得、独覚は世第一法（欲界の苦諦を観じて見道に入る位）以降に仏性を得、菩薩は十廻向（地前の因行を廻して衆生に向ける位）以降に仏性を得ると解釈している。この場合の「仏性を得る」とは、無漏智（行仏性）の現行をさすものと考えられるが、そうなると、なるほど唯識仏教（世親の自宗）の立場とは異なる。この点を慧沼は指摘しているのである。次いで、第四・第五は省略して、第六義について取り上げてみよう。すなわち、

六云。准菩薩善戒経涅槃経。瑜伽所立無性有情非大乗義。何以故。以阿含経性力。知種種界。證一分無性。此

即性界不可転。善戒経第五云。受学菩薩戒者。先知衆生界。然後共住為転性界。如応説法。涅槃第三十一云。転下作中。転中作上等。説根不定。准此故知。性界定者是小乗義者。此亦不爾。豈大乗中無性界定。如楞伽般若。明其乗性。有定不定。無量義経云。如是観已。而入衆生諸根性欲。性欲無量故。説法無量。入大乗論亦云。如仏所説。下根下性下発道意所願。亦下性中発道意所願。亦中上根上性上発道意所願。亦上。是故諸仏中根中随其根性。即以慈心分別教受。大荘厳論第一亦云。若無性差別。則無信乗果差別等。大乗小乗経論幷説二十七賢聖根性不同有転不転。故知善戒及涅槃経転下作中等。扨不定説。性界定者。扨定性。（中略）故知瑜伽善戒涅槃義同水乳。而彼不知。自妄分別。云学唯識論者不会時教。於此義中誠可更審。下見諸難。多率自情。顚倒釈文。既無憑准。繁不具挙。

（大正四五・四三八下～四三九上）

とあるように、『瑜伽師地論』所立の「無性有情」が大乗の義ではないとの批判に対して反論するものであり、『善戒経』や『涅槃経』等に出る「転」（例えば、下を転じて中となり、中を転じて上となる等）のあり方は不定姓についていったものであり、「性界定」は定姓についていったものであると反論している。注目すべきは、「瑜伽と善戒経とは水と乳のような関係」であるのに、法宝はそれを知らず「自ら妄分別し、自の情を率き、釈文を顚倒している」と批判しているのである。しかし、法宝の「妄分別」なるものは『仏性論』の所説より起こったものであることは間違いない。これに対して慧沼は、どう会通したのであろう。

すでに指摘したように、慧沼は第三義において『仏性論』の見解が少し誤っていると述べていた。これは明らかなる世親批判である。おそらくは『仏性論』の見解が法相家のそれと違背することを否定できないからこそ、世親批判を示したのではないかと思われる。これについて更に興味深いことに、慧沼の『能顕中辺慧日論』巻一「破行

性遍」では次のように述べている。すなわち、

涅槃経。我於一時説一行一縁一乗一道等。我諸弟子不解我意。（中略）摂大乗論無著自云。引摂一類。天親無性倶云隠密。釈迦無著普世親師。判為不了。世親何人将為了義。又天親判為了義。余人何合将為須不了。若爾解深密経仏自説為了義。余是何人判為権密。（中略）又大荘厳論第一云。余人善根無利他故。余人善根涅槃時尽故。菩薩善根不爾。由此為因。種性最勝。若二乗人入無余依有善根在如何言滅。無著天親事慈尊。自復登極喜言善根滅。如何不信。（中略）下釈四巻楞伽。准知謬。勝鬘経宝性論仏性論等文。皆准前知。世親位居伏忍。蒙讃独為指南。慈氏身住法雲。何不孤称逐北。偏讃凡位菩薩説教為真。抑補処慈尊談法為非了。豈非過乎。

（大正四五・四一八上〜下）

と。これを見ると、釈尊が「我が諸々の弟子は我が意を得ず」と嘆かれていることを示した後、世親が師である釈尊や無著の説を「判じて不了」であるとしているあり方を難じ、インドの論師の解釈には誤りがあると指摘していることが知られる。ことに末尾の文に至るや、「世親は煩悩を伏する段階にある忍位の菩薩にすぎないが慈氏（弥勒）は仏果障のみを残して余他の煩悩を断じた法雲地の位にある菩薩である」といい、「なぜに凡夫位の菩薩である世親の説を真教と讃え、補処の菩薩である慈尊（弥勒）の談じた法を非了とするのか」と難じている。したがって、慧沼は弥勒の教説である『瑜伽師地論』こそが了義の説であり、それに反する『仏性論』の説はたとえ世親の所論であったとしても誤りであると断じていたことが知られるのである。このあり方を前提として、蔵俊の本書での会通が次になされることになる。

（楠　淳證）

第二節　「訳者真諦加増説」の提示

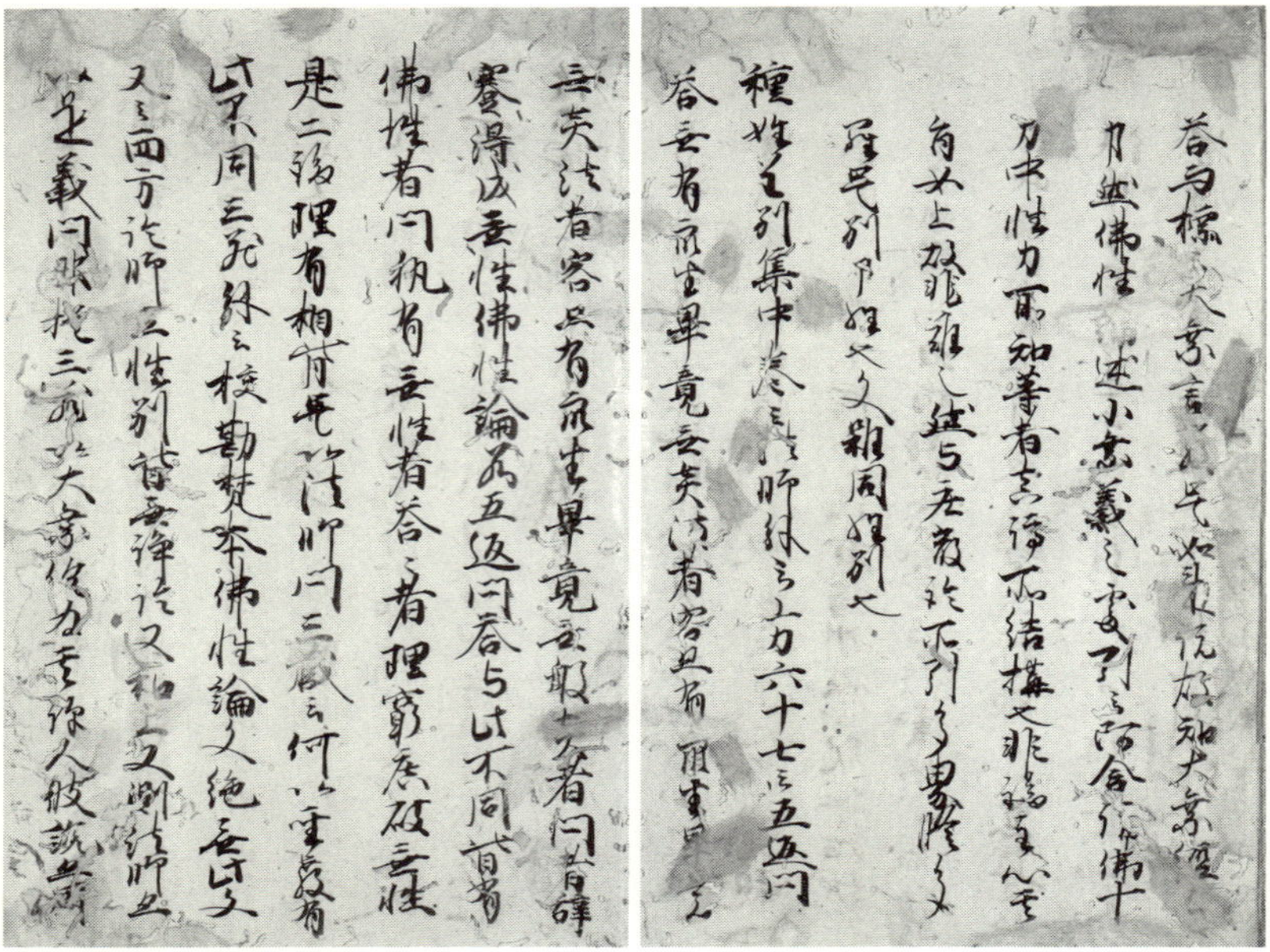

【翻　刻】

〔五丁裏〕

069 種姓差別集中巻云法師解云ユカ六十七云五返問
070 答無有衆生畢竟無涅槃法者客亦有衆生畢竟

〔六丁表〕

071 無涅槃法者客亦有衆生畢竟無般涅槃者問者辞
072 賓得成無性佛性論若五返問答与此不同皆有
073 佛性者問執有無性者答云者理窮廣破無性
074 是二論理有相背是以法師問三蔵云何以聖教有
075 此不同三蔵解云校勘梵本佛性論文絶無此文
076 又云西方論師五性別皆無諍論又和上又測法師亦
077 以是義問那提三蔵以大乗俱為其譯人彼説亦同

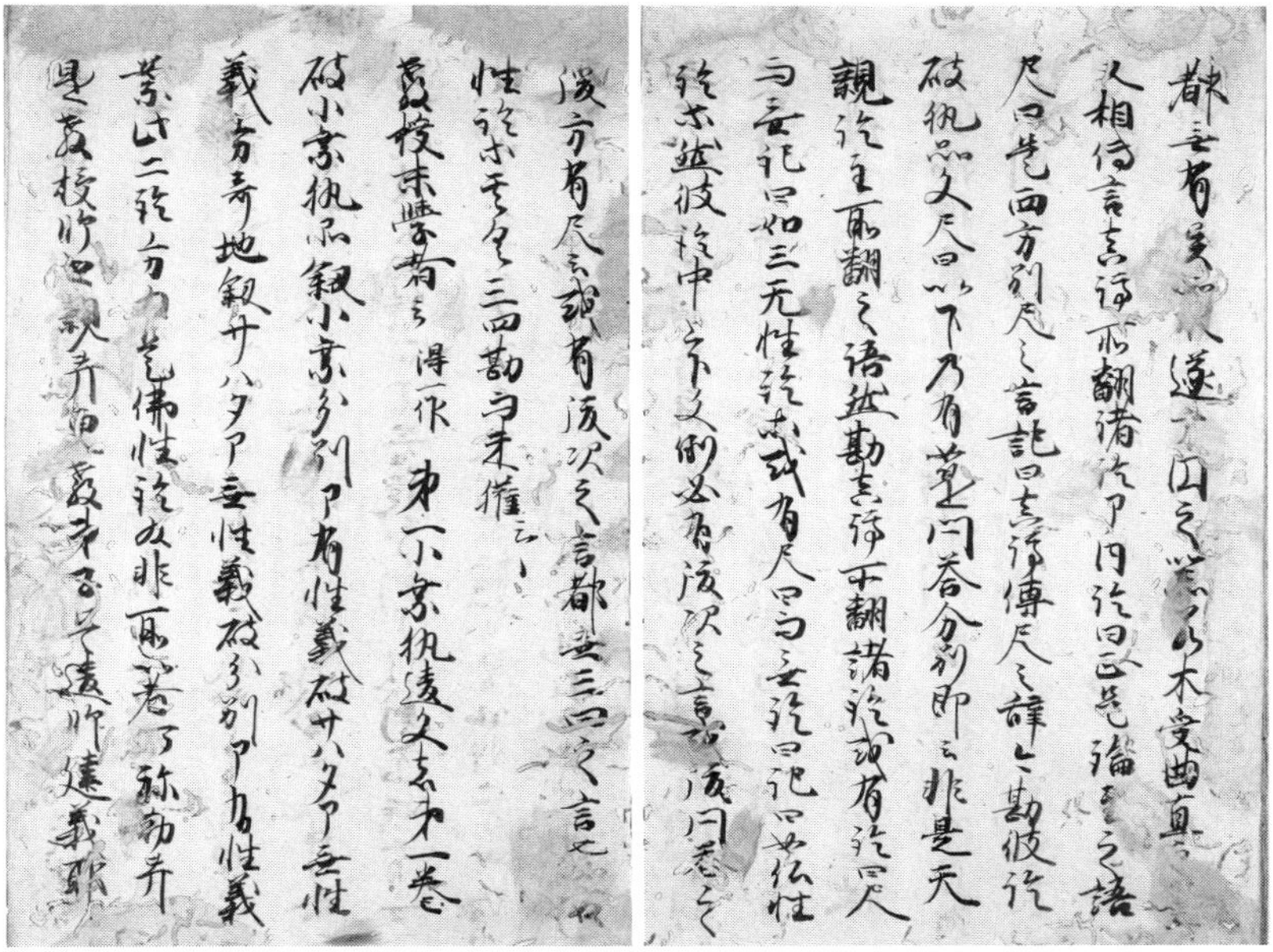

〔六丁裏〕

078 都無有異如水遂方円之器若木受曲直之
079 又相傳言真諦所翻諸論部内論曰正是論主之語
080 釈曰是西方別釈之言記曰真諦傳釈之辞今勘彼論
081 破執品文釈曰以下乃有如是問答分別即云非是天
082 親論主所翻之語然勘真諦所翻諸論或有論曰釈
083 而無記曰如三无性論等或有釈曰而無論曰記曰如仏性
084 論等然彼論中上下文明必有復次之言或復問答之

〔七丁表〕

085 後方有釈云或有復次之言都無三曰之言也彼仏
086 性論等其具三四《ママ》勘而未獲《ママ》云々
087 教授末学者云得《作》一　第一小乗執違文者第一巻
088 破小乗執品叙小乗分別部有性義破サハタ部無性
089 義ユカ声聞地叙サハタ部無性義破分別部有性義
090 案此二論ユカ為是佛性論為非所以者何弥勒菩薩
091 是教授師世親菩薩更教弟子豈違師建義耶

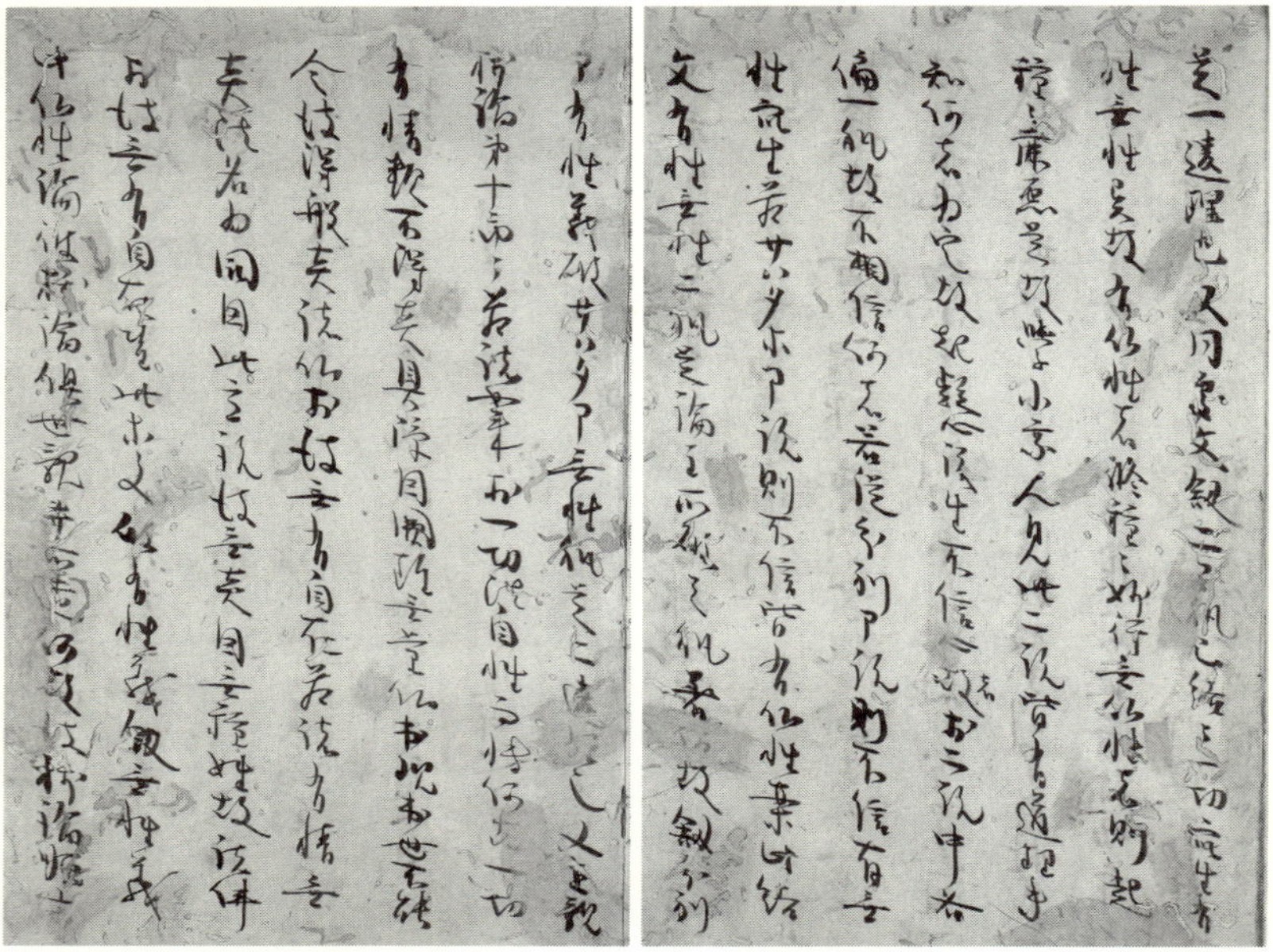

〔七丁裏〕

092 是一違理也又同處文叙二部執已論云一切衆生有
093 性無性異故有仏性者修種々妙行無仏性者則起
094 種々麁悪是故學小乗人見此二説皆有道理未
095 知何者為定故起疑心復生不信心故《者》於二説中各
096 偏一執故不相信何者若従分別部説則不信有無
097 性衆生若サハタ等部説則不信皆有仏性案此論
098 文有性無性二執是論主所破之執著何故叙分別

〔八丁表〕

099 部有性義破サハタ部無性執是二違理也又世親
100 摂論第十巻云若諸如来於一切法自性而轉何故一切
101 有情類不得涅槃具障因闕雖無量仏出現出世不能
102 令彼得般涅槃諸仏於彼無有自在若諸有情無
103 涅槃法名為闕因此意説彼無涅槃因無種姓故諸佛
104 於彼無有自在望此等文明有性義叙無性義
105 此仏性論彼摂論倶世親菩薩所造何故彼摂論順ユカ

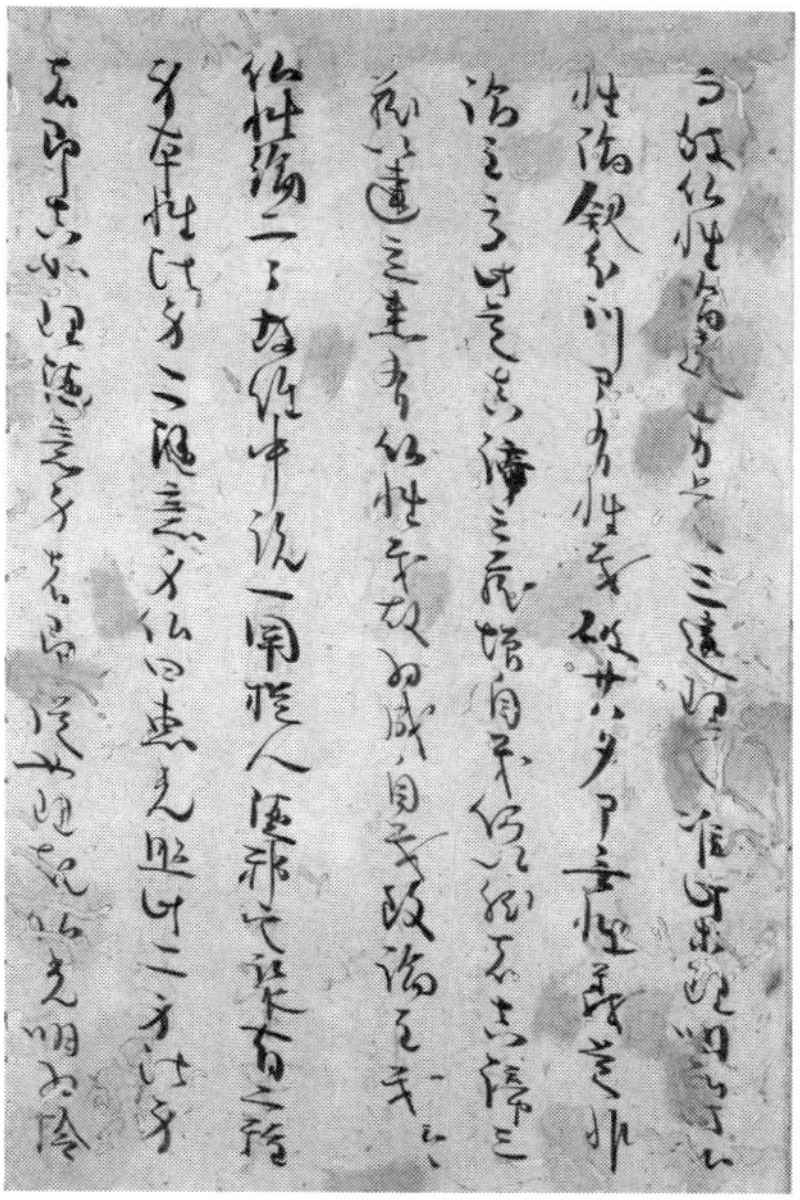

〔八丁裏〕

106 而彼仏性論違ユカ是三違理也准此等理明知彼仏

107 性論叙分別部有性義破サハタ部無性義是非

108 論主意此是真諦三蔵増自義何以然者真諦三

109 蔵以建立悉有仏性義故為成自義改論主義云々

【訓読】

『種姓差別集』の中巻に云わく、「法師の解に云わく、『瑜伽』六十七に五返の問答をもて衆生に畢竟無涅槃法の者の有ること無しと云わば、客も亦た衆生に畢竟無涅槃法の者有りという。客も亦た衆生に畢竟無涅槃法の者有りというは、問者の辞賓にして無性を成ずるを得る。『仏性論』に五返の問答あるが若きは、此れと同じからず。皆な仏性有りといわば、無性有りと執する問いに答えて云わく、理をば窮めて広く無性を破す、と。是の二論の理、相い背くこと有り。是れを以て、法師は三蔵に問うて云わく、何を以て聖教に此の不同有るや、と。三蔵の解して云わく、梵本の『仏性論』の文を校勘するに、絶えて此の文無し、と。又た云わく、西方の論師は五性の別に皆な諍論無し、と。又た和上、又た測法師も亦た是の義を以て那提三蔵に問う。大乗を以て倶に其の訳を為す人は、彼の説も亦た同じ。都て異なり有ること無し。水の方円の器に遂うが如く、木の曲を受けて之れを直すが若し[1]」と。

又た相伝に言わく、「真諦所翻の諸論部の内の、〈論曰〉は正しく是れ論主の語、〈釈曰〉は是れ西方別釈の言、〈記曰〉は真諦伝釈の辞なり」と。今、彼の『論』の「破執品」の文を勘みるに、〈釈曰〉以下は乃ち是くの如き問答分別有り。即ち云わく、是れ天親論主の所翻の語に非ずと。然るに真諦所翻の諸論を勘みるに、或いは〈論曰〉と〈釈〉はあって、〈記曰〉なし。『三無性論』等の如し。或いは〈釈曰〉あるも、〈論曰〉〈記曰〉なし。『仏性論』等の如し。然るに、彼の論の中の上下の文、明らかに必ず〈復次〉の言有り。或いは復た同答の後に方に〈釈云〉有り。或いは〈復次〉の言有りて、都て三の〈曰〉の言無き也。彼の『仏性論』等は其れ三の〈曰〉を具するか勘みるに、未だ獲ず[2]」と。云々

末学者に教授して云わく得一の作なり、「第一小乗執違の文は、第一巻〈破小乗執品〉に小乗の分別部の有性義を叙べ、

薩婆多部の無性義を破す。『瑜伽』の声聞地は薩婆多部の無性義を叙べ、分別部の有性義を破す。此の二論を案ずるに、『瑜伽』は是とし、『仏性論』は非とす。所以は何ん。弥勒菩薩は是れ教授師にして、世親菩薩は教を更《つ》ぐ弟子なり。豈に師の建義に違す耶。是れ一の違理也。又た同処の文に二部の執を叙べ已わる。『論』に云わく、〈一切衆生は有性と無性と異なるが故なり。仏性有れば種種妙行を修し、無仏性無くば則ち種種の麁悪を起こす。是の故に小乗を学す人、此の二説を見て皆な道理有りとせり。未だ知らず、何者に定まらんと為るかを。故に疑心を起こせり。復た不信の心を生ずというは、二説の中に於いて、各おの一に偏して執するが故に、相い信ぜず。何となれば、若し分別部に従りて説かば、則ち無性衆生有るを信ぜず。若し薩婆多等部の説ならば、則ち皆な仏性有るを信ぜず〉と。此の論文を案ずるに、有性・無性の二執は、是れ論主の破する所の執著なり。何の故に分別部の有性の義を叙べて、薩婆多部の無性の執を破すや。是れ二の違理也。又た世親の『摂論』第十巻に云わく、〈若し諸如来、一切法に於いて自性にして転ずれば、何が故に一切有情の類は涅槃を得ざるや。障を具え因を闕けば、無量仏の出現出世したもうと雖も、彼をして般涅槃を得せしめること能わず。諸仏、彼に於いて自在有ること無し。若し諸有情に涅槃法無くば、名づけて闕因と為す。此の意は、彼に涅槃の因無きを説く。無種姓なるが故に、諸仏も彼に於いて自在の望、有ること無し〉と。此れ等の文は有性の義を明かし、無性の義を叙ぶ。此の『仏性論』と彼の『摂論』は、倶に世親菩薩の所造なりとせば、何が故に彼の『摂論』は『瑜伽』に順じ、而して彼の『仏性論』は『瑜伽』に違すや。是れ三の違理也。此等の理に准ずれば、明らかに知んぬ。彼の『仏性論』は、分別部の有性義を叙べ、薩婆多部の無性義を破すも、是れは論主の意に非ず。此れは是れ真諦三蔵、自義を増せり。何を以て然りといわば、真諦三蔵は悉有仏性の義を建立するを以ての故に自義を成ぜんが為に、論主の義を改む[3]」と。云々

【註記】

［1］神昉撰『種性差別集』からの引用であるが現存しない。『東域伝灯目録』や『注進法相宗章疏』等に名を残すのみ。なお、本書中に引用される『瑜伽師地論』の「六十七」の文は見当たらない。唯一、畢竟無涅槃法に関する以下の文章が存するのみである。すなわち、「今当説。如本地分説。住無種性補特伽羅。是名畢竟無般涅槃法。此中或有心生疑惑。云何而有畢竟無般涅槃法耶。応誨彼言。汝何所欲。諸有情類種種界性。無量界性。下劣界性。勝妙界性。為有耶為無耶。若言有者。無有畢竟無般涅槃法補特伽羅。不応道理。若言無者。経言諸有情類有種種界性乃至勝妙界性。不応道理」（大正三〇・六六九中）。また、「三蔵に問う」の文については不明。

［2］法相宗の師資相承の伝である。したがって出拠は不明。

［3］徳一撰『教授末学章』からの引用であるが現存しない。なお、本書は今まで知られていなかった未見本であり、このような書物の一部が引用されて残されていたことは注目に値する。なお、『教授末学章』の中には、世親撰『仏性論』の「一切衆生有性無性異故。有仏性者則修種種妙行。無仏性者。則起種種麁悪。是故学小乗人。見此二説皆有道理。未知何者為定故起疑心。復次生不信心者。於二説中。各偏一執故不相信。何者。若従分別部説。則不信有無性衆生。若薩婆多等部説。則不信皆有仏性故」（大正三一・七八七下）、および世親撰『摂大乗論釈』の「若諸如来於一切法自在而転。何故一切有情之類不得涅槃。故今一頌顕由此因諸有情類不能證得究竟涅槃。有情界周遍具障而闕因者。謂諸有情有業等障名為具障。由具障故雖無量仏出現於世。不能令彼得般涅槃。諸仏於彼無有自在」（大正三一・三七六中）が引用されている。

【解　説】

前節の冒頭に蔵俊が引用した『仏性論』の文章には、有部（毘曇薩婆多）と分別部の見解の相違が示されていた。これについて蔵俊は本帖において、まず、

「有部は一切無性を立つ。分別部は一切有性を立て、乃ち涅槃性ありと聞く」と云い、「若し一切衆生定んで仏性有りと説かば、是の人、三宝を謗るなり。若し一切衆生定んで仏性無しと説かば、是れ亦た三宝を謗るなり」の文もあり。『瑜伽』は爾らず。有部の一切無性に同じからず。分別部の一切有性に同じからず。

（本研究書一二〇頁）

といい、『瑜伽師地論』の立場が有部とも分別部とも異なる立場にあることを示し、『瑜伽師地論』の種姓義が小乗義に同ずるという批判をまず否定した。その上で、

「『瑜伽』の破する所の有性を論ずれば則ち『仏性論』の能立の義と為す」といわば、『瑜伽』はこれを破すべからず。若し爾らば、『瑜伽』の能破は仮能破なるべし。又た、『仏性論』の能立の義は、則ち仮立なるべし。則ち二論をして倶に過門に堕せしむる乎。「請うらくは善く之れを思わんことを」の「善く之れを思わんことを」の言に除心有るべし。「『瑜伽』と『仏性』の義は水火の如し」というは、師資の実義なり。互いに矛盾と為る。

（本研究書一二〇～一二一頁）

といい、慧沼の『能顕中辺慧日論』にも論じられた『瑜伽師地論』の「能破」と『仏性論』の「能立」の義に「矛盾」のあることを指摘し、『瑜伽師地論』と『仏性論』とは水と火のような「矛盾」があるという理解が、何と「師資相承の実義」であったと論じているのである。そして、次のようにいう。

之れを思うに、其の故は爾るべからず。若しくは『仏性論』は天親の実義に非ざる歟。之れに依りて神昉、此の相違を大遍覚三蔵（玄奘）に問うの処、「『仏性論』の中に此の五難六答の文無し」と。重ねて那提三蔵に問うに、三蔵答えて曰わく「五性各別絶えて諍論無し。西天に五難六答の文無し」と。随って家依（真諦）の翻訳を勘みるに、「論じて曰わく」は論主の義を出だし、「記して曰わく」は西天別師の釈を出だし、「釈して曰わく」は家依の義也。此の文は「釈して曰わく」の下に在り。此れを計り真諦の意とすべし。慈恩も「家依翻訳」を釈するに、之れを例えて■、「悟は必ず之れを増演するの所にして、不悟は是れを削略す」と。云々故に淄州（慧沼）の釈に云わく、「分別部の有性は一切時に常有の性なり。而るに『瑜伽』に同じ。或いは無有は自ら違する過と為す故に」と。『論』に云わく、「『仏性論』中に斯の難を作さば、是れ自ら宗に違す。豈に能立と成らんや」と。云々又た云わく、「又た『仏性論』に有宗部の義を述ぶるも、亦た小しく有部を失す。見に入りて廻心するを許さず。苦忍已去をば、豈に仏性と名づけんや。又た聖性を得て、苦忍に在るに非ず。三乗倶に世第一法位に在りて、聖性を得。また十廻向有るを許さざるが故に。『倶舎論』の中に、一切有と述ぶ。正宗の説なるが故に。設い余説有りて叙ぶるも、正しからざるが故に」と。云々此れらの文に准ずるに、『仏性論』は天親の製也と云う事を疑うなり。若し天親を以て定量と為す者ありて『瑜伽』の説を信ぜずといわば、淄洲の破して云わく「親は位をば忍に居伏し、讃を蒙りて独り指南と為すのみ。慈氏の身は法雲に住す。

何ぞ孤りならず〈遂北〉と称し、偏に凡位の菩薩の説教を讃じて真と為し、補処の慈尊の説法を仰いで非了となすや。豈に過に非ず乎」と。云々

（本研究書一二一頁）

と。慧沼の解釈を根拠にしながら、蔵俊もまた『仏性論』は世親の実義ではないと論ずるのである。その際に、『仏性論』の解釈の誤りを指摘して偽撰を疑った慧沼の見解も紹介している。そして、「インドでは五姓各別についての諍論は無く、梵本『仏性論』にも無性の存在を否定する五難六答の文はない」と述べた玄奘三蔵や那提三蔵（?―六五五―?）の言葉を紹介し、真諦の翻訳書に出る「論曰」は世親の見解、「記曰」はインドの別師の釈、「釈曰」は真諦三蔵（家依／四九九―五六九）の解釈であったと述べ、「訳者真諦加増説」を示したのである。また、これを補うものとして蔵俊は、「悟」（理解しているもの）については増演し「不悟」（理解していないもの）については削略するのが真諦三蔵の翻訳態度であると評した玄奘三蔵（大遍覚三蔵／六〇二―六六四）の言葉も紹介している。

以上は前節に出る論理であるが、もちろん節を分けたのは筆者であり、蔵俊においては一連の流れをもった論証となっている。すなわち、右の文を前提として、本節ではいよいよ「真諦加増説」の理論を構築していくのである。すなわち、「相伝に言わく」として、

又た相伝に言わく、「真諦所翻の諸論部の内の、〈論曰〉は正しく是れ論主の語、〈釈曰〉は是れ西方別釈の言、〈記曰〉は真諦伝釈の辞なり」と。今、彼の『論』の「破執品」の文を勘みるに、〈釈曰〉以下は乃ち是くの如き問答分別あり。即ち云わく、是れ天親論主の所翻の語に非ずと。然るに真諦所翻の諸論を勘みるに、或いは〈論曰〉と〈釈〉はあって、〈記曰〉なし。『三無性論』等の如し。或いは〈釈曰〉あるも、〈論曰〉〈記曰〉な

し。『仏性論』等の如し。然るに、彼の論の中の上下の文、明らかに〈復次〉の言あり。或いは復た同巻の後に方に〈釈云〉あり。或いは〈復次〉の言ありて、都て三の〈曰〉の言なき也。彼の『仏性論』等は其れ三の〈曰〉を具するか勘みるに、未だ獲ず」と。云々

（本研究書一三六頁）

といい、真諦三蔵が翻訳する際に三つの「曰」を用いる傾向を分析した上で、『仏性論』は「釈曰」のみで、その後に問答分別があるから、世親の言葉を翻訳したものではないとする解釈がすでにあったことを示すのである。これを見る限り、「三曰」の解釈がすでに法相宗内において伝統化し、五姓各別を説く唯識説を確立した世親であったにもかかわらず、世親撰『仏性論』が真諦三蔵の手によって一切衆生悉有仏性の義を説くものに改変されてしまったという認識が一般化していたことを意味する。この論理には説得力があり、これによって『瑜伽師地論』と『仏性論』に見られる「相反の疑念」が払拭されることになる。そのことをさらに証明しようとして蔵俊は、本節の冒頭において神昉の『種性差別集』を引用する。すなわち、

『種姓差別集』の中巻に云わく、「法師の解に云わく、『瑜伽』六十七に五返の問答をもて衆生に畢竟無涅槃法の者の有ること無しと云わば、客も亦た衆生に畢竟無涅槃法の者有りという。客も亦た衆生に畢竟無般涅槃の者有りというは、問者の辞賓にして無性を成ずるを得る。『仏性論』に五返の問答あるが若きは、此れと同じからず。皆な仏性有りといわば、無性有りと執する問いに答えて云わく、理をば窮めて広く無性を破す、と。是の二論の理、相い背くこと有り。是れを以て、法師は三蔵に問うて云わく、何を以て聖教に此の不同有るや、と。三蔵の解して云わく、梵本の『仏性論』の文を校勘するに、絶えて此の文無し、と。又た云わく、西方の

論師は五性の別に皆な諍論無し、と。又た和上、又た測法師も亦た是の義を以て那提三蔵に問う。大乗を以て倶に其の訳を為す人は、彼の説も亦た同じ。都て異なり有ること無し。水の方円の器に遂うが如く、木の曲を受けて之れを直すが若し」と。

（本研究書一三六頁）

といい、『仏性論』の五返の問答が梵本にはないと玄奘三蔵が述べていたことを重ねて示すのである。いよいよもって、真諦三蔵の自義の加わった「偽訳説」が説得力をもってくることになる。その大前提が、右の引文にも出る「西方の論師は五性の別に皆な諍論無し」としていたところにある。この言葉は、「仏性論は天親の実義に非ず」と述べた前掲の引文にも出るもので、そこでは「五姓各別、絶えて諍論なし」と那提三蔵が明言している。この事情について蔵俊撰『法華玄賛文集』八九（新倉和文「蔵俊による天台一乗批判の展開──『法華玄賛文集』八十九の翻刻読解研究を中心に──」、『南都仏教』九五、二〇一〇年、一五一～一五二頁）には更に、

玄奘三蔵欲来之時。西方諸徳云、無姓之文、若至本国、各不生信。願於所将于経論之内、略言無仏性之語。戒賢師曰、若除其文、弥離車人、解何義乎。是知、五性各別実理無疑。又曰、西天論師、皆立五性各別、絶無諍論。（中略）那提三蔵之所伝、亦如是。

と記されている。すなわち、インドの人師は皆「五姓各別」を真実と受け止めていたが、辺地（未離車）の中国では疑念をいだく者が出るであろうから「無仏性の語」を隠してはどうかと玄奘に提言する者がいた。そこで、師である戒賢論師（五二九─六四五）に問うと、「五性各別は真実であるから伝えよ」と諭されたという内容である。イ

ンドでは声聞・独覚・菩薩の存在も、姓を変える不定姓の存在も、極悪なる無姓有情の存在も、身近な真実として認識されていた。その結果が戒賢論師の言葉となり、それを伝えた玄奘三蔵等の相伝をもとに蔵俊は、五姓各別を真実と見る立場より、『仏性論』の記述を会通していったと考えられるのである。

一乗が真実か三乗が真実かについては、中国・日本においては幾度となく諍論されてきた。日本の論争のなかで最も有名なのは天台宗の最澄と法相宗の徳一（得一／？―八二一～八四二？）によるものであることは、多くの研究者が指摘するところである。しかし、残念ながら徳一の著作は散逸しており、最澄の『守護国界章』等によって若干の文言を拾うばかりであるといってよい。そのような中、徳一の新たな書である『教授末学章』が蔵俊の手によって本書に引用・紹介されていたことは、まさしく僥倖であったといってよいであろう。その文を引くと、およそ、次のようになる。

> 末学者に教授して云わく得一の作なり、「第一小乗執違の文は、第一巻〈「破小乗執品〉に小乗の分別部の有性義を叙べ、薩婆多部の無性義を破す。『瑜伽』の声聞地は薩婆多部の無性義を叙べ、分別部の有性義を破す。此の二論を案ずるに、『瑜伽』は是とし、『仏性論』は非とす。所以は何ん。弥勒菩薩は是れ教授師にして、世親菩薩は教を更ぐ弟子なり。豈に師の建義に違す耶。是れ一の違理也。（中略）又た世親の『摂論』第十巻に云わく、〈若し諸如来、一切法に於いて自性にして転ずれば、何が故に一切有情の類は涅槃を得ざるや。障を具え因を闕けば、無量寿仏の出現出世したもうと雖も、彼をして般涅槃を得せしめること能わず。諸仏、彼に於いて自在有ること無し。若し諸の有情に涅槃法無くば、名づけて闕因と為す。此の意は、彼に涅槃の因無きを説く。無種姓なるが故に、諸仏も彼に於いて自在の望、有ること無し〉と。此れ等の文は有性の義を明かし、無性の

義を叙ぶ。此の『仏性論』と彼の『摂論』は、倶に世親菩薩の所造なりとせば、何が故に彼の『摂論』は『瑜伽』に順じ、而して彼の『仏性論』は『瑜伽』に違すや。是れ三の違理也。此等の理に准ずれば、明らかに知んぬ。彼の『仏性論』は、分別部の有性義を叙べ、薩婆多部の無性義を破すも、是れは論主の意に非ず。此れは是れ真諦三蔵、自義を増せり。何を以て然りといわば、真諦三蔵は悉有仏性の義を建立するを以ての故に自義を成ぜんが為に、論主の義を改む」と。云々

（本研究書一三六〜一三七頁）

とあり、冒頭に分別部と薩婆多部の見解についての解釈を行なう中で、師である弥勒の『瑜伽師地論』の所説を「是」とし、教えを受けた世親の『仏性論』の所述を「非」とするあり方をまず明示しているのである。次いで注目すべきは、世親撰『摂大乗論釈』と同『仏性論』とを比較し、「障りを具え因に欠ける」存在（無性）を説く『摂大乗論釈』の記述と、悉有仏性を説く『仏性論』の記述とが「相反」することを明示し、『瑜伽師地論』に反する『仏性論』の記述は「真諦三蔵が自義を加増した結果」であり、「世親論主の見解を改変したものである」と結論づけているのである。この徳一の言葉を引用したところに、蔵俊の会通の結論があったといってよいであろう。なお、徳一撰『教授末学章』については、「得一」「徳一」などという表記も含めて、次節において吉田慈順が詳細な検討を行なっているので参照されたい。

（楠　淳證）

第三節　「訳者真諦加増説」の検証

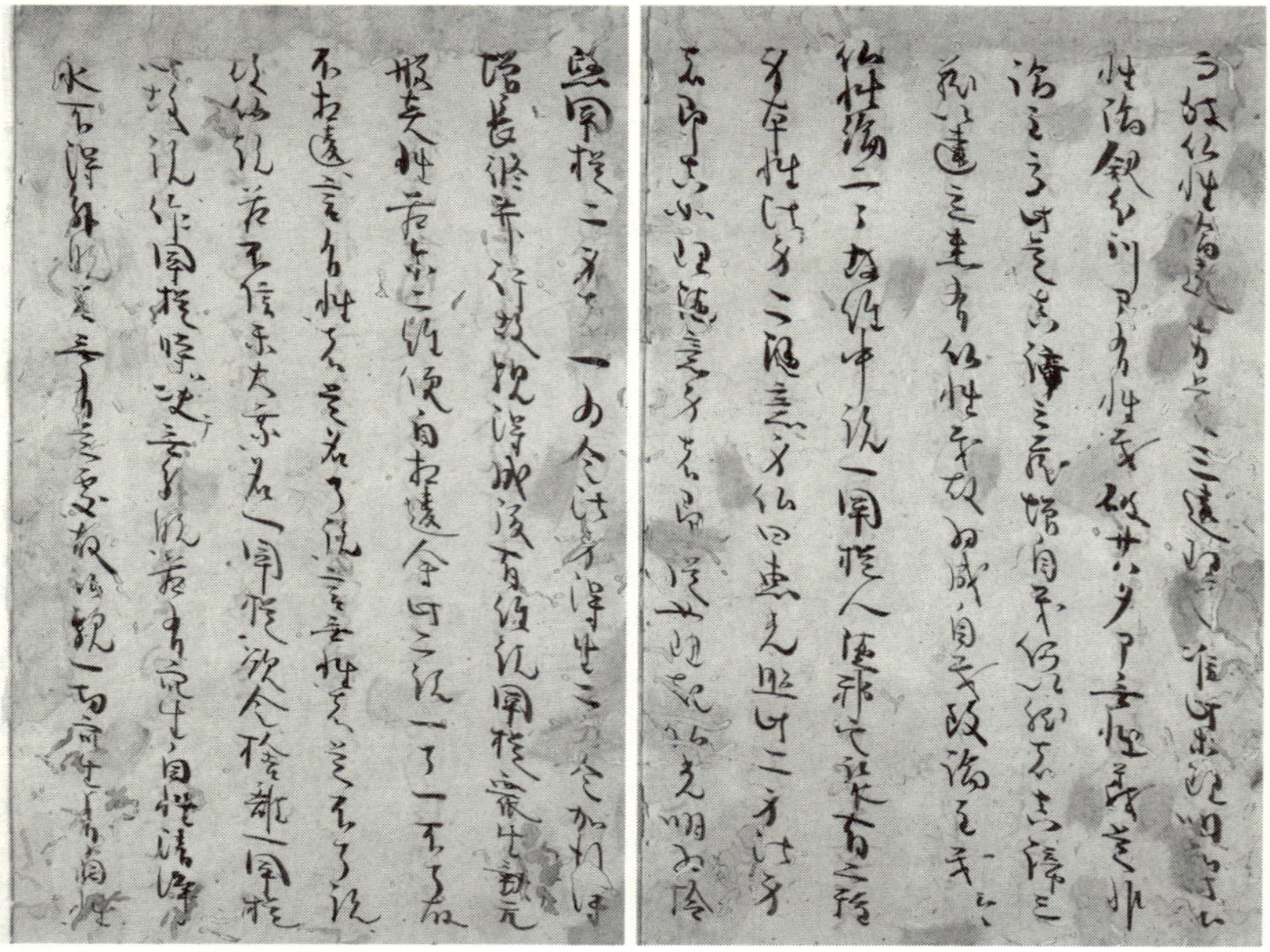

【翻　刻】

〔八丁裏〕

110 仏性論二云故経中説一闡提人堕邪定聚有二種
111 身本性法身二随意身仏日恵光照此二身法身
112 者即真如理随意身者即従如理起仏光明為怜

〔九丁表〕

113 愍闡提二身者一為令法身得生二為令加行得
114 増長修菩提行故観得成復有経説闡提衆生■欠无
115 般涅槃性若爾二経便自相違會此二説一了一不了故
116 不相違、言有性レ者是名了説レ言無性レ者是不了説、
117 故仏説若不信楽大乗レ名一闡提レ欲令捨離一闡提
118 心故説作闡提時決《ハテ》無解脱レ若有衆生自性清浄
119 永不得解脱者無有是處レ故仏観一切衆生有自性レ

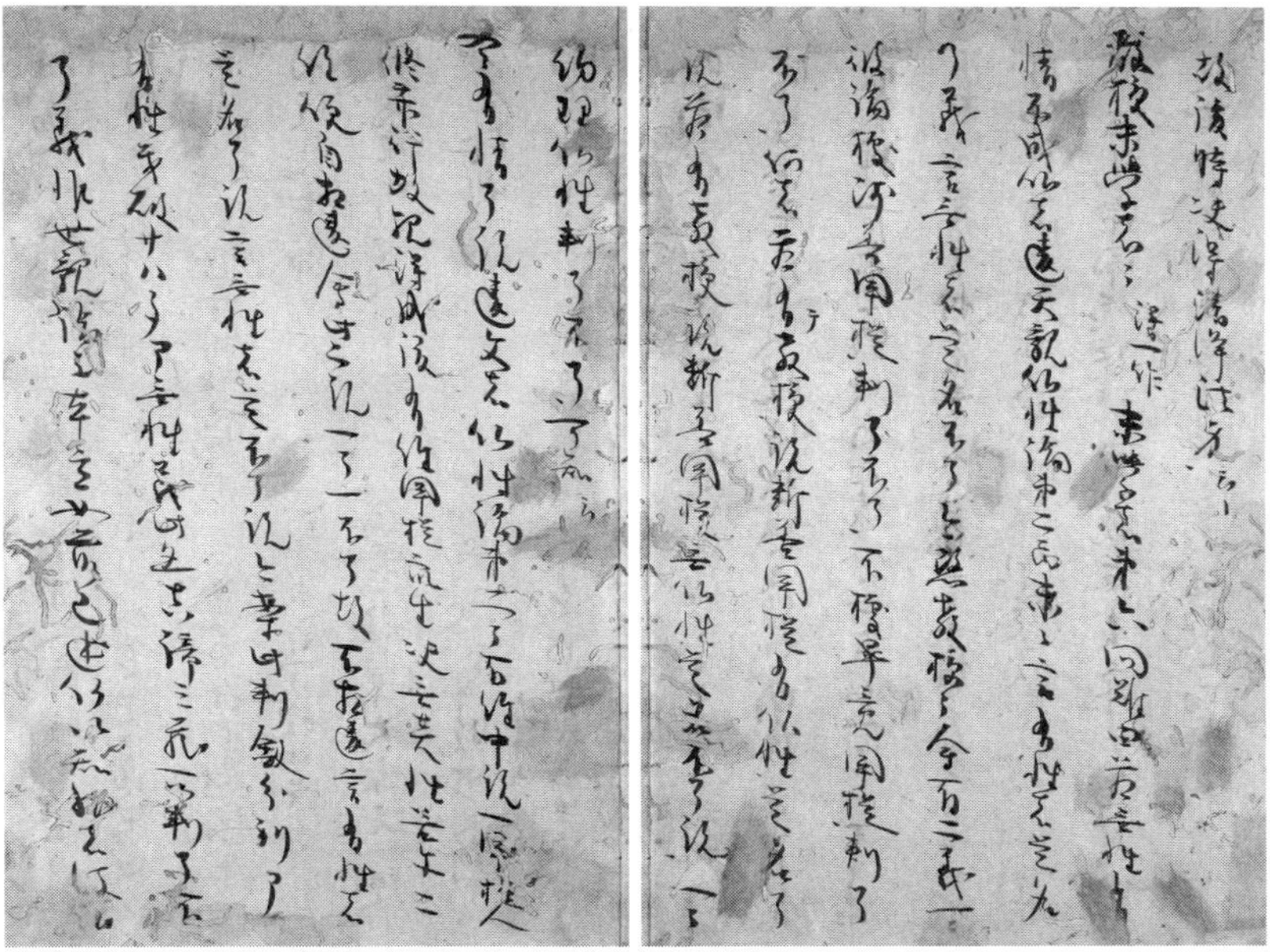

〔九丁裏〕
120 故後時決得清浄法身㆒云々
121 教授末學者云得一作末學者第六問難曰若無性有
122 情不成仏者違天親仏性論第二巻末云言有性者是名
123 了義言無性者是名不了今愍教授云會有二義一云
124 彼論據断善闡提㆒判了不了㆓不據畢竟闡提㆒判了
125 不了㆒何者若有教授テ㆓説断善闡提有㆒仏性㆓是名了
126 説若有教授㆒説断善闡提無仏性是名不了説㆓一云
〔十丁表〕
127 約理仏性判了不了㆓可知云々
128 又云有情了説違文者仏性論第二云有経中説一闡提人
129 修菩提行故観得成復有経闡提衆生決無涅槃性若爾二
130 経便自相違會此二説一了一不了故不相違言有性者
131 是名了説言無性者是不了説今案此判叙分別部
132 有性義破サハタ部無性義此亦真諦三蔵所判了不
133 了義非世親論主本意如前已述何以知物者彼仏

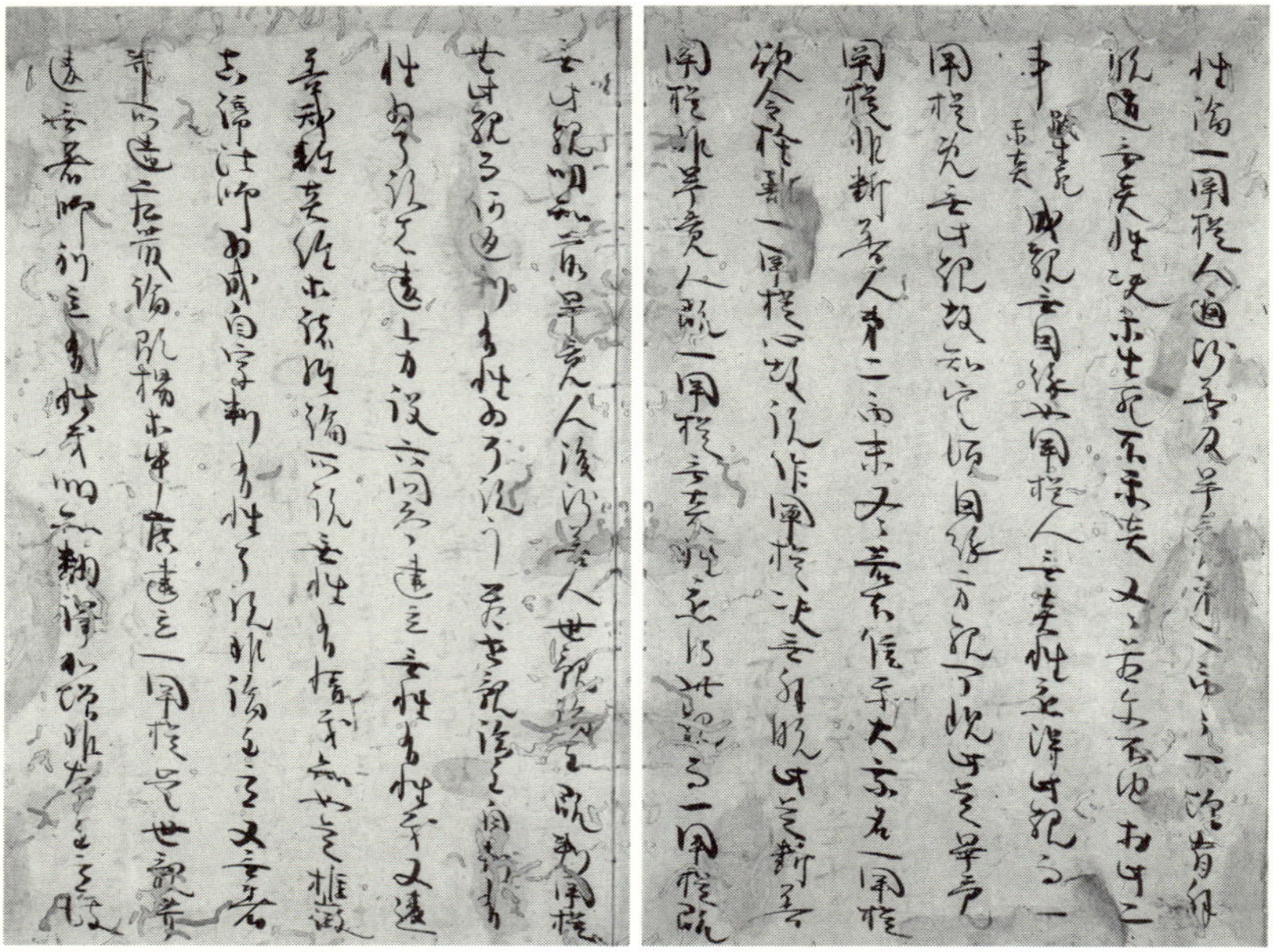

〔十丁裏〕
134 性論一闡提人通断善及畢竟第二巻云一憎背解
135 脱道無涅槃性決楽生死不楽涅槃又云若爾不由於此二
136 事厭生死楽涅槃成観無因縁如闡提人無涅槃性應得此観而一
137 闡提既無此観故知定須因縁方観可現此是畢竟
138 闡提非断善人第二巻末又云若不信楽大乗名一闡提
139 欲令捨離一闡提心故説作闡提決無解脱此是断善
140 闡提非畢竟人既一闡提無涅槃性應得此観而一闡提既
〔十一丁表〕
141 無此観明知前畢竟人後断善人世親論主既判闡提
142 無此観而何返判有性為了説乎若世親論主自判有
143 性為了説者違ユカ設六問答建立無性有性義又違
144 善戒経涅槃経等諸経論所説無性有情義知如是推微
145 真諦法師為成自宗判有性了説非論主意又無着
146 菩薩所造荘厳論顕揚等中廣建立一闡提是世親菩薩
147 違無着師別立有性義明知翻譯加増非本主意彼

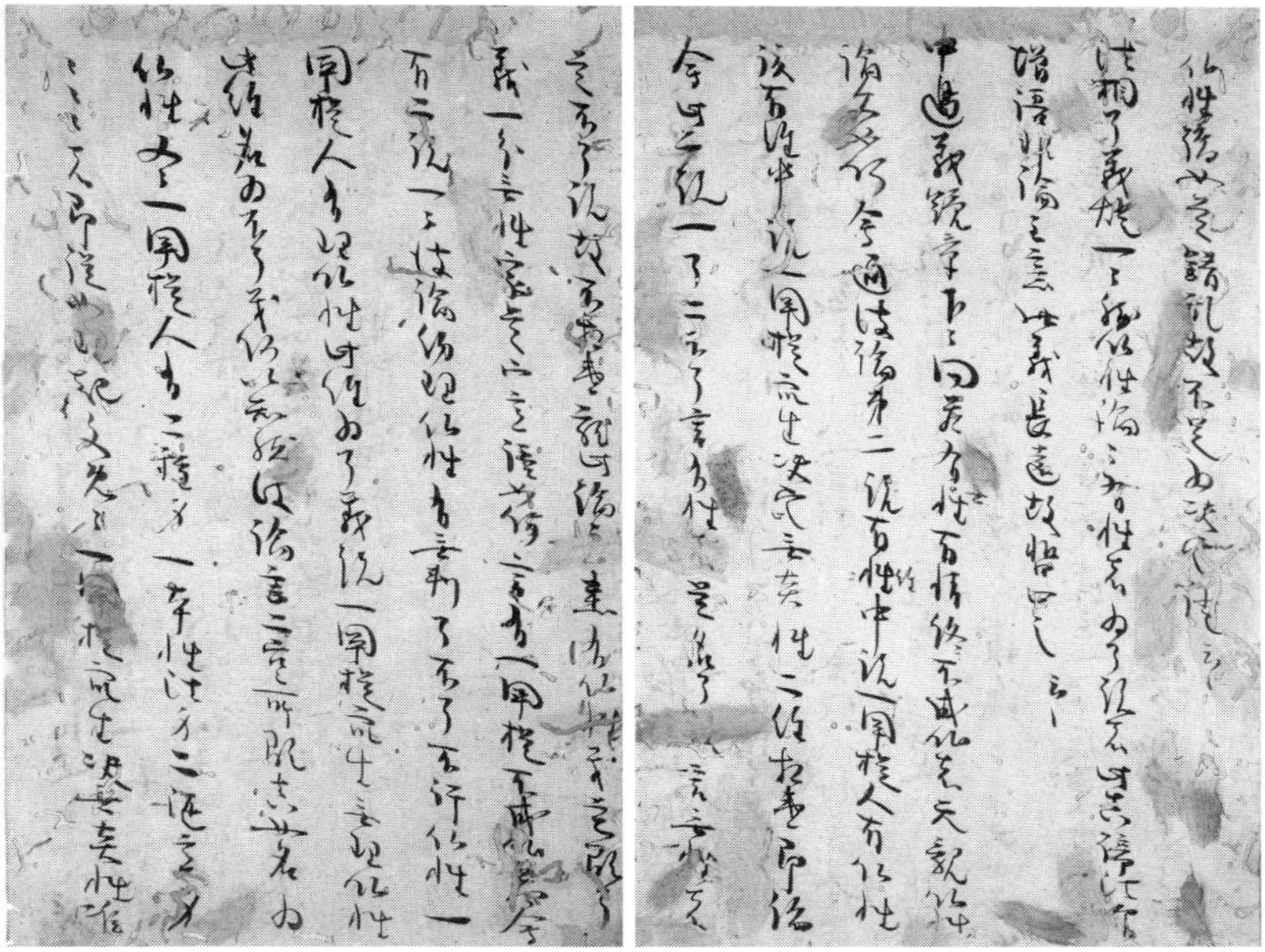

〔十一丁裏〕

148 仏性論如是錯乱故不足為決定證 云々

149 法相了義燈一云然仏性論云有性者為了説者此真諦法師

150 増語非論主意此義長遠故暫止也 云々

151 中邊義鏡章下云問若有○《無》性有情終不成仏者天親仏性

152 論文如何會通彼論第二説有性《経》中説一闡提人有仏性

153 復有経中説一闡提衆生決定無涅槃性二経相違即論

154 會此二説一了二不了言有性者是名了説言無性者

〔十二丁表〕

155 是不了説故不相違就此論言悉有仏性義是顕了

156 義一分無性家是密意語如何言有一闡提不成仏答會

157 有二説一云彼論約理仏性有無判了不了不行仏性一

158 闡提人有理仏性此経為了義説一闡提衆生無理仏性

159 此経名為不了義何以知然彼論言二空所顕真如名為

160 仏性又云一闡提人有二種身一本性法身二随意身

161 々々々者即従如理起文既云一闡提衆生決無涅槃性准

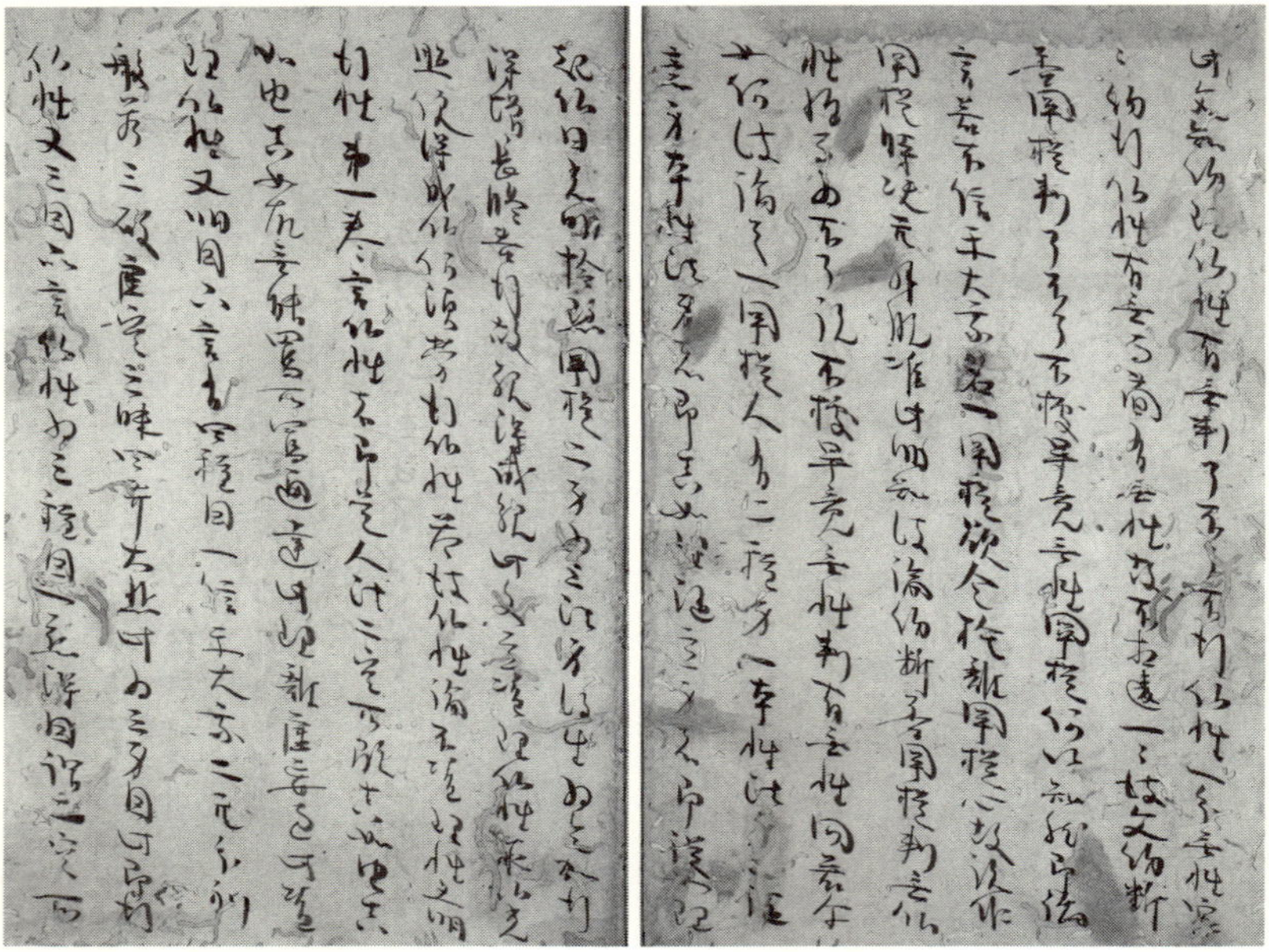

〔十二丁裏〕
162 此文知約理仏性有無判了不了不行仏性一分無性家
163 云約行仏性有無而簡有無性故不相違一云彼文約断
164 善闡提判了不了不據畢竟無性闡提何以知然即論
165 言若不信楽大乗名一闡提欲令捨離闡提心故説作
166 闡提時決无解脱准此明知彼論約断善闡提判無仏
167 性種子為不了説不據畢竟無性判有無性問若爾
168 如何彼論云一闡提人有二種身一本性法身二随
169 意身本性法身者即真如理随意身者即従如理
〔十三丁表〕
170 起仏日光明怜愍闡提二身為上法身得生為令加行
171 得増長修善行故観得成観此文意准理仏性承仏光
172 照便得成仏何須勞行仏性答彼仏性論不准理性亦明
173 行性第一巻言仏性者即是人法二空所顕真如由真
174 如由真如故無能罵所罵通達此理離虚妄過此准
175 理仏性又明因品言有四種因一信楽大乗二无分別
176 般若三破虚空三昧四菩薩大悲此為三身因此即行
177 仏性又三因品言仏性為三種因一應得因謂二空所

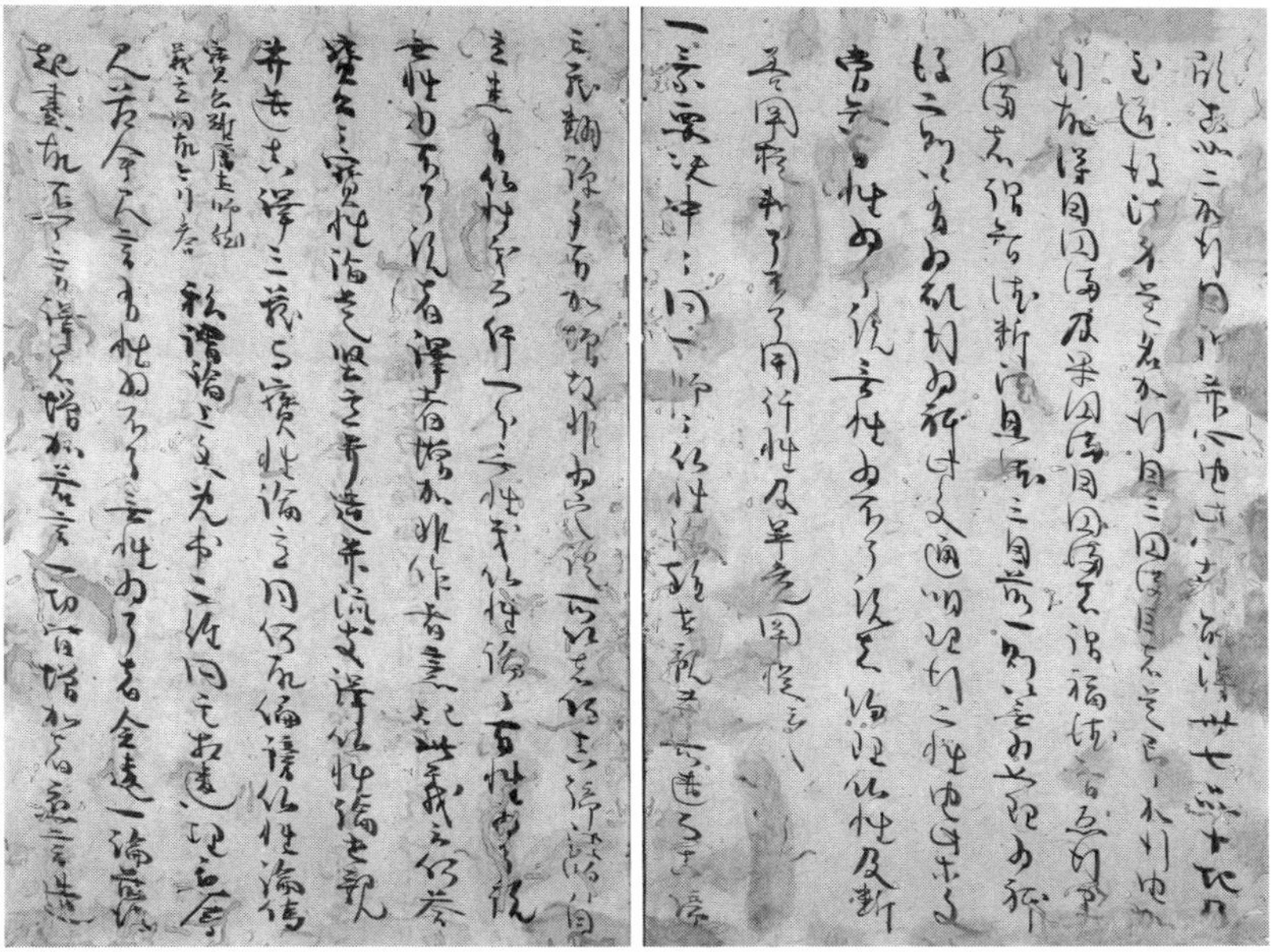

〔十三丁裏〕
178 顕真如二加行因謂菩提心由此心故能得三十七品十地乃
179 至道後法身是名加行因三円満因者是即加行由加
180 行故得因円満及果円満因円満者謂福徳智恵行果
181 円満者謂智徳断徳恩徳三因前一則以無為如理為躰
182 後二則以有為願行為躰此文通明理行二性由此等文
183 當知有性為了説無性為不了説者約理仏性及断
184 善闡提判了不了開行性及畢竟闡提云々
185 一乗要決中云問一師云仏性論雖世親菩薩所造而真諦
〔十四丁表〕
186 三蔵翻譯多有加増故非為定證所以者何真諦法師自
187 立悉有仏性義而斥一分無性義仏性論云有性為了説
188 無性為不了説者譯者増加非作者意已上此義云何答
189 寶公云寶性論是堅恵菩薩造菩提流支譯仏性論世親
190 菩薩造真譯《ママ》三蔵与寶性論意同何故偏謗仏性論偽
191 寶公難唐土師然義意同故今引答 私謂論上文既出二経問其相違一理應會
192 釈若會釈言有性為不了無性為了者全違一論前後
193 起盡故不可言譯者増加若言一切皆増加者應言造

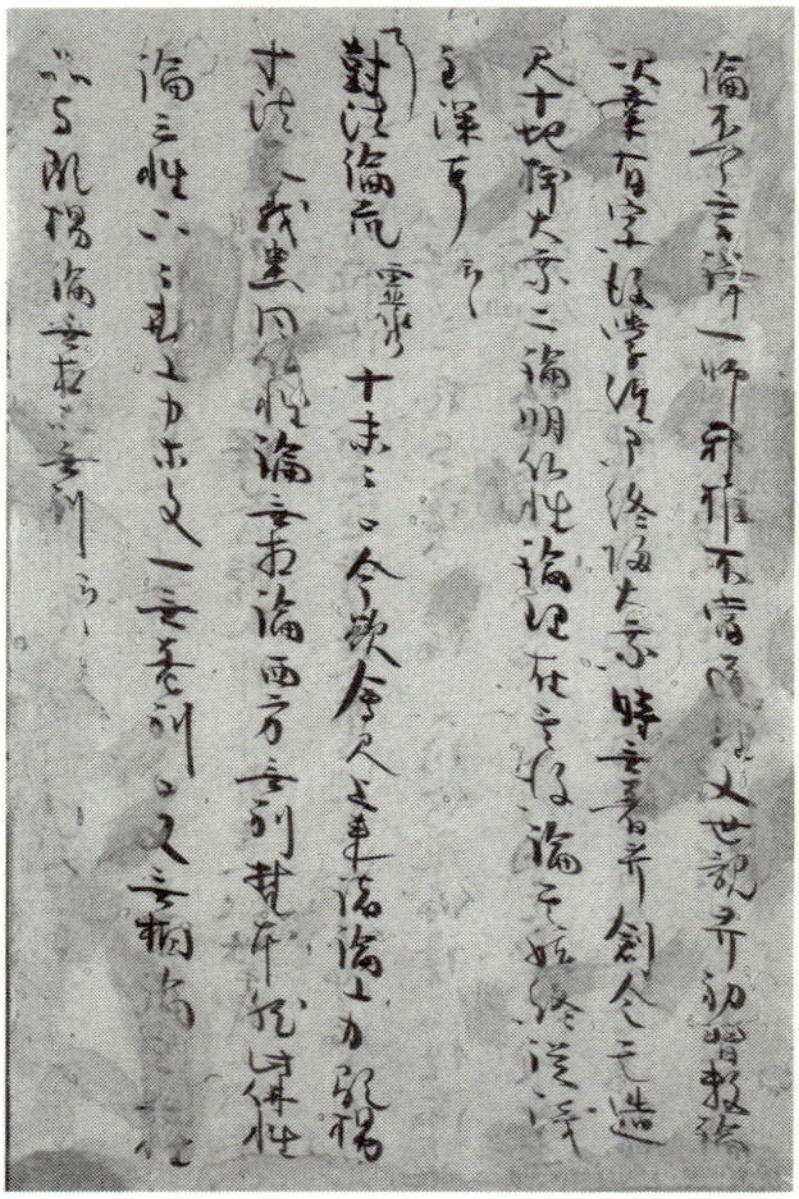

〔十四丁裏〕

194 論不可言譯一師邪推不當道理又世親菩薩初習数論
195 次業有宗レ後學経部レ終帰大乗レ時無着菩薩創令其造
196 釈十地攝大乗二論明仏性論理在其後レ論其始終従淺
197 至深耳 云々
198 對法論疏 霊雋 十末云○今欲會釈上来諸論ユカ顕揚
199 対法文義悉同仏性論無相論西方無別梵本然此佛性
200 論三性品云勘ユカ等文一無差別○又無相論三無性
201 品与顕揚論無相品無別 云々

【訓　読】

『仏性論』の二に云わく、[1]「故に『経』の中に説かく、〈一闡提の人と邪定聚に堕せるものとに二種の身有り。本性法身と、二つには随意身となり。仏日の恵光は此の二身を照らす〉と。法身とは即ち真如の理、随意身とは即ち如理従り起こるなり。二つには加行をして増長することを得て、菩提の行を修せしめんが為なり。二つには法身をして生ずることを得せしめんが為なり。故に観の成ずることを得るなり。復た有る『経』に説かく、〈闡提の衆生には、[2]決して般涅槃の性無し〉と。若し爾らば、二経は便ち自ずから相違せん。此の二説を会すれば、一つは了にして、一つは不了なり。故に相違せざるなり。性有りと言うは是れを了説と名づけ、性無しと言うは是れ不了説なり。故に、仏、〈若し大乗を信楽せざれば一闡提と名づく〉と説くは、一闡提の心を捨離せしめんと欲すればなり。故に闡提と作す時は決して解脱無しと説くなり。若し衆生に自性清浄なるも永《とこしえ》に解脱を得ざる者有りといわば、是の処《ことわり》有ること無し。故に仏は、一切衆生には自性有るが故に、後時には決して清浄の法身を得ると観じたまうなり」と。云々

末学者に教授して云わく得一の作なり[3]、「末学者、第六の問難に曰わく、[4]〈若し無性有情が成仏せざれば、天親の『仏性論』第二巻の末に、《性有りと言うは是れを了義と名づけ、性無しと言うは是れを不了と名づく》と云うに違す〉と。今、愍れみて教授して云わく、会するに二義有り。一つには云わく、彼の『論』は断善闡提に拠りて了と不了とを判ず。畢竟闡提に拠りて了と不了とを判ずるには不《あら》ず。何となれば、若し教授有りて、〈断善闡提に仏性有り〉と説かば、是れを了説と名づく。若し教授有りて、〈断善闡提に仏性無し〉と説かば、是れを不了説と名づく。一つには云わく。理仏性に約して了と不了とを判ずと知るべし」と。云々

「又た〈有情了説〉は文に違すと云うは、『仏性論』の第二に云わく、〈有る『経』の中に説かく、《一闡提の人、菩提の行を修するが故に、観の成ずることを得》と。復た有る『経』には、《闡提の衆生には決して涅槃の性無し》と。若し爾らば、二経は便ち自ずから相違せん。此の二説を会すれば、一つは了にして、一つは不了なり。故に相違せざるなり。性有りと言うは是れを了説と名づけ、性無しと言うは是れ不了説なり〉と。今案ずるに、此の判は、分別部の有性の義を叙べて、薩婆多部の無性の義を破す。此れも亦た真諦三蔵の判ずる所にして、了・不了の義は世親論主の本意には非ず。前に已に述ぶるが如し。何を以て物を知るといわば、彼の『仏性論』の一闡提の人は、断善と及び畢竟とに通ず。第二巻に云わく、[5]〈一つには解脱道に憎背し、涅槃の性無く、決して生死を楽《ねが》い涅槃を楽わざるものなり〉と。又た云わく、[6]〈若し爾らば、此の二事に由らず生死を厭い涅槃を楽う、観を成ずるに因縁無くんば、闡提の人の無涅槃性の如きも応に此の観を得べし。而るに一闡提には既に此の観無し。故に知んぬ、定んで因縁を須《もち》いて、観は方《まさ》に[7]現ずべきものなることを〉と。此れは是れ、畢竟闡提にして断善の人には非ず。第二巻の末に又た云わく、〈若し大乗を信楽せざれば一闡提と名づく。一闡提の心を捨離せしめんと欲すればなり。故に闡提と作すときは決して解脱無しと説くなり〉と。此れは是れ、断善闡提にして畢竟の人には非ず。既に〈一闡提の無涅槃性も応に此の観を得べし。而るに一闡提には既に此の観無し〉と。明らかに知んぬ、前は畢竟の人にして、後は断善の人なることを。世親論主、既に〈闡提には此の観無し〉と判ず。而るに、何ぞ返りて、判じて有性を了説と為す乎。若し世親論主、自ら判じて有性を了説と為さば、『瑜伽』に六問答を設けて無性有性の義を建立するに違す。又た『善戒経』『涅槃経』等の諸経論に説く所の無性有情の義に違す。是の如く知りて推微するに、真諦法師、自宗を成ぜんが為に、判じて有性を了説とするなり。論主の意には非ず。又た無着菩薩の造れる所の『荘厳論』『顕揚』等の中に広く一闡提を建立す。是れ、世親菩薩、無着師に違して別に有性の義を立つるや。明らかに知んぬ、

翻訳の加増にして、本主の意には非ざることを。彼の『仏性論』は是の如く錯乱するが故に、決定の証と為すに足らず」と。云々

『法相了義灯』の一に云わく、[8]「然るに『仏性論』に〈性有りというは了説と為す〉と云うは、此れ真諦法師の増語にして、論主の意には非ず。此の義は長遠なるが故に、暫らく止む也」と。云々

『中辺義鏡章』の下に云わく、[9]「問う。若し無性有情にして[10]終に成仏せざるもの有らば、天親の『仏性論』の文は如何んぞ会通するや。彼の『論』の第二に説く、〈有る『経』[11]の中には、一闡提の人に仏性有りと説き、復た有る『経』の中には、一闡提の衆生には決定して涅槃の性無しと説く。二経相違せり〉と。即ち『論』は、此の二説を会して、一つを了、二つを不了とす。〈性有りと言うは是れを了説と名づけ、性無しと言うは是れ不了説なり。故に相違せず〉と。此の『論』の言うところに就かば、悉有仏性の義は是れ顕了の義にして、一分無性の家は是れ密意の語なり。如何んぞ一闡提の不成仏有りと言うや。答う。会するに二説有り。一つには云わく、彼の『論』は理仏性の有無に約して了・不了を判ず。行仏性には不ず。〈一闡提の人に理仏性有り〉という、此の経を了義と為す。〈一闡提の衆生に理仏性無し〉と説く、此の経を名づけて不了義と為す。何を以て然なるを知る。彼の『論』[12]に、〈二空所顕の真如を名づけて仏性と為す〉と言う。又た云わく、〈一闡提の人に二種の身有り。一つには本性法身、二つには随意身なり。随意身とは即ち如理従り起こるなり〉と。文に既に〈一闡提の衆生には決して涅槃の性無し[13]〉と云う。此の文に准じて知んぬ、理仏性の有無に約して了・不了を判ずることを。行仏性には不ず。一分無性の家は、行仏性の有無に約して、有と無の性を簡ぶと云う。故に相違せず。一つには云わく、彼の文は断善闡提に約して了・不了を判ず。畢竟無性の闡提には拠らず。何を以て然なるを知る。即ち『論』に言わく、〈若し大乗を信楽せざれば一闡提と名づく。闡提の心を捨離せしめんと欲すればなり。故に闡提と作す時は決して解脱無しと説

く〉と。此れに准じて明らかに知んぬ、彼の『論』は、断善闡提に約して仏性種子無しと判ずるを不了説と為すと。畢竟無性に拠りて有無の性を判ずるには不ず。問う。若し爾らば、如何んぞ彼の『論』に云わく、〈一闡提の人に二種の身有り。一つには本性法身、二つには随意身なり。本性法身とは即ち真如の理、随意身とは即ち如理従り起こるなり。仏日の光明、闡提の二身を怜愍するは、上の法身をして生ずることを得せしめんが為にして、加行をして増長することを得て、善行を修せしめんが為なり。故に観の成ずることを得〉と。此の文意を観るに、理仏性に准じて仏の光照を承くれば、便ち成仏することを得。何ぞ労を須いて行仏性とするや。答う。彼の『仏性論』は理性のみに准ぜず。亦た行性を明かす。第一巻に言わく、〈仏性とは即ち是れ人法二空所顕の真如なり。真如に由るが故に[14]、能罵・所罵無し。此の理に通達すれば、虚妄の過を離るるなり〉と。此れ理仏性に准ず。又た「明因品」に言わく[15]、〈四種の因有り。一つには大乗を信楽す、二つには無分別の般若、三つには破虚空の三昧、四つには菩薩の大悲なり〉と。此れを三身の因と為す。此れは即ち行仏性なり。又た「三因品」に言わく[16]、〈仏性を三種の因と為す。一つには応得因。謂わく、二空所顕の真如なり。二つには加行因。謂わく、菩提心なり。此の心に由るが故に、能く三十七品と十地と、乃至、道後の法身とを得。是れを加行因と名づく。三つに円満因とは、是れ即ち加行なり。加行に由るが故に因円満と及び果円満とを得るなり。因円満とは、謂わく福徳と智恵の行なり。果円満とは、謂わく智徳・断徳・恩徳なり。三因の前の一は、則ち無為の如理を以て体と為し、後の二は則ち有為の願行を以て体と為すなり〉と。此の文は、通じて理・行の二性を明かす。此れ等の文に由るに当に知るべし、有性を了説と為し無性を不了説と為すというは、理仏性と及び断善闡提とに約して了・不了を判じ、行性と及び畢竟闡提とを開くことを」と。云々

『一乗要決』の中に云わく[17]、「問う。一師の云わく、〈『仏性論』は、世親菩薩の造れる所なりと雖も、真諦三蔵の

翻訳にして、多く加増有り。故に、定証と為すべきには非ず。所以は何ん。真諦法師は、自ら悉有仏性の義を立てて、一分無性の義を斥く。『仏性論』に《有性を了説と為し、無性を不了説と為す》と云うは、訳者の増加せるところにして、作者の意には非ず〉と。已上 此の義、云何ん。答う。宝公の云わく、〈『宝性論』は是れ堅恵菩薩の造れるところにして菩提流支の訳なり。『仏性論』は世親菩薩の造れるところにして真諦三蔵の訳[18]なり。『宝性論』と意は同じ。何が故に、偏えに『仏性論』のみを偽と謗るや〉と。宝公は唐土の師を難ず。然れども義意は同じきが故に、今引いて答う。私に謂わく、『論』の上の文に、既に二経を出す。其の相違を問うに、理として応に会釈すべし。若し会釈して、〈有性を不了と為し、無性を了と為す〉と言わば、全く一論の前後の起尽に違す。故に、訳者の増加とは言うべからず。若し一切を皆な増加と言わば、応に造論と言うべし。訳とは言うべからず。一師の邪推は道理に当たらず。又た世親菩薩は、初め数論を習い、次に有宗を業として、後に経部を学ぶ。終に大乗に帰する時、無着菩薩、創めて其れをして釈を造らしむ。『十地』と『摂大乗』の二論なり。『仏性論』の理を明らむること、其の後に在り。其の始終を論ずれば、浅き従り深きに至るのみなり」と。云々

『対法論疏』霊雋の十の末に云わく[19]、「今、会釈を欲するに、上来の諸論と『瑜伽』『顕揚』『対法』の文義は悉く同じ。『仏性論』と『無相論』は西方に別の梵本無し。然るに此の『仏性論』の「三性品」に云うところは、勘うるに『瑜伽』等の文と一として差別無し。又た『無相論』の「三無性品」と『顕揚論』の「無相品」も別無し」と。云々

【註記】

[1]『仏性論』巻二「事能品」（大正三一・八〇〇下）の引用。

故『経』中説、「一闡提人、堕邪定聚有二種身。一本性法身、二随意身。仏日慧光照此二身」。法身者、即真如理。随意身者、即従如理起。仏光明、為憐愍闡提二身者、一為令法身得生。二為令加行得長、修善提行。故、観得成。復有『経』説、「闡提衆生決無般涅槃性」。若爾、二経便自相違。会此二説、一了、一不了。故不相違。言有性者、是名了説、言無性者、是不了説。故仏、説「若不信楽大乗名一闡提」、欲令捨離一闡提心。故、説作闡提時、決無解脱。若有衆生、有自性清浄永不得解脱者、無有是処。故仏、観一切衆生有自性故、後時決得清浄法身。

[2] 決……原本（九丁表・114）は「欠」字に作り、右に文字があるが判読できず。「欠」字では意味が取れず、また出拠の『仏性論』が「決」字に作るため、これに従って訓読した。

[3] 徳一の『教授末学章』（逸書）の引用。詳しくは【解説】を参照されたい。

[4] 曰……原本（九丁裏・121）は「曰」字と「云」字が重ね書きされている。最澄の『決権実論』は「曰」字に作るため、いまはこれに従った。『教授末学章』と『決権実論』との関連については【解説】を参照されたい。

[5] 『仏性論』巻二「明因品」（大正三一・七九七中）の引用。
若略説、世間有三種衆生。一楽生死恒有、二楽滅生死有、三両倶不楽、有滅並忘。一楽生死有者、復有二種。**一憎背解脱道、無涅槃性、決楽生死、不楽涅槃。**二已堕定位、定位者非聖、非凡、進退無取。而是仏法内人、背大乗法。

[6] 『仏性論』巻二「事能品」（大正三一・八〇〇上）の引用。
是人由浄分為縁、浄性為因故成此観、非無因縁。**若不由於此二事、成観無因縁、如闡提人無涅槃性、応得此観。而一闡提既無此観。故知、定須因縁、観方可現。**

[7] 原本は「方観」に作るが意味が取れない。出拠の『仏性論』は「観方」に作るため、これに従って訓読した。

[8] 徳一の『法相了義灯』（逸書）の引用。

[9] 徳一『中辺義鏡章』（逸書）巻下の引用。

[10] 無性有情……原本は「〇《無》性有情」に作る。意味からしても「無」字を加える方が正しいため、訓読では「無性有情」に改めた。

[11]　有る『経』……原本は「有性経」に作る。「有性」では意味が通じず、出典の『仏性論』は「有経」に作るため、これに従って訓読した。

[12]　『仏性論』巻一「縁起分」（大正三一・七八七中）の取意。
若起此執、正智不生。為除此執故、説仏性。**仏性者、即是人法二空所顕真如**。由真如故、無能罵・所罵。通達此理、離虚妄執。

[13]　『仏性論』に同一の文は確認できず。前掲の巻二「事能品」（大正三一・八〇〇上）の取意か。

[14]　真如に由るが故に……原本は、「由真如由真如故」として「由真如」が重複している。出拠の『仏性論』に従って訂正した。

[15]　『仏性論』巻二「明因品」（大正三一・七九七上）の引用。
復次、有四種因、能除四障、得如来性義、応知。**四因者、一信楽大乗、二無分別般若、三破虚空三昧、四菩薩大悲**。四障者、一憎背大乗、二身見計執、三怖畏生死、四不楽観利益他事。初障闡提、二障外道、三障声聞、四障独覚。由此四惑、能令四人不能得見自性清浄法身。

[16]　『仏性論』巻二「三因品」（大正三一・七九四上）の引用。
復次、仏性体有三種、三性所摂義、応知。三種者、所謂、**三因三種仏性**。三因者、**一応得因、二加行因、三円満因**。**応得因者、二空所現真如**。由此空故、応得菩提心及加行等、乃至、道後法身。故称応得。**加行因者、謂菩提心。由此心故、能得三十七品、十地、十波羅蜜、助道之法、乃至、道後法身。是名加行因。円満因者、即是加行。由加行故、得因円満、及果円満。因円満者、謂福・慧行、果円満者、謂智・断・恩徳。此三因、前一則以無為如理為体、後二則以有為願行為体**。

[17]　源信『一乗要決』巻中（恵全二・八五～八六）の引用。
問。一師云、「『仏性論』、雖世親菩薩所造、而真諦三蔵翻訳、多有加増。故、非為定証。所以者何。真諦法師、自立悉有仏性義、而斥一分無性義。『仏性論』云、〈有性為了説、無性為不了説〉者、訳者増加、非作者意」。已上 此義、云何。

答。宝公云、「『宝性論』是堅慧菩薩造菩提流支訳。『仏性論』世親菩薩造真諦三蔵訳。与『宝性論』意同。何故、偏謗『仏性論』偽」。（宝公難唐土師。然義同故、令《ママ》引之答。）私謂、又『論』上文、既出二経。問其相違、理応会釈。若会釈、言「有性為不了無性為了」者、全違一論前後起尽。故、不可言訳者増加。若言一切皆増加者、応言造論。不可言訳。一師邪推不当道理。又世親菩薩、初習数論、次業有宗、後学経部。終帰大乗時、無著菩薩、創令其造釈。『十地』『摂大乗』二論。明『仏性論』理、在其後。論其始終、従浅至深耳。（已上、宝公八証訖）

なお、ここに引かれる「宝公」の文は、法宝（六二七?—七〇六～七一〇?）の『一乗仏性究竟論』巻二「列経通義章」（『龍谷大学論集』四二九・九九上）からの引用である。

［18］　真諦三蔵の訳……原本は「真譯三蔵」に作る。出拠の『一乗要決』では「真諦三蔵訳」となっているため、「諦」字と「訳」字を誤写したものと思われる。『一乗要決』に従って「真諦三蔵訳」に訂正し訓読した。

［19］　霊雋『対法論疏』（逸書）の引用。詳しくは【解説】を参照されたい。

【解　説】

本節では、世親菩薩（ヴァスバンドゥ／四〇〇—四八〇年頃）造・真諦三蔵（パラマールタ／四九九—五六九）訳と伝えられる『仏性論』[1]の了説・不了説の分類が問題となっている。そこで先ずは、主題である『仏性論』の了説・不了説について確認しておきたい。

【A】故『経』中説。「一闡提人、堕邪定聚有二種身。一本性法身、二随意身。仏日慧光照此二身」。法身者、即真如理。随意身者、即従如理起。仏光明、為憐愍闡提二身者、一為令法身得生。二為令加行得長、修善提行。

故、観得成。【B】復有『経』説。「闡提衆生決無般涅槃性」。若爾、二経便自相違。会此二説、一了、一不了。故不相違。言有性者、是名了説、言無性者、是不了説。故仏、説「若不信楽大乗名一闡提」、欲令捨離一闡提心。故、説作闡提時決無解脱。若有衆生、有自性清浄永不得解脱者、無有是処。故仏、観一切衆生有自性故、後時決得清浄法身。

【A】故に『経』の中に説く。「一闡提の人と、邪定聚に堕せるものとに二種の身有り。一には本性法身、二には随意身なり。仏日の慧光は此の二身を照らす」と。法身とは、即ち真如の理。随意身とは、即ち如理従り起こるなり。仏の光明、闡提の二身を憐愍することを為すは、一には法身をして生ずることを得しめんが為なり。二には加行をして長ずることを得て、菩提の行を修せしめんが為なり。故に、観の成ずることを得。【B】復た有る『経』に説く。「闡提の衆生には決して般涅槃の性無し」と。若し爾らば、二経は便ち自ずから相違す。此の二説を会するに、一は了にして、一は不了なり。故に相違せず。有性と言うは、是れを了説と名づけ、無性と言うは、是れ不了説なり。故に仏、「若し大乗を信楽せざれば一闡提と名づく」と説くは、一闡提の心を捨離せしめんと欲すればなり。故に、闡提と作る時は決して解脱無しと説くなり。若し衆生に、自性清浄有るも永に解脱を得ざる者有りといわば、是の処有ること無し。故に仏は、一切衆生には自性有るが故に、後時には決して清浄の法身を得と観じたまうなり。

（大正三一・八〇〇下）

ここで『仏性論』は、【A】一闡提も「観の成ずることを得」とする経説と【B】一闡提には「決定して般涅槃の性無し」とする経説があることを挙げ、この相違をいかに捉えるかを問題としている。その上で、一方を了説（了義真実の説）、もう一方を不了説（不了義方便の説）と考えれば矛盾なく会通できると述べ、有性（一闡提に般涅槃の性有り）を了説、無性（一闡提に般涅槃の性無し）を不了説と分類する。つまり、【A】が了説、【B】が不了説という結論である。

成仏の可能性について、これを一切衆生に等しく具わるものと見るか、或いは一部の衆生にのみ具わるものと見るかは、古来繰り返し議論されてきた問題である。東アジアにおいては、玄奘三蔵（六〇二―六六四）によって体系的な唯識説が中国に伝えられて以降、五姓各別説にもとづいて一分不成仏を主張する唯識学派と、『法華経』『涅槃経』等にもとづいて一切皆成仏を主張する人々との間で激しい教理論争が展開されることとなる。そして、本段の主題である『仏性論』の了説・不了説の分類は、一分不成仏・一切皆成仏、両方の立場から取り上げられた論点の一つであった。すなわち、この『仏性論』の分類によれば、一切皆成仏は了説、一分不成仏は不了説となる。そのため、一切皆成仏を主張する人々は自らの教証としてこれを用い、一分不成仏を主張する唯識学派の人々は自らの教学との会通を迫られることになるのである。また、その際には『仏性論』の作者が世親と伝えられることも大きな問題であった。というのも、そもそも慈恩大師基（六三二―六八二）によって組織づけられた唯識学派（後の法相宗）は、弥勒菩薩（マイトレーヤ／二七〇―三五〇年頃、もしくは三五〇―四三〇年頃。ただし実在を疑問視する研究者もいる）・無着菩薩（アサンガ／三九五―四七〇年頃）・世親によって大成された唯識説を宗旨としており、法相宗の根本論典として重んじられた『成唯識論』は、世親の『唯識三十頌』の注釈書でもあった。そのため、かかる『仏性論』の作者が世親と伝えられる以上、その教理内容の取り扱いについても慎重な対応が求められることになったのである。

さて、本節ではこの『仏性論』の了説・不了説の分類について、中国、朝鮮半島、そして日本の諸師の見解が列挙されている。いま、その書名を挙げれば以下のようである。

徳一[2]『教授末学章』（二文）
徳一『法相了義灯』
徳一『中辺義鏡章』
源信『一乗要決』
霊雋『対法論疏』

この中、源信の『一乗要決』以外はすべて散逸文献からの引用となっており、この点のみを取り上げても『仏性論文集』の資料的価値は注目に値するものといえよう。以下、これら諸師の見解について順次確認していきたい。

一　徳一『教授末学章』①

本節ではじめに引用されるのは、「末学者に教授して云わく」として始まる法相宗の徳一（?—八二一〜八四二?）の見解である。前節においても「末学者に教授して云わく」から始まる徳一の見解が引用されていたため（本研究書一三六〜一三七頁）、『仏性論文集』では二度目の引用となる。なお、後に「『教授末学章』の下に云わく」として開始される引用文があることから（本研究書一九四頁）、本書の題名が『教授末学章』であったことが知られる。

末学者に教授して云わく得一の作なり、「末学者、第六の問難に曰わく、〈若し無性有情が成仏せざれば、天親の『仏性論』第二巻の末に、《性有りと言うは是れを了義と名づけ、性無しと言うは是れを不了と名づく》と云うに違す〉と。今、愍れみて教授して云わく、会するに二義有り。【A】一つには云わく、彼の『論』は断善闡提に拠りて了と不了とを判ず。畢竟闡提に拠りて了と不了とを判ずるには不《あら》ず。何となれば、若し教授有りて、〈断善闡提に仏性有り〉と説かば、是れを了説と名づく。若し教授有りて、〈断善闡提に仏性無し〉と説かば、是れを不了説と名づく。【B】一つには云わく。理仏性に約して了と不了とを判ずと知るべし」と。云々

（本研究書一五五頁）

ここでは、後々にまで問題となる『仏性論』の了説・不了説についての会通が展開されている。すなわち、徳一は『仏性論』の了説・不了説について、「会するに二義有り」として二通りの解釈を示すのである。その第一は、【A】『仏性論』の了説・不了説は断善闡提についての分類であって畢竟闡提に関わるものではない、というものである。ここにいう断善闡提・畢竟闡提というのは『大乗荘厳経論』に由来するもので、玄奘の門人である基の『大乗法苑義林章』巻六には次のようにある。

『荘厳論』中亦説有五。前四如前。第五有二。一即有性而断善根。謂、暫時無。二無性者。謂、畢竟無。

『荘厳論』の中にも亦た五有りと説く。前の四は前の如し。第五に二有り。一つには即ち有性にして善根を断つもの。謂わく、暫時の無なり。二つには無性の者。謂わく、畢竟の無なり。

（大正四五・三四七下）

ここでは、一闡提を断善根の一闡提と無性の一闡提とに分類し、前者を暫時の無性、後者を畢竟の無性としている。要するに、前者は現時点においては般涅槃のための善根を有していない（断善根）が、それはあくまでも一時

的（暫時）なものであって、その状態が永遠に続くわけではない。一方、後者は「畢竟の無」、すなわち永遠に般涅槃の性を有さない衆生を意味する。徳一は、この分類に準じて、『仏性論』の了説・不了説は、断善根の一闡提について説示されたものであると会通しているのである。つまり、断善根の一闡提は、現時点では般涅槃の性を有さないが、後時にそれを開発することはあり得る。そのため、断善根の一闡提を指して「有性」と説いたとしても、それは了説であるといえる。一方で、あくまでも一時的な無性にすぎない断善根の一闡提に対して、これを「無性」と説いた場合、それは不了説に他ならないというわけである。

次に【B】の会通であるが、『仏性論』は理仏性について了説・不了説を判じているのであり、これをもって一切皆成仏の教証とすることはできない、というものである。この「理仏性」については、基の『妙法蓮華経玄賛』巻一に次のようにある。

此『経』既説一乗、被彼大乗根性。然性有二。一理性。『勝鬘』所説如来蔵是。二行性。『楞伽』所説如来蔵是。前皆有之。後性或無。談有蔵無、説皆作仏。

此の『経』は既に一乗を説きて、彼の大乗の根性に被らしむ。然るに性に二有り。一つには理性。『勝鬘』の説く所の如来蔵是れなり。二つには行性。『楞伽』の説く所の如来蔵是れなり。前は皆なに之れ有り。後の性は或いは無し。有を談じ無を蔵して、皆な作仏すと説く。

（大正三四・六五六上）

ここに「前は皆なに之れ有り。後の性は或いは無し」とある通り、理仏性（理性）は一切に遍満するものであり、これを有さない衆生は存在しない。ただし、この理仏性を開発し、現実に覚りへと向かって行くためには行仏性

（行性）が必要であり、これは必ずしも一切衆生に具わっているわけではない。つまり、衆生の成仏の可否を、この行仏性の有無によるものと見るのである。

徳一の【B】の見解はこの考え方にもとづくもので、『仏性論』の了説・不了説を、理仏性に限定して判定されたものと解釈している。すなわち、理仏性は一切衆生が有するものなのであるから、この点をもって「有性」と説くのであればそれは了説である。一方で、理仏性が有るにもかかわらず「無性」と説けば、それは言うまでもなく不了説である。この前提に立って『仏性論』の了説・不了説を見れば、有性＝了説・無性＝不了説という分類は、あくまでも理仏性について判定されたものであり、行仏性に関するものではないことが分かる、と会通しているのである。

徳一は、奈良時代末期から平安時代初期にかけて活躍した学侶である。法相宗の立場から伝教大師最澄（七六七―八二二）と論争を行なったことはよく知られており、この論争は、一般に一三権実論争と称されている。ただし、その著作の多くは散逸しており、現存するものは弘法大師空海（七七四―八三五）に対して著された『真言宗未決文』一巻のみとなっている。そのため、徳一の思想・教学について知るためには、現状、他師の著作中に引用される逸文に頼らざるを得ない。この点からも、今回発見された『教授末学章』をはじめとする徳一の逸文は、極めて貴重なものである。

ところで、徳一の著作については、次の表の通り、田村晃祐氏が計十七部の書名を提示されている。(3) これは、蔵俊の『注進法相宗章疏』・永超（一〇一四―一〇九五）の『東域伝灯目録』といった目録類に記載される書名と、他師による引用や関連する言及を総括した上でまとめられたものである。

この表で先ず注目されるのは、田村氏が示される十七部の中に、『教授末学章』の名が含まれていないという点

番号	書名	巻数	注進法相宗章疏	東域伝燈目録	最澄・その他の著作
①	同経（妙法蓮華経）要略	三	奥州徳一　一一四〇c		五教章通路記　大正七二・三三九c―三四〇a
②	同経肝心	二	徳一　一一四〇c		
③	同経権文	一		得一	東国高僧伝　日仏全七四頁
④	法華新疏	一四			照権実鏡Ⅱ一一
⑤	仏性抄				守護章Ⅱ一五二・二三四・六二六・六四六
⑥	中辺義鏡章	三	徳一　一一四四b	得一　一一六三a	決権実論Ⅱ六九九・七一九 法華秀句Ⅲ七〇 一乗仏性慧日抄　大正七〇・一八六c
⑦	義鏡要略	七巻又は七巻以上			一乗要決　恵全Ⅱ三〇・一〇五―一四三
⑧	中辺義鏡残	二〇	同上　一一四四b	得一撰　一一六三a	法華開示抄　五教章等釈 日仏全一九〇
⑨	慧日羽足	三	徳一　一一四四b	平備南本 東大寺得一　一一六三a	決権実論Ⅱ六九九・七一九
⑩	遮異見章	三	同上　一一四四b	得一撰　一一六三a	法華秀句Ⅲ七〇 一乗要決　恵全Ⅱ一〇、一四〇―一四二
⑪	通破四教章	一		同上　一一六三a	決権実論Ⅱ六九九・七一九 法華秀句Ⅲ七〇 法華開示抄　日仏全二四三a
⑫	法相了義燈	一一	同上　一一四四b	同上　一一六三a	一乗要決　恵全Ⅱ六一
⑬	同　問答	二		同上　一一六三a	
⑭	同論（成唯識論）同異補闕章	二	東大寺徳一　一一四二c	東大寺徳一	
⑮	同論（起信論）寛狭章	三	徳一　一一四二a	一一五八b	
⑯	真言宗未決	一			大正七七巻所収
⑰	止観論	一			中辺義鏡（守護章）所収

田村晃祐『最澄教学の研究』（吉川弘文館、一九九二年）、三二七～三二八頁。

である。これによって、『教授末学章』が、他師による引用はおろか、従来その書名すら知られることのなかった新出の文献であったことが知られる。

また、今ひとつ興味深いのは、『仏性論文集』の撰述者蔵俊の手に成る『注進法相宗章疏』にも、『教授末学章』の書名が記されていないという点である。『注進法相宗章疏』は、蔵俊によって製された法相宗に関わる文献の目録である。『仏性論文集』が引用する徳一の著作は、『教授末学章』・『法相了義灯』・『中辺義鏡章』の三部であるが、『教授末学章』を除いて他は、いずれも本目録中にその書名を確認することができる。[4]そのため、ここに『教授末学章』の書名が見られないことは、やや不自然なように思われるのである。

『注進法相宗章疏』は、その奥書から安元二年（一一七六）十一月の成立であることが知られる。[5]もし蔵俊がこの時点で『教授末学章』を所持していたのであれば、『注進法相宗章疏』の中にその書名が記されていたはずであり、この点、『注進法相宗章疏』撰述の時点では、蔵俊はまだ『教授末学章』を入手していなかったという推測が成り立つように思われる。そうであれば、『仏性論文集』の撰述時期は、『注進法相宗章疏』成立後から蔵俊の示寂以前、すなわち、安元二年（一一七六）十一月から治承四年（一一八〇）九月二十七日までの約四年間であったことになる。この点、『注進法相宗章疏』自体の検討が不十分であるため、早計に結論を出すことはできない。現時点における撰述年代の推定として示すに留めておきたい。

さて、先に示した『教授末学章』の逸文について、先ず注目されるのは、ここに見られる「末学者」という呼称である。「末学者に教授して云わく」、「末学者、第六の問難に曰わく」といった表現を見るに、本書は明らかに対論者を想定した上で撰述されている。そこで、この対論者が誰であったのかが問題となるが、これは最澄と見て間違いないであろう。なぜならば、以下に示す通り、この『教授末学章』の見解は、最澄の『決権実論』に引用される徳一の見解とほぼ完全に一致するのである。

『決権実論』

山家問難　問有性・無性了・不了　第六

問、不可治一闡提者、或説有成仏性、或説無成仏性。此二種説、何為了義、何為不了。答、不可治一闡提者説有成仏性者、為不了説。若説無成仏性者、為了義説。難曰、違天親仏性論第二巻末云言有性者是名了説、言無性者是名不了也。奥州北轅者、通曰、末学者、第六問難曰、若無性有性不成仏者、違天親仏性論。今、愍教授云、会有二義。一云、彼論拠断善闡提判了不了。不拠畢竟闡提判了不了。何以故。若有教、説断善闡提有仏性、是名了説。若有教、説断善闡提無仏性、是名不了。有性者、是名了説。是故名四不通也。

『教授末学章』

教授末学者云〈得一作〉、末学者、第六問難曰、若無性有情不成仏者、違天親仏性論第二巻末、云言有性者是名了義、言無性者是名不了。今愍教授云、会有二義。一云、彼論拠断善闡提判了不了。不拠畢竟闡提判了不了。何者、若有教授説断善闡提有仏性、是名了説。若有教授、説断善闡提無仏性、是名不了説。一云、約理仏性判了不了可知。云々

対照の通り、この両書は、傍線部がほぼ完全に一致している。そこで、次に最澄の『決権実論』について確認し、このことについて考えてみたい。

①山家問難　有性・無性の了・不了を問う　第六

❶問う、不可治の一闡提の者に、或いは成仏の性有りと説き、或いは成仏の性無しと説く。此の二種の説、何れを了義と為し、何れを不了と為すや。

❷答う、不可治の一闡提の者に成仏の性有ると説かば、不了の説と為す。若し成仏の性無しと説かば、了義の説と為す。

❸難じて曰わく、天親の『仏性論』の第二巻の末に「有性と言うは是れを了説と名づけ、無性と言うは是れを不了と名づく」と云うに違す。

②奥州の北轅者、通じて曰わく、「末学者、第六の問難に曰わく、〈若し無性有性が成仏せざれば、天親の『仏性論』に違す〉と。今、愍れみて教授して云わく、会するに二義有り。一つには云わく、彼の『論』は断善闡提に拠りて了と不了とを判ず。畢竟闡提に拠りて了と不了とを判ずるには不ず。何を以ての故に。若し有る教に、断善の闡提に仏性有りと説かば、是れを了説と名づく。若し有る教に、断善の闡提に仏性無しと説かば、是れを不了と名づく」と。

③有性といわば、是れを了説と名づく。是の故に、四不通と名づく。（伝全二・六九四〜六九五）

最澄の『決権実論』は、全二十項目にわたる徳一との論争をまとめた文献である。本書の各項目は、①山家問難・②北轅会通・③山家救難の三段から構成されるが、その構造はやや複雑である。先ず、①山家問難は最澄によってまとめられた部分であり、ここは、❶徳一に対する質問、❷最澄が予想する徳一の回答、❸これに対する最澄の批判、と大きく三部に分けられる。続く②北轅会通は①山家問難に対する徳一の反論、③山家救難は②北轅会通に対する最澄の反駁となっている。つまり、『決権実論』は、先ず最澄が①を製してこれを徳一のもとへ送り、これを受けた徳一が②を製して最澄へと送り返す。そして、それを読んだ上で最澄が③を著し、現行の体裁にまとめられているのである。(6)

①山家問難（最澄）
❶問
❷徳一の反論　※最澄が予想
❸最澄の反論
②北轅会通（徳一）
③山家救難（最澄）

先の対照の通り、『仏性論文集』に引用される徳一の見解は、②北轅会通の部分と一致している。その一方で興味深い相違も確認される。『決権実論』に見られる徳一の反論は、冒頭に「今愍れみて教授して云わく、会するに、二義有り」とあるものの、「『仏性論』の了説・不了説は、断善闡提に関する分類であって、畢竟闡提に関するものではない」という第一義を挙げるのみで、第二義に相当する部分が見られない。また、『決権実論』自体も、「是の故に、四不通と名づく」として突如議論が終わっており、(7)③山家救難の大部分が確認できないのである。この点、かねてから脱落が指摘されていたものの、従来これを確認する術がなかった。ところが、今回、『仏性論文集』の引用によって、この脱落部分の一部を回収することが可能となった。すなわち、『決権実論』で脱落している徳一の反論の第二義が、「一つには云わく。理仏性に約して了と不了とを判ずと知るべし」というものであったことが判明したのである。

二　徳一『教授末学章』②

『教授末学章』①の引用は、「云々」で一旦区切られた後、「又た〈有情了説〉は文に違すと云うは」として再び示される。

「又た〈有情了説〉は文に違すと云うは、『仏性論』の第二に云わく、〈有る『経』の中に説かく、《一闡提の人、菩提の行を修するが故に、観の成ずることを得》と。復た有る『経』には、《闡提の衆生には決して涅槃の性無し》と。若し爾らば、二経は便ち自ずから相違せん。此の二説を会すれば、一つは了にして、一つは不了なり。故に相違せざるなり。性有りと言うは是れを了説と名づけ、性無しと言うは是れ不了説なり〉と。今案ずるに、此の判は、分別部の有性の義を叙べて、薩婆多部の無性の義を破す。此れも亦た真諦三蔵の判ずる所にして、了・不了の義は世親論主の本意には非ず。前に已に述ぶるが如し」。（本研究書一五六頁）

ここでは、再度『仏性論』の了説・不了説が紹介され、その上で、「今案ずるに」として徳一の見解が示されている。ここで徳一は、『仏性論』の目的は、分別部の義（＝有性）によって薩婆多部の義（＝無性）を破することにあるのであり、これを了説・不了説に分類するのは、訳者真諦の「加増」であり世親の本意ではない、という見解を示している。

「何を以て物を知るといわば、彼の『仏性論』の一闡提の人は、断善と及び畢竟とに通ず。【A】第二巻に云わく、〈一つには解脱道に憎背し、涅槃の性無く、決して生死を楽《ねが》い涅槃を楽わざるものなり〉と。【B】又た云わく、〈若し爾らば、此の二事に由らず生死を厭い涅槃を楽う、観を成ずるに因縁無くんば、闡提の人の無涅槃性の如きも応に此の観を得べし。而るに一闡提には既に此の観無し。故に知んぬ、定んで因縁を須《もち》いて、観は方《まさ》に現ずべきものなることを〉と。此れは是れ、畢竟闡提にして断善の人には非ず。【C】第二巻の末に又た云わく、〈若し大乗を信楽せざれば一闡提と名づく。一闡提の心を捨離せしめんと欲すればなり。故に闡提と作すときは決して解脱無しと説くなり〉と。此れは是れ、断善闡提にして畢竟の人には非ず。既に〈一闡提の無涅槃性も応に此の観を得べし。而るに一闡提には既に此の観無し〉と。明らかに知んぬ、前は畢竟の人にして、後は断善の人なることを。世親論主、既に〈闡提には此の観無し〉と判ず。而るに、何ぞ返りて、判じて有性を了説と為す乎」。

（本研究書一五六頁）

徳一は、『仏性論』の中から一闡提に関する文として三種を選び出し、【A】【B】を畢竟闡提に関するもの、【C】を断善闡提に関するものと分類する。この中、【A】は「一つには解脱道に憎背し、涅槃の性無く、決して生死を楽い涅槃を楽わざるものなり」、【B】は「観を成ずるに因縁無くんば、闡提の人の無涅槃性の如きも応に此の観を得べし。而るに一闡提には既に此の観無し」というもので、これは明らかに畢竟闡提に関する説であるという。一方、【C】は「若し大乗を信楽せざれば一闡提と名づく。一闡提の心を捨離せしめんと欲すればなり。故に闡提と作すときは決して解脱無しと説くなり」というもので、「一闡提に解脱がないと説かれるのは、一闡提の心を捨てさせるための方便である」と説かれているため、これは断善闡提に関する説であるという。その上で再度【B】

を挙げ、世親は「一闡提には既に此の観無し」と明確に判じているのであるから、これを飜して「有性」を了説、「無性」を不了説などと分類するわけがない、と主張するのである。また、

「若し世親論主、自ら判じて有性を了説と為さば、『瑜伽』に六問答を設けて無性有性の義を建立するに違す。又た『善戒経』『涅槃経』等の諸経論に説く所の無性有情の義に違す。是の如く知りて推徴するに、真諦法師、自宗を成ぜんが為に、判じて有性を了説とするなり。論主の意には非ず。又た無着菩薩の造れる所の『荘厳論』『顕揚』等の中に広く一闡提を建立す。是れ、世親菩薩、無着師に違して別に有性の義を立つるや。明らかに知んぬ、翻訳の加増にして、本主の意には非ざることを。彼の『仏性論』は是の如く錯乱するが故に、決定の証と為すに足らず」と。云々

（本研究書一五六～一五七頁）

として、有性を了説とする分類は、『瑜伽師地論』をはじめ、『善戒経』『涅槃経』等の諸経論、さらには、無著の『荘厳論』『顕揚論』等とも矛盾するものであると指摘し、世親が無着の定義に反して有性を了説と分類するはずはなく、これは真諦によって加増されたものに他ならないと結論づけるのである。

このように見ると、徳一の『教授末学章』の見解は、大きく二種に分類することが可能であろう。すなわち、前半は『仏性論』の了説・不了説を理仏性に関するものとする見解、後半は真諦による加増とする見解である。そして、以下、『仏性論文集』はこの二種の見解を基本としながら、諸説を引用していくのである。

三　徳一『法相了義灯』

次いで『仏性論文集』が引用するのは、同じく徳一の『法相了義灯』の文である。本書は、永超の『東域伝灯目録』に「『法相了義灯』十一巻　同上（＝徳一撰）『恵日論』を補う」（大正五五・一一六三上）として書名が記載される他、恵心僧都源信（九四二―一〇一七）の『一乗要決』に「得一の『法相了義灯』に云わく、〈霊潤は是れ三論宗の人なり〉と」（恵全二・六二）、三論宗の珍海（一〇九一―一一五二）の『大乗玄問答』に「『法相了義灯』に云わく、〈龍樹菩薩は千部の論を作る〉と。云々溜州《ママ》[8]の『灯』に非ざる也。得壱云云、之を考うるべし。」（大正七〇・六三六中）等として引用されている。しかしながら、いずれも極めて短い引用であるため、その詳細は不明という他ない。『仏性論文集』が引用する『法相了義灯』の文は、他書には引用の確認されない新出の逸文であるが、こちらも

然るに『仏性論』に「性有りというは了説と為す」と云うは、此れ真諦法師の増語にして、論主の意には非ず。此の義は長遠なるが故に、暫らく止む也。（本研究書一五七頁）

と短文であり、本書がどのような性格の文献であったのかは依然として不明である。ただし、ここにおいても、『仏性論』の了説・不了説を真諦による加増とする見解が示されており、この点、前の徳一の見解と一致するものである。

四　徳一『中辺義鏡章』巻下

これに次いで、「『中辺義鏡章』の下に云わく」として、徳一の『中辺義鏡章』が引用される。ここでは『仏性論』の了説・不了説について、「此の『論』の言うところに就かば、悉有仏性の義は是れ顕了の義にして、一分無性の家は是れ密意の語なり。如何んぞ一闡提の不成仏有りと言うや」との問いが示されており、これに対して徳一は以下のように回答している。

答う。会するに二説有り。【A】一つには云わく、彼の『論』は理仏性の有無に約して了・不了を判ず。行仏性には不ず。「一闡提の人に理仏性有り」という、此の経を了義と為す。「一闡提の衆生に理仏性無し」と説く、此の経を名づけて不了義と為す。何を以て然なるを知る。彼の『論』に、「二空所顕の真如を名づけて仏性と為す」と言う。又た云わく、「一闡提の人に二種の身有り。一つには本性法身、二つには随意身なり。随意身とは即ち如理従り起こるなり」と。文に既に「一闡提の衆生には決して涅槃の性無し」と云う。此の文に准じて知んぬ、理仏性の有無に約して了・不了を判ずることを。行仏性には不ず。一分無性の家は、行仏性の有無に約して、有と無の性を簡ぶと云う。故に相違せず。【B】一つには云わく、彼の文は断善闡提に約して了・不了を判ず。畢竟無性の闡提には拠らず。何を以て然なるを知る。即ち『論』に言わく、「若し大乗を信楽せざれば一闡提と名づく。闡提の心を捨離せしめんと欲すればなり。故に闡提と作す時は決して解脱無しと説く」と。此れに准じて明らかに知んぬ、彼の『論』は、断善闡提に約して仏性種子無しと判ずるを不了説と為すと。畢竟無性に拠りて有無の性を判ずるには不ず。

（本研究書一五七～一五八頁）

ここで徳一は、『仏性論』の了説・不了説は、【A】理仏性に関するものであって行仏性に関するものではない、【B】断善闡提に関するものであって畢竟闡提に関するものではない、という二種の解釈を示している。前の『教授末学章』①（本研究書一五五頁）においても述べられていた解釈であるが、こちらでは【A】【B】のそれぞれに該当する『仏性論』の文が示されることで、より詳細な分析となっている。

これに続いて再び問いが立てられるのであるが、これは徳一が【A】の根拠として挙げていた『仏性論』の「一闡提の人に二種の身有り。一つには本性法身、二つには随意身なり。随意身とは即ち如理従り起こるなり」を巡るものとなっている。

> 問う。若し爾らば、如何んぞ彼の『論』に云わく、「一闡提の人に二種の身有り。一つには本性法身、二つには随意身なり。本性法身とは即ち真如の理、随意身とは即ち如理従り起こるなり。仏日の光明、闡提の二身を怜愍するは、上の法身をして生ずることを得せしめんが為にして、加行をして増長することを得て、善行を修せしめんが為なり。故に観の成ずることを得」と。此の文意を観るに、理仏性に准じて仏の光照を承くれば、便ち成仏することを得。何ぞ労を須いて行仏性とするや。
> （本研究書一五八頁）

この問いの言わんとするところは、『仏性論』の文には「仏の恵日が一闡提の本性法身と随意身とを照らす」ことが説かれており、これを普通に解釈すれば、理仏性が仏の光照を受けることで成仏が可能であると読めるはずである。にもかかわらず、どうしてわざわざ行仏性といった概念を持ち出す必要があるのか、ということである。これに対する徳一の回答は次のようである。

答う。彼の『仏性論』は理性のみに准ぜず。亦た行性を明かす。第一巻に言わく、【A】「仏性とは即ち是れ人法二空所顕の真如なり。真如に由るが故に、能罵・所罵無し。此の理に通達すれば、虚妄の過を離るるなり」と。此れ理仏性に准ず。又た「明因品」に言わく、【B】「四種の因有り。一つには大乗を信楽す、二つには無分別の般若、三つには破虚空の三昧、四つには菩薩の大悲なり」と。此れを三身の因と為す。此れは即ち行仏性なり。又た「三因品」に言わく、【C】「仏性を三種の因と為す。一つには応得因。謂わく、二空所顕の真如なり。二つには加行因。謂わく、菩提心なり。此の心に由るが故に、能く三十七品と十地と、乃至、道後の法身とを得。是れを加行因と名づく。三つに円満因とは、是れ即ち加行なり。加行に由るが故に因円満と及び果円満とを得るなり。因円満とは、謂わく福徳と智恵の行なり。果円満とは、謂わく智徳・断徳・恩徳なり。三因の前の一は、則ち無為の如理を以て体と為し、後の二は則ち有為の願行を以て体と為すなり」と。此の文は、通じて理・行の二性を明かす。此れ等の文に由るに当に知るべし、有性を了説と為し無性を不了説と為すというは、理仏性と及び断善闡提とに約して了・不了を判じ、行性と及び畢竟闡提とを開くことを。

（本研究書一五八頁）

この回答では、先ず、問いが提示する『仏性論』の文は、理仏性のみに関するものではなく行仏性にも関わるものであることが明言される。その上で、『仏性論』には【A】理仏性に関する文、【B】行仏性に関する文、【C】理仏性・行仏性の両方に関する文の三種が示されていると言い、問いにおいて提示された「有性を了説」とする『仏性論』の文は、理仏性と断善闡提について言ったものであると結論づけるのである。この点、大悲闡提を除く一闡提には、行仏性を有する断善闡提と有さない畢竟無性闡提とがある。これを開き示すことによって、「有性を了説」とする見解は理仏性と断善闡提について言ったものであり、行仏性を欠く無性闡提について了・不了を論じたわけではない、という解釈を示したことが知られるのである。

本節での徳一の論理の流れは明瞭である。『仏性論』の了説・不了説の言葉をもって、「法相宗が祖師の一人として尊ぶ世親でさえも結局は五姓各別を不了の説として悉有仏性義を展開した」と難じる天台宗をはじめとする一乗家に対して、第一節では「小乗の説に対する判定である」と会通し、本節ではさらに、「了説・不了説は、理仏性と断善闡提について判じられたものであり、行仏性を欠く畢竟闡提についていったものではない」との反論を展開するのである。このことからも、問難にあるような「理仏性があれば成仏が可能である」とする一乗家の見解を斥けようとしたことが明瞭に知られよう。

最後に、ここに引用される徳一の『中辺義鏡章』という文献について述べておきたい。本書は、『注進法相宗章疏』に「『中辺義鏡章』三巻　徳一撰」（大正五五・一一四四中）、『東域伝灯目録』に「『中辺義鏡』三巻　得一。又た云わく『恵日義鏡』と」（大正五五・一一六三上）としてその書名が記されている。引用のはじめに「『中辺義鏡章』の下」とあることからも、これらの目録が記す「三巻」という調巻に一致する。本書は、最澄の『守護国界章』に「乃ち奥州会津県に溢和上有り。法相の鏡を執りて八識の面を鑒み、唯識の炬を挙げて六境の闇を照らす。忽に『中辺義鏡』三巻を造りて、盛んに天台法華の義を破す」（伝全二・一五二）とあることから、『守護国界章』の直接の反駁対象であったことが知られている。また、『守護国界章』が徳一の見解を詳細に引用した上で反論を行なっているため、その引用部分を抽出することでその全容を窺うことが可能と考えられており、田村晃祐氏がその復元を試みている。(9)しかしながら、『仏性論文集』が引用する『中辺義鏡章』の文は『守護国界章』の中には確認されないものとなっている。この点、『守護国界章』における『中辺義鏡章』の引用が限定的なものであったことを示すものであり、注意を要するところであろう[10]。

次に引用されるのは、源信の『一乗要決』の見解である。ここには次のように記されている。

五　源信『一乗要決』

『一乗要決』の中に云わく、「問う。一師の云わく、〈『仏性論』は、世親菩薩の造れる所なりと雖も、真諦三蔵の翻訳にして、多く加増有り。故に、定証と為すべきには非ず。所以は何ん。真諦法師は、自ら悉有仏性の義を立てて、一分無性の義を斥く。『仏性論』に《有性を了説と為し、無性を不了説と為す》と云うは、訳者の増加せるところにして、作者の意には非ず〉と。已上 此の義、云何ん。答う。宝公の云わく、〈『宝性論』は是れ堅恵菩薩の造れるところにして菩提流支の訳なり。『仏性論』は世親菩薩の造れるところにして真諦三蔵の訳なり。『宝性論』と意は同じ。何が故に、偏えに『仏性論』のみを偽と謗るや〉と。宝公は唐土の師を難ず。然れども義意は同じきが故に、今引いて答う。

（本研究書一五八～一五九頁）

文中に「一師」とあるのは、その内容から類推して徳一を指すものと見てよいであろう。

ここで源信が問題としているのは、『仏性論』の了説・不了説を真諦の加増とする徳一の見解である。源信が引くところの徳一の言葉には、「真諦の翻訳には多くの加増が認められるため、教証とすべきではない」と述べられている。これは、前節から続く「訳者真諦加増説」に他ならない。『一乗要決』にはその書名が明記されていないが、徳一に同様の見解のあったことは、前の『教授末学章』等の引用においても確認されたところである。

これに対して源信は、「宝公は唐土の師を難ず。然れども義意は同じきが故に、今引いて答う」と断りながら、唐の法宝の見解を引用している。これは、『宝性論』と『仏性論』との近似性を指摘した上で、菩提流支訳の『宝性論』にも同じ内容が説かれているのであるから、『仏性論』のみを偽訳ということはできない、という指摘である。これは法宝の卓見というべきもので、『仏性論』が『宝性論』に依拠して作成されたものであることは、近代の研究においても認められるところである。(11)

さて、これに続いて源信の私釈が述べられるのであるが、以下のようである。

私に謂わく、【A】『論』の上の文に、既に二経を出す。其の相違を問うに、理として応に会釈すべし。若し会釈して、「有性を不了と為し、無性を了と為す」と言わば、全く一論の前後の起尽に違す。故に、訳者の増加とは言うべからず。若し一切を皆な増加と言わば、応に造論と言うべし。訳とは言うべからず。一師の邪推は道理に当たらず。【B】又た世親菩薩は、初め数論を習い、次に有宗を業として、後に経部を学ぶ。終に大乗に帰する時、無着菩薩、創めて其れをして釈を造らしむ。『十地』と『摂大乗』の二論なり。『仏性論』の理を明らむること、其の後に在り。其の始終を論ずれば、浅き従り深きに至るのみなり。

（本研究書一五九頁）

ここで源信は、『仏性論』の了説・不了説を真諦の加増と見ることに対して、二つの点から反論を行なっている。先ず【A】であるが、有性を説く経説と無性を説く経説の相違を問題とする場合、当然、その回答が後に用意されていなければならない。そして、もしその回答が「有性が不了説で無性が了説である」などというものであれば、『仏性論』全体の構成が通じなくなってしまう。そのため、有性を了説・無性を不了説とする判定は世親自身によるものであり、真諦の加増ということはできない、というものである。その上で、もし『仏性論』における会通のすべてが真諦の加増なのだとすれば、それは「翻訳」ではなく「造論」というべきものであり、『仏性論』が「真諦訳」とされることに相違する、と指摘し、徳一の見解は邪推に過ぎないと反論しているのである。

次に【B】であるが、ここでは世親の教学における『仏性論』の位置づけが論じられている。源信は、世親ははじめ数論（サーンキヤ）を学び、有宗（説一切有部）、経部（経量部）と次第して、その後、無着のもとで大乗に転向することで『十地論』『摂大乗論』を作成したと述べる。さらに、『仏性論』の造論はこれらの後になされたものであるというのである。そして、「浅き従り深きに至る」、すなわち、『仏性論』の教理がそれ以前の論疏と相違するのは、その教理がより深奥な域に達したためである、と主張するのである。

以上、この『一乗要決』の引用を見るに、蔵俊は、源信の見解を「訳者真諦加増説」に対する反論の代表と認識していたようである。

六　霊雋『対法論疏』

本節の最後に引用されるのは、霊雋（生没年未詳）の『対法論疏』（逸書）である。本書は、その書名から世親造・玄奘訳『阿毘達磨倶舎論』の注疏と見られるものの、詳細不明の文献である。延喜十四年（九一四）成立の平祚（生没年未詳）の『法相宗章疏』には、「対法論疏十六巻〈霊俊述〉」（大正五五・一一三九中）と記されており、恐らく本書を指すものと考えられる。

『対法論疏』霊雋の十の末に云わく、「今、会釈を欲するに、上来の諸論と『瑜伽』『顕揚』『対法』の文義は悉く同じ。『仏性論』と『無相論』は西方に別の梵本無し。然るに此の『仏性論』の「三性品」に云うところは、勘うるに『瑜伽』等の文と一として差別無し。又た『無相論』の「三無性品」と『顕揚論』の「無相品」も別無し」と。云々

（本研究書一五九頁）

ここで霊雋が述べているところをまとめると、

①『瑜伽師地論』『顕揚論』『対法論』の文義には共通性が見られる。
②真諦の翻訳になる『仏性論』と『無相論』はインドに梵本が存在しない。
③『仏性論』「三性品」と『瑜伽師地論』等には相違がない。
④『三無相論』と『顕揚論』も共通している。

の四点ということになろう。しかし、この四点が何を意図する論述であったのかは定かでなく、十分に意味を読み取ることができない。ただし、これと同様の文章が、凝然（一二四〇―一三二一）の『五教章通路記』に

霊雋『対法論疏』第十末云、「『仏性論』『無相論』、西方無別梵本」。已上

霊雋の『対法論疏』第十の末に云わく、「『仏性論』と『無相論』は、西方に別の梵本無し」と。已上

（大正七二・四五五中）

として引用されている。ここでは、『仏性論』の出自そのものを疑う文脈でこの見解が引用されているため、『仏性論文集』の引用も同様の効果を企図したものと推測される。

註

（1）『仏性論』は、真諦による漢訳のみが現存しており、梵本も他言語での翻訳も確認されない。また、本書の作者についても、これを世親と見ることには古来疑義が呈されている。月輪賢隆「究竟一乗宝性論に就て」（『日本仏教学協会年報』七、一九三五年）は、『究竟一乗宝性論』の分析から、『仏性論』の作者を世親と見ることを否定し、服部正明「「仏性論」の一考察」（『仏教史学』四-三・四、一九五五年）は、『仏性論』が『究竟一乗宝性論』と異訳関係にあることを指摘する。さらに中村瑞隆『梵漢対照　究竟一乗宝性論研究』（山喜房仏書林、一九六一年）は、「仏性論は世親造というよりも、真諦との関係に於て見るべきものと思われる」（五八頁）と結論づけている。『仏性論』に関する先行研究としては、この他に木村泰賢「大乗仏教思想論」（『木村泰賢全集』六、明治書院、一九三六年）、常盤大定『仏性の研究』（丙午出版、一九三〇年。再刊、図書刊行会、一九七三年）、宇井伯寿「真諦三蔵伝の研究」（『印度哲学研究』六、甲子社書房、一九三〇年）、坂本幸男「仏性論解題」（『国訳一切経』瑜伽部一一、大東出版社、一九三五年）、武邑尚邦『仏性論研究』（百華苑、一九七七年）、高崎直道『宝性論／インド古典叢書』（講談社、一九八九年）、同「仏性論解題」（『新国訳大蔵経』一九〈論集部二〉、大蔵出版、二〇〇五年）等がある。特に、高崎直道「仏性論解題」には、従来説を包括的に分析した上で極めて詳細な論究がなされている。詳細は楠淳證による第一部第二章の論稿を参照されたい。

（2）徳一の名は、「徳一」・「徳溢」・「得一」等と表記され一定を見ない。『仏性論文集』では「得一」と表記されるが、本解説では、現今の学界で一般に用いられる「徳一」の表記を用いることにした。なお、徳一の表記については、田村晃祐『最澄教学の研究』（吉川弘文館、一九九二年）の三二五頁および三二九～三三〇頁が詳細である。

（3）田村晃祐『最澄教学の研究』（吉川弘文館、一九九二年）の三二七～三二八頁。なお、表にある「⑰止観論」については、最澄の『守護国界章』に引用される止観に関するまとまった記述を指し、田村氏が独自に一書と認められたものである。また、この表の内容は田村晃祐編『徳一論叢』（国書刊行会、一九八六年）二四六～二四七頁に掲載のものと同内容である。

（4）『注進法相宗章疏』（大正五五・一一四四中）に記される徳一の著作は、『恵日羽足』・『中辺義鏡章』・『中辺義鏡残』・『法相了義灯』・『遮異見章』の計五部である。

（5）「安元二年十一月日　権律師蔵俊　依院宣注進之」（大正五五・一一四四下）。

（6）『決権実論』の構成および成立過程については、田村晃祐『最澄辞典』（東京堂出版、一九七九年）の五五～五九頁、田村晃祐『最澄教学の研究』（吉川弘文館、一九九二年）の一二五～一三四頁が詳細である。

（7）田村晃祐『最澄辞典』は「この項、徳一の反論に二義あった中の一義と、最澄の非難の言葉が脱落しているが、最後に「四不通と名づく」という言葉が残されていて、最後にはすべての無性有情の者について成仏すると説くのが真実の教（了義）であると反論していたことが推定される」（五七頁）と述べ、安藤俊雄・薗田香融［校注］『最澄／原典　日本仏教の思想二』（岩波書店、一九九一年）は、「是の故に、四不通と名づく」に対して「この上に数行の脱文があろう」（二六一頁）と述べる。

（8）『大乗玄問答』には「溜州」とあるが、これは『法相了義灯』が淄州大師慧沼（六四八―七一四）の『成唯識論了義灯』ではなく、徳一の著作であることを述べるものであるため、正しくは「淄州」である。

（9）田村晃祐編『徳一論叢』（国書刊行会、一九八六年）五一九～五八四頁。

（10）なお、本書と近似した名を持つ徳一の著作に『中辺義鏡残』二十巻がある。本書は最澄の滅後に撰述されたものと考えられており、解脱房貞慶（一一五五―一二一三）の『法華開示抄』や本如房湛睿（一二七一―一三四六）の『華厳演義鈔纂釈』等に引用が確認される。ただし、目録類に依ると、こちらは全二十巻と大部な書物であったようで、『仏性論文集』に「『中辺義鏡章』の下」とあることと調巻が一致せず、別本と思われる。

(11)『仏性論』と『宝性論』を巡る研究史については、前注(1)の高崎直道「仏性論解題」が詳細である。

（吉田慈順）

第四節　「訳者真諦加増説」の結語

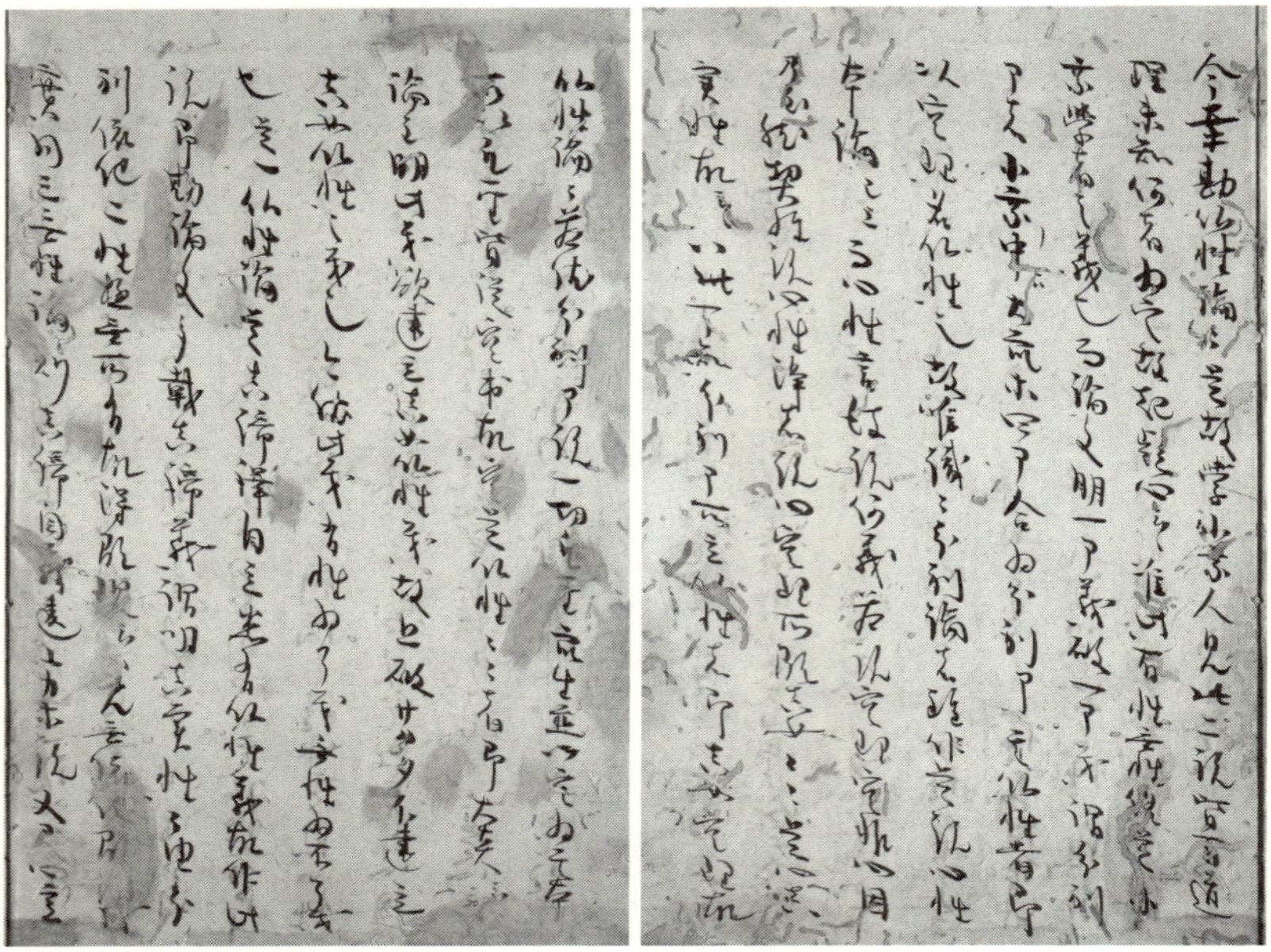

【翻　刻】

〔十五丁表〕

202 今案勘仏性論云是故學小乗人見此二説皆有道
203 理未知何者為定故起疑心云々准此一有性無性倶是小
204 乗學者之義也而論文明一部義一破一部義一謂分別
205 部者小乗《ノ》中《ニハ》大衆等四部合為分別部一其仏性者即
206 以空理一名仏性一也故唯識云分別論者雖作是説心性
207 本論《ママ》已上而心性言彼説何義若説空理空非心因
208 乃至然契経説心性浄者説心空理所顕真如々々是心真
209 実性故云々以此可知一分別部所立仏性者即真如空理故

〔十五丁裏〕

210 仏性論云若依分別部説一切凡聖衆生並以空為其本
211 所以凡聖皆従空出故空是仏性々々者即大涅槃云々
212 論主明此義一欲建立真如仏性義一故且破サハタ不建立
213 真如仏性一之義也今依此義一有性為了義無性為不了義一
214 也是一仏性論是真諦譯自立悉有仏性義故作此
215 説即勘論文多載真諦義一謂明真實性一之由分
216 別依他二性極無所有故得顕現云々既無依他顕行成
217 實一同三無性論則真諦自義違ユカ等説又釈心意

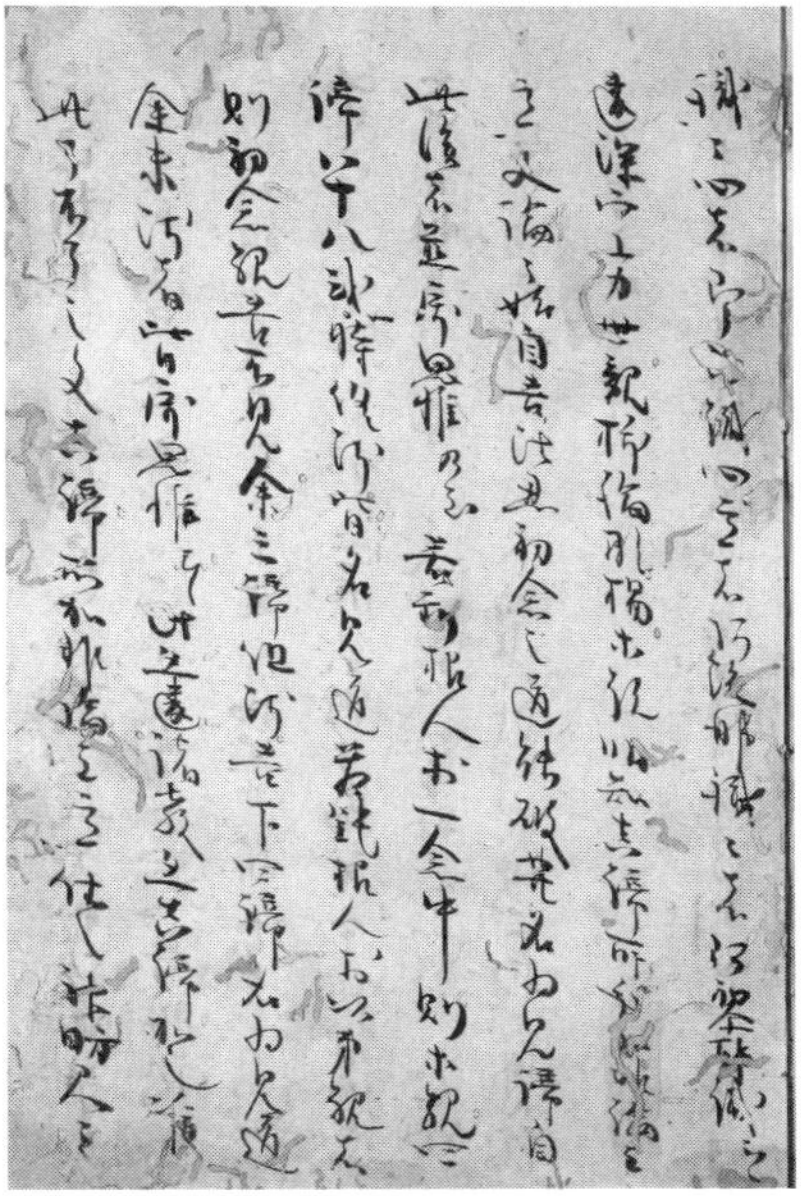

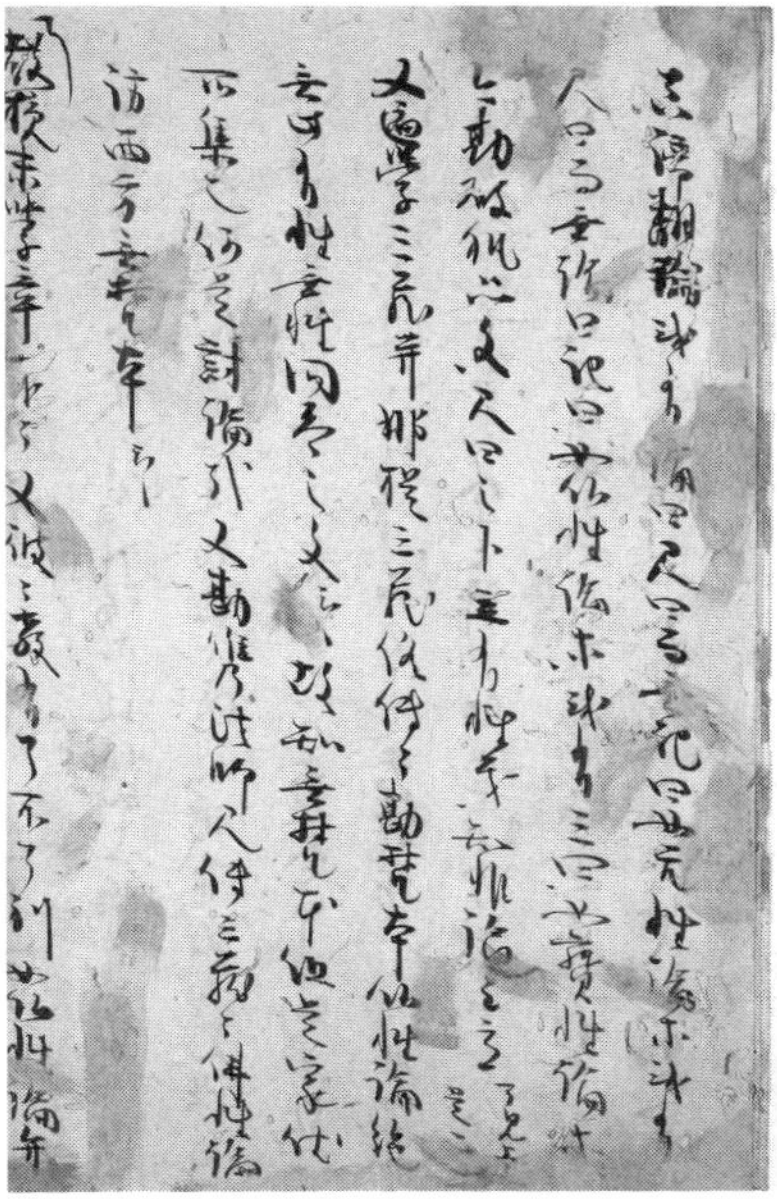

〔十六丁表〕
218 識㆒々心者即六識心意者阿陀那識々者阿黎耶識 云々
219 違深密ユカ世親攝論顕揚等説明知真諦所解加非論主
220 意㆒又論云始自苦法忍初念之道能破煩悩名為見諦自
221 此後者並属思惟 乃至 若利根人於一念中則等観四
222 諦八十八或《ママ》㆒◯時倶断皆名見道《ママ》若鈍根人於次第観者
223 則初念観苦不見余三諦但断苦下四諦名為見道《ママ》
224 余未断者皆属思惟 云々 此亦違諸教亦真諦加之准
225 此了不了之文真諦所加非論主意㆒依之神昉釈云
〔十六丁裏〕
226 真諦翻論或有論曰釈曰而無記曰如无性論等或有
227 釈曰而無論曰記曰如仏性論等㆒或有三曰㆒如寶性論等
228 今勘破執品文㆒釈曰之下立有性義㆒知非論主意 可見上是二
229 又遍學三蔵并那提三蔵倶傳云勘梵本仏性論絶
230 無此有性無性問答之文 云々 故知無梵本但是家依
231 所集也何是討論哉又勘雋法師釈傳三蔵云佛性論
232 訪西方無梵本 云々
233 教授末學章下云又彼云教有了不了別㆒如仏性論弁

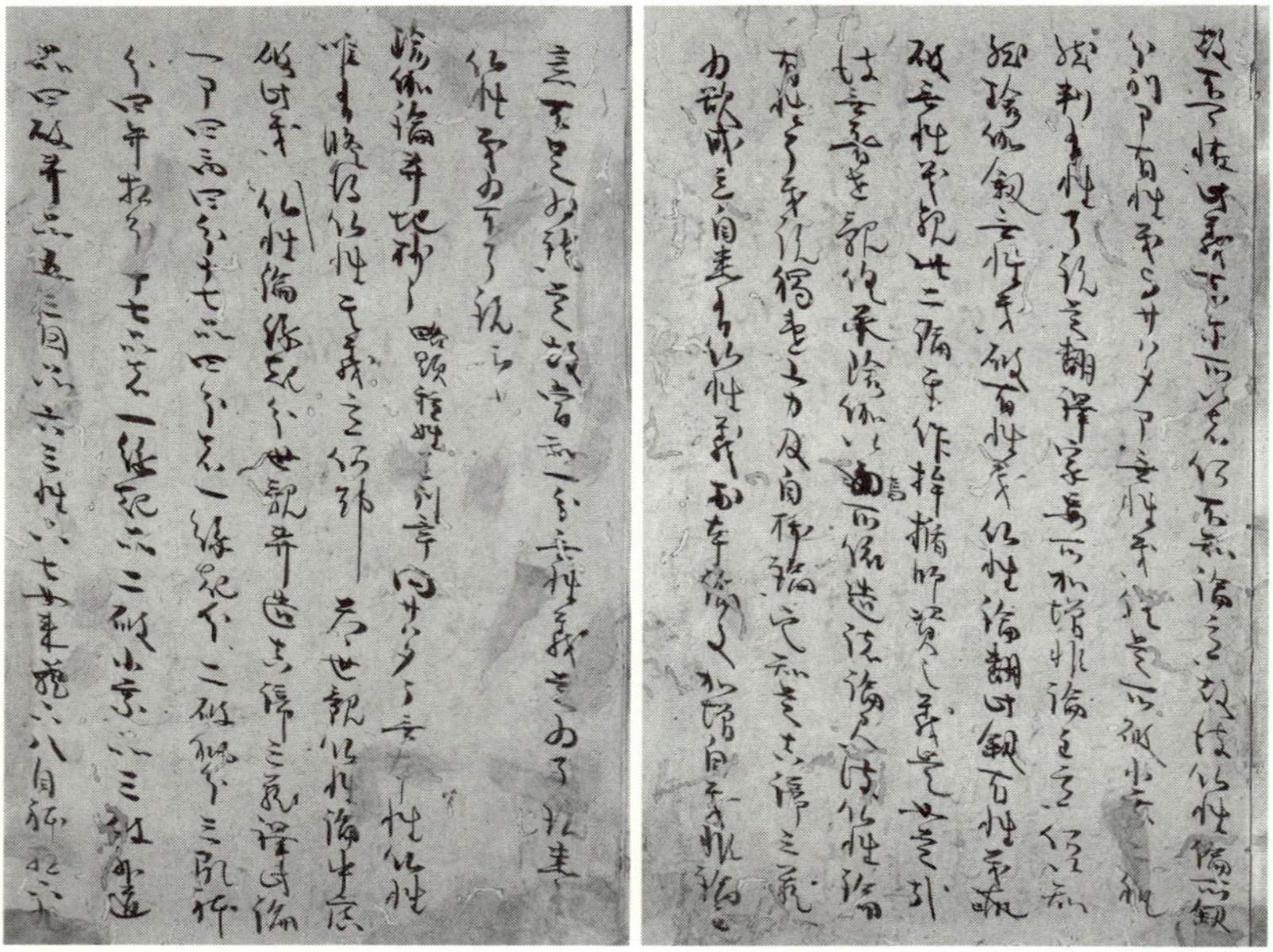

〔十七丁表〕
234 故不可恠」此義不爾所以者何不知論意」故彼仏性論所叙
235 分別部有性義与サハタ部無性義」倶是所破小乗之執
236 然判有性了説是翻譯家要所加増非論主意」何以知
237 然瑜伽叙無性義」破有性義仏性論翻此叙有性義故〔已〕
238 破無性義観此二論互作桙楯師資之義豈如是哉
239 彼無着世親倶承瑜伽以多〔為〕所依造諸論釈」彼仏性論
240 有性了義説獨違ユカ及自攝論」定知是真諦三蔵
241 為欲成立自悉有仏性義於本論文加増自義非論主
〔十七丁裏〕
242 意不足為證」是故當知一分無性義是為了説悉有
243 仏性義為不了説 云々

【訓　読】

今、案勘するに、『仏性論』に云わく、[1]「是の故に、小乗を学ぶ人は、此の二説に皆な道理有りと見て、未だ何者をか定と為すを知らず。故に疑心を起こすなり」と。云々 此れに准ずるに、有性も無性も、但だ是れ小乗の学者の義也。而も『論』の文に、一部の義を明して、一部の義を破す。分別部と謂うは、小乗の中には大衆等の四部を合して分別部と為す。其の仏性とは、即ち空理を以て仏性と名づくる也。故に『唯識』に云わく、[2]「分別論者は是の説を作して、心性は本より浄なりと雖も、[3] 乃至[4] 而も心性という言は、彼れ何の義をか説くや。若し空理を説くといわば、空は心の因に非ざるべし。乃至 然るに『契経』に心性は浄なりと説けるは、心の空理所顕の真如を説くなり。真如は是れ心の真実の性なるが故なり」と。云々 此れを以て知るべし、分別部の立つる所の仏性とは、即ち真如の空理なることを。故に『仏性論』に云わく、[5]「若し分別部の説に依らば、一切の凡・聖の衆生は、並べて空を以て其の本と為す。所以は、凡・聖は皆な空従り出づるが故なり。空は是れ仏性なり。仏性とは、即ち大涅槃なり」と。云々 論主、此の義を明かすは、真如仏性の義を建立せんと欲するが故なり。且だ薩婆多の真如仏性を建立せざるの義を破するのみ也。今は、此の義に依りて有性を了義と為し、無性を不了義と為す也。是れ一

『仏性論』は、是れ真諦の訳にして、自らが悉有仏性の義を立つるが故に、此の説を作す。即ち『論』の文を勘うるに、多く真諦の義を載せり。謂わく、真実の性を明すに、之れ「分別と依他との二性が極まりて所有無きに由るが故に顕現することを得」[6]と。云々 既に、依他に顕行と成実無し。『三無性論』に同じ。則ち真諦の自義にして、『瑜伽』等の説に違す。又た心意識を釈して、「識心とは即ち六識心、意とは阿陀那識、識とは阿黎耶識なり」[7]と。云々『深密』『瑜伽』、世親の『摂論』『顕揚』等の説に違す。明らかに知んぬ、真諦の解して加うる所にして、論主

の意には非ざることを。

又た『論』に云わく、[8]「始めて苦法忍の初念の道自《よ》り能く煩悩を破するを、名づけて見諦と為す。此自り後は、並びに思惟に属す。乃至 若し利根の人ならば、一念の中に於いて則ち等しく四諦を観じて、八十八惑[9]を一時[10]に倶に断ず。皆な見諦[11]と名づく。若し鈍根の人ならば、次第観に於いては則ち初念に苦を観ずるも、余の三諦は見ずして、但だ苦下の四諦のみを断ずるを名づけて見道[12]と為す。余の未だ断ぜざる者は、皆な思惟に属す」と。云々 此れも亦た諸教に違す。亦た真諦、之れを加うるなり。此れに准ずるに、了・不了の文は、真諦の加うる所にして論主の意には非ず。之れに依りて、神昉釈して云わく、[13]「真諦の論を翻ずること、或は〈論曰〉と〈釈曰〉と有りて、〈記曰〉は無し。『無性論』等の如し。或いは〈釈曰〉有りて、〈論曰〉と〈記曰〉と無し。『仏性論』等の如し。或いは三の〈曰〉有り。『宝性論』等の如し。今、「破執品」の文を勘うるに、〈釈曰〉の下に有性の義を立つ。知らる論主の意には非ざることを」と。上を見るべし是れ二 又た遍学三蔵と幷びに那提三蔵、倶に伝えて云わく、[14]「梵本の『仏性論』を勘うるに、此の有性・無性の問答の文は絶無なり」と。云々 故に知んぬ、梵本に無く、但だ是れ家依の集むる所也。何ぞ是れを討論する哉。又た雋法師の釈を勘うるに、三蔵伝えて云わく、「『仏性論』は西方に訪ぬるも梵本無し」と。云々

『教授末学章』の下に云わく、[15]「又た彼れ云わく、〈教に了と不了の別有り。『仏性論』に弁ずるが如し。故に怪《あや》しむべからず〉と。此の義、爾らず。所以は何ん。『論』の意を知らざるが故に。彼の『仏性論』に叙ぶる所は、分別部の有性の義と薩婆多部の無性の義にして、倶に是れ小乗の執を破する所なり。然らば、有性を了説と判ずるは、是れ翻訳家の要《かなら》ず加増せる所にして、論主の意には非ず。何を以って然なるを知る。『瑜伽』は無性の義を叙べ、有性の義を破す。『仏性論』は此れを翻《ひるがえ》して、有性の義を叙べ、[16]已に無性の義を破す。此の二論を観るに、互いに

桙楯を作す。師資の義、豈に是の如くなる哉。彼の無着・世親は、倶に『瑜伽』を承け、以て所依と為し[17]、諸の論釈を造る。彼の『仏性論』の有性了義の説は、独り『瑜伽』と及び自らの『摂論』とに違す。定んで知んぬ、是れ真諦三蔵、自らの悉有仏性の義を成立せんと欲するが為に、本『論』に於いて文を加増せるなりと。自らの義にして、論主の意には非ず。証と為すに足らず。是の故に当に知るべし、一分無性の義を是れ了説と為し、悉有仏性の義を不了説と為すことを」と。云々

【註　記】

[1]『仏性論』巻一「破小乗執品」（大正三一・七八七下）の引用。

又阿鋡、説「仏十力中、性力所照、衆生境界有種種性。乃至、麁・妙等界不同。故称性力」。所以者何。一切衆生有性無性異故。有仏性者、則修種種妙行、無仏性者、則起種種麁悪。**是故、学小乗人、見此二説皆有道理、未知何者為定、故起疑心**。

[2]『成唯識論』巻二（大正三一・八下、新導本・六九〜七一）の引用。

分別論者雖作是説、心性本浄、客塵煩悩所染汙故、名為雑染。離煩悩時、転成無漏。故無漏法、非無因生。**而心性言、彼説何義。若説空理、空非心因**。常法定非諸法種子、以体前後無転変故。若即説心、応同数論相雖転変、而体常・一。悪・無記心、又応是善。許則応与信等相応。不許便応非善心体。尚不名善。況是無漏。有漏善心、既称雑染、如悪心等、性非無漏。故不応与無漏為因。勿善・悪等、互為因故。若有漏心性是無漏、応無漏心性是有漏。差別因縁不可得故。又異生心、若是無漏、則異生位無漏現行。応名聖者。若異生心、性雖無漏、而相有染不名無漏。無斯過者、則心種子亦非無漏。何故、汝『論』、説有異生唯得成就無漏種子。種子、現行性・相同故。**然『契経』、説心性浄者、説心空理所顕真如。真如是心真実性故**。

[3]　是の説を作して、心性は本より浄なりと雖も……原本は「雖作是説心性本論」に作る。出拠の『成唯識論』は「雖作是説心性本浄」に作り、「論」字と「浄」字とが相違する。「論」字では意味が取れないため、『成唯識論』に従って「浄」字に改めて訓読した。

[4]　乃至……原本は「已上」と作るが、『成唯識論』の引用はこの後の「云々」まで続いている。本来であれば、省略を表す「乃至」が置かれるところであるため、「已上」を「乃至」と改めて訓読した。

[5]　『仏性論』巻一「破小乗執品」（大正三一・七八七下）の引用。
釈曰。所以生疑者、由仏説故。小乗諸部解執不同。**若依分別部説、一切凡・聖衆生、並以空為其本。所以、凡・聖衆生、皆従空出故。空是仏性。仏性者、即大涅槃。**

[6]　『仏性論』巻二「三性品」（大正三一・七九四中）の引用。
二縁成者、問曰、分別性縁何因故、而得顕現。答曰、由縁相・名相応故、得顕現。問曰、依他性縁何因故、得成耶。答曰、縁執分別性故、得顕現。問曰、真実性縁何因得成。答曰、**由分別・依他二性極、無所有故、得顕現。**故名縁成。

[7]　『仏性論』巻三「総摂品」（大正三一・八〇一下）の引用。
如『無上依経』中説、「阿難、於無生無滅法中、心・意、及識、決定不生故」。釈曰、**「心」者、即六識心、「意」者、阿陀那識、「識」者阿梨耶識。**於此三中不得生。

[8]　『仏性論』巻四「無変異品」（大正三一・八〇七中）の引用。
釈曰、「学道凡夫相続中」者、若小乗、則従煖・頂・忍・世法。此四是学道凡夫位。見諦随眠、其未能滅故、言「在中」。「無始時節未見」者、従無始以来、迄至此道所、未曾見安立聖諦故、言「未曾得見」。「初出世聖道所破」者、**始自苦法忍初念之道、能破煩悩名、為見諦。自此後去、並属思惟。**平等観者、有利有鈍。**若利根人、於一念中、則等観四諦、八十八惑一時倶断、皆名見諦。若鈍根人、於次第観者、則初念観苦、不見余三諦、但断苦下四諦名為見諦、余未断者、皆属思惟。**是名見諦所滅惑。

[9]　八十八惑……原本は「八十八或」に作るが意味が取れない。出拠の『仏性論』に従って、「或」字を「惑」字に訂正

した。

[10] 一時……原本は「〇《一》時」に作る。出拠の『仏性論』も「一時」となっているため、これに従って訂正した。

[11] 見諦……原本は「見道」に作る。出典の『仏性論』に従って、「道」字を「諦」字に改めた。

[12] 見諦……前注[11]に同じ。

[13] 新羅の神昉（生没年未詳）の著作からの引用。前に引用された『種性差別集』の説と関連するものであるため、同書からの引用か。詳しくは【解説】を参照されたい。

[14] 出典不明。引き続き神昉の著作からの引用か。

[15] 徳一『教授末学章』（逸書）巻下の引用。この引用によって、本書が少なくとも二巻以上の文献であったことが知られる。前と同様、最澄の『決権実論』には見られない文章である。詳細は【解説】を参照。

[16] 已に……原本は「故」字を斜線で消して「已」字を付す。今はこれに従った。

[17] 以て所依と為し……原本は「以多《為》所依」に作る。右横の修正字に従って「為」字で訓読した。

【解　説】

ここでは、これまでに述べられてきた諸師の見解を踏まえた上で、『仏性論』の了説・不了説に対する蔵俊の結論が述べられている。蔵俊の主張するところは、大きく二つに分けられよう。

先ずは、『仏性論』の了説・不了説を、真如仏性の義を建立する目的で分類されたものとする見方である。

今、案勘するに、『仏性論』に云わく、「是の故に、小乗を学ぶ人は、此の二説に皆な道理有りと見て、未だ何

者をか定と為すを知らず。故に疑心を起こすなり」と。云々

此れに准ずるに、有性も無性も、但だ是れ小乗の学者の義也。（中略）故に『仏性論』に云わく、「若し分別部の説に依らば、一切の凡・聖の衆生は、並べて空を以て其の本と為す。所以は、凡・聖は皆な空従り出づるが故なり。空は是れ仏性なり。仏性とは、即ち大涅槃なり」と。云々 論主、此の義を明かすは、真如仏性の義を建立せんと欲するが故なり。旦だ薩婆多の真如仏性を建立せざるの義を破するのみ也。今は、此の義に依りて有性を了義と為し、無性を不了義と為す也。

（本研究書一九三頁）

そもそも、『仏性論』では、はじめの「破小乗執品」において、「若し分別部の説に依らば、一切の凡・聖の衆生は、並べて空を以て其の本と為す。所以は、凡・聖の衆生は、皆な空より出づるが故なり。空は是れ仏性なり。仏性とは即ち大涅槃なり」（大正三一・七八七下）として分別部の説が紹介されている。その一方で、薩婆多部の説は「若し毘曇の薩婆多等の諸部の説に依らば、則ち一切衆生に性得の仏性は有ること無し。但だ修得の仏性のみ有るなり」（大正三一・七八七下）とまとめられている。つまり蔵俊は、この了説・不了説の前提となっている有性・無性は、分別部と薩婆多部の説なのであり、これらは共に小乗である、というのである。そして、世親は、真如仏性を認めない薩婆多部の見解を破すことを目的として、了説・不了説の分類を示したに過ぎない、と結論づける。『仏性論』の了説・不了説を薩婆多部の説を破すためのものとする見解は、前に見た『教授末学章』からの引用（本研究書一五六頁）の見解と共通する。ただし、徳一がこれをもって真諦の加増を主張していたこととは異なり、これを世親の判断によるものと認めた上で会通しようとするところに蔵俊の特徴を見出すことができよう。その背

景にあるのは、真如仏性、すなわち理仏性という考え方であり、蔵俊は『仏性論』の了説・不了説を「理仏性に関する分類」と見る上では、小乗の説に対するものとしながらも、一応は世親の判であると認めているわけである。この点は、楠淳證による本研究書第二部第一章第一節の論稿で指摘されているところである。

次いで述べられるのが、『仏性論』の了説・不了説を真諦の加増とする見解である。これについて蔵俊は次のようにいう。

『仏性論』は、是れ真諦の訳にして、自らが悉有仏性の義を立つるが故に、此の説を作す。即ち『論』の文を勘うるに、多く真諦の義を載せり。謂わく、真実の性を明すに、之れ「分別と依他との二性が極まりて所有無きに由るが故に顕現することを得」と。云々 既に、依他に顕行と成実無し。『三無性論』に同じ。則ち真諦の自義にして、『瑜伽』等の説に違す。又た心意識を釈して、「識心とは即ち六識心、意とは阿陀那識、識とは阿黎耶識なり」と。云々『深密』『瑜伽』、世親の『摂論』『顕揚』等の説に違す。明らかに知んぬ、真諦の解して加うる所にして、論主の意には非ざることを。

（本研究書一九三～一九四頁）

ここでは、真諦は自らが主張する悉有仏性の立場から了説・不了説の分類を加増した、と蔵俊は主張している。これに際して、『仏性論』中に見られる真諦の自義、つまり、他の真諦訳とは共通するものの、『解深密経』『瑜伽師地論』、世親の『摂大乗論釈』『顕揚論』等とは相違する説が指摘され、それを根拠として真諦の加増が論じられていく。ここで注目されるのは、これを補強するために引用される以下の新羅の神昉（生没年未詳）の見解である。

神昉釈して云わく、「真諦の論を翻ずること、【A】或いは〈論曰〉と〈釈曰〉と有りて、〈記曰〉は無し。『無性論』等の如し。【B】或いは〈釈曰〉有りて、〈論曰〉と〈記曰〉と無し。『仏性論』等の如し。【C】或いは三の〈曰〉有り。『宝性論』等の如し。今、「破執品」の文を勘うるに、〈釈曰〉の下に有性の義を立つ。知る、論主の意には非ざることを」と。

（本研究書一九四頁）

ここには書名が挙げられていないが、よく似た見解が本研究書一三六頁に見られる。そこでは「相伝に言わく」として、真諦訳にある「論曰（論じて曰わく）」を造論者の義、「釈曰（釈して曰わく）」をインドにおける別師の解釈、「記曰（記して曰わく）」を真諦の義と分類している。一方、ここに挙げられた神昉の釈によると、【A】『無性論』等には「論曰」と「釈曰」はあるが「記曰」はない、【B】『仏性論』には「釈曰」はあるが他はない、【C】『宝性論』等には三種とも確認されるという。その上で、『仏性論』「破小乗執品」に説かれる有性の義が、「釈曰」以下に述べられるものであることを指摘し、これは真諦の義であって世親の義ではないと結論づけるのである。したがって、「相伝」とは異なり、神昉は「釈曰」を真諦の義と見ていたことが知られる。この点、本研究書一二一頁に出る「論曰は論主の義、記曰は西天の別師、釈曰は真諦の義」であるとする蔵俊の説に一致する。これについては、第一部第二章（本研究書四九頁）、および第二部第一章第二節（本研究書一四一頁）の楠論稿を参照されたい。なお、ここで神昉が指摘している通り、真諦訳の『三無性論』には「論曰」「釈曰」はあるが「記曰」はなく、『宝性論』には「論曰」「釈曰」「記曰」のすべてが確認される。ただし、『仏性論』には一度だけ「記曰」が確認されるため、この点は注意を要する(1)。

又た遍学三蔵と幷びに那提三蔵、倶に伝えて云わく、「梵本の『仏性論』を勘うるに、此の有性・無性の問答の文は絶無なり」と。云々故に知んぬ、梵本に無く、但だ是れ家依の集むる所也。何ぞ是れを討論する哉。又た雋法師の釈を勘うるに、三蔵伝えて云わく、「『仏性論』は西方に訪ぬるも梵本無し」と。云々

（本研究書一九四頁）

続いて、遍学三蔵（＝玄奘）と那提三蔵が伝えるところとして、「梵本の『仏性論』には有性・無性に関する問答がない」という説が紹介される。この点、現在まで『仏性論』の原典に相当する文献は発見されておらず、極めて興味深い伝承である。

さて、この伝承の後に、「故に知んぬ、梵本に無く、但だ是れ家依（＝真諦）の集むる所也」と結論づけられるのであるが、この部分、前の神昉疏の引用が続いているのか、それとも蔵俊による文章なのかが判然としない。というのも、新倉和文氏が翻刻した蔵俊の『法華玄賛文集』にも「那提三蔵の伝ふる所もまた是の如し」といった記述が見られるため、蔵俊が那提の言説に関する何らかの書物を所持していた可能性もあり、その文献からの引用とも考えられるのである。

以上の総まとめとして、最後に再度徳一の見解が引用される。

『教授末学章』の下に云わく、「又た彼れ云わく、〈教に了と不了の別有り。『仏性論』に弁ずるが如し。故に恠《あや》しむべからず〉と。此の義、爾らず。所以は何ん。『論』の意を知らざるが故に。【A】彼の『仏性論』に叙ぶる所は、分別部の有性の義と薩婆多部の無性の義にして、倶に是れ小乗の執を破する所なり。然らば、有性を

了説と判ずるは、是れ翻訳家の要《かなら》ず加増せる所にして、論主の意には非ず。何を以って然なるを知る。【B】『瑜伽』は無性の義を叙べ、有性の義を破す。『仏性論』は此れを翻《ひるがえ》して、有性の義を叙べ、已に無性の義を破す。此の二論を観るに、互いに枠楯を作す。師資の義、豈に是の如くなる哉。彼の無着・世親は、倶に『瑜伽』を承け、以て所依と為し、諸の論釈を造る。彼の『仏性論』の有性了義の説は、独り『瑜伽』と及び自らの『摂論』とに違す。定んで知んぬ、是れ真諦三蔵、自らの悉有仏性の義を成立せんと欲するが為に、本『論』に於いて文を加増せるなりと。自らの義にして、論主の意には非ず。証と為すに足らず。是の故に当に知るべし、一分無性の義を是れ了説と為し、悉有仏性の義を不了説と為すことを」と。云々

（本研究書一九四～一九五頁）

ここに「『教授末学章』の下に云わく」と明記されていることから、これが『教授末学章』の下巻からの引用であることが知られる。

ここでは、前と同様、【A】『仏性論』は、分別部の有性の義と薩婆多部の無性の義を述べているのであって、これは小乗を破すための論述に過ぎない、という見解が示されている。その上で、小乗を破すための論述に対して、世親が了説・不了説の判を定めるはずがなく、これは真諦の加増に他ならないという。さらに、【B】畢竟闡提を説く『瑜伽師地論』と世親自身の撰述である『摂大乗論釈』を挙げ、これらと『仏性論』との教理的な矛盾を指摘することで、改めて「訳者真諦加増説」が主張されている。

さて、この一段には、徳一と最澄の論争経過に関する極めて興味深い記述が含まれている。現在、徳一と最澄の論争経過に関しては、以下の図の通り、田村晃祐氏の研究が最も詳細なものとなっている。本節における『教授末

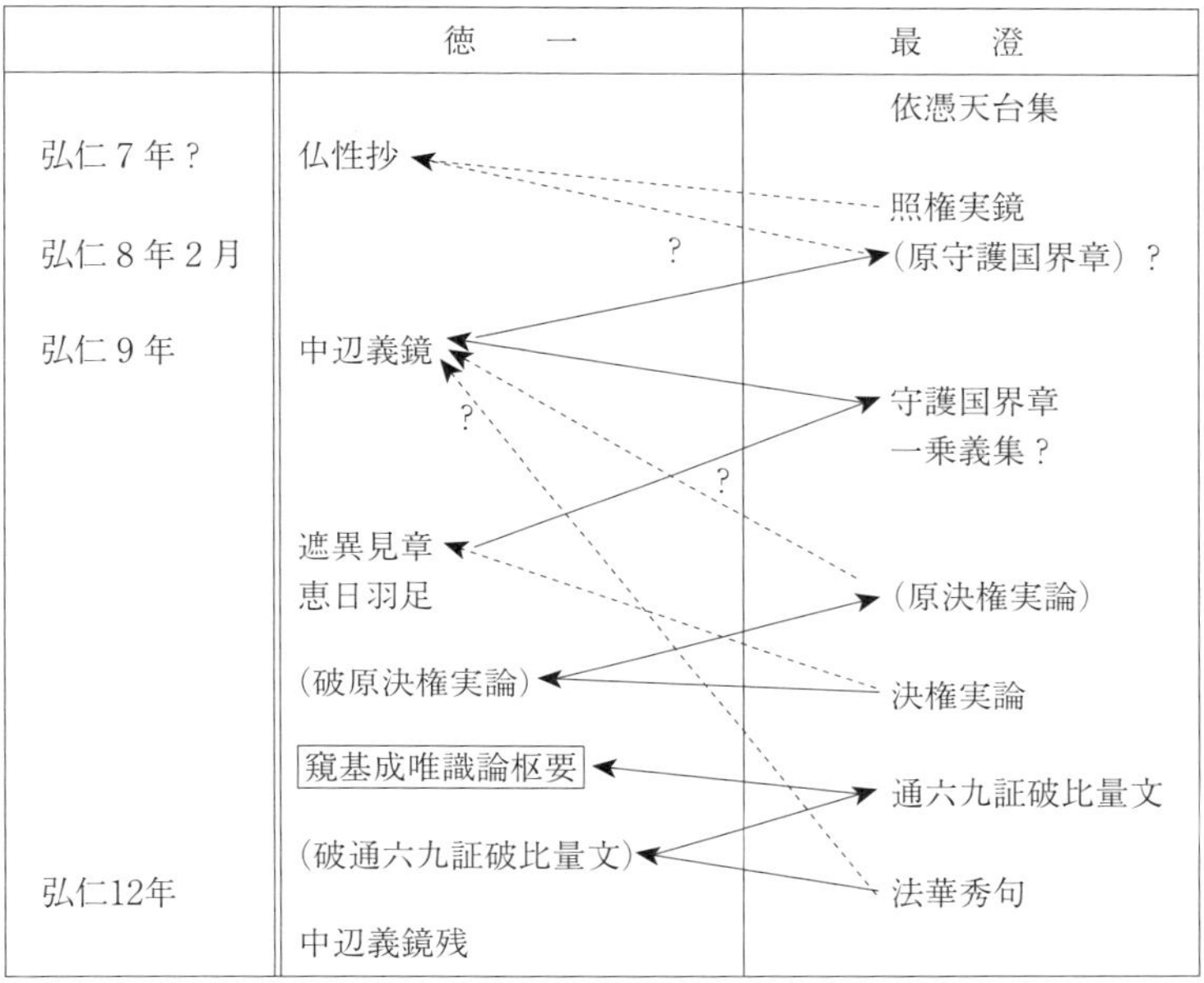

田村晃祐『最澄辞典』（東京堂出版、1979年）、16頁。

学章』の引用は、この論争経過をより詳細にするものであり、最後にこの点について考えておきたい。

先ず注目されるのは、この引用の冒頭にある「又た彼れ云わく」という表現である。前節において、『教授末学章』が最澄の『決権実論』に対応する文献であったことを指摘したが、この「又た彼れ云わく」以下の見解は『決権実論』中には確認されないものとなっている。『決権実論』が、「山家問難」・「北轅会通」・「山家救難」という三段から構成されていること、前節において引用されていた『教授末学章』の文（本研究書一五五頁）が、この中の「北轅会通」と同文であることは既に確認したところである。では、ここで『教授末学章』が反駁の対象としている「又た彼れ云わく」とは何を指すのであろうか。『決権実論』の構成上、徳一の「又た彼れ云わく」という表現は、『決権実論』の「山家問難」か、或いは「山家救難」の箇所に対するものであるはずである。そうであれば、『決権実論』の「山家

【A】

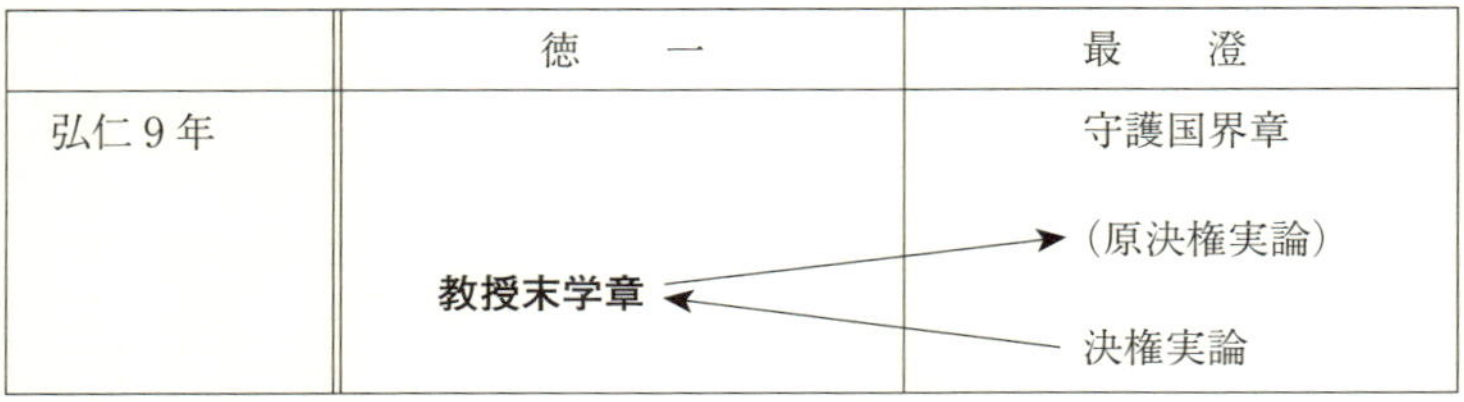

【B】

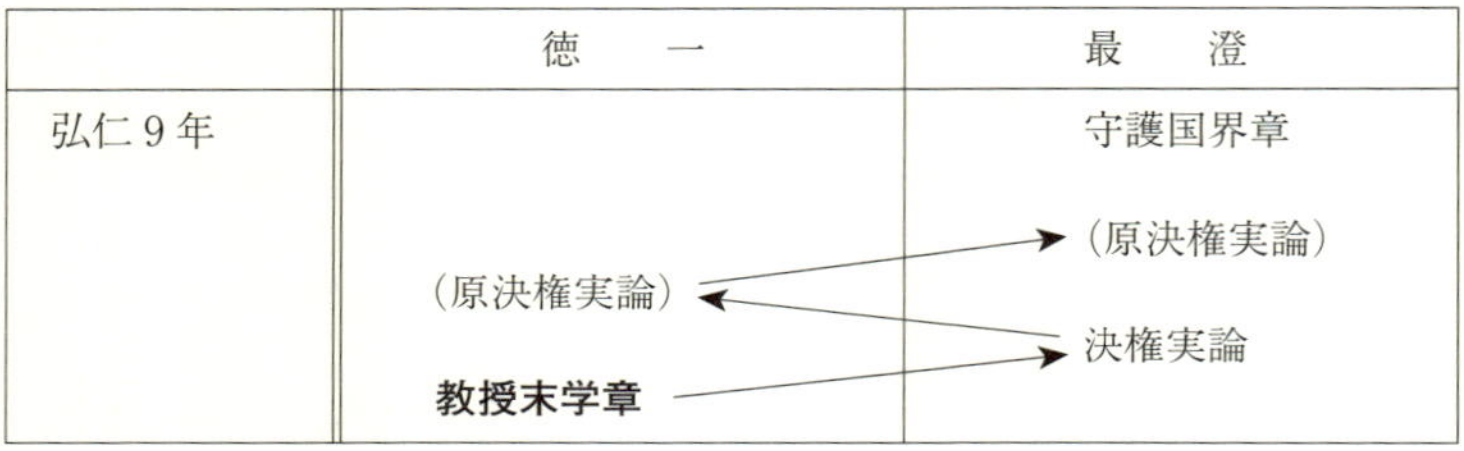

問難」に該当する文が見られない以上、『教授末学章』が「山家救難」、すなわち『決権実論』全体に対する再反駁の文献であった可能性が浮上してくるのである。また、『仏性論文集』は、これを「『教授末学章』の下」として引用しており、『教授末学章』が少なくとも二巻以上の文献であったことを示唆している。『決権実論』一巻に対する反駁書が『教授末学章』であったと考えれば、これが複数巻に調巻されていたとしても不自然なことではないように思われる。前節でも述べた通り、現行の『決権実論』の了説・不了説を巡る論争箇所には文章の脱落が見られるため、徳一の見解に対する最澄の反論（「山家救難」）が如何なる内容であったのかが明らかでない。そのため、徳一の『教授末学章』の言う「又た彼れ云わく」は、この脱落箇所における最澄の見解に対応するものであったとも推測されるのである。

以上、現状ではいずれとも決しがたいものがあるが、徳一と最澄の論争が以下の【A】【B】いずれかの経過を辿るものであったことは間違いのないところであろう。すなわち、【A】『決権実論』の「北轅会通」が『教授末学章』であったか、或いは、【B】『決権実論』全体に対する徳一の再反駁の書が『教授末学章』であったかのいずれかである。

なお、【A】【B】いずれの場合であったにせよ、徳一に『教授末学章』という著作があり、これが独立した一書として流通していたということは、徳一が最澄以外の読者を想定した上で論争に当たっていたことを示すものである。これは、徳一・最澄の論争を考える上での新たな視座であり、極めて貴重な情報であるといえよう。

註

（1）『仏性論』に「記曰」（大正三一・七九四上）が確認されることは、武邑尚邦氏が指摘されている。また、この神昉の分析と関連する研究に、坂本幸男「仏性論解題」（『国訳一切経』瑜伽部一一、大東出版社、一九三五年）がある。本研究は、『仏性論』における「釈曰」十七文を抽出し、これを真諦による注記と見るものである。

（2）那提三蔵については、南山道宣（五九六―六六七）の『続高僧伝』に「京大慈恩寺梵僧那提伝二」として伝記が収録されている（大正五〇・四五九上）。

（3）新倉和文「蔵俊による天台一乗批判の展開―『法華玄賛文集』八十九の翻刻読解研究を中心にして―」（『南都仏教』九五、二〇一〇年）の一五三頁。

（吉田慈順）

第二章　世親造『仏性論』における仏性義の検証

第一節　部派説と仏性義

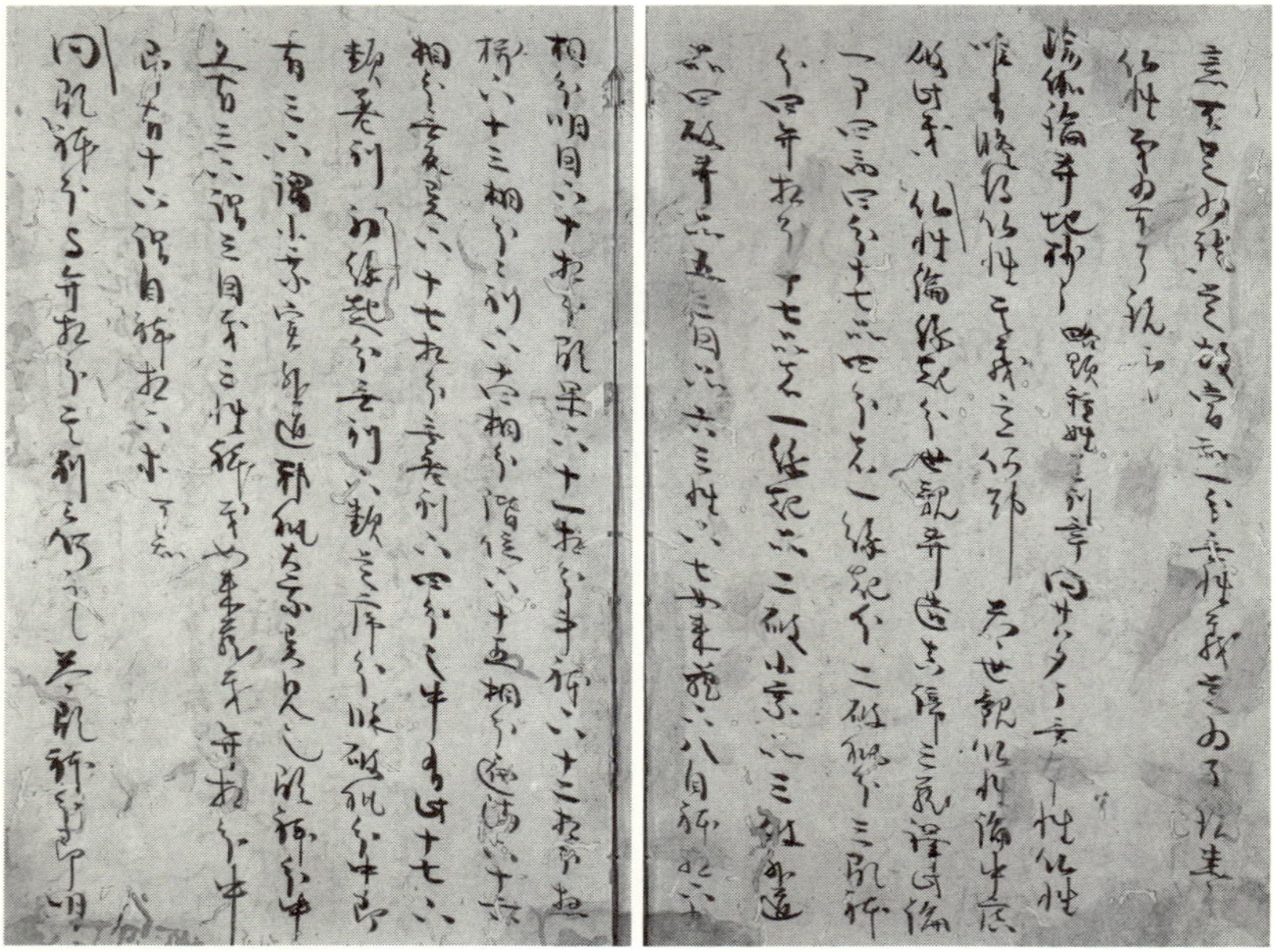

【翻　刻】

〔十七丁裏〕

244 瑜伽論菩薩地抄云 略顕種姓差別章 問サハタ云無本性仏性
245 唯有修得仏性其義立何耶答世親仏性論中廣
246 破此義仏性論縁起分世親菩薩造真諦三蔵訳譯此論
247 一部四巻四分十七品四分者一縁起分二破執分三顕躰
248 分四弁相分十七品者一縁起品二破小乗品三破外道
249 品四破菩薩品五三因品六三性品七如来蔵品八自躰相品九

〔十八丁表〕

250 相分明因品十相分顕果品十一相分事躰品十二相分物
251 摂品十三相分々別品十四相分階位品十五相分遍満品十六
252 相分無変異品十七相分無差別品四分之中有此十七品
253 類差別初縁起分無別品類是序分段破執分中即
254 有三品謂小乗實外道邪執大乗異見也顕躰分中
255 亦有三品謂三因義三性躰義如来蔵義弁相分中
256 即有十品謂自躰相品等 可知
257 問顕躰分与弁相分其別云何乎答顕躰分即明

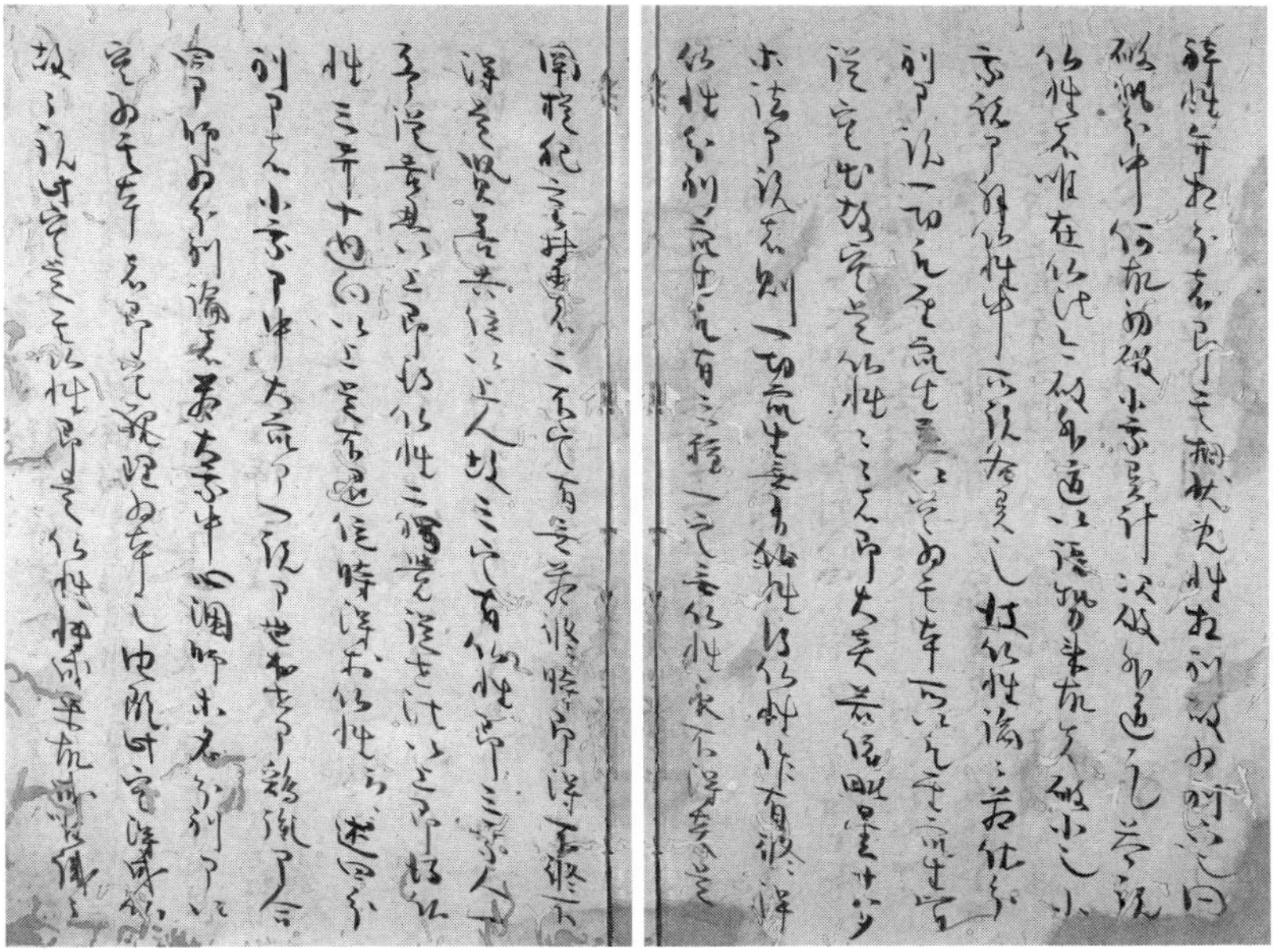

〔十八丁裏〕
躰性弁相分者即其相状既性相別故為別品也問
破執分中何故初破小乗異計次破外道乎答説
仏性者唯在仏法今破外道以語勢来故者破小也小
乗説部解仏性中所説各異也彼仏性論云若依分
別部説一切凡聖衆生並以空為其本所以凡聖衆生皆
従空出故空是仏性々々者即大涅槃若依毗曇サハタ
等諸部説者則一切衆生無有仏性得仏性作有修得
仏性分別衆生凡有三種一定無仏性永不得涅槃是一
〔十九丁表〕
闡提犯重禁者二不定有無若修時即得不修不
得是賢善共位以上人故三定有仏性即三乗人一
声聞従苦忍以上即得仏性二獨覺従世法以上即得仏
性三菩薩十廻向以上是不退位時得於仏性云々述曰分
別部者小乗部中大衆部一説部世出世部鶏胤部合
四部師為分別論者若大乗中心洇師等名分別部以
空為其本者即空親理為本也由顕此空得成仏
故々説此空是其仏性即是仏性轉成果故成唯識云

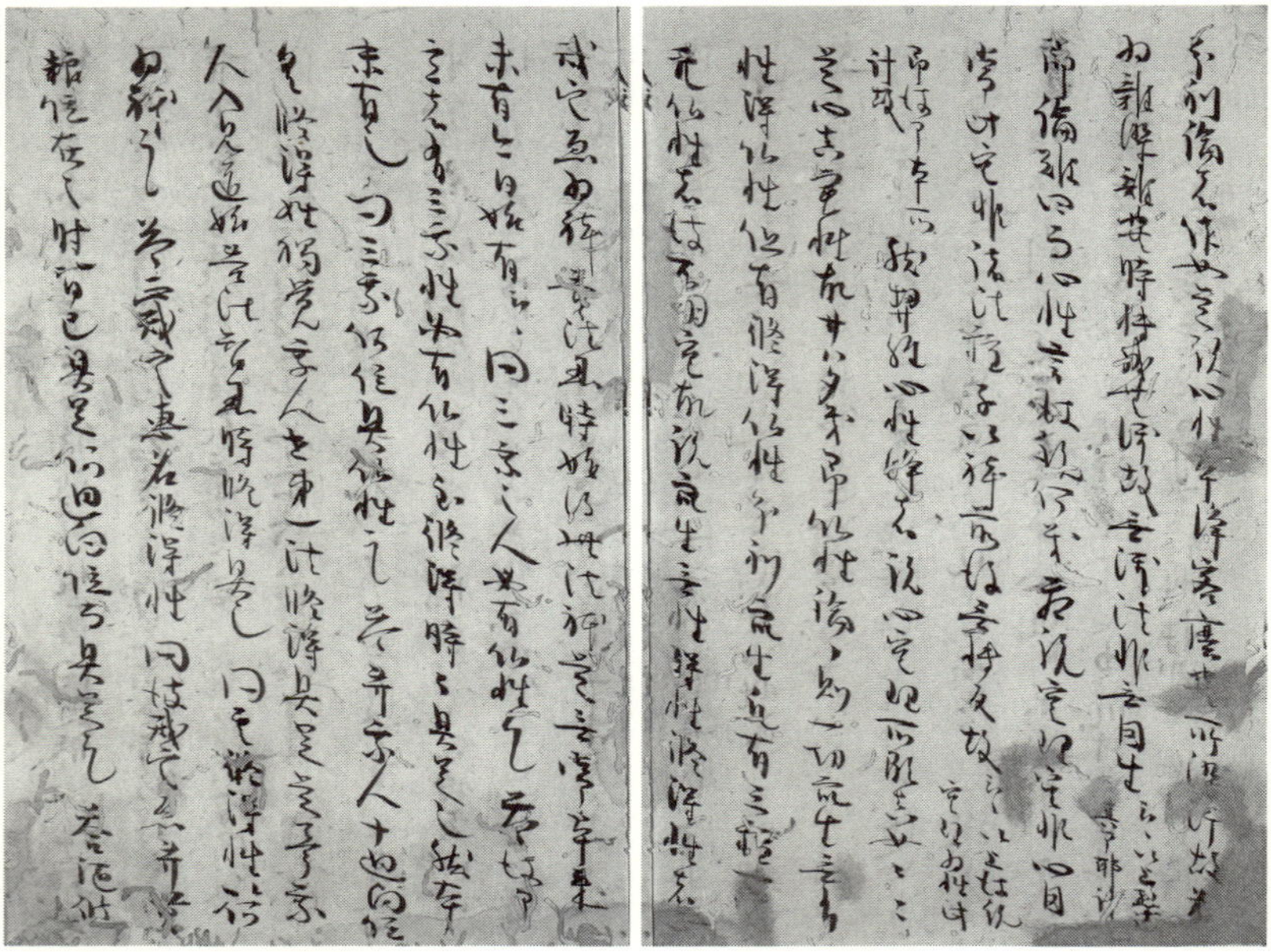

〔十九丁裏〕
274 分別論者作如是説心性本浄客塵煩悩所染汚故名
275 為雑染離煩悩時転成無漏故無漏法非無因生 云々以上惣述其部邪計
276 即論難曰而心性言彼説何義若説空理空非心因
277 常此空非諸法種子以躰前後無転変故 云々以上彼説空理為性此
278 即彼部本所計故 然契経心性浄者説心空理所顕真如々々
279 是心真実實性故サハタ義即仏性論云則一切衆生無有
280 性得仏性但有修得仏性分別衆生凡有三種一定
281 无仏性者彼不明空故説衆生無性得性修得性者
〔二十丁表〕
282 戒定恵為躰無法忍時始得此法躰是無常本来
283 未有今日始有 云々

其の義を立つるは何なるぞ耶。答う。世親の『仏性論』の中に広く此の義を破す。『仏性論』の「縁起分」に、「世親菩薩造 真諦三蔵訳」と。此の論は一部四巻四分十七品なり。「四分」とは、一つには「縁起分」、二つには「破執分」、三つには「顕体分」、四つには「弁相分」なり。「十七品」とは、一つには「縁起品」、二つには「破小乗品」、三つには「破外道品」、四つには「破菩薩品」、五つには「三因品」、六つには「三性品」、七つには「如来蔵品」、八つには「自体相品」、九つには「相分明因品」、十には「相分顕果品」、十一には「相分事体品」、十二には「相分惣摂品」、十三には「相分分別品」、十四には「相分階位品」、十五には「相分遍満品」、十六には「相分無変異品」、十七には「相分無差別品」なり。「四分」の中、此の十七の品類に差別有り。初めの「縁起分」に別の品類無し。是れは序分の段なり。「破執分」の中に即ち三品有り。謂わく、小乗の実、外道の邪執、大乗の異見也。「顕体分」の中にも亦た三有り。品は謂わく、三因義、三性体義、如来蔵義なり。「弁相分」の中には即ち十品有り。謂わく、「自体相品」等なりと。知るべし

問う。「顕体分」と「弁相分」と其の別は如何んぞ乎。答う。「顕体分」は即ち体性を明かし、「弁相分」は即ち其れ相状なり。既に性と相と別なるが故に別品と為す也。

問う。破執分の中、何が故に初めに小乗の異計を破し、次に外道を破す乎。答う。仏性を説くは唯だ仏法のみに在り。今、外道を破すに語勢を以て来たる故というは、小を破す也。小乗に部の仏性の解を説く中、所説各異なる也。彼の『仏性論』に云わく、「若し分別部の説に依らば、一切の凡聖の衆生は、並べて空を以て其の本と為す。

所以は、凡聖の衆生は皆な空従り出づるが故なり。空は是れ仏性なり。仏性とは即ち大涅槃なり。若し毘曇の薩婆多等の諸部の説に依らば、則ち一切衆生に性得の仏性[1]有ること無く、[2]但だ修得の仏性のみ有り。衆生を分別するに、凡そ三種有り。一つには定んで仏性無く、永に涅槃を得ざるものなり。是れ一闡提と重禁を犯す者なり。二つには有無定まらざるものなり。若し修する時は即ち得るも、修せざれば得ず。是れ賢善共位以上の人なるが故なり。三つには定んで仏性有るものなり。即ち三乗の人なり。一つには声聞は苦忍従り以上は即ち仏性を得。二つには独覚は世法従り以上は即ち仏性を得。三つには菩薩は十廻向以上―是れ不退の位の時―は仏性を得[3]」と。云々

『述』に曰わく、「分別部というは、小乗の部の中の大衆部・一説部・世出世部・鶏胤部の四部の師を合して分別論者と為す。若し大乗の中ならば、心溷師等を分別部と名づく[4]」と。空を以て其の本と為すというは、即ち空理を本と為す也[5]。此の空を顕すに由りて仏と成ることを得るが故に。故に此の空は是れ其の仏性なりと説く。即ち是の仏性は転じて果を成ずるが故に。

『成唯識論』に云わく、「分別論者は是の如き説を作して、心性は本浄なれども客塵煩悩に染汚せらるるが故に名づけて雑染と為す。煩悩を離るる時は転じて無漏と成る。故に無漏法は因無くして生ずるに非ず[6]」と。云々。以上、惣じて其の部の邪計を述ぶ

即ち論難して曰わく、「而も心性と言うは、彼れ何れの義を説くや。若し空理を説くといわば、空は心の因に非ず。此の空は諸法の種子に非ず。体の前後して転反すること無きを以ての故に。云々。以上、彼の説は空理を性と為す。此れ即ち彼の部の本より計らう所なるが故に 然も契経に心性本浄とは、心の空理所顕の真如を説くなり。真如は是れ心の真実の性なるが故に[7]」と。

薩婆多の義は即ち『仏性論』に云わく、「則ち一切衆生に性得の仏性有ること無く、但だ修得の仏性のみ有り。衆生を分別するに、凡そ三種有り。一には定んで仏性無き者なり。彼れは空に明らかならざるが故に衆生に性得無

しと説く。修得性とは戒・定・恵を体と為す。無法忍の時に始めて此の法体を得るなり。是れ常には無く、本来未有、今日始有なり」[8]と。[9]云々

【註記】

[1] 性得の仏性……十八丁裏七行目の「仏」には否定線が入っており、出拠である『仏性論』と比較した結果、不要な文字であることが判明したので、訓読では不要な文字として省いた。

[2] 但だ……十八丁裏七行目の「作」は、出拠である『仏性論』と比較した結果、「但」の誤りと判断した。

[3] 世親造・真諦訳『仏性論』巻一「破執分第二中破小乗執品第一」からの引用。

若依分別部説、一切凡聖衆生並以空為其本。所以凡聖衆生皆従空出故。空是仏性。仏性者即大涅槃。若依毘曇薩婆多等諸部説者、則一切衆生無有性得仏性。但有修得仏性。分別衆生凡有三種。一定無仏性、永不得涅槃。是一闡提犯重禁者。二不定有無、若修時即得、不修不得。是賢善共位以上人故。三定有仏性、即三乗人。一声聞従苦忍以上即得仏性。二独覚従世法以上即得仏性。三者菩薩十廻向以上是不退位時得於仏性。

（大正三一・七八七下）

[4] 基『成唯識論述記』巻二末の取意。

自下第二破分別論。諸邪分別皆名毘婆闍婆提。即大衆・一説・説出世・雞胤四部。因諍無漏無因縁、故今亦叙破。本即大乗唯説新熏心涸師等名分別論。亦作是説。論。分別論者至非無因生。

（大正四三・三〇七上）

[5] 空理を本と為す也……十九丁表七行目「親」は、文脈上から不要な文字であると判断し、「親」は不要な文字として訓読した。

[6] 玄奘訳『成唯識論』巻二からの引用。

分別論者雖作是説、心性本浄、客塵煩悩所染汚故名為雑染、離煩悩時転成無漏。故無漏法非無因生。**而心性言彼説何義。若説空理、空非心因。常法定非諸法種子、以体前後無転変故。**

（大正三一・八下、新導本・六九～七〇）

[7]　玄奘訳『成唯識論』巻二からの引用。

分別論者雖作是説、心性本浄、客塵煩悩所染汚故名為雑染、離煩悩時転成無漏。故無漏法非無因生。**而心性言彼説何義。若説空理、空非心因。常法定非諸法種子、以体前後無転変故。**（中略）**然契経説心性浄者、説心空理所顕真如。真如是心真実性故。**

（大正三一・八下～九上、新導本・六九～七〇）

[8]　世親造・真諦訳『仏性論』巻一「破執分第二中破小乗執品第一」からの引用。

若依毘曇薩婆多等諸部説者、**則一切衆生無有性得仏性。但有修得仏性。分別衆生凡有三種。一定無仏性**、永不得涅槃。是一闡提犯重禁者。二不定有無、若修時即得、不修不得。是賢善共位以上人故。三定有仏性、即三乗人。一声聞従苦忍以上即得仏性。二独覚従世法以上即得仏性。三者菩薩十迴向以上是不退位時得於仏性。

（大正三一・七八七下）

[9]　『瑜伽論菩薩地抄』略顕種姓差別章　なる新出文献。「瑜伽論菩薩地抄」略顕種姓差別章　は、各種目録類にも記す所がない新出の文献である。ここでの「『瑜伽論菩薩地抄』略顕種姓差別章」の引用は、それがどこで区切れるものであるのか判断することが困難である。『仏性論文集』における引用の切れ目の多くが「云々」と結んで改行することから考えれば、十八丁表八行目の最後に「可知」と結んで改行が行なわれているので、ここまでが引用文だと考えることができる。しかし、「云々」と結んで改行する箇所までを『瑜伽論菩薩地抄』の引用と考えれば、二十六丁表六行目までが引用文となる。ここでは、「云々」と結んで改行することと、問答の形式が二十六丁表六行目まで続くことから、二十六丁表六行目までの引用と考えた。

【解　説】

本章第一節から第二節にかけては、「『瑜伽論菩薩地抄』略顕種姓差別章」なる文献が引用され、第一章第一節でも議論された「小乗部派説の破斥」についての蔵俊の見解が展開されている。

本節で引用される「『瑜伽論菩薩地抄』略顕種姓差別章」は、各種目録類にも記載のない新出の文献であり、『仏性論文集』における引用もここでの一箇所のみであるため、著者や巻数などの詳細については不明である。現存書籍ではないので、本節での「『瑜伽論菩薩地抄』略顕種姓差別章」の引用が、どこで区切れるものであるのか判断することが困難となっている。とはいえ推論すれば、十八丁表八行目の最後に「可知」と結んで改行が行なわれているので、ここまでが引用文だと考えることもできる。しかし、『仏性論文集』における引用の切れ目の多くが「云々」と結んで改行していることを考えれば、二十六丁表六行目までが『瑜伽論菩薩地抄』の引用文と見るのが最も妥当であろう。このことはまた、問答の形式が二十六丁表六行目まで続くことで傍証できる。以下、この推論にしたがって論を進める。

さて、本節に引用されている『瑜伽論菩薩地抄』は、問答形式によって論を進めているが、その最初の問答には、

> 問う。薩婆多に本性の仏性無く、唯だ修得の仏性のみ有りと云うは、其の義を立つるは何なるぞ耶。
>
> （本研究書二一三頁）

との問いが立てられ、その問いに対して「答う。世親の『仏性論』の中に広く此の義を破す」と答え、世親造・真諦訳『仏性論』の四分十七品の構成が示される展開となっている。

この最初の問答からも明らかなように、『瑜伽論菩薩地抄』は『仏性論』巻一「破執分第二中破小乗執品第一」に示される「仏性についての小乗の邪執」を破斥するものである。その対象となったのが、分別部の「有仏性」と薩婆多部の「無仏性」であった。すなわち、『仏性論』に、

若依分別部説、一切凡聖衆生並以空為其本。所以凡聖衆生皆従空出故。空是仏性。仏性者即大涅槃。若依毘曇薩婆多等諸部説者、則一切衆生無有性得仏性。但有修得仏性。分別衆生凡有三種。一定無仏性、永不得涅槃。是一闡提犯重禁者。二不定有無、若修時即得、不修不得。是賢善共位以上人故。三定有仏性、即三乗人。一声聞従苦忍以上即得仏性。二独覚従世法以上即得仏性。三者菩薩十廻向以上是不退位時得於仏性。

（大正三一・七八七下）

とあるように、分別部では一切の衆生（凡夫と聖者）は空性（＝仏性・涅槃）より現れるので仏性があると説いているが、薩婆多部等の部派では一切衆生に性得の仏性はなく、ただ修得の仏性があるのみであるとしていることを指摘する。その上で、薩婆多部等では衆生を「仏性のない者」「仏性の有無の定まらない者」「仏性のある者」の三種に分けて三乗の者には皆な仏性があるとし、声聞は苦法智忍位より以降に仏性を得、独覚は世第一法位より以降に仏性を得、菩薩は十廻向不退位より仏性を得ると説いていると論ずるのである。

この文章を『瑜伽論菩薩地抄』はまず引用し、次に慈恩の『成唯識論述記』の文を引いて、分別部とは小乗の部派の中の大衆部・一説部・世出世部・鶏胤部の四部を意味するものであることを指摘し、彼らが総じて「空理を仏性」とする説を展開していたと論ずるのである。「空理を仏性」とする展開は、後の大乗仏教における理仏性に同ずるものと見てよいが、『瑜伽論菩薩地抄』はその上で『成唯識論』を引き、このような分別部の説く「空理を仏性（心性）」とする説がすでに『成唯識論』において否定されている事実を示すのである。ここに、『瑜伽論菩薩地抄』を執筆した者の一つの意図があるといってよい。

次いで、薩婆多部の説に対しては『仏性論』の当該文を抜粋引用し、一切の衆生には性得の仏性はなく、衆生には「仏性のない者」「仏性の有無の定まらない者」「仏性のある者」の三種の別のあることがまず指摘されている事実を示している。その上で「仏性なき者」は「空に明らかではないので仏性がない」「仏性は戒定慧を修する者が空理に明らかになることによって初めて得られる」という薩婆多部の見解を紹介する『仏性論』の文章を引用し、突然に終えている。すでに第二部第一章第一節でも指摘されているように、『仏性論』破執分第二中破小乗執品第一」は小乗の邪執を破斥するものであり、その対象は分別部のみならず薩婆多部も含まれている。ところが、『瑜伽論菩薩地抄』の論理展開からすると、分別部の「有仏性」の義は否定するものの、薩婆多部の「無仏性」の見解は残しているように思われる。これは、「有仏性」と説く分別部が「大衆部・一説部・世出世部・鶏胤部の四部」に限られるとするのに対して、「無仏性」の存在を説く部派については「毘曇薩婆多等諸部」とする『仏性論』の記述をあえて引き、「無仏性」説が多数派であったことを暗に示そうとしていることでも類推できる。したがって、『瑜伽論菩薩地抄』の会通の仕方は、「有仏性」を否定して「無仏性の者の存在」を認める立場にあったのではないかと考えられるのである。あるいは、これは『瑜伽論菩薩地抄』を引用した蔵俊の意図であった可能性も考えられる。いずれにせよ、本節においては「小乗の邪執」を難ずる『仏性論』の当該文を別角度から会通しようと試みたことが見て取れ、さまざまな角度から『仏性論』をめぐる考証がなされていたことが知られるのである。

（小野嶋祥雄）

第二節　理仏性と行仏性

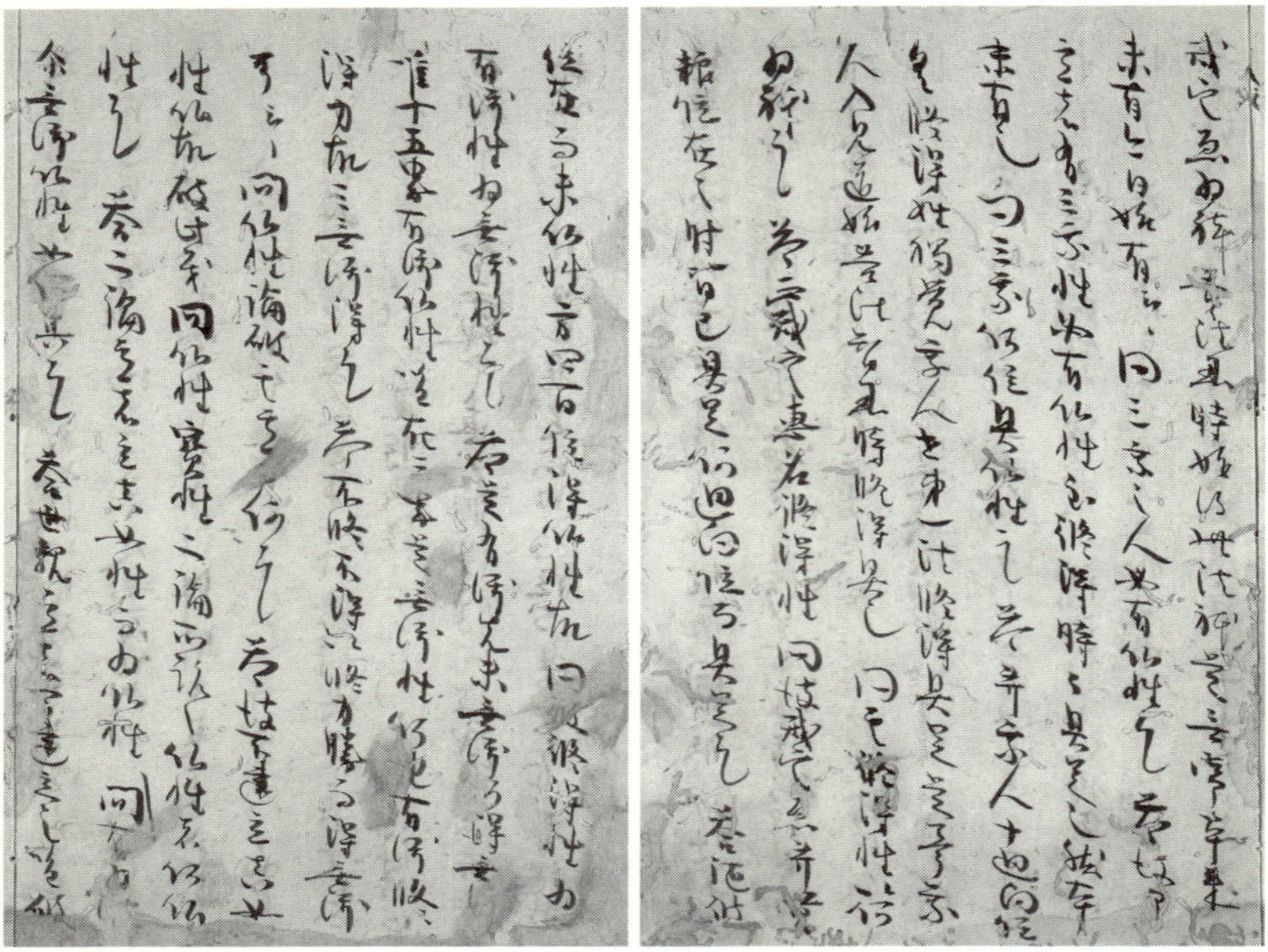

【翻　刻】

〔二十丁表〕

283 問三乗之人必有仏性乎答彼部
284 意者有三乗性必有仏性至修得時々具足也然本
285 未有也問三乗何位具仏性乎答菩薩乗人十廻向位
286 具修得性獨覺乗人世第一法修得具足是声聞乗
287 人入見道始苦法智忍時修得具也問其修得性以何
288 為躰乎答正戒定恵名修得性問彼戒定恵菩薩資
289 糧位在之時皆已具足何廻向位而具足乎答随彼

〔二十丁裏〕

290 位在而未仏性方四百位得仏性故問彼修得性為
291 有漏性為無漏性乎答是有漏者未無漏何得無漏
292 唯十五界有漏仏性唯在三界是無漏性何証有漏修
293 得力故三無漏得乎答不修不得以修力勝而得無漏
294 耳云々 問仏性論破其意云何乎答彼不建立真如
295 性仏故破此義問仏性寶性二論所説之仏性者何仏
296 性乎答二論意者是真如性而為仏性問有為法
297 爾無漏仏性如何真乎答世親意者可建立之唯破

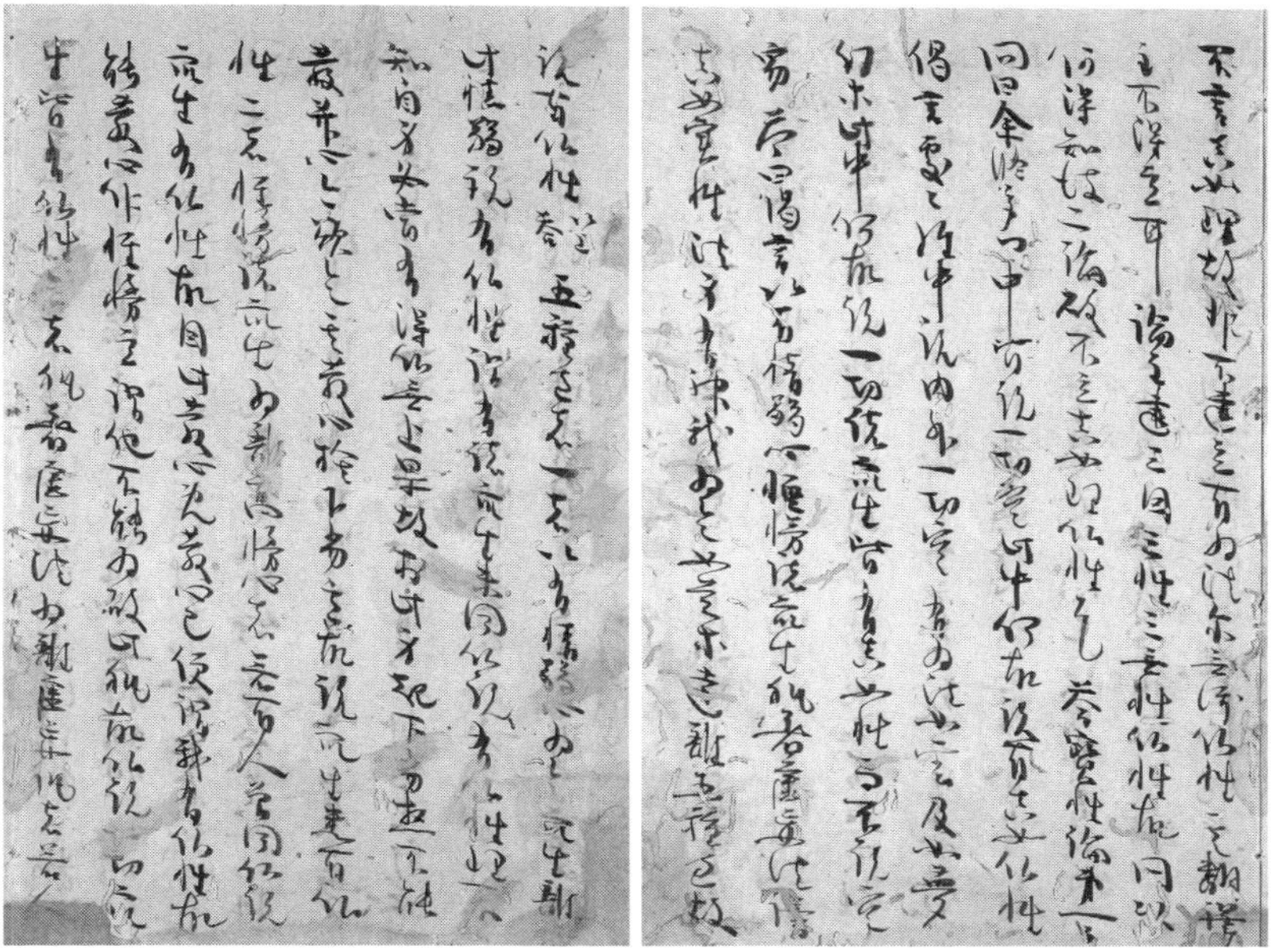

〔二十一丁表〕

不言真如理故非不建立有為法爾無漏仏性其翻訳主不得意耳論主建三因三性三無性仏性故問以何得知彼二論破不立真如理仏性乎答寶性論第一云問曰余修多羅中皆説一切空此中何故説有真如仏性偈言處々経中説内外一切空有為法如雲及如夢幻等此中何故説一切諸衆生皆有真如性而不説空寂答曰偈言以有情弱心軽慢諸衆生執着虚妄法謗真如實性法身有神我為令如是等遠離五種過故

〔二十一丁裏〕

説有仏性以上答五種過者一者以有情弱心為令衆生離此怯弱説有仏性謂有諸衆生未聞仏説有仏性理不知自身必當有得無上果故於此身起下劣想不能發菩提心今欲令其發心捨下劣意故説衆生悉有仏性二者軽慢諸衆生為離高慢心者若有人曾聞仏説衆生有仏性故因此發心既發心已便謂我有仏性故能發心作軽慢意謂他不能為破此執故仏説一切衆生皆有仏性三者執着虚妄法為離虚妄執者若人

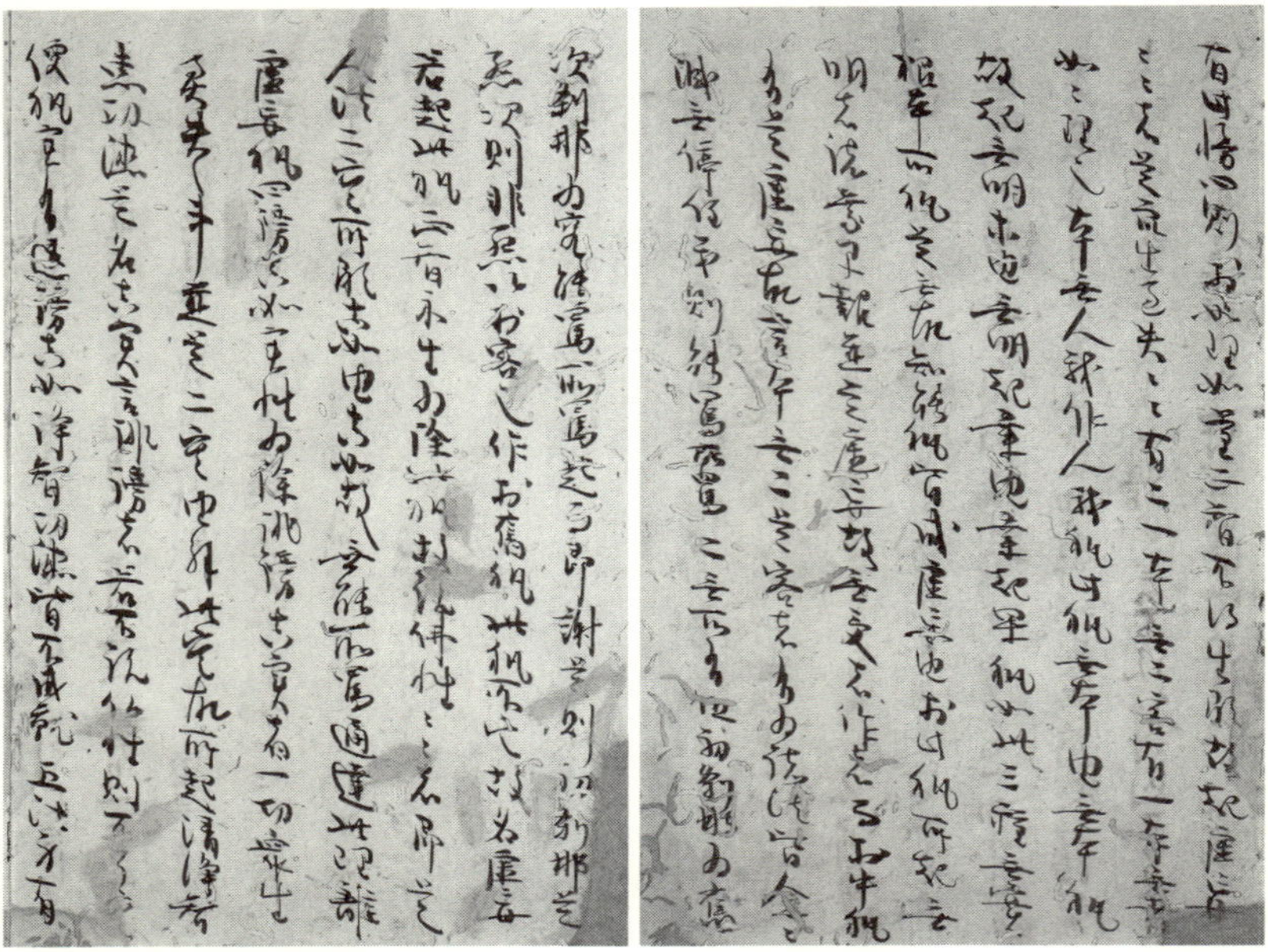

〔二十二丁表〕
314 有此慢心則於如理如量正智不得生顕故起虚妄
315 々々者是衆生過失々々有二一本無二客有一本無者
316 如々理也本無人我作人我執此執無本由無本執
317 故起無明等由無明起業由業起果執如此三種無實
318 根本所執是無故知能執皆成虚妄由於此執所起無
319 明者諸業果報並是虚妄故無受者作者而於中執
320 有是虚妄故言本無二是客者有為諸法皆念々
321 滅無停住義則能罵所罵二無所有但初刹那為舊
〔二十二丁裏〕
322 次刹那為客能罵所罵起而即謝是則初刹那是
323 怨次則非怨以於客也作於舊執此執不定故名虚妄
324 若起此執正智不生為除此執故説佛性々々者即是
325 人法二空所顕真如由真如故無能所罵通達此理離
326 虚妄執四謗真如實性為除誹謗真實者一切衆生
327 異失之事應是二空由解此空故所起清浄智
328 恵功徳是名真實言誹謗者若不説仏性則不了空
329 便執實有違謗真如浄智功徳皆不成就五法身有

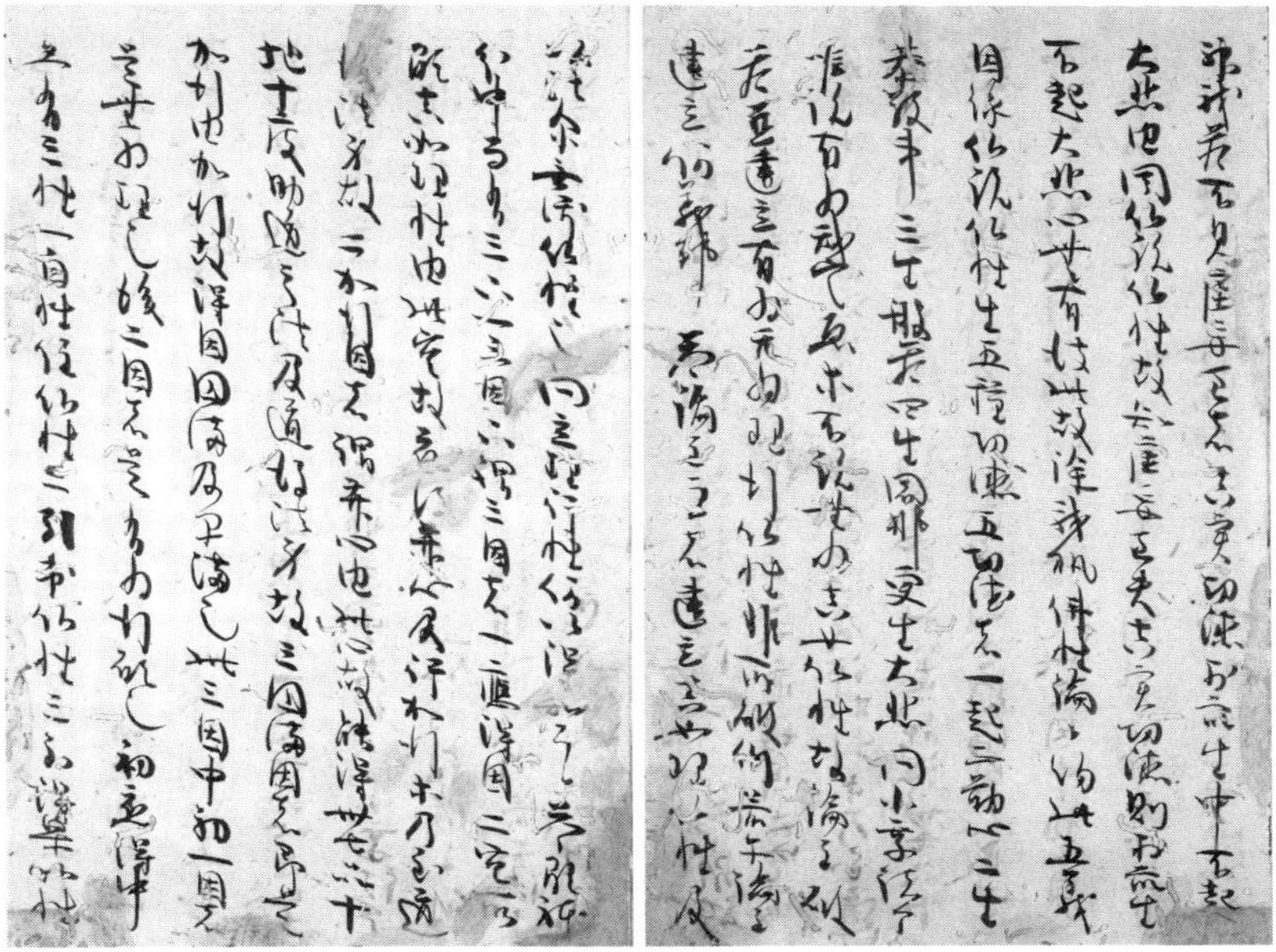

〔二十三丁表〕
330 神我若不見虚妄過者真實功徳於衆生中不起
331 大悲由聞仏説仏性故知虚妄過失真實功徳則於衆生
332 不起大悲心無有彼此故除我執佛性論云約此五義
333 因縁仏説仏性生五種功徳五功徳者一起正勤心二生
334 恭敬事三生般若四生闍那更生大悲問小乗法云
335 唯説有為戒定恵等不説無為真如仏性故論主破
336 若應建立有為无為理行仏性非所破例若爾論主
337 建立何義耶答論主意者建立真如理仏性及
〔二十三丁裏〕
338 以法爾無漏仏性也問立理行性何以得知乎答顕躰
339 分中而有三品一三因品謂三因者一應得因二空所
340 顕真如理性由此空故應得菩提心及行加行等乃至道
341 後法身故二加行因者謂菩提心由此心故能得三十七品十
342 地十度助道之法及道後法身故三円満因者即是
343 加行由加行故得因円満及果満也此三因中初一因者
344 是無為理也後二因者是有為行願也初應得中
345 亦有三性一自性住仏性二引出仏性三至得果仏性

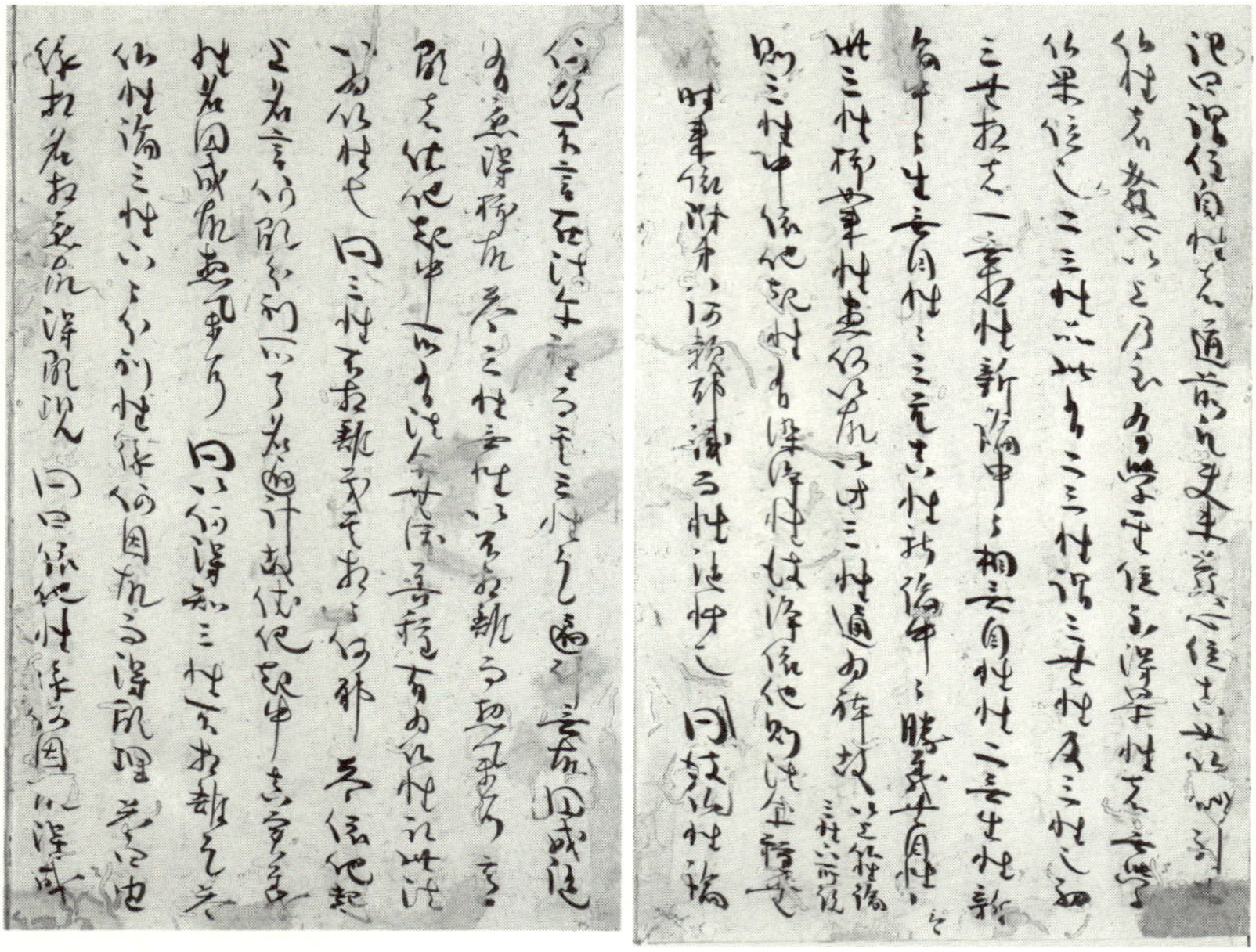

〔二十四丁表〕
346 記曰謂住自性者道前凡夫未發心位真如仏■引出
347 仏性者發心以上乃至有學聖位至得果性者無學
348 仏果位也二三性品此有二三性謂三無性及三性也初
349 三無相者一無相性新論中云相無自性性二無生性新
350 論中云生無自性々三无真性新論中云勝義無自性々 云々
351 此三性摂如来性盡何以故以此三性通為躰故 以上仏性論三性品所説
352 則三性中依他起性有染浄性彼浄依他則法爾種無
353 始時来依附第八阿頼耶識而性随轉也問彼仏性論

〔二十四丁裏〕
354 何故不言在法爾種而其三性乎遍計無故円成随
355 有應得摂故答三性無性以不相離而惣挙耳意
356 顕者依他起中所有法爾無漏善種有為仏性記此法
357 以為仏性也問三性不相離義其相云何耶答依他起
358 上名言何顕分別所了名遍計故依他起中真實義
359 性名円成故惣挙耳問以何得知三性不相離乎答
360 仏性論三性品云分別性縁何因故而得顕理答曰由
361 縁相名相應故得顕現問曰依他性縁何因故得成

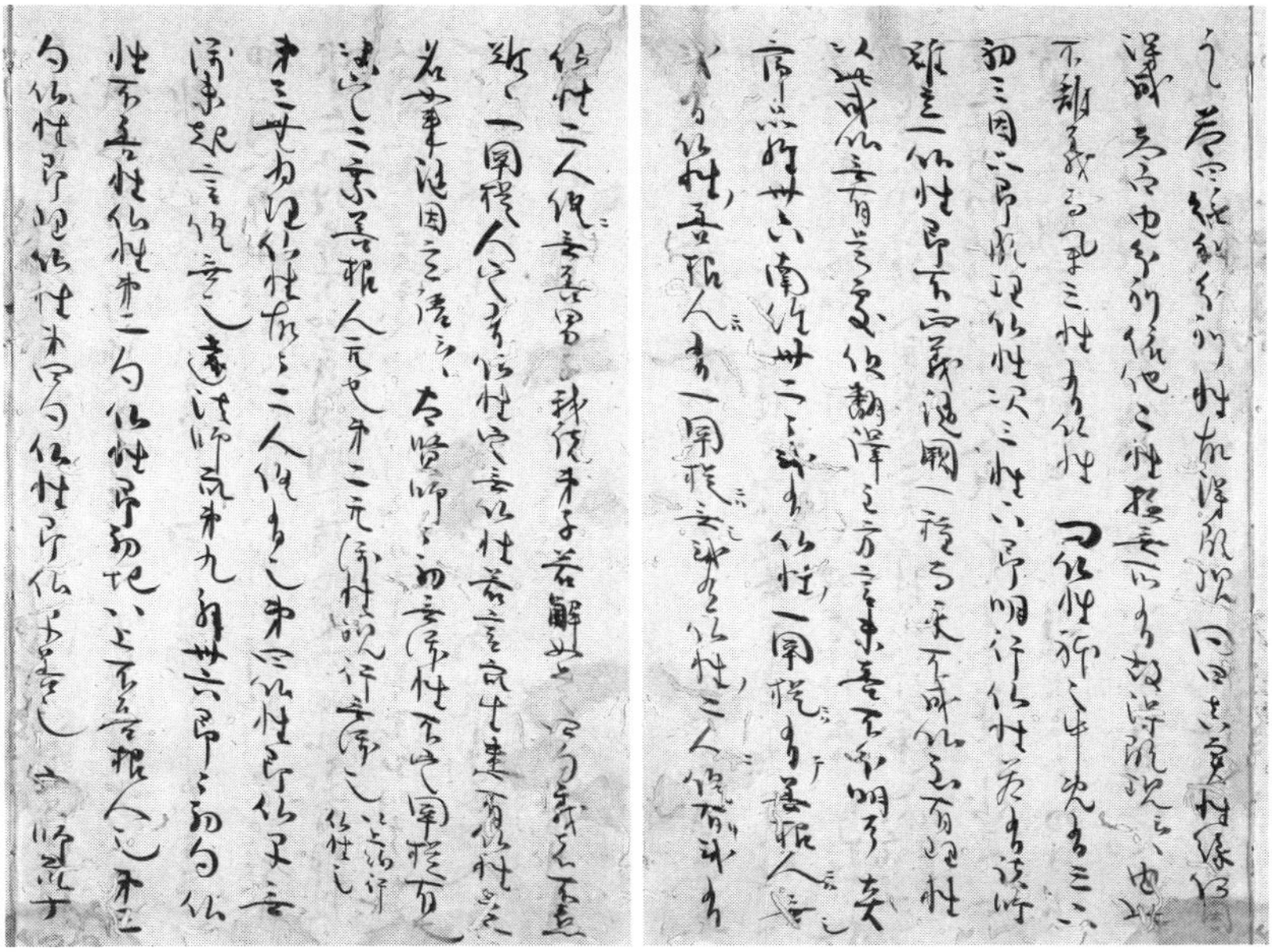

〔二十五丁表〕

乎答曰純執分別性故得顕現問曰真實性縁何因得成答曰由分別依他二性極無所有故得顕現云々由此不離義而挙三性有仏性　問仏性躰之中既有三品初三因品即顕理仏性次三性品即明行仏性答有諸師雖意一仏性即不正義随闕一種而永不成仏至有理性以此成仏無有是處但翻譯主方言未善不分明耳涅槃序品経三十六南経三十二云或有仏性《ノ》一闡提《ニハテ》有善根人《ニハシ》無或有仏性《ノ》善根人《ニハ》有一闡提《ニハシ》無或有仏性《ノ》二人《ニ》倶《リ》有或有

〔二十五丁裏〕

仏性二人倶《ニ》無善男子我諸弟子若解如是四句義者不應難云一闡提人定有仏性定無仏性若言衆生悉有仏性是名如来随因意語云々太賢師云初無漏性不定闡提有也決定二乗善根人无也第二无漏性現行無漏也以上論行仏性也第三無為理仏性故云二人倶有也第四仏性即仏果無漏未起言倶無也遠法師疏第九解卅六即云初句仏性不善性仏性第二句仏性即初地以上不善根人也第三句仏性即理仏性第四句仏性即仏果是云也寶師疏十

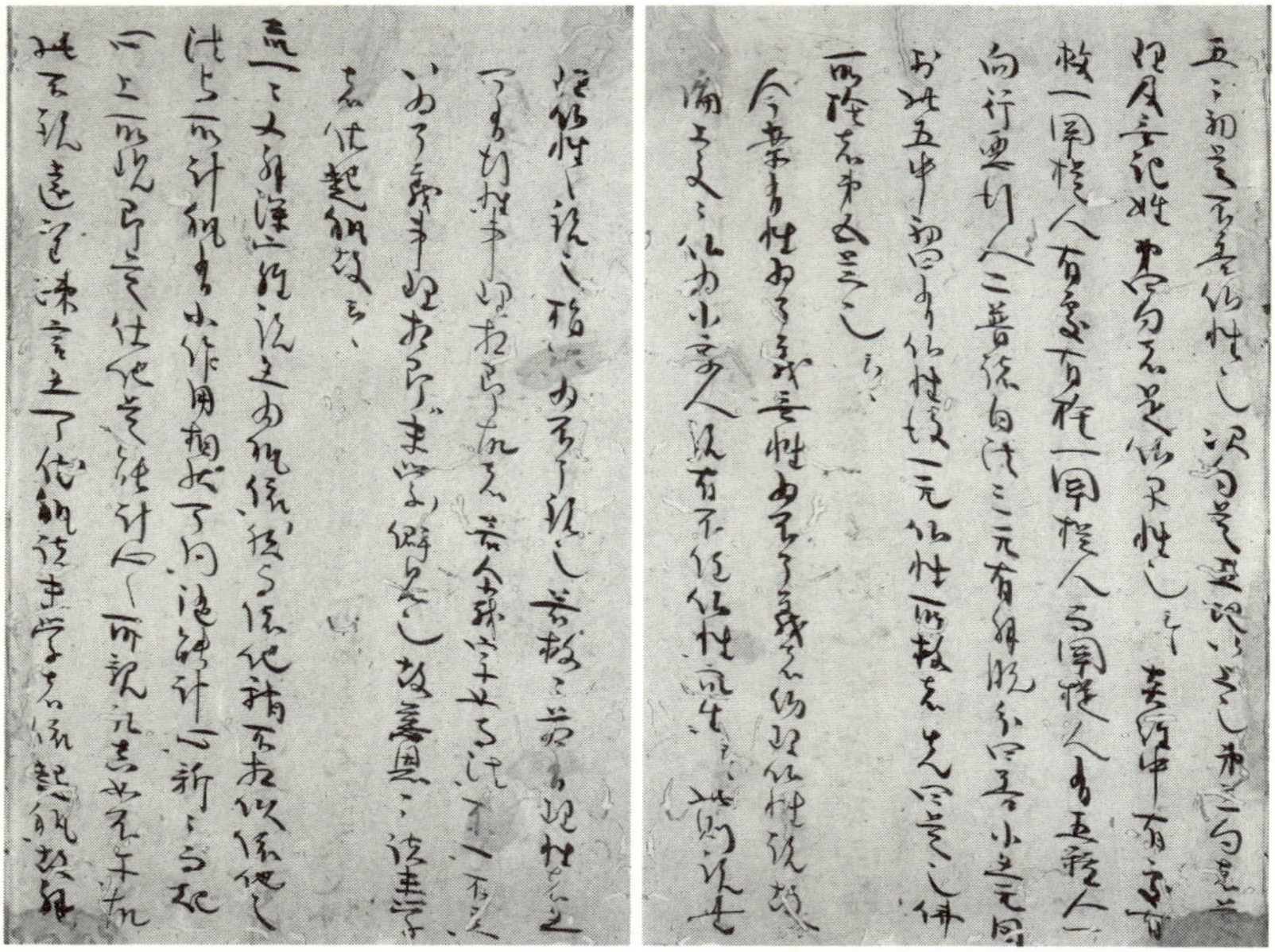

〔二十六丁表〕
378 五云初是不善仏性也次句是五地以上也第三句者是
379 理及無記性第四句者是仏果性也 云々 涅槃経中有處有
380 救一闡提人有處有捨一闡提人而闡提人有五種人一
381 向行悪行人二普諸白法三无有解脱分四善小亦无因
382 於此五中初四有仏性後一无仏性所救者先四是也佛
383 所捨者第五是也 云々
384 今案有性為了義無性為不了義者約理仏性説故
385 論上文云仏為小乗人説有不住仏性レ衆生レ 云々 此則説無
〔二十六丁裏〕
386 理仏性之説也指此為不了説也若救云若有理性者亦
387 可有行性レ事理相即故者若爾識字如事法レ不一レ不異レ
388 以為了義事理相即《ハ》末學《ノ》僻見也故慈恩云諸末學
389 者依起執故 云々
390 疏一云又解深密経説亦為執依レ然而依他稍不相似依他之
391 法与所計執有小作用相状可同レ随能計心レ新々而起
392 心上所現即是依他是能計心之所親取真如不爾レ故
393 此不説遠望疎言亦可依執諸末學者依起執レ故解

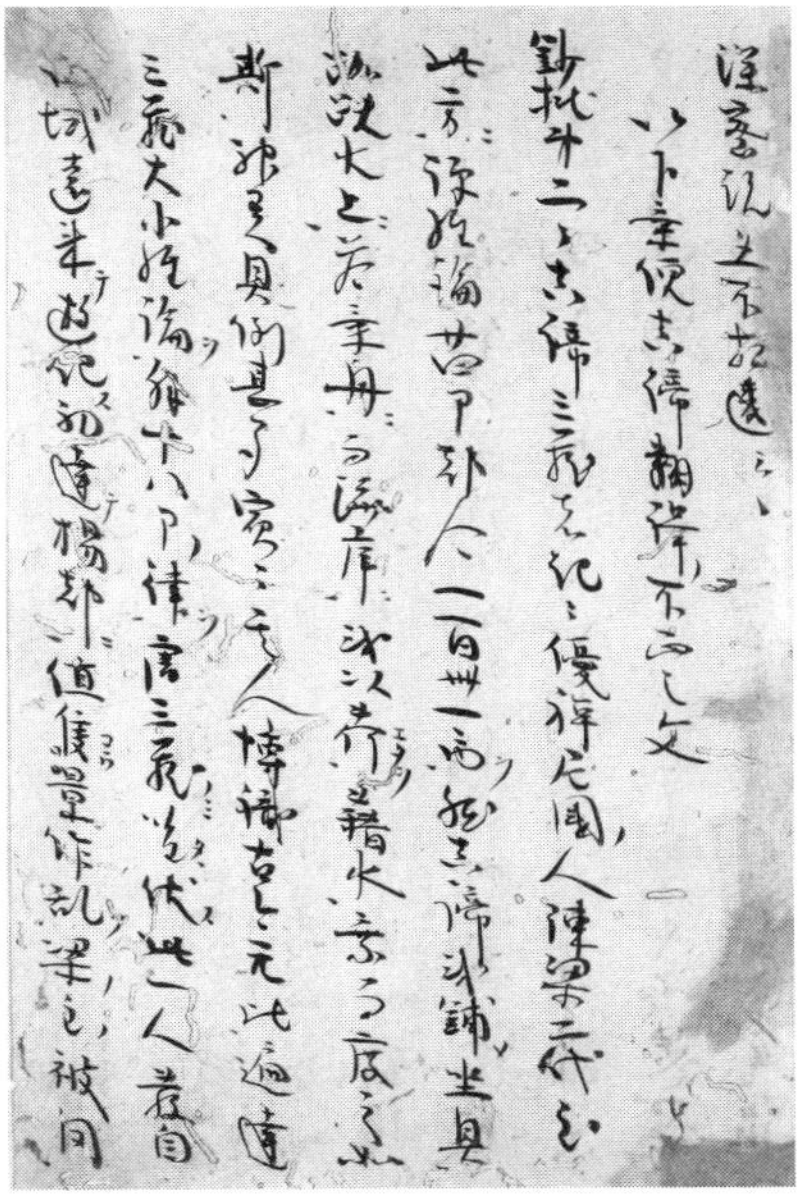

〔二十七丁表〕

394 深密説亦不相違 云々

【訓　読】

問う。三乗の人には必ず仏性有る乎。答う。彼の部の意は三乗の性に必ず仏性有り。修得の時々に至り具足するなり。然るに本とは未有なり。

問う。三乗の何れの位に仏性を具す乎。答う。菩薩乗の人は十廻向の位に修得の性を得。独覚乗の人は世第一法に修得を具す。是れ声聞乗の人は見道に入り始めて苦法智忍の時に修得を具す也。

問う。其の修得の性は何を以て体と為す乎。答う。正に戒・定・恵を修得と名づく。

問う。彼の戒・定・恵は菩薩の資糧位に在る時に皆な已に具足す。何ぞ廻向位に具足する乎。答う。彼の位に随いて在り。未仏性の方には四百位に仏性を得ざるが故に。

問う。彼の修得の性は、有漏性と為すや、無漏性と為す乎。答う。是れ有漏の者にして、未だ無漏ならず。何ぞ無漏なるを得ん。

問う。唯だ十五界にのみ漏有り。[1]仏性は唯だ三界に在り。是の無漏の性は何ぞ有漏の修得の力を証するが故に三無漏を得る乎。答う。修せざれば得ず。修力の勝れたるを以て無漏を得る耳と。云々

問う。『仏性論』に其の意を破すこと如何んぞ乎。答う。彼れは真如仏性[2]を建立せざるが故に此の義を破す。

問う。『仏性』と『宝性』の二論の説く所の仏性は何なる仏性なる乎。答う。二論の意は是れ真如の性を仏性と為す。

問う。有為の法爾無漏の仏性は如何んぞ真なる乎。答う。世親の意は之れを建立すべし。真如の理を言わざるが故に有為の法爾無漏の仏性を建立せざるには非ず。其れ翻訳主は意を得ざる耳。論主は三因・三性・三無性の仏性

を建てるが故に。

問う。何を以て彼の二論は真如の理仏性を立てざるを破すと知ることを得ん乎。答う。『宝性論』第一に云わく、「問うて曰わく、余の修多羅の中に皆な一切空を説く。此の中には何が故に真如仏性の有るを説くや。偈に言わく、処々の経の中に内外一切空、有為法は雲の如く、及び夢幻等の如しと説く。此の中に何が故に、一切の諸の衆生に皆な真如の性有りと説きて、而して空寂を説かざるや。答えて曰わく、偈に言わく、怯弱の心有り[3]、諸の衆生を軽慢し、虚妄の法に執着し、真如の実性を謗り、身に神我有りと計らう[4]。是の如き等をして五種の過を遠離せしめんが為を以ての故に仏性有りと説くなり」[5]と。（上を以て答とす）

五種の過とは[6]、一つには有情の弱心を以てす。衆生をして此の怯弱を離れしめんが為に仏性有りと説くなり。謂わく、諸の衆生有りて、未だ仏の仏性の理有りと説くを聞かず。自身の必ずしも当に無上の果を得るべしと知らざるが故に、此の身に於いて下劣の想を起こして、菩提心を発すこと能わず。今其れをして発心せしめ、下劣の意を捨てしめんと欲するが故に、衆生に悉く仏性有りと説くなり。

二つには軽慢の諸の衆生をして高慢心を離れしめんが為なりというは、若し人有りて、曾て仏の衆生に仏性有りと説くを聞くが故に、此れに因りて発心す。既に発心し已りて、便ち我れに仏性有るが故に能く発心すと謂いて、軽慢の意を作して、他は能わずと謂う。此の執を破す為の故に、仏は一切衆生に皆仏性有りと説くなり。

三つには虚妄の法に執着するに、虚妄の執を離れしめんが為なりというは、若し人に此の慢心有らば、則ち如理如量の正智を生じ顕すことを得ざるが故に虚妄を起こすなり。虚妄とは、是れ衆生の過失なり。過失に二有り。一つには本無、二つには客有なり。一つに本無とは、如々の理也。本より人我無きに、人我の執を作さば、此の執は本より無し。本執の無きに由るが故に、無明等を起こし、無明に由りて業を起こし、業に由り果執を起こすは、此の如き三種には実の根本無く、所執は是れ無なり。故に知んぬ、能執も皆な虚妄と成ることを。此の執に由りて起きる所の無明は諸の業の果報にして、並びに是れ虚妄なり。故に受者も作者も無し。而るに、中に於いて有りと執するは是れ虚妄なり。故に本より無しと言うなり。二つに是れ客とは、有為の諸法は皆念々に滅して、停住の義無し。則ち能罵・所罵の二つに所有無し。但だ初刹那のみをば旧と為し、次刹那をば客と為す。能罵・所罵、起きては即ち謝す。是れ則ち初の刹那にして、是れ怨なるも、次は則ち怨に非ず。客を以てする也。旧執を作すは此れ不定を執するを以ての故に、虚妄と名づく。若し此の執起こらば、正智は生ぜず。此の執を除かんが為の故に、仏性を説くなり。仏性とは、即ち是れ人法二空所顕の真如なり。真如に由るが故に能・所の罵なし。此の理に通達せば、虚妄の執を離るるなり。

四つには真如の実性を謗り、真実を誹謗するを除かんが為なりとは、一切衆生の過失の事は[7]、応に是れ二空なるべし。此の空を解するに由るが故に起きる所の清浄なる智恵の功徳、是れを真実と名づく。誹謗というは、若し仏性を説かざれば、則ち空を了せずして、便ち実有と執して真如に違謗し、浄智の功徳をば皆成就せず。

五つには法身に神我有りというは、若し虚妄の過を見ざれば、真実の功徳は衆生の中に起きず。大悲もて仏の「仏性」を説くを聞くに由るが故に、虚妄は過失にして真実は功徳なりと知る。則ち、衆生に於いて大悲心を起こさん。彼と此と有ること無きが故に我執を除くなりと。

『仏性論』に云わく、「此の五義の因縁に約して、仏は仏性を説きて五種の功徳を生ぜしむるなり。五功徳とは、一つには正勤心を起こし、二つには恭敬の事を生じ、三つには般若を生じ、四つには闍那を生じ、五つには大悲を生ずるなり[8]」と。

問う。小乗の法は唯だ有為の戒・定・恵等のみを説いて、無為の真如仏性を説かずと云う。故に論主は破するも、若し応に有為無為の理行の仏性を建立せば、破する所の例には非ず。若し爾らば、論主は何の義を建立するや。答う。論主の意は真如理仏性及び法爾無漏の仏性を以て建立するなり。

問う。理行の性を立てること、何を以て知ることを得る乎。答う。「顕体分」の中に而して三品有り。

一つに「三因品」には、「謂わく三因とは、一つに応得因、二空所顕の真如理性なり。此の空に由るが故に、応に菩提心及び加行等を行じ、乃至、道後の法身を得べきが故に。二つに加行因とは、謂わく菩提心なり。此の心に由るが故に、能く三十七品・十地・十度・助道之法、及び道後の法身を得るが故に。三つに円満因とは、即ち是れ加行なり。加行に由るが故に、因円満及び果満を得る也。此の三因の中、初めの一因は、是れ無為の理なり。後の二因は是れ有為の行願なり。初めの応得の中、亦た三性有り。一つには自性住仏性、二つには引出仏性、三つには至得果仏性なり。記して曰わく、住自性とは道前の凡夫、未発心の位を謂う。〔真如仏[redacted]〕[9]、引出仏性とは発心以上、乃至有学の聖位なり。至得果性とは無学の仏果位なり[10]」と。

二つに「三性品」。此れに二の三性有り。謂わく、三無性と及び三性と也。初めの三無性とは[11]、一つには無相性。『新論』の中に云わく[12]「相無自性性」と。二つには無生性、『新論』の中に云わく「生無自性々」と。三つには無真性、『新論』の中に云わく「勝義無自性々」と。云々「此の三性は如来性を摂し尽くす。何を以ての故に。此の三性を以て通じて体と為すが故なり」と。以上は『仏性論』[13]「三性品」の所説 則ち、三性の中、依他起性に染浄の性有り。彼の浄依他は即ち法爾の種にして、無始の時より来た、第八阿頼耶識に依附して而も随転する也。

問う。彼の『仏性論』は何が故に「法爾種在りて而も其の三性なり」と言わざる乎。遍計は無き故に。円成は応得の摂に有るに随うが故に。答う。三性と無性とは相い離れざるを以て、而して惣じて挙げる耳。意を顕さば、依他起中の所有の法爾無漏善種なり。有為の仏性は此の法を記して以て仏性と為す。

問う。三性の相い離れざるの義は其の相は云何ん耶。答う。依他起の上に名言の何らをか顕らかに分別して了せらるるをば遍計と名づく故に。依他起中の真実義の性を円成と名づく。故に惣じて挙げるのみ。

問う。何を以て三性の相い離れざるを知ることを得ん乎。答う。『仏性論』の「三性品」に云わく、「分別性は何の因に縁るが故に、顕現することを得るや[14]。答えて曰わく、相と名との相応に由縁するが故なり。問うて曰わく、依他性は何の因に縁るが故に成ずることを得る乎。答えて曰わく、純ら執分別性の故に顕現することを得るなり。問うて曰わく、真実性は何の因に縁りて成ずることを得るや。答えて曰わく、分別と依他の二性が極まりて所有無きに由るが故に顕現することを得るなり[15]」と。云々 此の不離の義に由りて三性に仏性有ることを挙げるなり。

問う。『仏性』の「体」の中に既に三品有り[16]。初めの三因品は即ち理仏性を顕す。次の三性品は即ち行仏性を明かすや。答う。諸師有りて、意は一仏性にありと雖も、即ち正義とせず。一種を闕くに随いて永く成仏せず。理性有るに至るも、此れを以て成仏すること是の処《ことわり》有ること無し。但だ翻訳主は方言を未だ善くせざるに分明ならざる耳[17]。

『涅槃』の序品・三十六、南経の三十二に云わく、「或いは有仏性の一闡提には有りて善根人には無し。或いは有仏性の善根人には有りて一闡提には無し。或いは有仏性の二人には倶に有り。或いは有仏性の二人倶に無し。善男子、我が諸の弟子、若し是くの如きの四句の義を解する者は、応に難じて、一闡提の人は定んで仏性有るや、定んで仏性無しやと云うべからず。若し衆生悉く仏性有りと言わば、是れを如来の随自意の語[18]と名づく[19]」と。云々

太賢師の云わく、「初は無漏性は不定闡提は有也。決定二乗・善根人は无也。第二は无漏性の無漏を現行する也。以上、行仏性を論ずる也 第三は無為の理仏性なるが故に、二人倶に有りと云う也。第四は仏性は即ち仏果にして無漏の未だ起こらざるに倶に無しと言う也[20]」と。

遠法師の『疏』第九に三十六を解して即ち云わく、「初句の仏性は不善性の仏性なり。第二句の仏性は即ち初地以上の不善根人也。第三句の仏性は即ち理仏性なり。第四句の仏性は即ち仏果、是れを云う也」[21]と。

宝師の『疏』十五に云わく、「初は是れ不善の仏性なり。次句は是れ五地以上也。第三句は是れ理及び無記性なり。第四句は是れ仏果性也」[22]と。云々「『涅槃経』の中には、有る処には一闡提の人を救うこと有り、有る処には一闡提人を捨てること有り。而して闡提の人に五種の人有り。[23]〔一つには〕[24]一向に悪行を行ずる人、二つには普く諸の白法を〔断ず〕[25]、三つには解脱の分有ること無し、四つには善少なくして、[26]〔五つには〕亦た因無しと。この五の中に於いて、[27]初の四には仏性有りて、後の一には仏性無し。救う所は先の四是れ也。仏の捨てる所は第五是れ也」[28]と。云々

今案ずるに、有性をば了義と為し、無性をば不了義と為すというは、理仏性に約して説くが故なり。『論』の上に又た云わく、「仏は小乗人の為に仏性に住せざる衆生有りと説く」[29]と。云々此れ則ち理仏性の説無きを説く也。此れを指して不了の説と為す也。若し救いて、若し理性有らば亦た行性有るべし、事理相即なるが故にと云わば、若し爾らば、識の字は事法の如し。一ならず異ならざるを以て了義と為す。事理相即は末学の僻見也。故に慈恩の云わく、「諸の末学の者は執を起こすに依るが故に」[30]と。云々

『疏』の一に云わく、「又た『解深密経』に亦た執の依と為すと説けり。然るに依他と稍《すこ》しも相似せず。依他の法は所計の執と少しく[31]作用相状の同ずべき有るも、能計の心に随て新々にして起こる。心の上に現ずる所は即ち是れ依他なり。是れ、能計の心の親しく取る所なり。真如は爾らず。故に此をば説かず。遠く疎なるに望めて言わば、亦た依の執なるべし。諸の末学の者は執を起こすに依るが故に、『解深密』の説も亦た相違せず」[32]と。云々[33]

【註記】


［1］問う唯だ……二十丁裏三行目の「唯」の上には、「問」の文字が脱落していると判断して加えた。

［2］真如仏性……二十丁裏六行目の「性仏」は、「仏性」の誤りと考えられる。よって、訓読では「仏性」とした。

［3］怯弱の心有り……二十一丁表七行目の「情」は、出拠である『仏性論』と比較した結果、「怯」の誤りであると判断した。

［4］身に神我有りと計らう……二十一丁表八行目の「法」は、出拠である『仏性論』と比較した結果、「計」の誤りであると判断した。

［5］堅意造・勒那摩提訳『宝性論』巻一「為何義説品第七」からの引用。

問曰。余修多羅中皆説一切空。此中何故説有真如仏性。偈言、処処経中説、内外一切空、有為法如雲、及如夢幻等。此中何故説、一切諸衆生、皆有真如性、而不説空寂。答曰。偈言、以有怯弱心、軽慢諸衆生、執著虚妄法、謗真如実性、計身有神我。為令如是等、遠離五種過、故説有仏性。（大正三一・八一六上中）

［6］五種の過とは……世親造・真諦訳『仏性論』巻一「縁義分第一」の議論を意味する。

問曰。仏何因縁説於仏性。答曰。如来為除五種過失、生五功徳故、説一切衆生悉有仏性。除**五種過失者、一為令衆生離下劣心故。二為離慢下品人故。三為離虚妄執故。四為離誹謗真実法故。五為離我執故。**一為令衆生離下劣心者。有諸衆生未聞仏説有仏性理。不知自身必当有得仏義故。於此身起下劣想。不能発菩提心。今欲令其発心。捨下劣意故。説衆生悉有仏性。二為離高慢心者。若有人曾聞仏説衆生有仏性故。因此発心。既発心已。便謂我有仏性故能発心。作軽慢意。謂他不能。為破此執故。仏説一切衆生皆有仏性。三為離虚妄執者。若人有此慢心。則於如理如量。正智不得生顕故起虚妄。虚妄者。是衆生過失。過失有二。一本無、二是客。一本無者。如如理中。本無人我。作人我執。此執無本。由無本執故。起無明等。由無明起業。由業起果報。如此三種。無実根本。所執是無故知能執皆成虚妄故。由於此執所起無明諸業果報。並是虚妄故。無受者作者。而於中執有。是虚妄故言本無。二是客者。有為諸法皆念念滅。無停住義。則能罵所罵二無所有。但初刹那為旧。次刹那為客。能罵所罵起而即謝。是則初刹那是怨。次則非怨。以於客中作於旧執此執不実故名虚妄。若起此執。正智不生。為除此執故説仏性。仏性者。即是人法二空所顕真如。由真如故。無能罵所罵。通達此理。離虚妄執。四為除誹謗真実法者。一切衆生過失之事。並是二空。由解此空故。所起清浄智慧功徳。是名真実。言誹謗者。若不説仏性則不了空。便執実有。違謗真如。浄智功徳。皆不成就。五離我執者。若不見虚妄過失。真実功徳。於衆生中。不起大悲。由聞仏説仏性故。知虚妄過失。真実功徳。則於衆生中。起大悲心。無有彼此故除我執。

（大正三一・七八七上中）

[7] 過失の事は……二十二丁裏六行目の「異」は、出拠である『仏性論』と比較した結果、「過」の誤りと判断した。

[8] 世親造・真諦訳『仏性論』巻一「縁義分第一」からの引用。

為此五義因縁、仏説仏性生五種功徳。五功徳者、一起正勤心、二生恭敬事、三生般若、四生闍那、五生大悲。

（大正三一・七八七中）

[9] 〔真如仏■〕……二十四丁表一行目の「真如仏■」は、出拠である『仏性論』と比較した結果、不要な文字である可能性が高い。

[10] 一つに「三因品」には…世親造・真諦訳『仏性論』巻二「三因品」。

所謂三因三種仏性。**三因者、一応得因、二加行因、三円満因。応得因者二空所現真如。由此空故、応得菩提心及加行等、乃至道後法身故称応得。加行因者謂菩提心。由此心故能得三十七品。十地十波羅蜜。助道之法。乃至道後法身。是名加行因。円満因者即是加行。由加行故。得因円満、及果円満。**因円満者、謂福慧行。果円満者、謂智断恩徳。**此三因前一則以無為如理為体。後二則以有為願行為体。三種仏性者、応得因中具有三性。一住自性性。二引出性。三至得性。記曰。住自性者、謂道前凡夫位。引出性者、従発心以上窮有学聖位。至得性者、無学聖位。**

（大正三一・七九四上）

[11] 三無性とは……二十四丁表四行目の「相」は、「性」の誤りと判断した。

[12] 玄奘訳『瑜伽師地論』巻七三「摂決択分中菩薩地之二」からの引用。

問。世尊依何密意、説一切法皆無自性。答。由依彼所化勢力故、**説三種無自性性。一相無自性性、二生無自性性、三勝義無自性性。**　（大正三〇・七〇二中）

[13] 世親造・真諦訳『仏性論』巻二「三性品」からの引用。

復次三性所摂者。所謂三無性。及三自性。三無性者。一無相性。二無生性。三無真性。**此三性摂如来性尽。何以故。以此三性通為体故。**　（大正三一・七九四上）

[14] 顕現すること……二十四丁裏七行目の「理」は、出拠である『仏性論』と比較した結果、「現」の誤りと判断した。

[15] 世親造・真諦訳『仏性論』巻二「三性品」からの引用。

二縁成者。問曰。**分別性縁何因故、而得顕現。答曰。由縁相名相応故得顕現。問曰。依他性。縁何因故得成耶。答曰。縁執分別性故得顕現。問曰。真実性。縁何因得成。答曰。由分別依他二性極無所有故得顕現。**（大正三一・七九四中）

[16] 『仏性』の「体」の中に既に三品有り…『仏性論』の「顕体分」の中に「三因品」「三性」「如来蔵品」の三品が有るとの意。

[17] 但だ翻訳主は方言を未だ善くせざるに分明ならざる耳……「方言未善」は、円暉の『倶舎論頌疏論本』巻一に「第四明翻訳不同者、此論翻訳、総有両時。初即陳朝、後居唐代。陳朝三蔵真諦法師有於嶺南、訳成二十二巻。大唐三蔵、永徽年中、於慈恩寺、訳成三十巻。翻訳不同、非無所以。由前訳主未善方言」（大正四一・八一五中下）の用例があることから、真諦三蔵が中国の言語（方言）に精通していなかった（未善）との意であろう。

[18] 如来の随自意の語……二十五丁裏三行目の「因」は、出拠である『仏性論』と比較した結果、「自」の誤りと判断した。

[19] 本帖に「『涅槃』の序品・三十六、南経の三十二に云わく」とあるなか、「三十六」は曇無讖訳『大般涅槃経』巻三六「迦葉菩薩品第十二之四」（大正一二・五七四下）、「南経の三十二」は慧厳・慧観・謝霊雲等再治『大般涅槃経』巻三二「迦葉菩薩品之二」（大正一二・八二一下）を指す。以下に北本を例として挙げる。

善男子。或有仏性一闡提有善根人無。或有仏性善根人有一闡提無。或有仏性二人倶有。或有仏性二人倶無。善男子。

我諸弟子若解如是四句義者。不応難言一闡提人定有仏性定無仏性。若言衆生悉有仏性。是名如来随自意語。如来如是。随自意語。衆生云何一向作解。（大正一二・五七四下）

[20] 散佚した太賢『涅槃経古迹記』三巻の逸文か？
蔵俊『注進法相宗章疏』には「涅槃経述賛十四巻憬興　同経古迹記三巻太賢」（大正五五・一一四一下）とあり、太賢に『涅槃経古迹記』三巻の著作があったことが伝えられている。『涅槃経古迹記』の逸文は、証真『法華疏私記』に、「大賢師『涅槃古迹』釈後分遺教品云、別有小遺教経一巻。臨涅槃説。然事不同。復有大遺教。在舎衛国説。亦不此同」（仏全二一・六三下）、とあることなどが報告されている。（福士慈稔『日本天台宗にみられる海東仏教認識』、日本仏教各宗の新羅・高麗・李朝仏教認識に関する研究、第一巻、身延山大学東アジア仏教研究室、二〇一一年、一五三頁）。

[21] 浄影寺慧遠『涅槃経義記』巻九からの取意。
我往一時在耆闍下挙浅況深成聖不解自下第三重辨有無。或有仏性一闡提有善根無者。有不善性無其善性。仏性縁起為不善陰。故不善陰名為仏性。闡提有此。或有仏性善根人有闡提無者。初地已上名善根人。通則種性已上菩薩斯名善人。彼有善性無不善性。或有仏性二人倶有倶有理性。或性二倶無倶無果性。（大正三七・八七三中）

[22] 法宝『大般涅槃経疏』（一部現存）からの引用。
法宝の『大般涅槃経疏』は一部が現存（『大般涅槃経疏』、朝鮮総督府、一九二四年）するが、本帖に引用される箇所は未見であるため、貴重な逸文である可能性が高い。

[23] 〔一つには〕一向に悪行を行ずる人……無著造・波羅頗蜜多羅訳『大乗荘厳経論』巻一「種性品第四」
次分別無性位。偈曰。**一向行悪行、普断諸白法。無有解脱分、善少亦無因**。（大正三一・五九五上）

[24] 〔一つには〕……二十六丁表三行目にある「二」は、文脈から考えて、「一」の誤りであると思われる。

[25] 〔断ず〕……二十六丁表四行目にある「諸」は、『大乗荘厳経論』（大正三一・五九五上）と比較した結果、「断諸」であると判断した。

[26] 少なくして……二十六丁表四行目「小」は、出拠である『大乗荘厳経論』と比較した結果、「少」の誤りであると考

えられる。無論、「小」と「少」の両字は通用するものであるが、訓読では「少」とした。

[27] この五の中に於いて……『大乗荘厳経論』に説かれる「一向行悪行、普断諸白法。無有解脱分、善少亦無因」（前注[23]参照）の文について、「善少亦無因」を「善少」と「亦無因」に分けた上で、①「一向行悪行」、②「普断諸白法」、③「無有解脱分」、④「善少」、⑤「亦無因」の五とする意。

[28] 唯識学派の見解であることは間違いないが、出典不明。

[29] 世親造・真諦訳『仏性論』巻一「破執分第二中破小乗執品第一」からの引用。

復次仏性有無成破立義応知。破有三種。一破小乗執。二破外道執。三破菩薩執。初破小乗執者、**仏為小乗人説有衆生不住於性**、永不般涅槃故、於此生疑、起不信心。　（大正三一・七八七下）

[30] 基『成唯識論述記』巻一からの引用。

問。真如非識之所変現。何成唯識。亦依真如執為実法。寧非染分之所依止。答。雖非識変、識実性故亦名唯識。真如離言。与能計識非一非異。非如色等可依起執。故非執依。此中不説。**又『解深密経』説亦為執依。然与依他稍不相似。依他之法与所計執。有少作用相状可同。随能計心新新而起。心上所現即是依他。是能計心之所親取。真如不爾。故此不説。遠望疎言亦可依執。諸末学者依起執故。『解深密』説亦不相違。**真如既非識所転変。応非唯識。不以変故名為唯識。不離識故亦名唯識。此中且説依他唯識。　（大正四三・二四一下～二四二上）

[31] 少しく……二十六丁裏六行目「小」は、出拠である『成唯識論述記』と文脈上から「小」の誤りであると考えられるが、「小」と「少」の両字は通用しているものと判断し、訓読では「少」として訓読した。

[32] 前注[29]を参照。

[33] 第二部第二章第一節の【註記】[9]（本研究書二一六頁）でも述べたように、ここは『瑜伽論菩薩地抄』なる新出文献からの引用である。何度も繰り返すが、その【註記】[9]を再度掲載しておこう。すなわち、

ここでの「『瑜伽論菩薩地抄』略顕種姓差別章」の引用は、それがどこで区切れるものであるのか判断することが困難である。『仏性論文集』における引用の切れ目の多くが「云々」と結んで改行することから考えれば、十八丁表八

行目の最後に「可知」と結んで改行が行なわれているので、ここまでが引用文だと考えることができる。しかし、「云々」と結んで改行する箇所までを『瑜伽論菩薩地抄』の引用と考えれば、二十六丁表六行目までが引用文となる。ここでは、「云々」と結んで改行することと、問答の形式が二十六丁表六行目まで続くことから、二十六丁表六行目までの引用と考えた。

とあるのがそれである。

【解　説】

前節で「有性・無性」の問題を会通した『瑜伽論菩薩地抄』の作者は、次に「三乗人の仏性」の問題へとテーマを移す。すなわち、一切衆生に性得の仏性は無く、ただ修得の仏性のみが有るとする薩婆多部等の説に対して、三乗の人には必ず仏性が有るのか、三乗の何れの位に仏性が具わるのか、修得の性の体は何であるかなどの問いを立てるのである。その答文は『仏性論』記載の部派の見解に従ったものであり、三乗の人には必ず仏性が有り、菩薩乗の人は十廻向位、独覚乗の人は世第一法位、声聞乗の人は苦法智忍において修得の性を得ると説き、その修得の体を戒・定・慧であると答えている。そして、薩婆多部等は「真如仏性」を立てないので『仏性論』はこれを破斥しようとしたのであると述べ、いよいよ理仏性（真如法性）と行仏性（無漏種子）の論証へと移行する。すなわち、その問答に、

問う。『仏性』と『宝性』の二論の説く所の仏性は何なる仏性なる乎。答う。二論の意は是れ真如の性を仏性

と為す。

問う。有為の法爾無漏の仏性は如何んぞ真なる乎。答う。世親の意は之れを建立すべし。真如の理を言わざるが故に有為の法爾無漏の仏性を建立せざるには非ず。其れ翻訳主は意を得ざる耳。論主は三因・三性・三無性の仏性を建てるが故に。

（本研究書二三〇〜二三一頁）

とあるように、『仏性論』と『宝性論』には真如の性を仏性とすることが説かれており、論主である世親は三因・三性・三無性を説くことで、「真如法性の仏性」（理仏性）と「有為の法爾無漏の仏性」（行仏性）とを建立したと論じているのである。

そして、『仏性論』と『宝性論』の二論は小乗の部派が「真如の理仏性」を建立しないことを批判して、『宝性論』巻一「為何義説品第七」に、①有怯弱心、②軽慢諸衆生、③執著虚妄法、④謗真如実性、⑤計身有神我、の五種の過失を遠離するために仏は「一切衆生悉有仏性」と説かれたとする文と、『仏性論』巻一「縁義分第一」に、①正勤心、②恭敬事、③般若、④闍那、⑤大悲、の五種の功徳を生じさせるために仏は仏性を説かれたとする文を証拠として引用している。

この二論を引用した後、『瑜伽論菩薩地抄』は理仏性と行仏性に関する問答を本格的に展開し、『仏性論』の「三因品」に理仏性、「三性品」に行仏性が明らかにされていると論じていく。まず、「三因品」に理仏性が説かれていることについてであるが、

一つに「三因品」には、「謂わく三因とは、一つに応得因、二空所顕の真如理性なり。此の空に由るが故に、

応に菩提心及び加行等を行じ、乃至、道後の法身を得べきが故に。二つに加行因とは、謂わく菩提心なり。此の心に由るが故に、能く三十七品・十地・十度・助道之法、及び道後の法身を得るが故に。三つに円満因とは、即ち是れ加行なり。加行に由るが故に、因円満及び果満を得る也。此の三因の中、初めの一因は、是れ無為の理なり。後の二因は是れ有為の行願なり。初めの応得の中、亦た三性有り。一つには自性住仏性、二つには引出仏性、三つには至得果仏性なり。記して曰わく、住自性とは道前の凡夫、未発心の位を謂う。〔真如仏■〕、引出仏性とは発心以上、乃至有学の聖位なり。至得果性とは無学の仏果位なり」と。

（本研究書二三三頁）

と述べ、『仏性論』「三因品」の文を示して『仏性論』に理仏性が説かれているとする。そして、行仏性については、

二つに「三性品」。此れに二の三性有り。謂わく、三無性と及び三性と也。初めの三無性とは、一つには無相性。『新論』の中に云わく「相無自性性」と。二つには無生性、『新論』の中に云わく「生無自性々」と。三つには無真性、『新論』の中に云わく「勝義無自性々」と。云々「此の三性は如来性を摂し尽くす。何を以ての故に。此の三性を以て通じて体と為すが故なり」と。以上は『仏性論』「三性品」の所説 則ち、三性の中、依他起性に染浄の性有り。彼の浄依他は即ち法爾の種にして、無始の時より来た、第八阿頼耶識に依附して而も随転する也。

（本研究書二三三頁）

といい、『仏性論』「三性品」の文を引用した後に、「浄分の依他である法爾無漏種子」をもって行仏性とする見解を示している。

このように、『瑜伽論菩薩地抄』には『仏性論』に理仏性と行仏性が説かれているという理解が示されているが、これらの「三因品」と「三性品」の引用の後に、

問う。『仏性』の「体」の中に既に三品有り。初めの三因品は即ち理仏性を顕す。次の三性品は即ち行仏性を明かす。答う。諸師有りて、意は一仏性にありと雖も、即ち正義とせず。一種を闕くに随いて永く成仏せず。理性有るに至るも、此れを以て成仏すること是の処《ことわり》有ること無し。但だ翻訳主は方言を未だ善くせざるに分明ならざる耳。

（本研究書二三四頁）

といい、答文において明確に、行仏性を欠くものは不成仏であり、理仏性があるからといって成仏するという道理はないとの見解が示されている。そして、その根拠として『涅槃経』に、

『涅槃』の序品・三十六、南経の三十二に云わく「或いは有仏性の一闡提には有りて善根人には無し。或いは有仏性の善根人には有りて一闡提には無し。或いは有仏性の二人には倶に有り。或いは有仏性の二人倶に無し。善男子、我が諸の弟子、若し是くの如きの四句の義を解する者は、応に難じて、一闡提の人は定んで仏性有るや、定んで仏性無しやと云うべからず。若し衆生悉く仏性有りと言わば、是れを如来の随自意の語と名づく」と。云々

（本研究書二三四頁）

と説かれることを引用し、太賢撰『涅槃経古迹記』、浄影寺慧遠撰『涅槃経義記』、法宝撰『大般涅槃経疏』の解釈

を示した上で、

『涅槃経』の中には、有る処には一闡提の人を救うこと有り、有る処には一闡提人を捨てること有り。而して闡提の人に五種の人有り。〔一つには〕一向に悪行を行ずる人、二つには普く諸の白法を〔断ず〕、三つには解脱の分有ること無し、四つには善少なくして、〔五つには〕亦た無因なりと。この五の中に於いて、初の四には仏性有りて、後の一には仏性無し。救う所は先の四是れ也。仏の捨てる所は第五是れ也。（本研究書二三五頁）

といい、「無因」の者は仏の大悲をもってしても成仏の時はないと結論づけているのである。まさしく、『瑜伽論菩薩地抄』は「行仏性を欠くものは不成仏である」とする法相宗の正統的理論を構築した書であったと見てよいであろう。

以上が『瑜伽論菩薩地抄』の概要となるが、本段の最後には、この『瑜伽論菩薩地抄』の引用を受けて、「今案ずるに……」として蔵俊自らの経緯からです見解が示されている。すなわち、

今案ずるに、有性をば了義と為し、無性をば不了義と為すというは、理仏性に約して説くが故なり。『論』の上に又た云わく、「仏は小乗人の為に仏性に住せざる衆生有りと説く」と。云々此れ則ち理仏性の説無きを説く也。此れを指して不了の説と為す也。若し救いて、若し理性有らば亦た行性有るべし、事理相即なるが故にと云わば、若し爾らば、識の字は事法の如し。一ならず異ならざるを以て了義と為す。事理相即は末学の僻見也。故に慈恩の云わく、「諸の末学の者は執を起こすに依るが故に」と。云々（本研究書二三五頁）

と述べ、『仏性論』に有性を了義とし無性を不了義とするのは、理仏性について説かれたものであるという。そして、『仏性論』に「仏は小乗人の為に仏性に住せざる衆生有りと説く」とある一段は、論主である世親が小乗では理仏性が説かれていないことを指して不了義としているのであるとの解釈を示している。さらに蔵俊は、事と理が相即することから、理性があれば行性もあるべきとする見解に対しては、事（識）と理（真如）は不一不異の関係にあることが了義であることを挙げて、事理相即は末学の僻見であるとしてこれを斥けている。そして、

『疏』の一に云わく、「又た『解深密経』に亦た執の依と為すと説けり。然るに依他と稍《すこ》しも相似せず。依他の法は所計の執と少しく作用相状の同ずべき有るも、能計の心に随て新々にして起こる。心の上に現ずる所は即ち是れ依他なり。是れ、能計の心の親しく取る所なり。真如は爾らず。故に此をば説かず。遠く疎なるに望めて言わば、亦た依の執なるべし。諸の末学の者は執を起こすに依るが故に、『解深密』の説も亦た相違せず」と。云々　（本研究書二三五頁）

とあるように、『成唯識論述記』に真如を依地として執着することを批判する文をその論拠として示し、本節の結語としている。

（小野嶋祥雄）

第三節　諸伝記による「真諦訳誤謬説」の展開

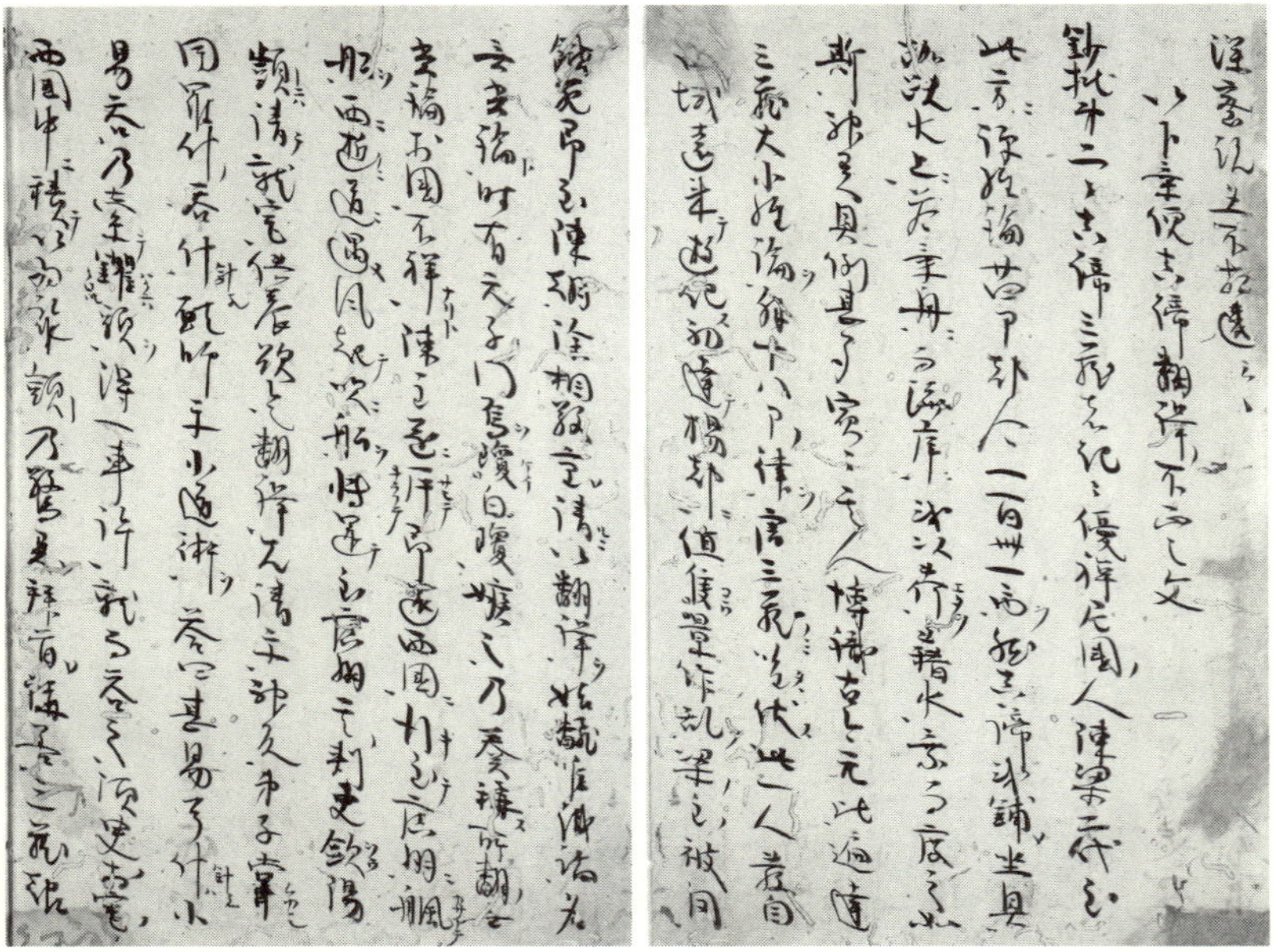

【翻　刻】

〔二十七丁表〕

395 以下案便真諦翻譯《ノ》不正之文
396 鈔批第二云真諦三蔵者記云優禅尼國《ノ》人陳梁二代至
397 此方《ニ》㆒譯経論二十四部都合一百四十一巻《ヲ》㆒然真諦或鋪坐具《シテ》㆒
398 跏趺火上《ニ》㆒若乗舟《ニ》㆒而濟岸《ニ》㆒或以荷《エタヲ》㆒藉水㆒乗而度之如
399 斯㆒神《ノ》異具例甚多賓云其人博識古今无比㆒遍達
400 三蔵大小経論《ヲ》㆒解十八部《ノ》律《ヲ》㆒唐三蔵《ノミタ、》唯伏《ス》此一人發自
401 西城遠来《テ》遊化《ス》初達《テ》楊都《ニ》㆒値侯《コウ》景作乱《ヲ》㆒梁《ノ》主《ノ》被困㆒

〔二十七丁裏〕

402 餓死即至陳朝㆒深相敬重《シテ》請《ルニ》以翻譯《ヲ》㆒始翻唯識論㆒名
403 無塵論《ト》㆒時有天子門烏《ウ》瓊《ケイ》白瓊㆒嫉之㆒乃奏稱《ス》所《ノ》翻無
404 塵論於國㆒不詳《ナリト》㆒陳主遂《ニサシテ》斥即還西國《ニ》㆒行《キテ》至廣州《ニ》㆒颿《カサイテ》
405 舩《ヲ》㆒西《ニ》逝《クニ》道《ニ》遇《ヌ》風起《テ》吹《ニ》舩《ヲ》㆒轉《キラフテ》還《テ》至広州其《ノ》刺史歐《ヲウ》陽
406 顗《キニハ》請《テ》就宅㆒供養欲令㆒翻譯㆒先請示㆒神変㆒弟子嘗《ムカシ》
407 聞羅什《ノ》呑什㆒願師示少道術《ヲ》㆒答曰甚易耳什《ハ》小
408 易呑㆒乃索鑼《テハクニハ》頭《ヲ》㆒得一車許㆒就而呑之㆒須臾《ノ》於宅《ノ》
409 西園中《ニ》積《テ》以為聚顗《キ》乃驚異《シテ》拝首《シテ》稱善㆒三蔵報

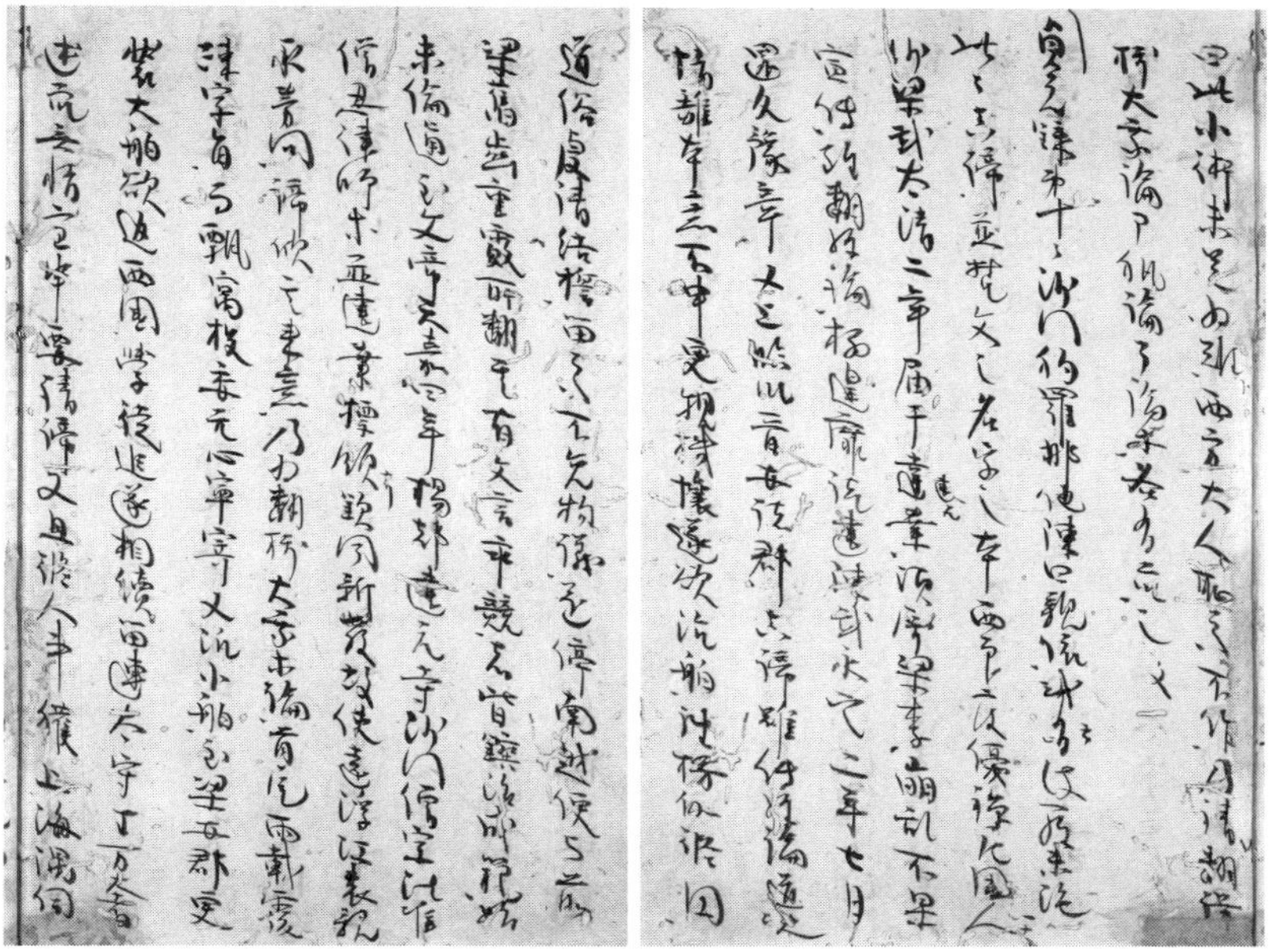

〔二十八丁表〕
410 曰此小術未足為ㇾ難《ト》ㇾ西方大人耻之ㇾ不作ㇾ乃請《シテ》翻譯
411 摂大乗論部執論了論等ㇾ各有疏ㇾ也文
412 貞元録第十云沙門拘羅那他陳曰親依ㇾ或有波羅末陀ㇾ
413 此云真諦ㇾ並梵文之名字也本西印度優禅尼國人《ナリ》
414 沙梁武太清二年届于達業ㇾ頃属梁季ㇾ崩乱不果
415 宣傳ㇾ雖翻経論ㇾ栖遑靡記逮陳武永定二年七月
416 還返豫章又上臨川晋安諸郡真諦雖傳経論道決
417 情離本意不申更観機壌遂欲汎船ㇾ往楞伽修国ㇾ
〔二十八丁裏〕
418 道俗虔請結誓ㇾ留之ㇾ不免物議ㇾ遂停南越便与前
419 梁舊歯重覆所翻其有文言乖競ㇾ者皆鎔冶成範ㇾ始
420 末倫通至文帝天嘉四年揚都建元寺沙門僧宗法准
421 僧忍律師等並建業標領《ナリ》　欽聞新教故使遠浮江表親
422 承労問ㇾ諦欣其来意ㇾ乃為翻摂大乗等論ㇾ首尾両載覆
423 疎宗旨ㇾ而飄寓投委无心寧寄又汎小舶ㇾ至梁安郡更
424 装大舶欲返西国ㇾ學徒追逐相續留連太守王万奢
425 述衆無情重申要請諦又且修人事権上海隅伺

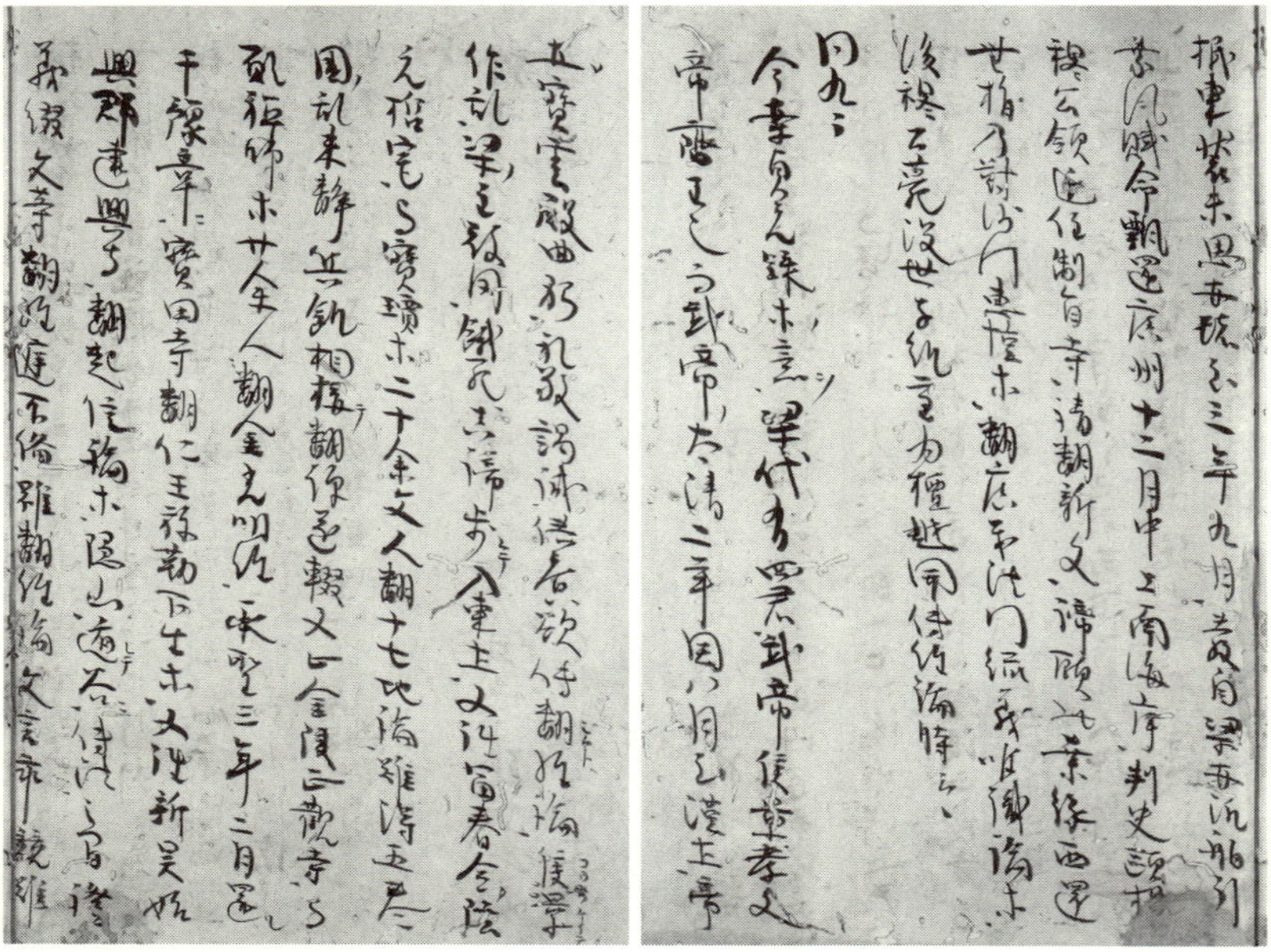

〔二十九丁表〕

426 扺東装未思安堵至三年九月一發自梁安汎舶引
427 業風賦命飄還廣州十二月中上南海岸一刺史歐揚
428 穆公領延住制旨寺一請翻新文一諦顧此業縁西還
429 無指乃對沙門恵愷等一翻廣義法門経義唯識論等一
430 後穆公薨沒世子紇重為檀越開傳経論時一云々
431 同九云
432 今案貞元録等《ノ》意《ヲ》一梁代有四君一武帝侯景孝文
433 帝齊王也而武帝《ノ》太清二年閏八月至漢土二帝

〔二十九丁裏〕

434 立《シテ》寶雲殿曲躬一礼敬謁誡一供養欲傳翻《シムト》経論一侯《コウ云》景《ケイ云》
435 作乱一梁《ノ》主被困一餓死真諦歩《ミテ》入東土二又往富春令陸
436 元哲宅一而寶瓊等二十余文人翻十七地論一雖得五巻
437 國《ノ》乱未静兵飢相接《テ》翻譯遂輟又止金陵正観寺一与
438 願禅師等廿余人翻金光明経一承聖三年二月還《ル》
439 于豫章《ニ》一寶田寺翻仁王弥勒下生等一又往新呉始
440 興郡建興寺一翻起信論等一隠山一遁《レテ》谷《ニ》一傳法一之間證
441 義綴文等翻経遅不備一雖翻経論文言乖競雖

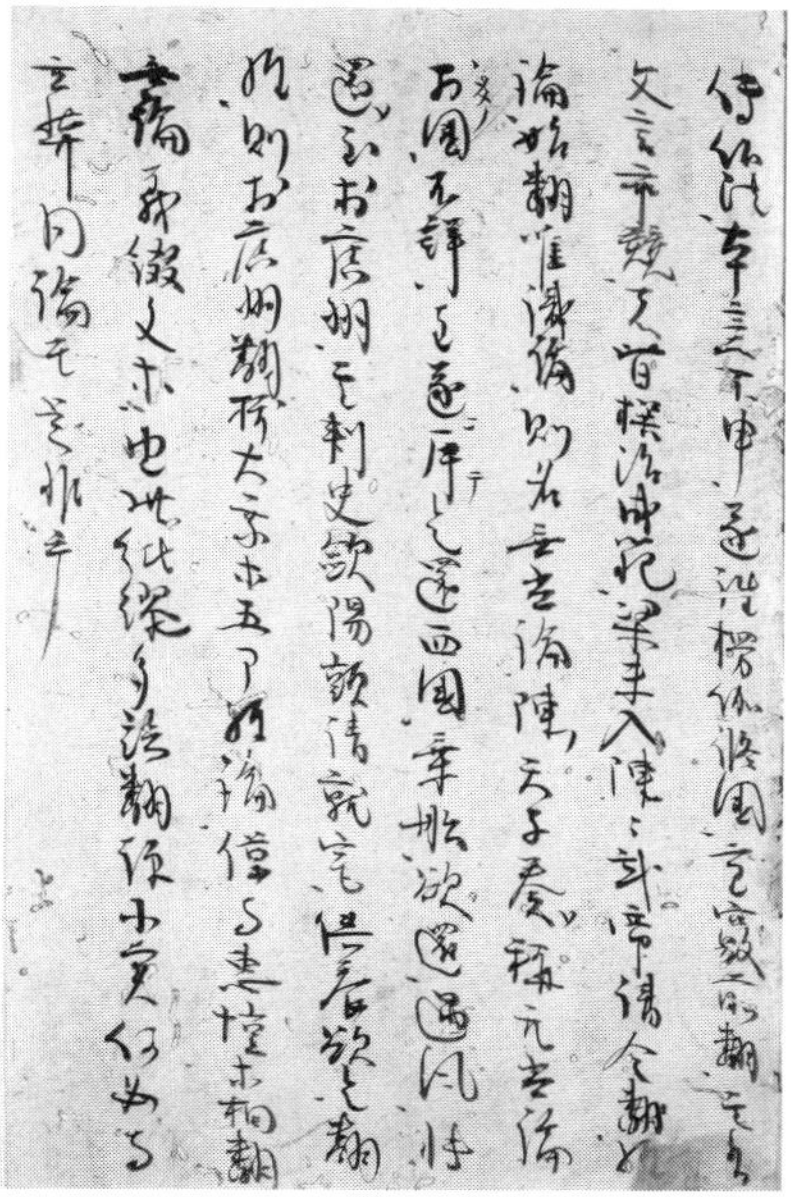

〔三十丁表〕

442 傳仏法一本意不申一遂往楞伽修國一重覆所翻一其有
443 文言乖競一者皆撰治成範一梁末入陳一々武帝請令翻一経
444 論一始翻唯識論一則名無塵論一陳《ノ》天子奏《シテ》稱无塵論
445 於《タメノ》國一不詳一主遂斥《ニテ》乞還西國一乗舩一欲還一遇風一轉
446 還《シテ》至於廣州一其刺使歐陽頵請就宅一供養欲乞一翻
447 経一則於廣州翻摂大乗等五部経論一僅而恵愷等相翻
448 無論義綴文等一由此紙謬多誤翻譯不実何必与
449 玄奘同論其是非乎

【訓　読】

以下、真諦の翻訳の不正を便ずるの文を案ず。

『鈔批』第二に云わく、[1]「真諦三蔵とは、『記』に云わく、優《う》禅尼《ぜんに》国《こく》の人なり。陳・梁二代、此の方に至りて、経論[2]三十四部、都合百四十一巻を訳す。然も真諦、或いは坐具を鋪して、[3]水上に跏趺し、舟に乗るが若くして岸に済る。或いは荷を以て水に藉き、乗りて之れを度る。斯の如き神の異、[4]其の例甚だ多し。賓《ひん》の云わく、其の人の博識、古今に比するは無し。三蔵、大小の経論に遍達し、十八部の律を解す。唐三蔵のみ唯だ此の一人を伏す、と。発して西城より遠来して遊化す。初め、楊都に達して、[5]侯景の乱を作すに値う。梁の主の、困を被りて餓死すれば即ち陳朝に至り、深く相い敬重して、請ずるに翻訳を以てす。始めて『唯識論』を翻じ、『無塵論』と名づく。時に天子の門に、烏《う》瓊《けい》[6]・白瓊《はくけい》あり。之れを嫉して、乃ち所翻の『無塵論』は国に於いて不祥なりと奏称す。陳主遂に[7]斥して、即ち西国に還る。行きて広州に至り、舩を颿《かざ》いて、西に逝くに、道に風起こりて舩を吹くに遇いぬ。転じて還りて広州に至る。其の刺使欧陽頠には、請いて宅に就《おもむ》きて供養し、翻訳せしめんと欲す。先ず神変を示さんことを請う。〈弟子嘗《むかし》、羅什の[8]針を呑むことを聞く。願わくは師、少しく道術を示したまえ〉と。答えて曰わく、〈甚だ易きのみ。[9]針は小さく呑み易し〉と。乃ち[10]钁頭を索《もと》めて一車許りを得たり。就《すなわ》ちこれを呑む。須臾にして、宅の西園の中に於いて、積みて以って聚と為す。頠乃ち驚異して拝首して、善しと称《ほ》めたり。三蔵報えて曰わく、〈これ小術にして未だ難と為すに足らず。西方の大人これを耻じて作さず〉と。乃ち請われて『摂大乗論』『部執論』『了論』等を翻訳す。各おのに疏有るなり」と。文

『貞元録』第十に云わく、[11]「沙門拘羅那他、陳に親依と曰う。或いは波羅末陀[12]と云う。此に真諦と云う。並べて梵

文の名字也。本と、西印度優禅尼国の人なり。[13]梁の武の太清二年、[14]建業に届る。頃に梁は季に属し、崩乱して宣伝を果たさず。経論を翻ずと雖も栖遑して記すところ靡し。陳の武の永定二年七月に逮んで、予章《よしょう》に還返り、又た、臨川《りんせん》、晋安《しんあん》の諸郡に上る。真諦、経論を伝えると雖も、[15]道欠け、情は離れて本意を申さず。更に機の壊するを観て遂に舶を汎げて楞伽修国に往かんと欲す。道俗[16]更請し、誓を結びて之れを留む。物議を免れず、遂に南越《なんえつ》に停まる。便ち前梁の旧歯と、重ねて翻ずる所を覆べ、其の文言の乖競するもの有らば、皆な鎔冶成範して始末備《み》な[17]通ず。文帝の天嘉四年に至り、揚都建元寺の沙門、僧宗・法准・僧忍律師等[18]、並べて建業の標領なり。欽びて新教を聞かんとす。故に遠く江表に浮かび、親しく労問を承けしむ。諦、其の来意を欣び、乃ち為に『摂大乗』等の論を翻ず。首尾両載にして、宗旨を覆疎す。而れども飄寓《ひょうぐう》投委して、心寧寄する無し。又た小舶を汎げて梁安郡に至り、更に大舶を装して、西国に返らんと欲す。学徒追逐し、相い続きて留連す。太守王万奢、衆の元情[19]を述べ、重ねて要の請諦を申す。又た、且く人事を修めんとして、権に海隅に上がるも、旅の束装を伺いて、未だ安堵を思わず。三年九月に至り、梁安より発して舶に汎びて引く。[20]業風命を賦し、飄りて広州に還る。十二月中、南海の岸に上る。刺《し》史《し》欧揚穆公《おうようぼくこう》、[21]顧延して制旨寺に住せしめ、新文を翻ぜんことを請う。諦、此の業縁を顧み、西還を指すこと無し。乃ち沙門慧愷《えがい》等に対して、『広義法門経』及び[22]『唯識論』等を翻ず。後に穆公薨没す。世子紇、重ねて檀越と為り、経論を開伝せしむ。時に。云々

『同』九に云わく[23]。

今、『貞元録』等の意を案ずるに[24]、梁代に四君あり。武帝、侯景、孝文帝、斉王なり。而るに、武帝の太清二年閏八月、漢土に至る。帝は寶雲殿を立て、躬を曲げて礼敬し、誠を竭して供養し、経論を伝翻せしめむと欲す。侯[25]景、乱を作して、梁の主、困を被りて餓死す。真諦、歩んで東土へ入り、又た、富春に往きて元哲の宅にあがらし

む。而して寶瓊等、二十余の文人と『十七地論』を翻ず。五巻を得たりと雖も、国の乱、未だ静かならず、兵飢相接いで、翻訳遂に輟む。又た、金陵の正観寺に止まり、願禅師等、二十余人とともに、『金光明経』を翻ず。承聖三年二月、予章に還る。寶田寺にて『仁王』・『弥勒下生』等を翻ず。又た、新呉の始興郡建興寺に往き、『起信論』等を翻ず。山に隠れ、谷に遁れて、法を伝うるの間、証義・綴文等、経を翻ずるに遅として備わらず。経論を翻ずと雖も、文言、乖競し、仏法を伝うと雖も、本意を申さず。遂に楞伽修国に往き、重ねて翻する所を覆《くつがえ》す。其の文言、乖競有らば、皆、撰治成範す。梁の末に陳に入る。武帝請じて経論を翻ぜしむ。始めて『唯識論』を翻ず。則ち『無塵論』と名づく。陳の天子、奏じて『無塵論』と称すは国において不詳なりと。主、遂に斥けて、西国に還らんことを乞う。船に乗りて還らんと欲するに風に遇いて転還して広州に至る。其の刺使欧陽顗、宅に就《おもむ》くを請い供養し、翻経を乞わんと欲す。則ち広州に於いて『摂大乗』等五部の経論を翻ず。僅かにして恵愷等相い翻ずるに、論義綴文等無し。此れに由りて紙謬多く誤り、翻訳実ならず。何ぞ必ずしも玄奘と同じく其の是非を論ぜんや。

【註　記】

［1］『鈔批』第二に云わく……唐・大覚撰『四分律行事鈔批』巻六（新纂続蔵四二・七六三下〜七六四上）からの引用。

其真諦三蔵者。記云。優禅尼国人陳梁二代至此方。訳経論三十四部。合一百四十一巻。然真諦或鋪坐具。跏趺水上。若乗舟而済岸。或以荷藉水案而度之。如斯神異其例甚多。賓云。其人博識古今無比。遍達三蔵大小乗経論。解十八部律。唐三蔵唯伏此一人。発自西城。遠来遊化。初達楊都。値侯景作乱。梁主被困餓死。即至陳朝。陳主深相敬重。請以翻訳。始翻唯識論。名無塵論。時有天子門師。烏瓊嫉白瓊之。乃奏称所翻無塵論。於国不詳。陳主遂斥。即還西国。行至広州。汎船西遊。道遇風起。吹船転還至広州。其刺史欧陽顗。請就宅供養。欲令翻訳。先請示神変。弟子眘聞羅什呑針。願師示少道術。答曰。甚易耳。針小易呑。乃索鑊頭得一車許。就而呑之。須臾於宅西園中積以為聚。顗乃驚異。拝首称善。三蔵報曰。此之小術未足為難。西方大人。耻之不作。乃請翻訳摂大乗論部執論了論等各有疏也。云々

[2] 三十……翻刻では「二十」となるが、『四分律行事鈔批』（新纂続蔵四二所収）に従って「三十」とする。

[3] 水……翻刻では「火」となるが、『四分律行事鈔批』（新纂続蔵四二所収）に従って「水」とする。

[4] 其……翻刻では「具」となるが、『四分律行事鈔批』（新纂続蔵四二所収）に従って「其」とする。

[5] 侯景……「侯」字の左下に声点（圏点）あり。「景」字の左上に声点（圏点）あり。「コウケイ」と清音でよむことを示す（影印を参照）。

[6] 瓊《けい》……「瓊《ケイ》」字の左下に声点（圏点）あり（影印を参照）。

[7] 斥……左訓「キラフテ」（影印を参照）。

[8] 什……右に「針歟」と傍書あり（影印を参照）。訓読はこれに拠る。

[9] 什……右に「針歟」と傍書あり（影印を参照）。訓読はこれに拠る。

[10] 鑊……左訓「クワ歟」（影印を参照）。

[11] 『貞元録』第十に云わく……円照『貞元新定釈教目録』巻一〇（大正五五・八四四中～下）。

沙門拘羅那佗。陳曰親依。或云波羅末陀。此云真諦。並梵文之名字也。本西印度優禅尼国人。以梁武太清二年届于建業。頃属梁季崩乱不果宣伝雖翻経論棲遑靡記。逮陳武永定二年七月還返予《ママ》章。又上臨川晋安諸郡。真諦雖伝経論道缺情離本意不申。更観機攘遂欲汎舶往楞伽修国。道俗更請結誓留之。不免物議遂停南越。便与前梁旧歯重覆所翻。其有文旨乖競者。皆鎔冶成範始末備通。至文帝天嘉四年。楊都建元寺沙門僧准忍律師等。並建業標領欽聞新教故使遠浮江表親承芳問。諦欣其来意乃為翻摂大乗等論。首尾両載覆疎宗旨。而飄寓投委無心寧寄。又汎小舶至梁安郡。更装大舶欲返西国。学徒追逐相続留連。太守王万奢述衆元情重申要請。諦又且修人事権止海隅。伺旅束装未思安堵。至三年九月発自梁安汎泊西。引業風賦命飄還広州。十二月中上南海岸。刺史欧陽穆公頠延住制旨寺請翻新文。諦顧此業縁西還

無指。乃対沙門慧愷等翻広義法門経及唯識論等。後穆公薨没。世子紇重為檀越開伝経論。時……後略……

[12] 云……翻刻では「有」となるが、『貞元新定釈教目録』（大正五五所収）に従って「云」とする。また「有」には見せ消ちあり（影印を参照）。

[13] 梁……翻刻では「梁」の前に「沙」とあるが、『貞元新定釈教目録』（大正五五所収）に従って「以」とする。

[14] 建……翻刻では「達」となるが、右に「建歟」と傍書（影印を参照）。訓読はこれに拠る。

[15] 缺……翻刻では「決」となるが、『貞元新定釈教目録』（大正五五所収）に従って「缺」とする。

[16] 更……翻刻では「叓」となるが、『貞元新定釈教目録』（大正五五所収）に従って「更」とする。

[17] 備《み》な……翻刻では「倫」となるが、『貞元新定釈教目録』（大正五五所収）に従って「備」とする。

[18] 僧宗・法准・僧忍律師等…翻刻では「僧宗法准僧忍律師等」となるが、『貞元新定釈教目録』（大正五五所収）に従って「僧准忍律師等」とする。

[19] 元……翻刻では「無」となるが、『貞元新定釈教目録』（大正五五所収）に従って「元」とする。

[20] 舶に汎びて…『貞元新定釈教目録』（大正五五所収）では「汎泊西」となる。

[21] 顧……翻刻では「領」となるが、『貞元新定釈教目録』（大正五五所収）に従って「顧」とする。

[22] 経』及び……翻刻では「経義」となるが、『貞元新定釈教目録』（大正五五所収）に従って「経及」とする。

[23] 『同』九に云わく……『貞元新定釈教目録』巻九の以下の真諦伝（大正五五・八三六中）を指すと考えられるが、本文の引用は省略されている。

沙門波羅末陀。梁言真諦。或云拘羅那他。此曰親依。並梵文名字也。本西印度優禅尼国人。婆羅門種姓。頗羅堕景行澄明器宇清粛。風神爽抜悠然自遠。群蔵広部罔不厝懐。芸術異能偏素諳練。雖遵融仏理而以通道知名。遠渉艱関無憚夷険。歴遊諸国遂止中天。梁武大同中勅直省張氾等。送扶南献使返国。仍遣聘。中天竺摩伽陀国。請名徳三蔵幷求大乗諸論雑華経等。真諦遠聞行化儀軌聖賢。捜選名匠恵益氓品。彼国乃屈真諦幷齎経論恭膺帝旨。既素蓄在心渙然聞命。以大同十二年八月十五日達于南海。沿歴険闊仍滞両春。以太清二年閏八月始届都邑。武皇面申礼敬安置於宝雲殿竭誠供養。帝欲伝翻経教不羡秦時。更出新文有逾斉日。属道銷梁季寇羯憑凌法為時崩。不果宣述乃歩入東土。又往富春令陸元哲創奉問律将事伝訳。招延英秀沙門宝瓊等二十余人。翻十七地論適得五巻。而国難未静側附通伝。至大宝年為侯景請還在台供養。于斯時也兵飢相接法幾頽焉。会元帝啟祚承聖清夷。乃止于金陵正観寺。与願禅師等二十余人翻金光明経。三年二月還返予章。又往新呉始興。後随蕭大保度嶺至于南康。並随方翻訳栖遑靡託。諦於梁代所出経論総十一部。梁末入陳復出経論如後所述。長房内典等録有十八部論一巻亦云諦訳。今尋文句非是諦翻。既与部執本同不合再出。今此刪之如別録中述。復有金光明疏等六部二十六巻。並是真諦所撰。亦並刪之（長房内典等録復云天監十五年竺道賢献優婁頻螺経一巻直云献上不弁委曲且編疑録此刪不載）

［24］今、『貞元録』等の意を案ずるに……『続高僧伝』（大正五〇・四二九下～）や『貞元新定釈教目録』（大正五五・八三六頁下～）などを要約したもの。

［25］侯景……「侯」字の左下に声点（圏点）あり。「景」字の左上に声点（圏点）あり。

【解　説】

二十七丁表二行目から三十丁表の最終行にかけては「以下、真諦の翻訳の不正を便ずるの文を案ず」として、『仏性論』の訳者とされる真諦三蔵の伝記を引用しつつ、真諦の翻訳は誤謬が多く信ずるに足らないとして批判する。

引用される真諦伝は、①大覚撰『四分律行事鈔批』巻六（新纂続蔵四二所収）、②円照『貞元新定釈教目録』巻一〇（大正五五所収）の二つである。なお、真諦の最もまとまった伝記としては『続高僧伝』巻一（大正五〇・四二九下）があるが、直接の言及はなされない[1]。このことは、後述するように①と②がいずれも「真諦の翻訳の不正」を強調する際に最も適していると判断されたからであろう。そこで以下、順に確認してみよう。

まず、①『四分律行事鈔批』巻六（本帖では巻二とする）が引用される。大覚は杭州華厳寺に住し、道宣『四分律行事鈔』を二度にわたり門弟に講じたとされる律僧であり、本書はその講録である。ここでは「『記』に云わく」として真諦の伝記が述べられているが、道宣『続高僧伝』巻一からの適宜抄出と考えられる。なお、志鴻の『四分律捜玄録』（新纂続蔵四一・八九二下）には、「華厳の云わく」として同一の文が確認できるが、『鈔批』は大覚の講義が筆録された華厳寺にちなんで『華厳記』とも呼ばれているから、[2] これを指すものであろう。その内容であるが、全体として『続高僧伝』のなかから真諦による神変のエピソードが抜き出され、その神異が強調されるとともに、真諦が梁末の侯景の乱以降、各地を転々としつつ翻訳を行なったことがコンパクトにまとめられた伝記となっている。

次に②円照『貞元新定釈教目録』巻一〇が引用される。ここでも「経論を翻ずと雖も栖遑して記すところ靡し」や「而れども飄寓《ひょうぐう》投委して、心寧寄する無し」などとするように、真諦の訳経活動が不安定な状況下に行なわれたものであったことが強調される記述となっている。

なお、この後、『仏性論文集』では「『同』九に云わく」との一文が入るが、本文の引用はない。書写段階で省略されたものとみられる。

続いて「今、『貞元録』等の意を案ずるに」として、蔵俊自身による真諦伝の批評が行なわれている。ここで蔵俊は、一見、客観的な立場から『続高僧伝』の記述を振り返りつつ、真諦の翻訳活動の苦難を述べているようであるが、以下のように、翻訳の体制そのものに不備があったことを強調する点は注目しておきたい。すなわち、又た、新呉の始興郡建興寺に往き、『起信論』等を翻ず。山に隠れ、谷に遁れて、法を伝うるの間、証義・綴文等、経を翻ずるに遅として備わらず。経論を翻ずと雖も、文言、乖競し、仏法を伝うと雖も、本意を申さず。（中略）則ち広州に於いて『摂大乗』等五部の経論を翻ず。僅かにして恵愷等相い翻ずるに、論義綴文等無し。

（本研究書二五四頁）

と記している。つまり、苦難の故に証義・綴文などを十分に備えた翻訳ではなかったこと、「文言、乖競」するものであったこと、そのため錯簡（紙謬）も多く、「翻訳不実」であることを強調しているのである。そして、「何ぞ必ずしも玄奘と同じく其の是非を論ぜんや」と述べ、真諦を玄奘の訳経のレベルと同列に論じることはできないとして蔵俊は厳しく批判している。

このように二十七丁表二行目からの真諦伝の引用意図は、『四分律行事鈔批』『貞元新定釈教目録』などの真諦の翻訳の苦難を述べる伝記を示しつつ、その苦難故の翻訳の不備を強調する点にあったと考えられるのである。

（野呂　靖）

註

（1）真諦伝については宇井伯寿「真諦三蔵の研究」（『印度哲学研究』六、一九三〇年）および船山徹「真諦の活動と著作の基本的特徴」（『真諦三蔵研究論集』所収、京都大学人文科学研究所、二〇一二年）などを参照。

（2）佐藤達玄「行事鈔六十家攷（一）」（『駒沢大学仏教学部研究紀要』三五、一九七七年）の三四頁。

第四節　『仏性論』の構成

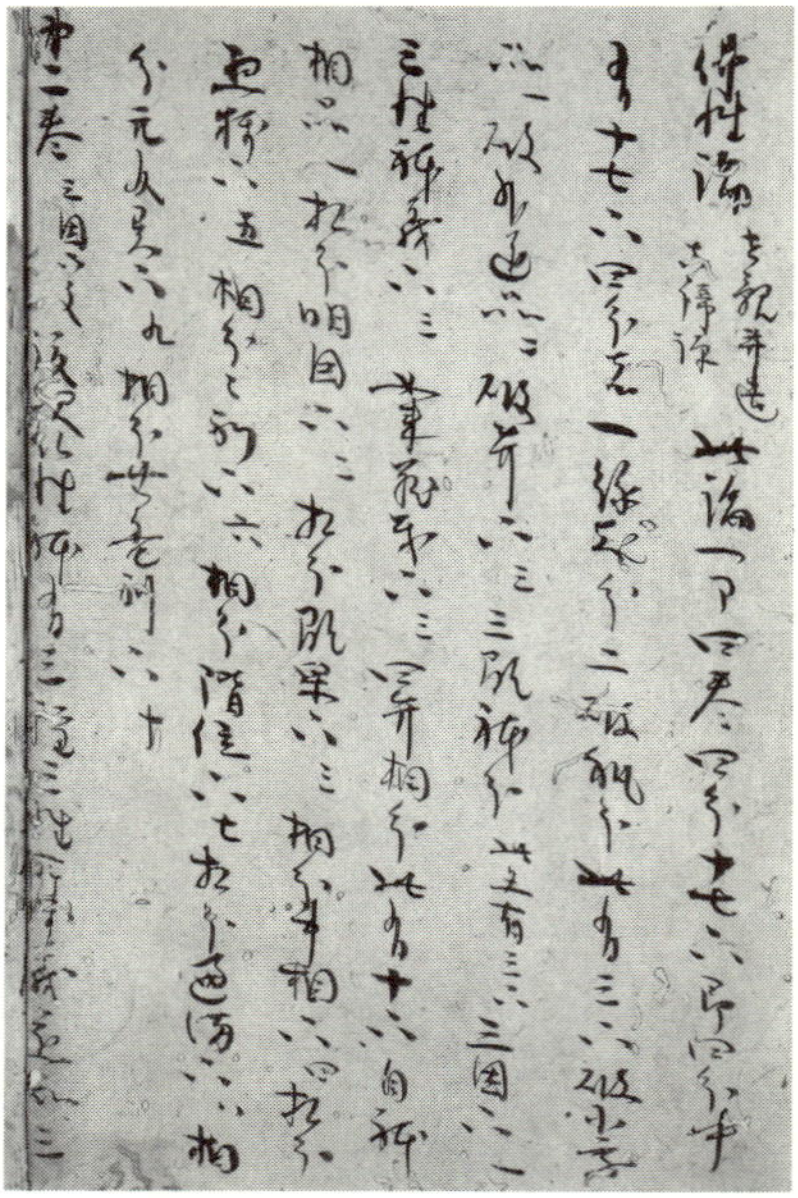

【翻　刻】

〔三十丁裏〕

450 佛性論 世親菩薩造 真諦譯 此論一部四巻四分十七品即四分中
451 有十七品四分者一縁起分二破執分此有三品破小乗
452 品一破外道品二破菩薩品三三顕躰分 此亦有三品 三因品一
453 三性躰義品二如来蔵義品三四弁相分此有十品一自躰
454 相品一相分明因品二相分顕果品三相分事相品四相分
455 惣摂品五相分々別品六相分階位品七相分遍満品八相
456 分无変異品九相分無差別品十
457 第二巻 三因品文 復次仏性躰有三種三性所摂義應知三

【訓読】

『仏性論』世親菩薩造 真諦訳 此の『論』は、一部四巻、四分十七品なり。即ち四分中に十七品有り。四分とは、一つには縁起分、二つには破執分。此に三品有り。破小乗品一、破外道品二、破菩薩品三、三つには顕体分。此れにも亦た三品有り。三因品一、三性体義品二、如来蔵義品三。四つには弁相分。此れに十品有り。自体相品一、相分明因品二、相分顕果品三、相分事能[1]品四、相分惣摂品五、相分々別品六、相分階位品七、相分遍満品八、相分無変異品九、相分無差別品十なり。

第二巻三因品文 復た次に仏性の体に三種有りて[2]、三性に摂せらるるの義ありと応に知るべし。三……

【註記】

[1] 能……翻刻では「相」となるが、『仏性論』（大正三一所収）に従って「能」とする。

[2] 復た次に仏性の体に三種有りて……『仏性論』巻二「顕体分」中「三因品」からの引用。

顕体分第三中三因品第一復次仏性体有三種。三性所摂義応知　（大正三一・七九四上）

【解説】

三十丁裏一行目より、やや唐突に世親造・真諦訳『仏性論』四巻の構成が示される。前段までの伝記の検討を踏まえ、『仏性論』自体の教義内容に言及するためかと考えられるが意図は不明である。『仏性論』四巻（大正三一所収）は、「一切衆生悉有仏性」の義について、先行する『宝性論』などを継承しつつ解説を行なったもので、東アジアにおける如来蔵思想の展開に多大な影響を与えた論書である。ただし、造論者を世親とみてよいかという点や、訳出者の真諦自身の関与などを含め、従来より多くの議論を生んできた。[1]このことはまさに原書「第一章　世親撰『仏性論』の翻訳に関する疑義」においても論じられている問題であり、本書の主題といってもよい。したがって、三十丁裏一行目において示される『仏性論』の構成は、むしろ『仏性論文集』の冒頭に示されるべき内容であろう。立命館大学アートリサーチセンター所蔵の本帖が蔵俊撰述時の原態をとどめていない可能性はこの点からも窺われる。

なお『仏性論』の日本への将来は八世紀頃であり、天平写経中にも複数の書写の実態が確認できる。[2]蔵俊が示す『仏性論』各品の構成は、現行本（大正三一所収）と大きく異ならないが、巻一「破執分第二」中の第三「破大乗見品」が、『仏性論文集』では「破菩薩品」となっており、見出しが若干相違している（ただし意味は大きく変わらない）。蔵俊がいかなる『仏性論』テキストを参照していたかは未詳であり、今後、日本古写経系の諸本との比較が必要である。

ところで、ここで最も問題となるのは、三十一丁から三十二丁にかけて錯簡が存在することである。すなわち、三十一丁（二面）の内容は本来、三十五丁と三十六丁との間に入るべきものであるが、本帖ではそれが三十丁と三十二丁の間に挿入されているのである。そのため、三十丁裏八行目（最終行）では、次に続くであろう議論が途切れてしまっている。さらに、続く三十二丁表・裏の一紙（二葉）の内容は、以下にみるように玄奘の「宗」をめぐる問答の「答」から始まっている。したがって、ここでも三十丁裏八行目の「三因品」の本文とはつながらない。

つまり、二十七丁表から続いてきた真諦の伝記と『仏性論』に関する内容は、ここで終わってしまうのである。
こうした錯誤がどの段階で起こったものかは厳密には不明であるが、二つ折りした料紙を綴るという綴葉装において、その二面分にのみ本文の錯誤が見られること、また通常、綴葉装の本文書写は紙綴じの後に行なわれるものであることを踏まえると、立命館大学アートリサーチセンター所蔵の本帖がもとづく親本の段階ですでに本文に乱れが生じており、それをそのまま書写した結果と考えられようか。いずれにしても、三十丁裏八行目以降は、本来、『仏性論』「三因品」の引用を踏まえた何らかの議論が展開するものであったと推測されることから、『仏性論文集』には内容的にかなり大幅な欠落があることがわかる。

註

（1）『新国訳大蔵経　仏性論・大乗起信論』、大蔵出版、二〇〇五年、高崎直道「仏性論　解題」参照。
（2）石田茂作『写経より見たる奈良朝仏教の研究』、東洋文庫、一九三〇年。

（野呂　靖）

第三章　天台宗の論難と蔵俊の反論

第一節　玄奘の宗を「一乗仏性」とする天台宗の論難

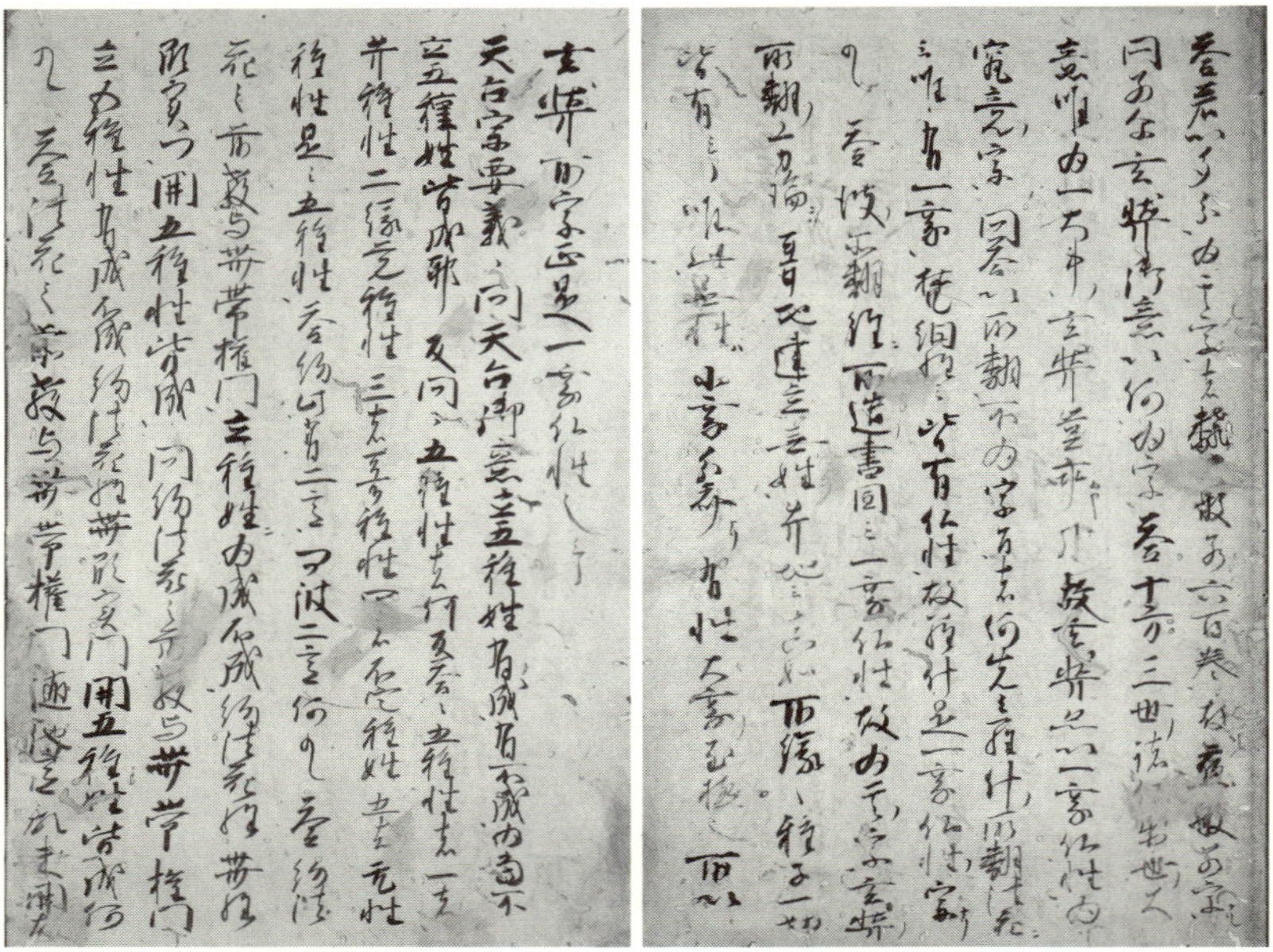

【翻　刻】

〔三十二丁表〕

476 答若以多分レ為其宗一者翻大般若六百巻一故應般若宗《ナル》一
477 問若爾玄奘御意以何レ為宗レ答十方《ノ》三世《ノ》諸仏出世大
478 意唯為一大事《ノ》レ玄奘豈乖《ムヤ》 哉故玄奘亦以一乗仏性レ為
479 究竟《ノ》宗レ問答以所翻レ不為宗旨レ者何先云羅什《ノ》所翻法花ニ
480 云唯有一乗レ梵網經云皆有仏性レ故羅什《ノ》是一乗仏性宗ナリ
481 乎答彼所翻經《ノ》所造画図云一乗仏性レ故為其宗《ノ》レ玄奘《ノ》
482 所翻ユカ論ニハ声聞地建立無姓レ菩薩地云真如所縁々種子一切
483 皆有 云々 唯此無姓ハ小乗分斉ナリ有性大乗至極《ノ》也所以

〔三十二丁裏〕

484 玄奘所宗正是一乗仏性也 云々
485 天台宗要義云問天台御意立五種姓有成レ有不成レ為當不
486 立五種姓皆成耶返問云五種性者何返答云五種性者一者
487 菩薩種性二縁覚種性三者声聞種性四者不定種姓五者无性
488 種性是云五種性レ答約此有二意レ問彼二意何耶答約法
489 花之前教与涅槃帯権門レ立種姓ニ為成不成レ約法花經涅槃經
490 顕實門レ開五種性皆成レ問約法花之前教与涅槃帯権門
491 立五種性有成不成約法花經涅槃顕実門開五種姓皆成何
492 耶答法花之前教与涅槃帯権門随他意故未開故

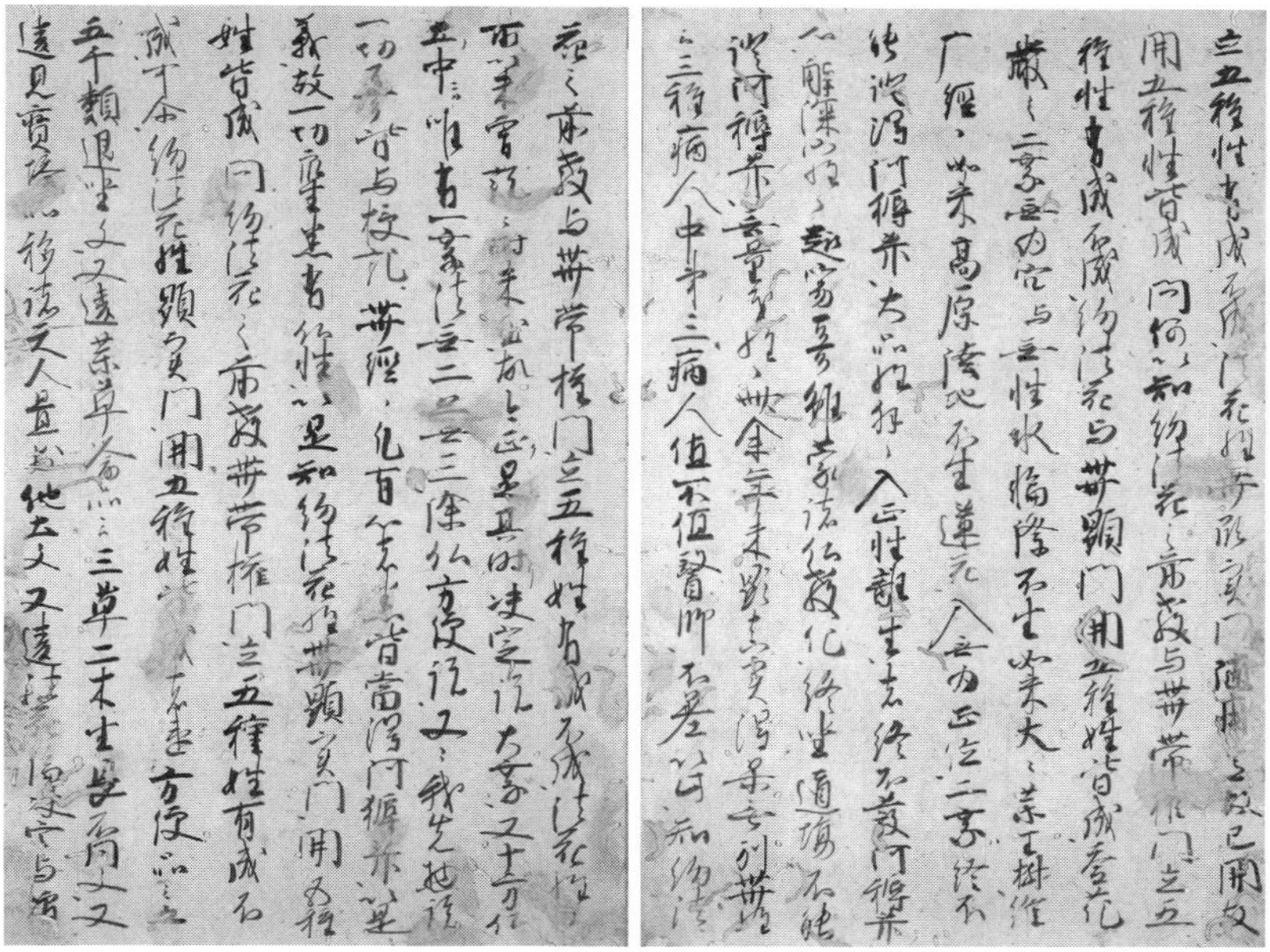

〔三十三丁表〕
493 立五種性有成不成レ法花經涅槃顕実門随自意故已開故
494 開五種性皆成問何以知約法花之前教与涅槃帯権門立五
495 種性有成不成レ約法花与涅槃顕門開五種姓皆成レ答花
496 厳云二乗無為穴与無性水輪際不生如来大之薬王樹レ維
497 摩經云如来高原陸地不生蓮花レ入無為正位レ二乗終不
498 能証得阿耨菩提レ大品經解云入正性離生レ者終不發阿耨菩提
499 心レ解深密經云趣寂声聞雖蒙諸仏教化レ終坐道場不能
500 証阿耨菩提レ無量義經云四十余年未顕真實得果無別涅槃經
501 云三種病人中第三病人値不値醫師レ不差以此レ知約法
〔三十三丁裏〕
502 花之前教与涅槃帯権門レ立五種姓有成不成レ法花經云
503 所以未曾説々時未至レ故今正《ク》是其時《ナリ》決定説大乗レ又十方仏
504 土中　唯有一乗法無二亦無三除仏方便説又云我先惣説
505 一切声聞皆与授記涅槃經云凡有心者悉皆當得阿耨菩
提レ以是
506 義レ故一切衆生悉有仏性レ以是知約法花經涅槃顕實門レ
開五種
507 姓皆成問約法花之前教涅槃帯権門レ立五種姓有成不
508 成レ可爾レ約法花經顕實門レ開五種姓皆成者違方便品云五
509 五千類退坐文レ又違薬草喩品云三草二木生長不同文レ又
510 違見寶塔品移諸天人置於他土文又違法花論決定与増

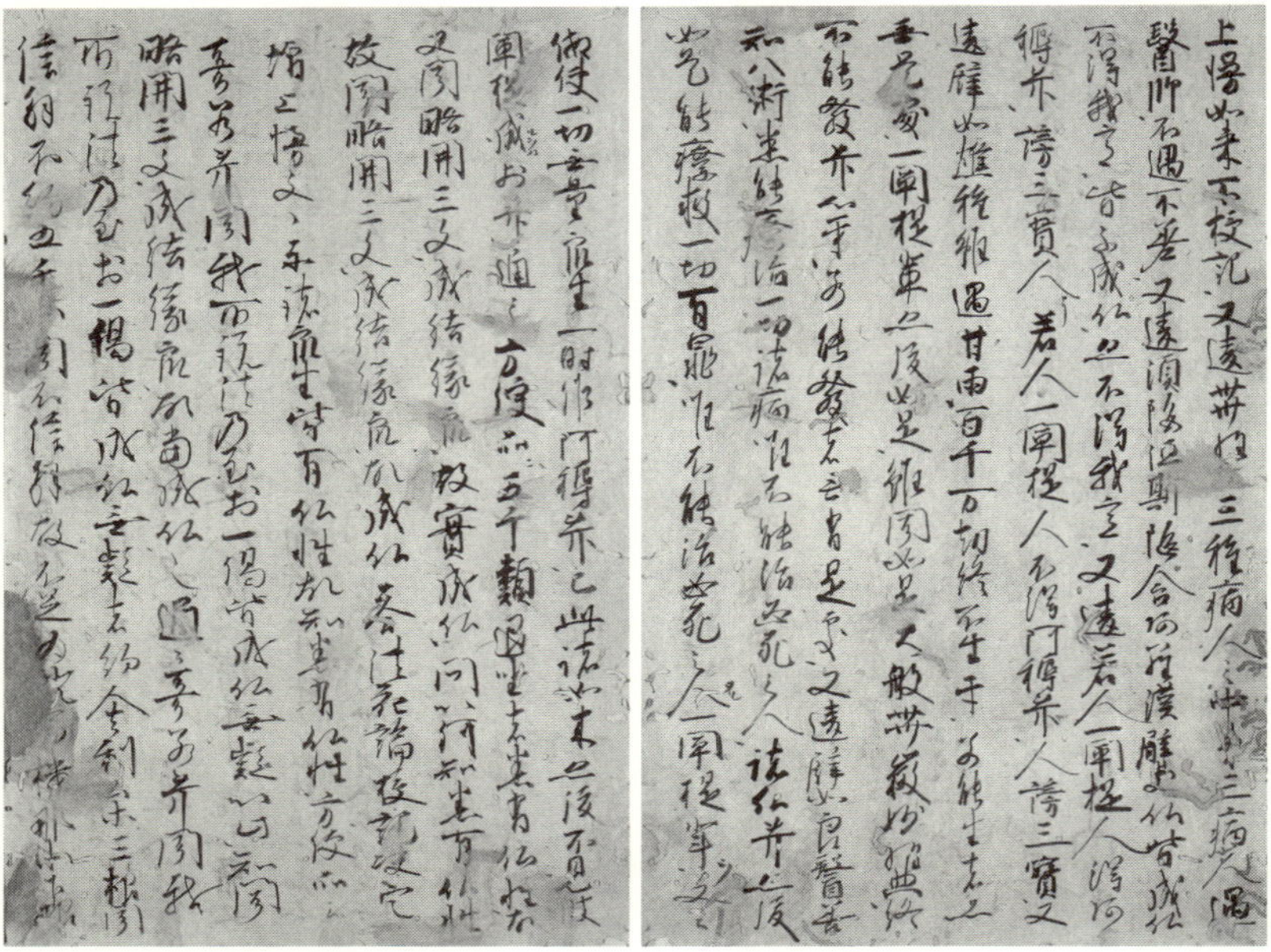

〔三十四丁表〕
511 上慢如来不授記｣又違涅槃經云三種病人之中有三病人遇
512 醫師｣不遇不差｣又違須陀洹斯陀含阿羅漢辟支仏皆成仏
513 不得我意｣皆不成仏｣亦不得我意｣又違若人一闡提人得阿
514 耨菩提｣謗三寶人《ナリ》 若人一闡提人不得阿耨菩提｣人謗三寶｣又
515 違譬如燋種雖遇甘雨｣百千万刧終不生芽｣若能生者亦
516 無是處｣一闡提輩亦復如是｣雖聞如是大般涅槃微妙經典｣終
517 不能發菩提心芽｣若能發者無有是處｣又違譬如良醫善
518 知八術｣悉能療治一切諸病唯不能治必死之人｣諸仏菩薩亦復
519 如是能療救一切有罪｣唯不能治必死《タル》之人 一闡提輩《ヲ》｣又云
〔三十四丁裏〕
520 假使一切無量衆生一時作阿耨菩提｣已此諸如来亦復不
見彼
521 闡提成《ルヲハ》　於菩提｣通云方便品《ニ》五千類退坐者悉有仏性｣故
522 又聞略開三文｣成結縁衆｣故實成仏｣問以何知悉有仏性
523 故聞略開三文｣成結縁衆｣故成仏答法花論授記決定
524 增上慢文云示諸衆生皆有仏性故知悉有仏性｣方便品云
525 声聞若菩薩聞我所説法乃至於一偈皆成仏無疑以此｣知聞
526 略開三文｣成結縁衆｣故當成仏｣也通云声聞若菩薩聞我
527 所説法乃至於一偈皆成仏無疑者約舍利弗等三根聞
528 信解不約五千類聞不信解故不足為証富樓那等下根

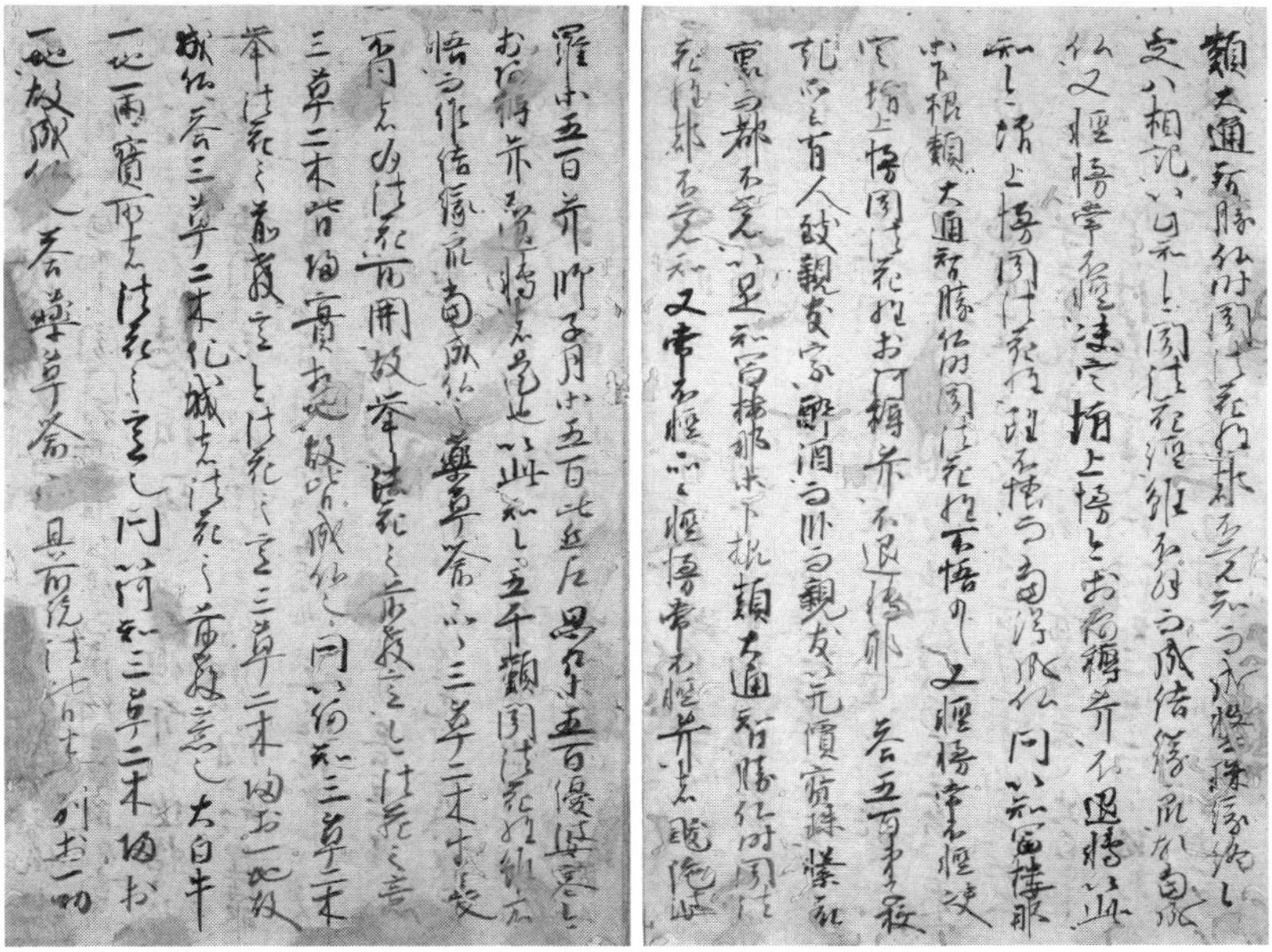

〔三十五丁表〕

529 類大通智勝仏時聞法花經都不覚知而成繫珠縁終今
530 受八相記㆒以此知今聞法花經㆒雖不解而成結縁衆㆒故當成
531 仏㆓又輕慢常不輕㆒決定増上慢今於阿耨菩薩㆓不退轉以此㆒
532 知今増上慢聞法花經㆒雖不悟㆒而當得成仏問以知富樓那
533 等下根類《ハ》大通智勝仏時聞法花經不悟乎又輕慢常不輕決
534 定増上慢聞法花經於阿耨菩提㆒不退轉耶答五百弟子授
535 記品云有人致親友家㆒醉酒㆒而臥而親友以无價寶珠㆒繫衣
536 裏㆒而都不覚㆒以是知富樓那等下根類大通智勝仏時聞法
537 花經都不覚知又常不輕品云輕慢常不輕菩薩㆒者颰陀婆

〔三十五丁裏〕

538 羅等五百菩薩師子月等五百比丘尼思仏等五百優婆塞今
539 於阿耨菩提不退轉㆒者是也以此知今五千類聞法花經雖不
540 悟㆓而作結縁衆㆒當成仏㆒也薬草喩品云三草二木生長
541 不同者為法花㆒所開㆒故挙法花之前教意㆒今法花之意
542 三草二木皆帰實相地㆒故皆成仏也問以何知三草二木
543 挙法花之前教意㆒今法花之意三草二木帰於一地故
544 成仏答三草二木化城者法花之前教意也大白牛
545 一地一雨寶所者法花之意也問以何知三草二木帰於
546 一地㆒故成仏也答薬草喩品其所説法皆生別於一切

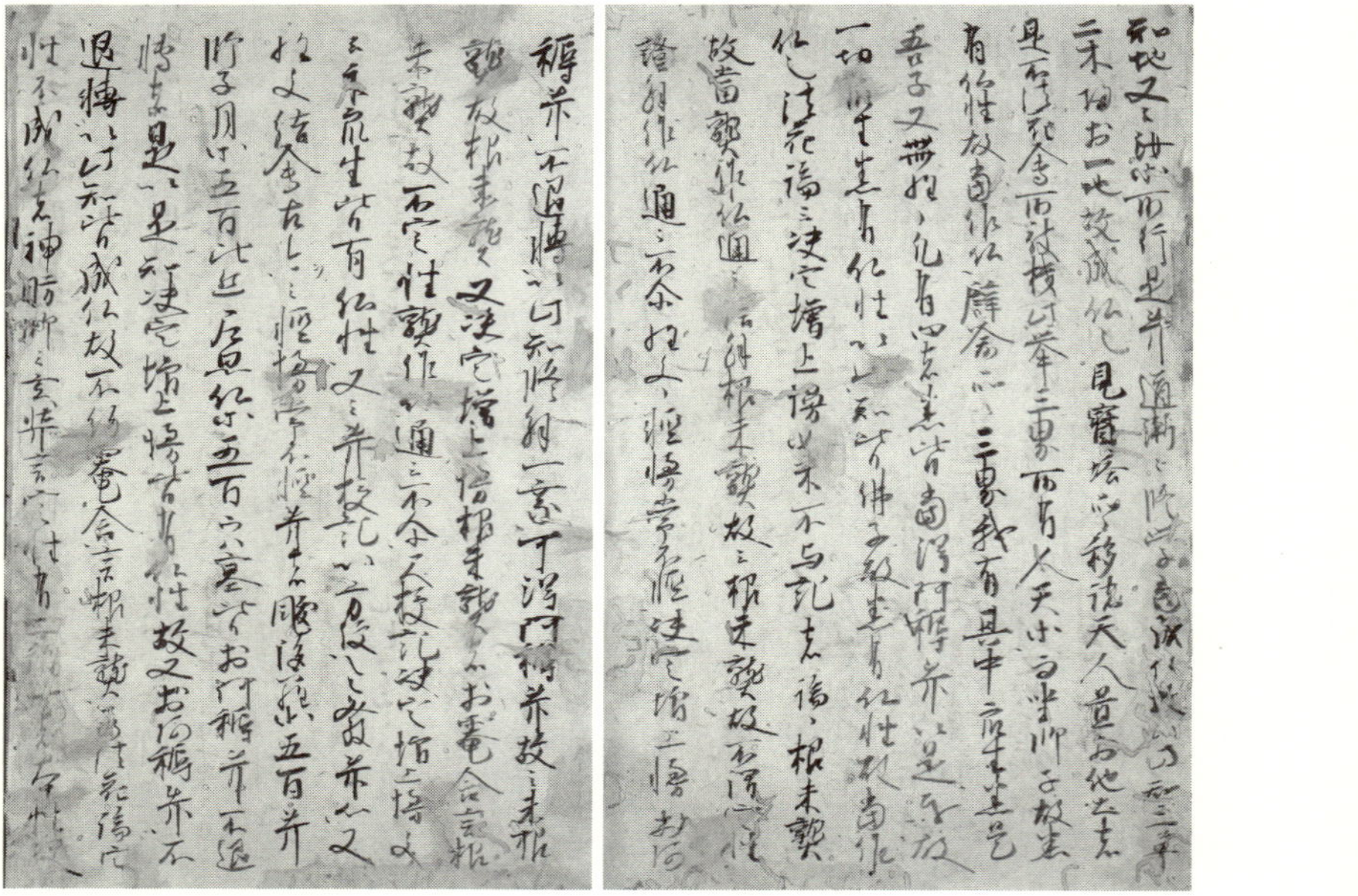

〔三十一丁表〕

知地又云汝等所行是菩薩道漸々修学當成仏故以此知三草二木帰於一地故成仏也見寶塔品云移諸天人置於他土者是不法花會所被機此挙三界所有人天等而坐師子故悉有仏性故當作仏｣譬喩品云三界我有其中衆生悉是吾子又涅槃經云凡有心者悉皆當得阿耨菩提以是義｣故一切衆生悉有仏性以此｣知皆佛子故悉有仏性故當作仏也法花論云決定増上慢如来不与記者論云根未熟故當熟作仏通云信解根未熟故云根未熟故不謂定性証解作仏通云不爾經文云輕慢常不輕｣決定増上慢於阿

〔三十一丁裏〕

耨菩提｣不退轉｣以此知修解一乗｣可得阿耨菩提故云未根熟故根未熟又決定増上慢根未熟者於罷含言根未熟｣故不定性熟作仏｣通云不爾｣釈授記｣決定増上慢文云示衆生皆有仏性｣又云菩薩授記以方便｣令發菩提心｣又経文結會古今《ヲ》｣云輕慢常不輕菩薩者颰陀羅等五百菩薩師子月等五百比丘尼思仏等五百ウハ塞皆於阿耨菩提不退轉者是以是知決定増上慢皆有仏性故又於阿耨菩提｣不退轉｣以此知皆成仏故不約罷含｣言根未熟｣若法花論定性不成仏者神昉師云玄奘言定性有二種一者本性決

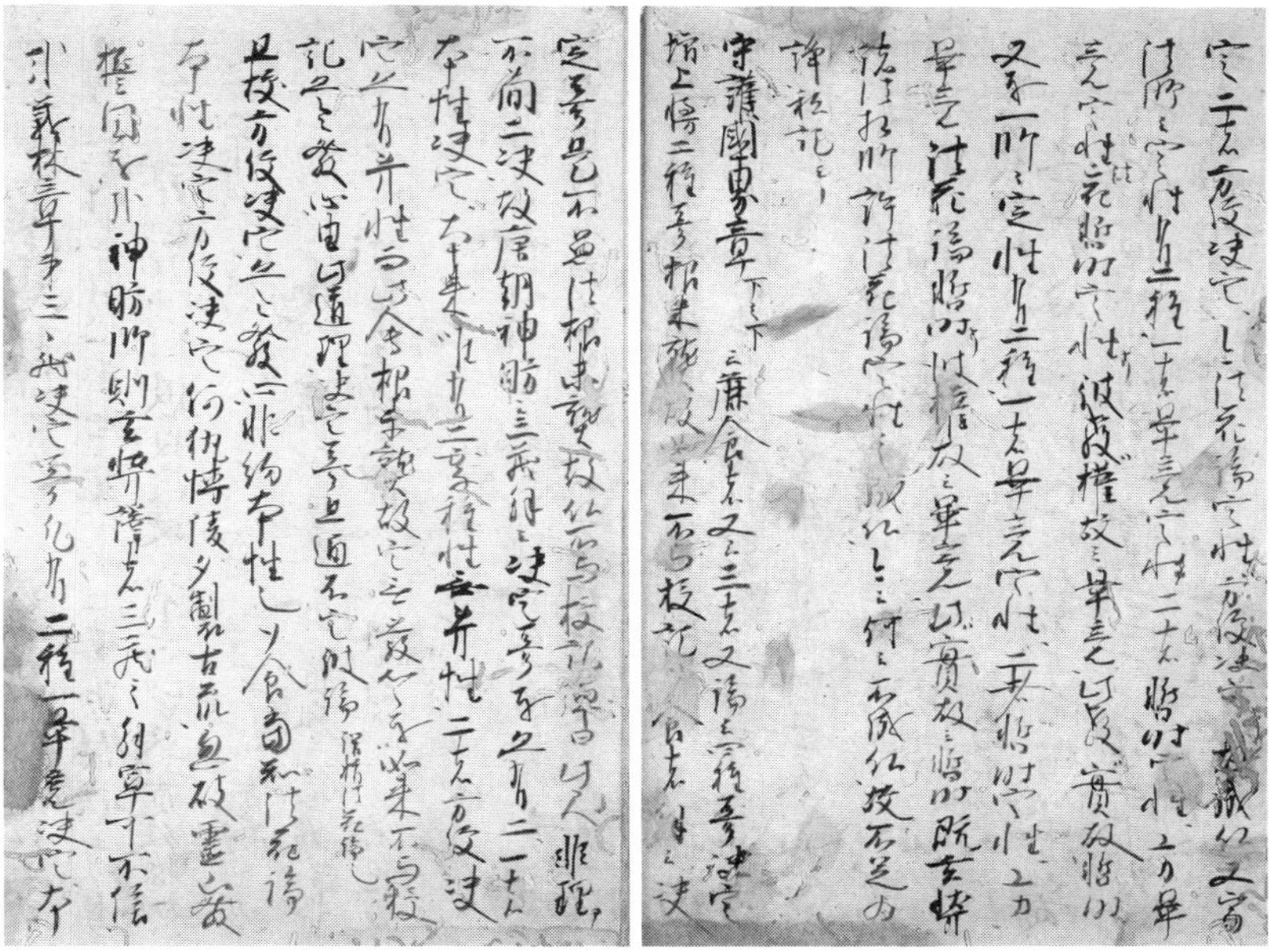

〔三十六丁表〕
547 定二者方便決定今法花論定性《ハ》方便決定《ナリ》 故成仏又寂
548 法師云定性有二種」一者畢竟定性二者暫時定性ユカ畢
549 竟定性〇法花暫時定性《ナリ》 彼教《ハ》権故云畢竟」此教《ハ》實故暫時
550 又義一師云定性有二種」一者畢竟定性二者暫時定性ユカ
551 畢竟法花論暫時《ナリ》 彼権故云畢竟」此《ハ》實故云暫時既玄奘
552 諸法相師許法花論定性之成仏」今云何云不成仏」故不足為
553 諍私記 云々
554 守護國界章 下之下 云麁食者又云三者又論云四種声聞決定
555 増上慢二種声聞根未熟故如来不与授記ソ食者解云決
〔三十六丁裏〕
556 定声聞是不愚法根未熟故仏不与授記弾曰此釈非理《テ》
557 不簡二決」故唐朝神昉云三蔵解云決定声聞義亦有二」一者
558 本性決定本来唯有二乗種性無菩薩性」二者方便決
559 定亦有菩薩性而於此會根未熟故定無發心之義」如来不与授
560 記亦令發心」由此道理」決定声聞亦通不定彼論 謂指法華論也
561 且拠方便決定」亦令發心」非約本性也ソ食當知法花論
562 本性決定方便決定何執博陵夕製古疏」忽破霊山發
563 誓円義」哉神昉師則玄奘譯者三蔵之解寧可不信」
564 哉義林章第三云然決定声聞凡有二種一畢竟決定本

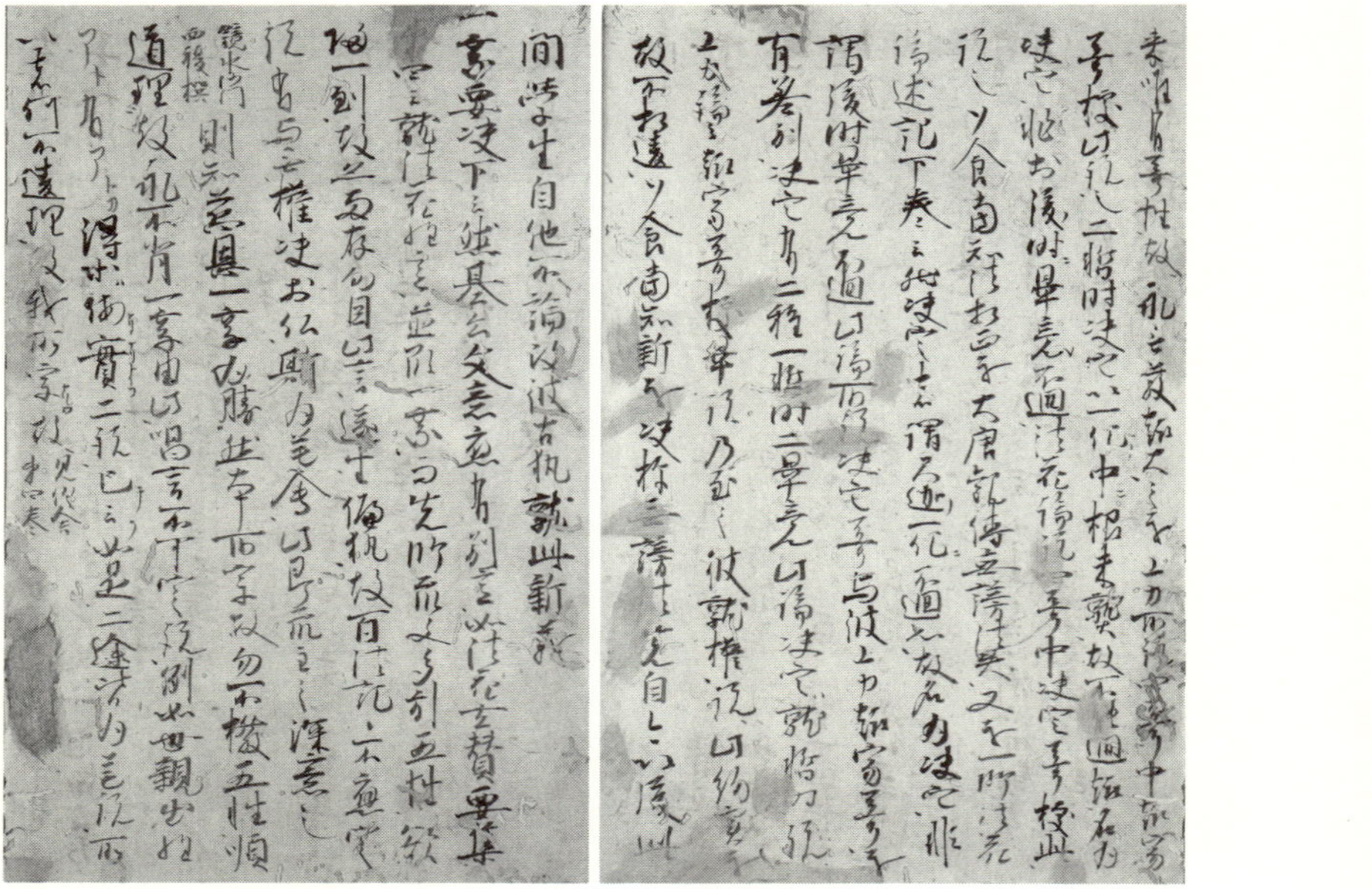

〔三十七丁表〕

565 来唯有声聞性¬故永無發趣大¬之義ユカ所説四声聞中趣寂
566 声聞據此説¬也二暫時決定以一化《ノ》中《ニ》根未熟¬故不能廻趣¬名為
567 決定¬非於後《ノ》時《ニ》畢竟《シテ》不廻¬法花論説四声聞中決定声聞據此¬
568 説也ソ食當知法相正義大唐觀傳無謗法失¬又義一師法花
569 論述記下巻云然決定者謂釈迦《ノ》一化《ニ》不廻心¬故名為決定¬非
570 謂後時畢竟不廻此論所説決定声聞与彼ユカ趣寂声聞¬義
571 有差別¬決定有二種一暫時二畢竟此論決定《ハ》就暫時説
572 ユカ論云趣寂声聞據畢説乃至云彼就權¬説此約實義
573 故不相違¬ソ食當知新義決擇無謗法失自今以後此

〔三十七丁裏〕

574 間學生自他不論改彼古執就此新義
575 一乘要決下云然基公文意應有別意¬如法花玄賛要集
576 第四云就法花經意¬並顕一乘¬而先師疏文多引五性¬欲
577 帰一致¬故亦両存勿因此言¬遂生偏執¬故百法記云不應定
578 説有与無¬權決於仏¬斯為善會¬此即疏主之深意也
579 鏡水沙門西復撰　則知慈恩一乘為勝¬然本所宗故勿不撥五性¬順
580 道理¬故永不背一乘由此¬唱言不可定説¬例如世親出經
581 部《ト》有部《トカ》得等《ハ》假《ナリ》實《ナリトイフ》　二説¬已《テ》云《ク》如是¬二途皆為善説¬所
582 以者何不違理¬故我所宗《ナルカ》　故　見倶舎第四巻

【訓　読】

答う。若し多分を以て其の宗と為さば、『大般若』六百巻を翻ずるが故に、応に般若宗なるべし。問う。若し爾らば玄奘の御意、何を以て宗と為すや。答う。十方三世の諸仏出世の大意は、唯だ一大事の為なり。玄奘、豈に乖かんや。故に玄奘も亦た一乗仏性を以て究竟の宗と為す。問う。翻ずる所を以て宗旨と為さずと答うるならば、何ぞ先に云わく、羅什所翻の『法花』に「唯だ一乗のみあり[1]」と云い、『梵網経』に「皆な仏性有り[2]」と云うや。故に羅什は是れ一乗仏性の宗なり。答う。彼の所翻の経に所造の画図には、「一乗仏性」と云う。故に其の宗と為す。玄奘の所翻の『瑜伽論』には声聞地に無姓を建立し[3]、菩薩地に「真如所縁々種子は一切に皆な有り[4]」と云うと。云々唯だ此の無姓は小乗の分斉なり。有性は大乗の至極なり。所以に玄奘の宗とする所、正しく是れ一乗仏性なり。云々

『天台宗要義[5]』に云わく、「問う。天台の御意は、五種姓を立てて成有り不成有りとするや、為《は》た当に五種姓の皆成を立てざる耶。返問して云わく、五種性とは何ぞや。返答して云わく、五種姓とは、一つには菩薩種性、二つには縁覚種性、三つには声聞種性、四つには不定種姓、五つには無性種性なり。是れをば五種性と云う。答う。此れに約して二意有り。問う。彼の二意とは何ぞ耶。答う。『法花』の前教と『涅槃』の帯権門に約すれば、種姓を立てて成・不成を為す。『法花経』と『涅槃経』の顕実門に約すれば、開きて五種性は皆成なり。問う。『法花』の前教と『涅槃』の帯権門に約すれば、五種性を立てて成・不成有り、『法花経』と『涅槃』の顕実門に約すれば、開きて五種性は皆成なりとは、何ぞ耶。答う。『法花』の前教と『涅槃』の帯権門とは、随他意なり。故に未開なり。故に五種性を立てて成・不成有り。『法花経』と『涅槃』の顕実門は随自意なり。故に已開なり。故に開きて五種

性は皆成なり。問う。何を以て知んぬ、『法花』の前教と『涅槃』の帯権門に約すれば、五種性を立てて成・不成有り、『法花』と『涅槃』の顕門に約すれば、開きて五種姓は皆成なりと。答う。『花厳』に云わく、〈二乗の無為の穴と無性の水輪際に、如来の大の薬王樹生ぜず[6]〉と。『維摩経』に云わく、〈如来、高原の陸地は蓮花を生ぜず、無為の正位に入る二乗は終に阿耨菩提を証得すること能わず[7]〉と。『大品経』に解して云わく、〈正性離生に入る者は終に阿耨菩提心を発さず[8]〉と。『解深密経』に云わく、〈趣寂声聞は諸仏の教化を蒙ると雖も、終に道場に坐して、阿耨菩提を証すること能わず[9]〉と。『無量義経』に云わく、〈四十余年には未だ真実を顕さず。道を得るに別無し[10]〉と。『涅槃経』に云わく、〈三種病人の中、第三の病人、医師に値うも値わざるも差《い》えず[11]〉と。此れを以て知んぬ、『法花』の前教と『涅槃』の帯権門に約すれば、五種姓を立てて成・不成有るなりと。『法花経』に云わく、〈未だ曾て説かざる所以は、説時未だ至らざるが故なり。今正しく是れ其の時なり。決定して大乗を説く[12]〉と。又た、〈十方仏土の中には、唯だ一乗の法のみ有り。二も無く亦た三も無し。仏の方便の説を除く[13]〉と。又た云わく、〈我れ先に惣じて一切の声聞に皆な授記を与うと説けり[14]〉と。『涅槃経』に云わく、〈凡そ心有る者は悉く皆な当に阿耨菩提を得べし。是の義を以ての故に、一切衆生に悉く仏性有り[15]〉と。是れを以て知んぬ、『法華経』と『涅槃』の顕実門に約すれば、開きて五種性は皆成なりと。問う。『法花』の前教と『涅槃』の帯権門に約すれば、五種姓を立てて成・不成有ること、爾るべし。『法花経』の顕実門に約すれば、開きて五種姓は皆成なりとは、「方便品」に云わく、〈五千の類退坐す[16]〉の文に違す。又た「薬草喩品」に云わく、〈三草と二木の生長同じからず[17]〉の文に違す。又た「見宝塔品」の〈諸の天・人を移して他土に置く[18]〉の文に違す。又た『法花論』の〈決定と増上慢に如来は授記せず[19]〉に違す。又た『涅槃経』に云わく、〈三種の病人の中の三の病人有りて、医師に遇うも遇わざるも差えず[20]〉に違す。又た、〈須陀洹、斯陀含、阿羅漢、辟支仏は皆な成仏すというは我が意を得ず。皆な成仏せずというも亦た我が意を得ず[21]〉に違す。又た、〈若し人、一闡提の人は阿耨菩提を得といわば、三宝を謗る人なり。若し人、一闡提の人は阿耨菩提を得ずといわば、人、三宝を謗るなり[22]〉に違す。又た、〈譬えば、燋種は甘雨に遇うこと百千万劫と雖も、終に芽を生ぜざるが如し。能く生ずるが若きは、亦た是の処《ことわり》無し。一闡提の輩も亦復た是の如し。是の如き大般涅槃微妙の経典を聞くと雖も、終に菩提心の芽を発すこと能わず。能く発すが若きは、是の処《ことわり》有ること無し[23]〉に違す。又た、〈譬えば、良医の善く八術を知り、悉く能く一切の諸病を療治するも、唯だ必死の人のみは治すこと能わざるが如し。諸仏・菩薩も亦復た是の如し。能く一切の有罪を療救するも、唯だ必死の人たる一闡提の輩を治すこと能わず[24]〉に違す。又た云わく、〈仮使《たと》い一切無量の衆生の一時に阿耨菩提を作《な》し已るも、此の諸の如来も亦復た彼の闡提の、菩提を成ずることを見ず[25]〉と。通じて云わく、〈「方便品」に五千の類の退坐の者は、悉く仏性有るが故に、又た略して開三の文を聞きて結縁の衆と成る、故に実に成仏す〉と。問う。何を以て知んぬ、悉く仏性有るが故に、略して開三の文を聞きて結縁の衆と成る。故に成仏するなりと。答う。『法花論』の決定・増上慢に授記するの文に云わく、〈諸の衆生に皆な仏性有ることを示さん[26]〉と。故に知んぬ、悉く仏性有るなりと。「方便品」に云わく、〈声聞若しは菩薩、我が所説の法を聞くこと、乃至一偈に於いてもせば、皆な成仏せんこと疑い無し[27]〉と。此れを以て知んぬ、略して開三の文を聞きて結縁の衆と成る。故に当に成仏すべきなりと。通じて云わく、〈《声聞若しは菩薩、我が所説の法を聞くこと、乃至一偈に於いてもせば、皆な成仏せんこと疑い無し》とは、舎利弗等の三根の、聞きて信解するに約す。五千の類の聞くも信解せざるには約さず。故に証と為すには足らず。富楼那等の下根の類は大通智勝仏の時に『法花経』を聞くも、都て覚知せず。而して繋珠の縁を成じて、終に今、八相の記を受く。此れを以て知んぬ、今『法花経』を聞きて、解せざると雖も、結縁の衆と成るが故に、当に成仏すべきなりと。又た、常不軽を軽慢せる決定・増上慢も、今、阿耨菩提[28]に於いて退転せず。此れを以て知んぬ、今の増上慢も『法花経』を聞きて悟らずと雖も、当に成仏することを得べきなりと〉と。問う。以て知んぬ、富楼那等の下根の類は大通智勝仏の時に『法花経』を聞くも悟らず乎、又た、常不軽を軽慢せる決定・増上慢は『法花経』を聞きて、阿耨菩提に於いて退転せざらん耶。答う。「五百弟子授記品」に云わく、〈人有りて、親友の家に致りて酒に酔うて臥せり。而して、親友の無価の宝珠を以て衣裏に繋けるも都て覚えず[29]〉と。是れを以て知んぬ、富楼那等の下根の類は大通智勝仏の時に『法花経』を聞くも都て覚知せざるなりと。又た「常不軽品」に云わく、〈常不軽菩薩を軽慢せる者は、颰陀婆羅等の五百菩薩、師子月等の五百比丘尼、思仏等の五百優婆塞にして、今、阿耨菩提に於いて退転せざる者是れ也[30]〉と。此れを以て知んぬ、今の五千の類は『法花経』を聞きて、悟らざると雖も、結縁の衆と作るなりと、当に成仏すべき也。「薬草喩品」に〈三草二木の生長同じからず[31]〉と云うは、『法花』の開する所と為る。故に、『法花』の前教の意を挙ぐ。今の『法花』の意は、三草二木は皆な実相の地に帰す。故に皆な成仏す。問う。何を以て知んぬ、三草二木は『法花』の前教の意を挙げ、今の『法花』の意は三草二木の一地に帰するが故に成仏するなりと。答う。三草二木と化城は『法花』の前教の意也。大白牛と一地一雨と宝所は、『法花』の意也。問う。何を以て知んぬ、三草二木の一地に帰するが故に成仏する也と。答う。「薬草喩品」の其の説法する所は、皆な別に生ずるも、一切に於いて地を知る。又た云わく、〈汝等の所行は、是れ菩薩の道なり。漸々に修学して、当に成仏すべし[32]〉と。故に此れを以て知んぬ、三草二木は一地に帰するなりと、故に成仏する也。「見宝塔品」に〈諸の天人を移して他土に置く[33]〉と云うは、是れ法華会の被る所の機にあらず。此れは三界所有の人・天等の師子に坐するを挙ぐ。故に悉く仏性有り、故に当に仏と作るべし。「譬喩品」に云わく、〈三界は我が有なり。其の中の衆生は悉く是れ吾が子なり[34]〉と。又た『涅槃経』に云わく、〈凡そ心有る者は悉く皆な当に阿耨菩提を得べし。是の義を以ての故に、一切衆生に悉く仏性有り[35]〉と。此れを以て知んぬ、皆な仏子なり、故に悉く仏性有り、故に当に仏と作るなりと。『法華論』に〈決定・増上慢に如来は記を与えず[36]〉と云うは、『論』に云わく〈根未熟なるが故に[37]〉と。当に熟さば仏と作るべし。通じて云わく、〈信解すれども根は未熟なり。故に《根未熟》と云う。故に定性とは謂わず。証解すれば仏と作る〉と。通じて云わく、〈爾らず。経文には、常不軽を軽慢せる決定・増上慢も《阿耨菩薩に於いて退転せず[38]》と云う〉と。此れを以て知んぬ、一乗を修解して阿耨菩提を得べきなり、故に未だ根熟せずと云う。故に〈根未熟〉なり。又た決定・増上慢の根未熟なるは、〈奄含〉に於いて〈根未熟〉と言う。故に不定性は熟さば仏と作る。通じて云わく、〈爾らず。釈するに、記を授くる決定・増上慢の文は、衆生に皆な仏性有ることを示さんとして云うなり〉と。又た云わく、〈菩薩、記を授くるは、方便を以て菩提心を発せしめん[39]〉と。又た経文をして古今を結会して云わく、〈常不軽菩薩を軽慢せる者は、颰陀婆羅等の五百菩薩、師子月等の五百比丘尼、思仏等の五百優婆塞にして、皆な阿耨菩提に於いて退転せざる者是れなり[40]〉と。是れを以て知んぬ、決定・増上慢に皆な仏性有るなりと。故に又た〈阿耨菩提に於いて退転せず〉と。此れを以て知んぬ、皆な成仏するなりと。故に〈奄含〉に約して〈根未熟〉と言わず。若し『法華論』の定性の不成仏ならば、神昉師の云わく[41]、〈玄奘の言わく、《定性に二種有り。一つには本性決定、二つには方便決定なり》と。今、『法花論』の定性は方便決定なり〉と。故に成仏す。又た、寂法師の云わく[42]、〈定性に二種有り。一つには畢竟定性、二つには暫時定性なり。『瑜伽』は畢竟定性、『法花』は暫時定性なり。彼の教は権なるが故に畢竟と云い、此の教は実なるが故に暫時なり〉と。又た、義一師の云わく[43]、〈定性に二種有り。一つには畢竟定性、二つには暫時定性なり。『瑜伽』は畢竟、『法花論』は暫時なり。彼は権なるが故に畢竟と云い、此れは実なるが故に暫時と云う〉と。既に玄奘と諸の法相師は、『法花論』の定性の成仏を許す。今、云何《なん》ぞ、不成仏と云わん。故に諍いと為すに足らず。私に記す」と。云々

『守護国界章』下之下に云わく、「麁食者の又た云わく、[44]〈三には又た『論』に云わく、《四種の声聞あり。決定と増上慢の二種の声聞は根未熟なり。故に如来は授記を与えず[45]》と〉と。麁食者解して云わく、〈決定声聞は是れ法に愚かならず。根未だ熟さざるが故に、仏は授記を与えざるなり〉と。弾じて曰わく、〈此の釈は理にて非ず。二決を簡ばざるが故なり。唐朝の神昉の云わく、《三蔵の解して云わく、「決定の声聞、義に亦た二有り。一つには本性決定なり。本より来た、唯だ二乗の種性のみ有りて、菩薩の性無し。二つには方便決定なり。亦た菩薩の性有り。而して此の会に於いて根未だ熟さざるが故に、定んで発心の義無し。如来は授記を与えず。亦た発心せしむ。此の道理に由りて、決定の声聞も亦た不定に通ず。彼の『論』は謂わく、『法花論』を指す也且《しばら》く方便決定は、亦た発心せしむるに拠る。本性に約するに非ざる也」と[46]》と〉と。麁食、当に知るべし。『法花論』の決定は、方便決定なり。何ぞ博陵夕製の古疏に執して、忽ち霊山発誓の円義を破せん哉。神昉法師は則ち玄奘の訳者なり。三蔵の解、寧ぞ信ぜざるべけん哉。『義林章』の第三に云わく、〈然るに決定の声聞に、凡そ二種有り。一つには畢竟決定なり。本《もと》より来《このか》た、唯だ声聞性のみ有り。故に永く発趣大の義無し。『瑜伽』に説く所の四声聞[47]の中の趣寂の声聞は此れに拠りて説く也。二つには暫時決定なり。一化の中に根未だ熟さざるを以ての故に、廻趣することあたわざるを名づけて決定と為す。後の時に於いて畢竟じて廻せざるには非ず。『法花論』[48]に四声聞を説く中の決定の声聞は、此れに拠りて説く也[49]〉と。麁食、当に知るべし。法相の正義は、大唐の現伝[50]にして、謗法の失無し。又た義一師の『法花論述記』の下巻に云わく、〈然るに決定とは謂わく釈迦の一化に廻心せざるが故に名づけて決定と為す。後の時に畢竟じて廻せざるには非ず。此の『論』の説く所の決定声聞とは、彼の『瑜伽』の趣寂の声聞と、義に差別あり。決定に二種有り。一つには暫時、二つには畢竟なり。此の『論』の決定は暫時に就きて説く。『瑜伽論』に趣寂の声聞と云うは畢竟[51]に拠りて説く。乃至云わく、《彼は権に就きて説き、此れは実義に約するが故に、相違せず》[52]と〉

と。麁食、当に知るべし。新義決択、謗法の失無し。今自り以後、此の間の学生、自他をば論ぜず。彼の古執を改めて、此の新義に就け[53]」と。

『一乗要決』の下に云わく、「然るに基公の文意は、応に別意有るべし。『法花玄賛要集』の第四に云うが如し。〈『法花経』の意に就いて並べて一乗を顕す。而して先師の疏の文に多く五性を引くは、一致に帰せんと欲す。故に亦た両存す。此の言に因りて、遂に偏執を生ずること勿れ。故に『百法記[54]』に云わく、《応に定んで有と無とを説くべからず。決を仏に推すこと、斯れを善会と為す[55]》と。此れは即ち疏主の深意なり 鏡水沙門栖復撰[56]〉と[57]。則ち知んぬ。慈恩は一乗を勝と為す。然れども、本より宗とする所なるが故に、忽ちに五性を撥《は》ねず。道理に順ずるが故に永く一乗に背かず。此れに由りて唱えて不可定説と言う。例せば、世親の経部と有部とが得等の仮と実の二説を出し已《おわ》りて、是の如きの二途は皆な善説と為す。所以は何ん。理に違わざるが故に。我が所宗なるが故に[58]〉というが如し。『倶舎』第四巻に見えたり[59]」と。

【註　記】

[1] 鳩摩羅什訳の『妙法蓮華経』「方便品」からの引用。

十方仏土中　**唯有一乗法**　無二亦無三　（大正九・八上）

[2] 偽経『梵網経』からの引用。

一切菩薩本源、仏性種子、**一切衆生皆有仏性**。（大正二四・一〇〇三下、船山徹『東アジア仏教の生活規則　梵網経最古の形と発展の歴史』、臨川書店、二〇一七年、六〇頁および二八三頁）

[3] 『瑜伽論』には声聞地に無姓を建立し……玄奘訳の『瑜伽師地論』巻三七の文と関連する。

云何所成熟補特伽羅。謂所成熟補特伽羅略有四種。一者住声聞種姓。於声聞乗応可成熟補特伽羅。二者住独覚種姓。於独覚乗応可成熟補特伽羅。三者住仏種姓。於無上乗応可成熟補特伽羅。四者住**無種姓**。於住善趣応可成熟補特伽羅。諸仏菩薩於此四事。応当成熟如是四種補特伽羅。是名所成熟補特伽羅。

（大正三〇・四九六下）

[4]　玄奘訳の『瑜伽師地論』巻五二からの引用。

復次我当略説安立種子。云何略説安立種子。謂於阿頼耶識中、一切諸法遍計自性妄執習気。是名安立種子。然此習気是実物有。是世俗有。望彼諸法不可定説異不異相。猶如真如。即此亦名遍行麁重。問、若此習気摂一切種子、復名遍行麁重者、諸出世間法従何種子生。若言麁重自性種子為種子生、不応道理。答、諸出世間法、従真如所縁縁種子生。非彼習気積集種子所生。問、若非習気積集種子所生者、何因縁故、建立三種般涅槃法種性差別補特伽羅、及建立不般涅槃法種性補特伽羅。所以者何。**一切皆有真如所縁縁故**。答、由有障無障差別故。若於通達真如所縁縁中、有畢竟障種子者、建立為不般涅槃法種性補特伽羅。若不爾者、建立為般涅槃法種性補特伽羅。若有畢竟所知障種子布在所依、非煩悩障種子者、於彼一分建立声聞種性補特伽羅、一分建立独覚種性補特伽羅。若不爾者、建立如来種性補特伽羅。是故無過。若出世間諸法、生已即便随転。当知、由転依力所任持故。然此転依与阿頼耶識、互相違反。対治阿頼耶識、名無漏界離諸戯論。

（大正三〇・五八九上〜中）

[5]　『天台宗要義』……【解説】を参照。

[6]　蔵俊撰『仏性論文集』の本文と完全に一致するものは存在しないが、ここは実叉難陀訳の『華厳経』「如来出現品」からの引用と思われる。なお、『六十華厳』では、「宝王如来性起品」（大正・六二三中）からの引用となる。

復次、仏子、如雪山頂有薬王樹、名無尽根。彼薬樹根従十六万八千由旬下尽金剛地水輪際生。彼薬王樹若生根時、令閻浮提一切樹根生。若生茎時、令閻浮提一切樹茎生。枝、葉、華、果悉皆如是。此薬王樹、根能生茎、茎能生根、根無有尽、名無尽根。仏子、彼薬王樹於一切処皆令生長、**唯於二処不能為作生長利益**、**所謂地獄深坑及水輪中**。**然亦於彼初無厭捨**。仏子、如来智慧大薬王樹亦復如是、以過去所発成就一切智慧善法、普覆一切諸衆生界、除滅一切諸悪道苦広大悲願而為其根、於一切如来真実智慧種性中生堅固不動善巧方便以為其茎、遍法界智、諸波羅蜜以為其枝、禅定、解脱、諸大三昧以為其葉、総持、弁才、菩提分法以為其華、究竟無変諸仏解脱以為其果。仏子、如来智慧大薬王樹、何故得名為無尽根。以究竟無休息故、不断菩薩行故。菩薩行即如来性、如来性即菩薩行、是故得名為無尽根。仏子、如来智慧大薬王樹、其根生時、令一切菩薩生不捨衆生大慈悲根。其茎生時、令一切菩薩増長堅固精進深心茎。其枝生時、令一切菩薩増長一切諸波羅蜜枝。其葉生時、令一切菩薩生長浄戒頭陀功徳少欲知足葉。其華生時、令一切菩薩具諸善根相好荘厳華。其果生時、令一切菩薩得無生忍乃至一切仏灌頂忍果。仏子、如来智慧大薬王樹唯於二処不能為作生長利益、所謂二乗堕於無為広大深坑及壊善根非器衆生溺大邪見貪愛之水。然亦於彼曾無厭捨。仏子、如来智慧無有増減、以根善安住、生無休息故。仏子、是為如来心第七相、諸菩薩摩訶薩応如是知。

（大正一〇・二七二上～中）

［7］蔵俊撰『仏性論文集』の本文と完全一致する文は存在しないが、ここは鳩摩羅什訳の『維摩経』「仏道品」からの引用と思われる。

答曰、**若見無為入正位者、不能復発阿耨多羅三藐三菩提心。譬如高原陸地、不生蓮華**、卑湿淤泥乃生此華。如是見無為法入正位者、終不復能生於仏法。煩悩泥中、乃有衆生起仏法耳。又如殖種於空、終不得生。糞壌之地、乃能滋茂。如是入無為正位者、不生仏法。起於我見如須弥山、猶能発于阿耨多羅三藐三菩提心、生仏法矣。是故当知、一切煩悩、為如来種。譬如不下巨海、不能得無価宝珠。如是不入煩悩大海、則不能得一切智宝。

（大正一四・五四九中）

［8］『大品経』と表記している以上、鳩摩羅什訳の『大品般若経（摩訶般若波羅蜜経）』を意味すると考えられるが、蔵俊撰『仏性論文集』所引の文章は現行の『大品経』には存在しない。ただし玄奘訳『大般若波羅蜜多経』には「入正性離生」という語が多く用いられている。「設未已**入正性離生**、若於二乗不決定者、我皆記彼当得無上正等菩提、利楽有情、窮未来際常無断尽。」（大正七・一〇八八下）などがそれである。なお、【翻刻】には「大品経解云」とあるが、「解」の字が何を示しているのかについては一切不明。したがって、【訓読】ではそのまま「『大品経』に解して云わく」とした。

［9］玄奘訳の『解深密経』「無自性相品」からの引用。

善男子、**若一向趣寂声聞種性補特伽羅。雖蒙諸仏施設種種勇猛加行方便化導。終不能令当坐道場証得阿耨多羅三藐三菩提。**

（大正一六・六九五上）

[10]　曇摩伽陀耶舎訳の『無量義経』からの引用。

四十余年、未顕真実。是故衆生得道差別、不得疾成無上菩提。（大正九・三八六中）

なお、【翻刻】には「得果無別」とある。しかし、『無量義経』には「得道差別」（大正九・三八六中）とあるから、【訓読】では、「道を得るに別無し」とした。

[11]　曇無讖訳の『北本涅槃経』「光明遍照高貴徳王菩薩品」からの引用。なお、『南本涅槃経』では「光明遍照高貴徳王菩薩品」（大正一二・七六二上～中）からの引用となる。

爾時光明遍照高貴徳王菩薩摩訶薩白仏言。世尊。如仏所説菩薩摩訶薩讃歎仏性。令無量衆生発阿耨多羅三藐三菩提心。是義不然。何以故。如来初開涅槃経時説有三種。一者若有病人。得良医薬及瞻病者病則易差。如其不得則不可愈。二**者若得不得悉不可差。**三者若得不得悉皆可差。一切衆生亦復如是。若遇善友諸仏菩薩聞説妙法。則得発於阿耨多羅三藐三菩提心。如其不遇則不能発。所謂須陀洹斯陀含阿那含阿羅漢辟支仏。**二者雖遇善友諸仏菩薩聞説妙法亦不能発。若其不遇亦不能発。謂一闡提。**三者若遇不遇一切悉能発阿耨多羅三藐三菩提心。所謂菩薩。（大正一二・五一八上）

蔵俊撰『仏性論文集』には「三種病人の中、第三の病人、医師に値うも値わざるも差えず」とあるが、『涅槃経』において「不差（差えず）」とするのは「第二の病人」を指す。そもそも『涅槃経』所説の第三の病人は医師に値遇しても値遇しなくても自ずから回復するというものである。他方、第二の病人はもし良医や薬・看病者に値遇するも値遇せざるも決して回復しないという内容を持つ（これは諸仏・菩薩に値遇するも値遇せざるも阿耨多羅三藐三菩提心を発さない一闡提を喩えたものである）。いずれにしても、蔵俊撰『仏性論文集』では『涅槃経』の「第二の病人」を「第三の病人」と表記しているに過ぎない。

[12]　鳩摩羅什訳の『法華経』「方便品」からの引用。

我設是方便　令得入仏慧　未曾説汝等　当得成仏道　**所以未曾説　説時未至故　今正是其時　決定説大乗**（大正九・八上）

[13]　鳩摩羅什訳の『法華経』「方便品」からの引用。

十方仏土中　唯有一乗法　無二亦無三　除仏方便説
（大正九・八上）

[14]　鳩摩羅什訳の『法華経』「勧持品」からの引用。
於時世尊、告憍曇弥、「何故憂色而視如来。汝心将無謂我不説汝名、授阿耨多羅三藐三菩提記耶。憍曇弥、**我先総説一切声聞皆已授記**。今汝、欲知記者、将来之世、当於六万八千億諸仏法中、為大法師。及六千学無学比丘尼俱為法師。汝、如是漸漸具菩薩道、当得作仏。…後略
（大正九・三六上）

[15]　曇無讖訳の『北本涅槃経』「師子吼菩薩品」からの引用。なお、『南本涅槃経』では「師子吼菩薩品」（大正一二・七六九上）からの引用となる。
善男子、譬如有人家有乳酪、有人問言「汝有酥耶」、答言「我有」。酪実非蘇、以巧方便、定当得故、故言有酥。衆生亦爾、悉皆有心。**凡有心者、定当得成阿耨多羅三藐三菩提。以是義故、我常宣説「一切衆生悉有仏性」**。

（大正一二・五二四下）

[16]　鳩摩羅什訳の『法華経』「方便品」からの引用。
説此語時、**会中有比丘・比丘尼・優婆塞・優婆夷、五千人等。即従座起、礼仏而退**。所以者何、此輩罪根深重、及増上慢、未得謂得、未証謂証。有如此失、是以不住。世尊、黙然而不制止。

（大正九・七上）

なお、【翻刻】には「五五」とある。しかし、前掲の「方便品」には「五千」（大正九・七上）とあるので、【訓読】では「五」の文字を一字取り除いた。

[17]　鳩摩羅什訳の『法華経』「薬草喩品」からの引用。
迦葉、譬如三千大千世界山川・谿谷土地、所生卉木・叢林、及諸薬草、種類若干名色各異。密雲弥布、遍覆三千大千世界、一時等澍。其沢、普洽卉木・叢林、及諸薬草、小根・小茎・小枝・小葉・中根・中茎・中枝・中葉・大根・大茎・大枝・大葉。諸樹大・小、随上・中・下各有所受。一雲所雨、称其種性而得生長、華菓敷実。**雖一地所生、一雨所潤、而諸草木各有差別**。

（大正九・一九上～中）

[18]　鳩摩羅什訳の『法華経』「見宝塔品」からの引用。

時娑婆世界、即変清浄。琉璃為地宝樹荘厳、黄金為縄、以界八道、無諸聚落・村営・城邑・大海・江河・山川・林藪、焼大宝香、曼陀羅華、遍布其地、以宝網幔羅覆其上、懸諸宝鈴。**唯留此会衆、移諸天・人置於他土。**（大正九・三三上）

[19] 菩提留支訳の『妙法蓮華経憂波提舎』巻下からの引用。

言声聞人得授記者、声聞有四種。一者決定声聞、二者増上慢声聞、三者退菩提心声聞、四者応化声聞。二種声聞、如来授記。謂応化者、退已還発菩提心者。**若決定者、増上慢者二種声聞、根未熟故不与授記。菩薩与授記者、方便令発菩提心故。**（大正二六・九上）

[20] 『涅槃経』……前注[11]を参照。

[21] 曇無讖訳の『北本涅槃経』「迦葉菩薩品」からの引用。なお、『南本涅槃経』では「迦葉菩薩品」（大正一二・八一五中）からの引用となる。

善男子、我於経中、告諸比丘、「一乗・一道・一行・一縁、如是一乗、乃至一縁、能為衆生作大寂静、永断一切繋縛・愁苦・苦、及苦因、令一切衆到於一有」。我諸弟子、聞是説已、不解我意、唱言、「如来、説須陀洹、乃至阿羅漢人、皆得仏道」。**善男子、我於経中、説「須陀洹人、人間天上七返往来便般涅槃、斯陀含人一受人・天便般涅槃。阿那含人凡有五種、或有中間般涅槃者、乃至上流般涅槃者。阿羅漢人凡有二種。一者現在、二者未来。現在亦断煩悩五陰、未来亦断煩悩五陰」。我諸弟子、聞是説已、不解我意、唱言、「如来、説須陀洹、至阿羅漢、不得仏道」。**（大正一二・五六八下）

[22] 曇無讖訳の『北本涅槃経』「迦葉菩薩品」からの引用。なお、『南本涅槃経』では「迦葉菩薩品」（大正一二・八二七下）からの引用となる。

善男子、若有心口異想異説、言「一闡提、得阿耨多羅三藐三菩提」者、当知是人謗仏・法・僧。若人心口異想異説、言「一闡提不得阿耨多羅三藐三菩提」、是人亦名謗仏・法・僧。（大正一二・五八〇中）

[23] 曇無讖訳の『北本涅槃経』「如来性品」からの引用。なお、『南本涅槃経』では「菩薩品」（大正一二・六五九上）か

らの引用となる。

復次、善男子、**譬如焦種雖遇甘雨百千万劫、終不生芽**。芽若生者、**亦無是処**。**一闡提輩亦復如是**。**雖聞如是大般涅槃微妙経典、終不能発菩提心芽**。**若能発者、無有是処**。何以故、是人断滅一切善根、如彼焦種、不能復生菩提根芽。（大正一二・四一八上）

[24] 曇無讖訳の『北本涅槃経』「如来性品」からの引用。なお、『南本涅槃経』では「菩薩品」（大正一二・六六〇下）からの引用となる。

善男子、**復有良医過八種術、能除衆生所有病苦、唯不能治必死之病**。**是大涅槃大乗経典亦復如是、能除衆生一切煩悩、安住如来清浄妙因、未発心者令得発心、唯除必死一闡提輩**。（大正一二・四一九中）

[25] 曇無讖訳の『北本涅槃経』「如来性品」からの引用。なお、『南本涅槃経』では「菩薩品」（大正一二・六五九下）からの引用となる。

善男子、**仮使一切無量衆生一時成於阿耨多羅三藐三菩提已**、**此諸如来亦復不見彼一闡提成於菩提**。以是義故名不見所作。（大正一二・四一八下）

なお、【翻刻】には「成《ルヲハ》」とあるが、【訓読】では文脈を重視して「成ずることを」とした。

[26] 菩提留支訳の『妙法蓮華経憂波提舎』巻下からの引用。

菩薩記者、如下不軽菩薩品中示現応知。礼拝讃歎、作如是言「我不軽汝。汝等皆当得作仏」者、**示現衆生皆有仏性故**。（大正二六・九上）

[27] 鳩摩羅什訳の『法華経』「方便品」からの引用。

声聞若菩薩　聞我所説法　乃至於一偈　皆成仏無疑（大正九・八上）

[28] 阿耨菩提……【翻刻】には「阿耨菩薩」とあるが、それでは意味が通らないので、【訓読】では「阿耨菩提」に改めている。

[29] 鳩摩羅什訳の『法華経』「五百弟子受記品」からの引用。

世尊、譬如有人、至親友家酔酒而臥。是時親友、官事当行、以無価宝珠繫其衣裏与之而去。其人、酔臥都不覚知。（大正九・二九上）

[30] 鳩摩羅什訳の『法華経』「常不軽菩薩品」からの引用。
得大勢、彼時四衆比丘、比丘尼、優婆塞、優婆夷、以瞋恚意軽賤我故、二百億劫、常不値仏、不聞法、不見僧。千劫、於阿鼻地獄受大苦悩。畢是罪已、復遇常不軽菩薩教化阿耨多羅三藐三菩提。得大勢、於汝意云何。爾時四衆常軽是菩薩者、豈異人乎。**今此会中跋陀婆羅等五百菩薩、師子月等五百比丘尼、思仏等五百優婆塞、皆於阿耨多羅三藐三菩提不退転者是。**（大正九・五一上～中）

[31] 前注[17]を参照。なお、蔵俊撰『仏性論文集』に見られる「三草二木の生長同じからず」という表現は、基が『法華玄賛』や『大乗法苑義林章』などにおいて好んで使用している（大正三四・六五七中、七一五中、七八一上。大正四五・二四七上）。

[32] 鳩摩羅什訳の『法華経』「薬草喩品」からの引用。
汝等所行　是菩薩道　漸漸修学　悉当成仏（大正九・二〇中）

[33] 鳩摩羅什訳の『法華経』「見宝塔品」からの引用。
唯留此会衆、**移諸天人置於他土**。是時諸仏各将一大菩薩以為侍者、至娑婆世界、各到宝樹下。一一宝樹、高五百由旬、枝葉華菓、次第荘厳。諸宝樹下皆有**師子之座**、高五由旬，亦以大宝而校飾之。（大正九・三三上）

[34] 鳩摩羅什訳の『法華経』「譬喩品」からの引用。
今此三界　皆是我有　其中衆生　悉是吾子（大正九・一四下）

[35] 前注[15]を参照。

[36] 前注[19]を参照。

[37] 『論』……前注[19]を参照。

[38] 前注[30]を参照。

［39］前注［19］を参照。

［40］前注［30］を参照。なお、【翻刻】には「颰陀羅」とある。しかし、前掲の「常不軽菩薩品」には「跋陀婆羅」（大正九・五一中）とあるから、【訓読】では「婆」の文字を付け加えた。

［41］神昉師の云わく……【解説】を参照。

［42］寂法師の云わく……【解説】を参照。

［43］義一師の云わく……【解説】を参照。

［44］麁食者の又た云わく……『守護国界章』は、徳一の『中辺義鏡』（散逸）を批判したものであるから、「麁食者の又た云わく」は、徳一の『中辺義鏡』の文を指す。最澄と徳一の論争については、田村晃祐『最澄教学の研究』（春秋社、一九九二年）が詳しい。

［45］前注［19］を参照。

［46］神昉（七世紀／新羅）の『種性差別集』（散逸）からの引用。神昉は玄奘の訳場に参加した翻経僧である。

［47］『瑜伽』に説く所の四声聞……『瑜伽師地論』巻八〇に説かれる四種声聞のこと。

復次有幾種声聞。声聞所学菩薩所学有何差別。謂有四種声聞。声聞所学菩薩所学、当知差別有十三種。**云何名為四種声聞**。**一者変化声聞**、**二者増上慢声聞**、**三者迴向菩提声聞**、**四者一向趣寂声聞**。変化声聞者、為欲化度、由彼所化諸有情故、或諸菩薩、或諸如来化作声聞。増上慢声聞者、謂但由補特伽羅無我智、及執著邪法無我智、計為清浄。迴向菩提声聞者、謂従本来是極微劣慈悲種姓、由親近如来住故、於広大仏法中起大功徳想、熏修相続、雖到究竟住無漏界、而蒙諸仏覚悟引入方便開導、由此因故便能発趣広大菩提、彼於如是広大菩提、雖能発趣由楽寂故、於此加行極成遅鈍、不如初始発心有仏種性者。一向趣寂声聞者、謂従本来是最極微劣慈悲種性故、一向棄背利益衆生事故、於生死苦極怖畏故、唯有安住涅槃意楽。畢竟不能趣大菩提、如二王子相似処生、平等平等受王快楽。一於王政詩論、工巧処等皆悉善知、第二王子則不如是。彼二但由此分差別、非由受用王之快楽。如是於無漏界中諸菩薩衆与一向趣寂声聞、当知差別。（大正三〇・七四四上～中）

[48]　『法花論』に四声聞……菩提留支訳の『妙法蓮華経憂波提舎』巻下に説かれる四種声聞のこと。詳しくは前注[19]を参照。

[49]　基（六三二―六八二）の『大乗法苑義林章』には「畢竟決定」という言葉は見えない。詳しいことは分からないが、すなわち、善珠『法苑義鏡』巻二には、「文法華論言至非余二種者。此下引文証上意也。依法華論二十九丁意仏既不授趣寂人記。明知非乗唯一無二三等。然案論文云決定声聞不言趣寂。為顕決定即是趣寂之異名故随挙一名。纂云、瑜伽所説趣寂声聞。及法華論決定声聞其性全別。所以爾者、**決定有二。一畢竟決定。本来唯有声聞性。声聞性故永無発趣大乗之義。瑜伽所説趣寂是也。二暫時決定。以一化中根未熟故不能廻趣名為決定。非於後時畢竟不廻。法華論説決定是也。論説後時発大心故。当知二論趣寂決定義各別也。**今解不然。論文既云為化退心及応化故世尊授記非余二種。文既分明。豈輒情定。故趣寂決定倶無仏性二乗是也。」（大正七一・一七四下）とある。

[50]　大唐の現伝……【翻刻】には「大唐觀傳」とある。しかし、後注[53]の『守護国界章』には「大唐現伝」（伝全二・六六五）とあるから、【訓読】では「大唐の現伝」とした。

[51]　畢竟……【翻刻】には「畢」とのみある。しかし、後注[53]の『守護国界章』には「畢竟」（伝全二・六六五）とあるから、【訓読】では「畢竟」とした。

[52]　義寂（？―六八四～七〇四―？）釈・義一（生没年未詳、義寂の弟子か）撰『法華論述記』（上巻の途中までが現存）のこと。

[53]　最澄の『守護国界章』下之下からの引用。
麁食者又云、三者又論云、四種声聞。決定、増上慢二種声聞、根未熟故如来不与授記。麁食者解曰、決定声聞是不愚法。根未熟故仏不与授記。弾曰、此釈非理。不簡二決故。唐朝神昉云、三蔵解云、決定声聞、義亦有二。一者本性決定。本来唯有二乗種性、無菩薩性。二者方便決定。亦有菩薩性。而於此会根未熟故定無発心之義。如来不与授記。亦令発心。由此道理、決定声聞亦通不定。彼論謂指法華論也、且拠方便決定亦令発心、非約本性也。麁食当知。法華論決定、

方便決定。何執博陵夕製古疏、忽破霊山発誓円義哉。神昉法師、則玄奘訳者。三蔵之解、寧可不信哉。義林章第三云、然決定声聞、凡有二種。一畢竟決定。本来唯有声聞性。故永無発趣大之義。瑜伽所説四声聞中趣寂声聞、拠此説也。二暫時決定。以一化中根未熟故、不能回趣名為決定。非於後時畢竟不回。法華論説四声聞中決定声聞、拠此説也。麁食当知。法相正義、大唐現伝、無謗法失。又義一師法華論述記下巻云、然決定者謂釈迦一化不回心故、名為決定。非謂後時畢竟不回。此論所説決定声聞、与彼瑜伽趣寂声聞、義有差別。決定有二種。一暫時、二畢竟。此論決定、就暫時説。瑜伽論云趣寂声聞拠畢竟説。乃至云、彼就権説、此約実義。故不相違。麁食当知。新義決択無謗法失。自今以後、此間学生自他不論。改彼古執就此新義也。（伝全二・六六四～六六六）

[54]『百法記』……基『百法明門論解』のことか。

[55] 推……【翻刻】には「権」とある。しかし、後注[59]の『一乗要決』には「推」（恵全二・二〇九）とあるから、【訓読】では「推」とした。

[56] 栖……【翻刻】には「西」とある。しかし、これは「栖」の略字であろう。

[57] 栖復（生没年不詳）の『法華経玄賛要集』（八七九、新纂続蔵三四所収）からの引用と思われるが、現行の『法華経玄賛要集』に『一乗要決』所引の文章は確認されない。

[58] 玄奘訳の『倶舎論』巻四からの引用。

然有処、説若成就貪便不能修四念住者、彼説耽著貪煩悩者、不能厭捨故、名成就。由随耽著貪愛時分、於四念住必不能修。如是成就遍一切種唯仮非実。唯遮於此名不成就。亦仮非実。毘婆沙師説此二種皆有別物。実而非仮。如是二途皆為善説。所以者何。不違理故。我所宗故。（大正二九・二二下）

[59] 源信（九四二―一〇一七）の『一乗要決』（一〇〇六）巻下からの引用。

然基公文、応有別意。如法華玄賛要集第四云。就法華経意、並顕一乗。而先師疏文、多引五性、欲帰一致。故亦両存。勿因此言、遂生偏執。故百法記云、不応定説有之与無。推決於仏。斯為善会。此即疏主之深意也鏡水沙門棲《ママ》復撰 則知。慈恩一乗為勝。然本所宗故。勿不撥五性。順道理故。永不背一乗。由此唱言不可定説。例如世親出経部有部得等仮実二説已、

云如是二途皆為善説。所以者何。不違理故。我所宗故見倶舎第四巻」。（恵全二一・二〇九〜二一〇）

【解　説】

蔵俊は、自説を展開する前に、批判すべき天台宗の見解を列挙している。第一に未詳の文献（天台宗の誰人かの文献であると思われる）、第二に『天台宗要義』、第三に『守護国界章』、第四に『一乗要決』からの引用である。これら全ては、第一（未詳の文献）において主張される「玄奘の宗とする所は正しく是れ一乗仏性なり」が起点となっているところに特徴がある。以下、順を追って解説を行ないたい。

一　未詳の文献（天台宗の文献か）

本研究書においてたびたび指摘されているように、三十二丁表の本文は「答う」から始まっており、それ以前にあったと思われる「問う」の部分が欠落している。したがって、三十二丁表の一行目から三十二丁裏の一行目までが如何なる文献からの引用であるのかについては不明としか言いようがない。なお、「文献からの引用」と判断したのは、末尾（484）に「云々」とあることに基づいている。

さて、冒頭に出る単独の答文には、「若し多分を以て其の宗と為さば、『大般若』六百巻を翻ずるが故に、応に般若宗なるべし」とある。つまり、玄奘が翻訳した経論の「多分」を占める経典が『大般若波羅蜜多経』六百巻であることから、玄奘の宗（宗趣・根本）を「般若宗」とするべきであることが説かれている。これに対応する欠落部分の問文を推し量るならば、おそらくは玄奘の訳出が唯識関係の諸経論を主とするものであったところより、玄奘の宗を「唯識宗」というべきではないかと難ずるものではなかったかと思われる。さらに言えば、その後の問文の中に「何ぞ先に云わく」として、答者（未詳文献の作者）が『法華経』や『梵網経』を翻訳したことをもって鳩摩羅什三蔵を「一乗仏性の人である」とすでに論じていたことが指摘されている。ゆえに、欠落した問難の部分においては、「翻訳をもって訳者の宗趣とするか否か」についての内容が展開していたものと推測される。したがって、この未詳文献は、あるいは論義や談義の問答の記録であった可能性もある。いずれにせよ、冒頭の答文を受けて、これより玄奘が本意とする「宗」とは何かをめぐって、二つの問答が展開されるのである。

まず一つ目の問答では、「玄奘の御意（宗）」とは何なのかが問われており、答文には、『法華経』の内容に基づきながら、(1)玄奘が「一乗仏性」を「究竟の宗」としていたことが示される。二つ目の問答は、やや複雑なので、問いと答えに分けて解説を試みたい。すなわち、問いの箇所では、「翻訳した経論に基づいて宗旨を定めないと言うのであれば、どうして鳩摩羅什の『法華経』や『梵網経』にはそれぞれ〈唯だ一乗の法のみ有り〉〈皆な仏性有り〉などと説かれているのか」とある。そして、答えの箇所では、玄奘訳の『瑜伽師地論』の「声聞地」に無性が説かれていること、「菩薩地」に真如所縁縁種子が説かれていること、この二つを最大の論拠として、

答う。彼の所翻の経に所造の画図には、「一乗仏性」と云う。故に其の宗と為す。玄奘の所翻の『瑜伽論』には声聞地に無姓を建立し、菩薩地に「真如所縁々種子は一切に皆な有り」と云うと。云々唯だ此の無姓は小乗の分斉なり。有性は大乗の至極なり。所以に玄奘の宗とする所、正しく是れ一乗仏性なり。云々

（本研究書二七七頁）

と述べている。要するに、『瑜伽師地論』の「声聞地」に無性が説かれているのは、無性が小乗（声聞）の分斉であり、「菩薩地」に真如所縁縁種子が説かれているのは、有性が大乗（菩薩）の至極であるからであるとの主張がなされ、ついには「玄奘の宗とする所は正しく是れ一乗仏性なり」という天台宗側の結論が導き出されるのである。しかも、玄奘所翻の画図には、「一乗仏性」と書かれていたという指摘までなされている。これが一乗家側の未詳文献の主張するところである。

なお、以上の議論に対しては、のちに蔵俊自身が反駁を行なっている。その詳細については、第二部第三章第二節の【解説】（本研究書三三八～三四一頁）を参照されたい。

二　『天台宗要義』

次に『天台宗要義』なる文献からの引用である。残念ながら、現存する目録などに『天台宗要義』という書名を確認することは出来ない。ゆえに、これもまた未詳の文献である。ただし、『天台霞標』（一七七一）初編巻之三には、五大院安然（八四一？―九一五？）の著作（散逸）として次のような書名が挙がっている。

天台宗要集問答（欠巻）　　　　　（仏全一二五・八六上）

これと同様の記事は『諸宗章疏録』巻二[2]や『本朝台祖撰述密部書目』[3]にも確認されるが、「天台宗要集問答」が『天台宗要義』であるか否かについては全く不明である。なお、『仏性論文集』所引の『天台宗要義』が天台宗の人師が著した可能性が高いこと、また問答体で構成されていることなどに鑑みれば、『天台宗要義』が安然の『天台宗要集問答』であると推定することも強ち間違いではないように思われる。けれども、これ以上『天台宗要義』に関する情報を諸書より拾い集めることが出来ないので、今は『天台宗要義』を著者も撰述年も不明な日本天台の文献として取り扱っておきたい。

さて、これより『天台宗要義』に説かれる内容について解説を行なう。結論から先に述べれば、『天台宗要義』に見られる主張は、一切皆成仏説と一分不成仏説をめぐる問題、つまりは玄奘（六〇二―六六四）帰朝以後に勃発した仏性論争のなか、前者の立場に立ちつつ、五姓各別説および『法華論』所説の四種声聞（とりわけ決定声聞および増上慢声聞）に関する問題を天台教学の視点から解決しようと試みたものである。以下、計九問答の要点を提示したい。

第一問答

［問］天台宗の意では、五種姓の成仏・不成仏を立てるのか。あるいはまた五種姓がみな成仏することを立てるのか。

［返問］そもそも五種姓とは何か。

［返答］五種姓とは菩薩種姓、縁覚種姓、声聞種姓、不定種姓、無性種姓である。

［答］二意がある。

第二問答

［問］二意とは何か。

［答］第一には『法華経』以前の教えおよび『涅槃経』の帯権門の立場から五種姓に成仏・不成仏があることを述べ、第二には『法華経』および『涅槃経』の顕実門の立場から五種姓が全て成仏することを述べる。

これを二意という。

右の二問答は、帯権門と顕実門の二文を示して、五姓各別説を会通しようとするものである。そもそも、釈尊の衆生教化を形式（化儀四教）と内容（化法四教）に二分し、それらを釈尊の成道より涅槃に至るまでの五つの期間（五時）に配当する五時八教判は、『妙法蓮華経』を出世本懐の経典に掲げた天台宗の教判論としてよく知られている[4]。五時八教判の細かな用語の説明は省略するが、『天台宗要義』に「『法花』の前教と『涅槃』の帯権門」（488〜489）および「『法花経』と『涅槃経』の顕実門」（489〜490）とある点については一言しておく必要があろう。

第一　華厳時
第二　鹿苑時
第三　方等時
第四　般若時
第五　法華涅槃時

一般に天台学においては、第一華厳時に『華厳経』、第二鹿苑時に阿含経典、第三方等時に『維摩経』『首楞厳三昧経』『無量寿経』など、第四般若時に般若経典群、第五法華涅槃時に『法華経』および『涅槃経』を配置し、第一時から第四時までを「方便（権）」の教えと規定する。(5) そして、それら「方便」の教えは、三乗方便・一乗真実や開権顕実（会三帰一）を説く『法華経』の教えに帰結するという経緯・過程をたどる。ただし、第五時には、『法華経』と同時同味の『涅槃経』が含まれており、『涅槃経』の役割は、『法華経』の会座に洩れた衆生などに再度「方便」の教えを説き示し（追説）、さらにはこの「方便」を開いて「真実」に帰入させる（追泯）ことにある。要するに、全ての衆生は、『法華経』および『涅槃経』の説法によって「真実」の道に入って成仏するのである。したがって、『天台宗要義』に「『法花』の前教と『涅槃』の帯権門」とあるのは、爾前経（第一華厳時〜第四般若時）と『涅槃経』（追説）における「方便（教）」の側面をあらわしているのであり、他方、「『法花経』と『涅槃経』の顕実門」とあるのは、『法華経』および『涅槃経』（追泯）における「真実（教）」の側面をあらわしているのである。換言すれば、前者の教えは「方便」として五種姓に成仏・不成仏の二を認め、後者の教えは「真実」として一切衆生の皆成仏を説くのである。

第三問答

［問］二意についてもう少し詳しく教えてほしい。

［答］第一（『法華経』以前の教えおよび『涅槃経』の帯権門の立場から五種姓に成仏・不成仏がある）は、釈尊が相手の機根などを考慮して説法する「随他意説」である。これはいまだ方便を開いて真実を顕していないので「未開」という。第二（『法華経』および『涅槃経』の顕実門の立場から五種姓は皆成仏である）は、釈尊が相手の機根などを考慮せず、ありのままを説き示す「随自意説」である。これは方便を開いて真実を顕した「已開」という。

第四問答

［問］どのような文言からそれを知ることが出来るのか。

［答］『法華経』以前の教えおよび『涅槃経』の帯権門の立場から五種姓に成仏・不成仏があることは、『華厳経』『維摩経』『大品経』『解深密経』『無量義経』『涅槃経』の文を見れば明らかである。『法華経』および『涅槃経』の顕実門の立場から五種姓が全て成仏することは、『法華経』および『涅槃経』の文を見れば明らかである。

この二問答では、さらに議論を進めて、五種姓の成仏・不成仏を「已開」と「未開」の二つに分けている。なお、第四答において示される教証は、いずれも東アジアにおける仏性論争でよく使用されるものばかりであるので、ここで改めて説明を加える必要はないかと思う。けれども、『法華経』以前の教えと『涅槃経』の帯権門の立場から、五種姓に成仏・不成仏があることを立証するなかに挙げられる『華厳経』「如来出現品」の文には注意したい。すなわち、『華厳経』には、

仏子よ、如来の智慧の大薬王樹は為に唯だ二処に於いては生長の利益を作すこと能わず。謂わく、二乗の無為広大の深坑に堕すと、及び善根を壊す非器の衆生の大邪見貪愛の水に溺るるとなり。（大正九・二七二中）

とあり、生長の利益が不可能な不成仏者の存在が説かれている。この『華厳経』の文は、元興寺の護命（七五〇―八三四）『大乗法相研神章』(6)や最澄（七六七―八二二）『守護国界章』(7)などにも見られるものであるが、中国の仏性論

争ではあまり使用されることがない点で注目される。

第五問答

［問］『法華経』以前の教えおよび『涅槃経』の帯権門の立場から五種姓に成仏・不成仏があることについては承知した。しかし、『法華経』および『涅槃経』の顕実門の立場から五種姓が全て成仏することについては、『法華経』「方便品」「薬草喩品」「見宝塔品」、『法華論』、『涅槃経』「光明遍照高貴徳王菩薩品」「迦葉菩薩品」「如来性品」などの文章と違背するのではないか。

［通じて云わく］『法華経』「方便品」において五千人の増上慢が退席したけれども、彼らも仏性を有しているので、開三（顕一）を聞いて結縁（未来に成仏する縁を結ぶ）の者となる。ゆえに彼らもいずれは成仏するのである。

第六問答

［問］どのような文言から、途中で退席した五千人の増上慢にも仏性があると言えるのか。

［答］『法華論』、『法華経』「方便品」の文章から知ることが出来る。

［通じて云わく］『法華経』「方便品」「化城喩品」（大通智勝仏の物語）「五百弟子受記品」（富楼那などへの授記）「常不軽菩薩品」を見れば、上根（舎利弗）、中根（摩訶迦葉・須菩提・迦旃延・目犍連）、下根（富楼那や千二百人の阿羅漢）の三根をはじめ、過去世の増上慢などもまた成仏することが説かれている。したがって、『法華経』「方便品」において途中で退席した五千人の増上慢もまた必ず未来に成仏することが出来るので

ある。

第七問答

［問］どうして富楼那や千二百人の阿羅漢などの下根は、過去、大通智勝仏から『法華経』を聞いても悟りに到達できなかったのか。また常不軽菩薩を軽んじた決定声聞や増上慢声聞（『法華論』所説の決定声聞・増上慢声聞が背景にある）は、過去、『法華経』を聞いたにもかかわらず、悟らず、今「阿耨多羅三藐三菩提から退転しない」とあるのか。

［答］『法華経』「五百弟子受記品」の衣裏繋珠の譬喩には、有る人が親友の家で泥酔し熟睡してしまったが、友人から貴重な宝珠を衣の裏に縫いつけられたことに気付かなかったことが説かれている。富楼那などの下根が過去において大通智勝仏から『法華経』を聞いても悟ることが出来なかったのは、衣裏繋珠の譬喩において、有る人が泥酔し熟睡して何も覚えていないことと同じである。また、『法華経』「常不軽菩薩品」には、過去に常不軽菩薩を軽んじた者は、二百万億劫にもわたって仏に会うことができず、阿鼻地獄において大苦悩を受けたが、罪報が終わって、もう一度常不軽菩薩の教化に会うことが出来た。今、『法華経』の会座にいる跋陀婆羅、師子月などの五百人の比丘尼、思仏などの五百人の優婆塞は「阿耨多羅三藐三菩提から退転しない者たちである」と説かれている。ゆえに『法華経』「方便品」において、途中で退席した五千人の増上慢は、『法華経』を聞いても、今世で悟るわけではないが、結縁の者となり、いずれは成仏することが知られる。さらに『法華経』「薬草喩品」の三草二木の譬喩には、「同じ地面に生じても、同じ雨に潤されても、多くの草木の生長にはそれぞれ異なりがある」と説かれているが、『法華経』

ではこれを方便と見なして、最終的には開会がなされるのである。ゆえに三草二木の生長が同じでないのは、様々な機根の差別を認める『法華経』以前の教えや『涅槃経』の帯権門の教説を指している。ところが、『法華経』の本来の目的は、大雲による雨が同一、平等に「実相の地」に降るという、全ての者を一仏乗に帰着させることにある。したがって、一切衆生はみな成仏するのである。

第八問答

［問］どうして三草二木の生長が異なることを『法華経』以前の教えとし、『法華経』の教えを三草二木が大地という実相や一仏乗に帰着することに喩えるのか。

［答］『法華経』「薬草喩品」に説かれる三草二木と「化城喩品」に説かれる化城は、『法華経』以前の教えを喩えている。『法華経』「譬喩品」に説かれる大白牛車、「薬草喩品」に説かれる一地一雨（三草二木は同一の地に生じ、同一の雨に潤される）、「化城喩品」に説かれる宝処は、『法華経』の真実の教えを喩えている。

以上の四問答では、『法華経』において途中で退席した五千人の増上慢をはじめ、『法華論』における決定声聞・増上慢声聞など、様々な問題を取り上げながら、天台宗の一切皆成仏の主張が示されている。

ところで、第九問答の解説に入る前に一言しておかねばならないことがある。というのも、本帖の三十五丁裏から三十六丁表にかけては錯簡が見られるのである。すなわち、三十五丁裏は、「別於一切」で本文を終えるにもかかわらず、三十六丁表では、突如として「定二方便決定」として本文がはじまっている。文脈から推して考えると、三十五丁裏の議論は、三十一丁表と裏に接続されるべきで、しかも三十一丁裏から、再び三十六丁表に戻るという複雑な並びとなる。したがって、『仏性論文集』の本文は、おそらく三十五丁裏➡三十一丁表➡三十一丁裏➡三十六丁表という順で読むのが正しい。

第九問答

［問］三草二木が同一の地面に生じて（一仏乗に）帰着することを皆成仏であると、どうしていえるのか。

［答］『法華経』「薬草喩品」では、三草二木がそれぞれ生長を異にすることを説く一方で、三草二木が同一の地面に生じていることを説いている。つまり、「薬草喩品」には、「あなたたちが修行しているのは、菩薩道であり、だんだんと修学して、ことごとく成仏する」とあるから、三草二木はいずれも必ず成仏する者を喩えているのである。また、『法華経』「見宝塔品」には「諸の天人を移して他土に置く」とある。これは法華の会座に参加している者を指して言っているのではなく、あらゆる三界の人・天がことごとく師子座に坐することを言ったものである。ゆえに全ての者には仏性があり、成仏することが知られる。『法華経』「譬喩品」や『涅槃経』「師子吼菩薩品」などの経文もまた、そのことをあらわしている。ところで、『法華論』には「如来は決定声聞と増上慢声聞に対して記別を授けず、菩薩が彼らに記別を与える」とあるが、その理由として『法華論』は決定声聞と増上慢声聞が「根未熟」であるからと述べている。つまり、彼らも根（能力）が熟せば成仏するのである。

［通じて云わく（法相）］

① 決定声聞と増上慢声聞は、教えを信解しても根（能力）が熟すことはない。これを『法華論』は「根未

熟」といっている。けれども、彼らは定性声聞ではない。なぜならば、教えを証解すれば成仏する（不定種姓）からである。

〔通じて云わく（天台）〕

①〔信解や証解で議論すること自体、〕そうではない。『法華経』「常不軽菩薩品」には、常不軽菩薩を軽んじた決定声聞や増上慢声聞（『法華論』所説の決定声聞・増上慢声聞が背景にある）が「阿耨多羅三藐三菩提から退転しない」とある。したがって、一乗を修めて信解すれば全ての者が阿耨多羅三藐三菩提を得るのである。これが『法華論』の「根未熟」の意味である。

〔通じて云わく（法相）〕

②決定声聞と増上慢声聞が「根未熟」といっているのは、「奄含（小乗阿含の者を方便として大乗に向かわせるためであり、実際に彼らが成仏するわけではない）」[8]としての「根未熟」である。ゆえに根が熟すことのない定性二乗は不成仏であるが、いずれ大乗に趣向する不定種姓は根が熟して成仏する。

〔通じて云わく（天台）〕

②そうではない。そもそも『法華論』の文は、決定声聞と増上慢声聞の「記別」に関して議論を行なっている。したがって、『法華論』の決定声聞と増上慢声聞にも記別が与えられるのであるから、これは一切衆生に全て仏性があることを示したものである。つまり、『法華論』には、「〔決定声聞と増上慢声聞に記別を与えるのは、如来ではなく、菩薩である。〕菩薩が記別を与えるのは、方便によって菩提心を発させるためである」とあるのがそれである。また『法華経』「常不軽菩薩品」には、「〔過去に〕常不軽菩薩を軽んじた者は〔二百万億劫にもわたって仏に会うことができず、阿鼻地獄において大苦悩を受けたが、罪

報が終わって、もう一度常不軽菩薩の教化に会うことが出来た。今、『法華経』の会座にいる）跋陀婆羅、師子月などの五百人の比丘尼、思仏などの五百人の優婆塞は、阿耨多羅三藐三菩提から退転しない者たちである」と説かれている。これによって決定声聞や増上慢声聞にも仏性があることが知られよう。ゆえに、「奄含（小乗阿含の者を方便として大乗に向かわせるためであり、実際に彼らが成仏するわけではない）などという立場で『法華論』の「根末熟」を語るべきではない。『法華論』の決定声聞が成仏することについては、神昉（七世紀）、義寂（？―六八四～七〇四―？）、義一（生没年未詳、義寂の弟子か）の見解からも明らかである。

第九問答は、『法華論』所説の「如来は決定声聞と増上慢声聞に対して記別を授けず、菩薩が彼らに記別を与える」[9]について、「根末熟」の声聞（決定声聞・増上慢声聞）もまた悟ることが出来るのかどうかをめぐる問題を扱ったものである。無論、天台宗では、決定声聞や増上慢声聞もまた必ず成仏するという立場に立つ。

ところで、第九問答の末尾において、「『法華論』の決定声聞および増上慢声聞もまた成仏することについては、神昉（七世紀）、義寂（？―六八四～七〇四―？）、義一（生没年未詳、義寂の弟子か）の見解からも明らかである」と記したことについては、もう少し丁寧な説明を行なっておく必要があるかと思う。なぜならば、神昉、義寂、義一の見解に関しては、以下に掲げる最澄『守護国界章』下之下や『法華秀句』上末の内容が踏まえられているからである。なお、『法華秀句』に見られる「短翮者」という語が徳一（？―八二一～八四二？）を指していることは周知のことであろう[10]。

『守護国界章』下之下

麁食者又云、三者又論云、四種声聞。決定、増上慢二種声聞、根未熟故如来不与授記。麁食者解曰、決定声聞是不愚法。根未熟故仏不与授記。弾曰、此釈非理。不簡二決故。唐朝神昉云、三蔵解云、決定声聞、義亦有二。**一者本性決定**。本来唯有二乗種性、無菩薩性。**二者方便決定**。亦有菩薩性。而於此会、根未熟故定無発心之義。如来不与授記[11]。亦令発心。由此道理、決定声聞亦通不定。**彼論**〔謂指法華論也〕、**且拠方便決定亦令発心、非約本性也**。麁食当知。法華論決定、方便決定。何執博陵夕製古疏、忽破霊山発誓円義哉。神昉法師、則玄奘訳者。三蔵之解、寧可不信哉。義林章第三云、然決定声聞、凡有二種。一畢竟決定。本来唯有声聞性。故永無発趣大之義。瑜伽所説四声聞中趣寂声聞、拠此説也。二暫時決定。以一化中根未熟故、不能回趣名為決定。非於後時畢竟不回。法華論説四声聞中決定声聞、拠此説也。麁食当知。法相正義、大唐現伝、無謗法失。**又義一師法華論述記下巻云、然決定者謂釈迦一化不回心故、名為決定。非謂後時畢竟不回。此論所説決定声聞、与彼瑜伽趣寂声聞、義有差別。決定有二種。一暫時、二畢竟。此論決定、就暫時説。瑜伽論云趣寂声聞拠畢竟説。乃至云、彼就権説、此約実義。故不相違**。麁食当知。新義決択無謗法失。自今以後、此間学生自他不論。改彼古執就此新義也。

（伝全二・六六四～六六五）

『法華秀句』上末

第五死法華心腑証文云、法華論中四種声聞、不為趣寂受記故〔已上短翮取意文〕法華宗通曰、此証最非也。所以者何。唐**三蔵、並神昉師、義寂師、義一師等諸法相宗師皆云、法華論中、決定即為方便決定。或名暫時決定。彼土迴心故、為未来決定**。具如神昉師集中巻、大乗義林章第三、義一師法華論述記下巻説〔已上法華宗通之文〕短翮者、更破第五通云、彼第五通法華論決定二乗、仏不授記文云、方便決定、暫時決定。彼土迴心。汝通非通。壊教文義、而強悪通故。後更改転名方便、名暫時。後不更改名決定。而汝所言方便決定、暫時決定者、不知文意、而文句雑乱。既名方便、返名決定。何知此迷乱已上短翮者悶絶之詞又云、所言彼土迴心者、是有余迴心。非無余迴心已上短翮者意説法華宗、霜雹妄破邪苗云、壊教文義、而強悪通故。後更改転。名方便名暫時。後不更改名決定。而汝所言方便決定、暫時決定者、不知文意、而文句雑乱。既名方便、返名決定。何知此迷乱者、此説不爾。不足言故。唐朝翻経沙門神肪法師種性集中巻云、三蔵解云、決定声聞、義亦有二。**一者本性決定**。本来唯有二乗種性、無菩薩性。**二者方便決定**。亦有菩薩種、而於此会、根未熟故定無発心義。如来不与授記故名決定。於後根熟、菩薩授記、亦令発心。由此道理、決定声聞、亦通不定。**彼論且拠方便決定、令発心。非約本性**。故無違失已上神肪法師種性集文今如短翮破者、彼立二種決定声聞、翻経者応不知文意。亦応文句雑乱也其一義林章第三云、然決定声聞、凡有二種。一畢竟決定。本来唯有声聞性故、永無発趣大之義。瑜伽所説四声聞中趣寂声聞、拠此説也。二暫時決定。以一化中根未熟故、不能迴趣。名為決定。非於後時畢竟不迴。法華論中四種声聞中決定声聞、拠此説也已上義林章文今如短翮破、義林章師、応文句雑乱也。呼短翮者、豈可爾哉其二**又義寂師、義一師同云、然決定者、謂釈迦一化不迴心故、名為決定。非謂後時畢竟不迴。此論所説決定声聞、与彼瑜伽趣寂声聞義有差別。謂決定有二種。一暫時、二畢竟。此論決定、就暫時説。瑜伽論云、趣寂声聞、拠畢竟説。何以得知此論決定、拠暫時説。論云、根未熟故。望後可熟名未熟故、又可瑜伽一向趣寂、即是此説決定声聞。彼就権説、此約義実。故不相違。**

（伝全三・八八～九〇）

さて、『守護国界章』や『法華秀句』を見れば明らかなように、最澄は、「唐の三蔵、並びに神昉師、義寂師、義一師等の諸の法相宗の師は皆な云わく、〈『法華論』の中の決定は、即ち方便決定と為し、或いは暫時決定と名づく。彼の土にして回心するが故に、未来決定と為す〉と[12]」と述べて、『法華論』所説の決定声聞は、方便決定や暫時決定（後述）に該当するので、決定声聞もまた未来には必ず回心して大乗の心を発して成仏するといっている。

そもそも、この議論の背景には、『法華論』に説かれる四種声聞（決定声聞、増上慢声聞、退菩提心声聞、応化声聞）の問題がある。『法華論』の四種声聞は、東アジアの仏性論争においてよく取り上げられるテーマであるが、要するに、四種声聞のなか、応化声聞と退菩提心声聞には、仏が記別を与え、決定声聞と増上慢声聞は、根が未熟であるゆえ、仏が記別を与えることはしない[13]。これに基づいて徳一は、決定声聞と増上慢声聞を不成仏の存在と見なすのである。対して最澄は、神昉撰『種性差別集』、基撰『大乗法苑義林章』、義寂釈・義一撰『法華論述記』（上巻の途中までが現存[14]）を引用して、決定声聞もまた未来には必ず成仏することを立証しようとする。まず、はじめに神昉撰『種性差別集』中巻[15]では、決定声聞の「決定」に本性決定（本来的に成仏できないことが決定している）と方便決定（現世において授記が与えられないことが決定しているが、後に菩薩から授記が与えられる）の二つを設けて、『法華論』の決定声聞は方便決定を指すといっている。次に基撰『大乗法苑義林章』巻三でもまた、「決定」という語には畢竟決定（神昉の本性決定に同じ）と暫時決定（釈尊一生涯の教化では根未熟で大乗に回心しないことが決定。ただし、未来には必ず回心する）の二つがあり、前者が『瑜伽師地論』に説かれる「一向趣寂声聞[16]」であり、後者が『法華論』に説かれる「決定声聞」であるという。最後に義寂釈・義一撰『法華論述記』巻下では、基本的には基の学説を踏襲しているものの、『瑜伽師地論』を権（方便）説、『法華論』を真実義と見ることで、両論の間に明確な線引きを行なっていることが特徴的である。

したがって、『天台宗要義』の著者は、神昉の『種性差別集』、義寂・義一の『法華論述記』などを引用した上で、

「玄奘・諸の法相師」もまた「『法花論』の定性の成仏を許」しているから、『法華論』の決定声聞を不成仏とすることは許されないと主張（一切皆成仏）しているのである。以上をもって『天台宗要義』の引用が終わる。なお、いみじくも『仏性論文集』では、この後に前掲の『守護国界章』の文章[17]が引用されるので、ここで触れられなかったことは、次の『守護国界章』の解説に譲りたいと思う。

三　『守護国界章』

次に最澄の『守護国界章』が引用される。これは前の『天台宗要義』の後半（三十一丁裏及び三十六丁表）で語られた『法華論』の決定声聞をめぐる問題と密接に関連している。おそらく『仏性論文集』の著者である蔵俊は、『天台宗要義』の後半（三十一丁裏及び三十六丁表）の議論を理解するためには、最澄『守護国界章』の内容を踏まえておかねばならないことを熟知していたのであろう。議論を整理するためにも、『守護国界章』の当該箇所を簡潔に纏めた田村晃祐氏のコメントを抜粋しておこう[18]。

> 『法華論』には、声聞に四種ありとし、その中、応化声聞と退菩提心声聞とに対しては仏は授記するが、増上慢と決定の二種には授記しない、「根未熟」なるが故に、と説く（大正二六・九a）。これについて、徳一は、決定の声聞は不《ママ》愚法ではないが、根未熟なるが故に授記しない、と解説する。
>
> これに対して、最澄は、玄奘の弟子神昉の論と『義林章』、義一の『法華論述記』を引用して反論する。神昉によれば、玄奘は、決定声聞にも本性決定と方便決定があり、『法華論』の決定声聞は根未熟なるが故に発心しないというだけのもので、不定性に通ずる、とする。『義林章』によれば、決定声聞は畢竟と暫時とあり、

『法華論』の決定声聞は暫時決定で、釈尊のこの世での説法の中では根未熟で大乗に回入することができない、というものである、という。義一も同意である。こうして義一の新意によるべし、という。『法華秀句』（『伝全』三・六二）は簡単に説明してあるだけであって、その具体的内容は『守護章』によって知られる。同一人への反論であるから、内容が同じなら詳説する必要はないからであろう。

ここに『仏性論文集』所引の『守護国界章』の全ての内容が集約されている。よって、これ以上の解説は無用かと思うが、『守護国界章』以後にも最澄と徳一の論争は継続しているので、そのあたりの事情について若干の補足を加えておきたい。

周知の通り、最澄は『守護国界章』の後に『通六九証破比量文』と『法華秀句』を著している[19]。そして、前掲の『守護国界章』の内容が『通六九証破比量文』では以下のように再説される。

通法華経論決定証第五

又法華論中、四種声聞、不為趣寂受記故。通曰、此証最非也。所以者何。唐三蔵、幷神昉師、義寂師、義一師等法相宗師皆云、法華論中決定即為方便決定、或名暫時決定。彼土回心。故為未来決定。具如神昉師集下巻、大乗義林第三、義一師法華論記下巻説。（伝全二・七二七）

その後、徳一が最澄の『通六九証破比量文』に対して反駁書を著し、この徳一の反駁書に再度批判を加えたものが『法華秀句』上末[20]（徳一「死法華心腑証文」とそれに対する最澄の反論）に収められている。なお、徳一の反駁書はその書名すら知られていない。要するに、『法華秀句』上末を見ると、『通六九証破比量文』以後、最澄の主張に対して徳一がどのような反応を見せたのかを知ることが出来るのである。

短翮者、更破第五通云、彼第五通法華論決定二乗、仏不授記文云、方便決定、暫時決定。彼土迴心。汝通非通。壊教文義、而強悪通故。後更改転名方便、名暫時。後不更改名決定。而汝所言方便決定、暫時決定者、不知文意、而文句雑乱。既名方便、返名決定。何知此迷乱 已上短翮者悶絶之詞 又云、所言彼土迴心者、是有余迴心。非無余迴心 已上短翮者意説 （伝全三・八八～八九）

意訳すれば、徳一は前掲の『通六九証破比量文』（第五通）について、「あなた（最澄）は『法華論』の決定声聞を〈方便決定（現世において授記が与えられないことが決定しているが、後に菩薩から授記が与えられる）〉と〈暫時決定（釈尊一生涯の教化では一時的に根未熟で大乗に回心しないことが決定。ただし、未来には必ず回心する）〉と理解するが、それは誤りである。教えの文を破壊し、暴悪とさえ言える。決定声聞が後時に回心（改転）することを〈方便〉〈暫時〉と名づけているが、後時に回心（改転）することがないから〈決定〉と言うのではないか。あなた（最澄）が述べる〈方便決定〉と〈暫時決定〉は、方便なのに決定、暫時なのに決定として言葉の前後が乱れている。すでに〈方便〉と言いながらも、それを〈決定〉と名づけることを迷乱と言わずして何と言うのか」との批判を展開する。徳一に対する最澄の反論はシンプルである。すなわち、徳一の反論が正しいのであれば、玄奘の訳場に参加した翻経者たる神昉、『大乗法苑義林章』の撰者である慈恩大師基、そして義寂や義一もまた、文章の意味が分かっておらず、文句雑乱の人師となってしまう。彼らが『法華論』の決定声聞に「本性決定」「方便決定」などの言葉を使用している以上、徳一の反論は意味をなさないとして退けるのである。

以上、『守護国界章』『通六九証破比量文』『法華秀句』の議論を紹介した。これによって最澄と徳一の『法華論』の四種声聞をめぐる論争の大枠は理解されたのではないかと思う。

四　『一乗要決』

次に引用されるのは、恵心僧都源信（九四二―一〇一七）の『一乗要決』（一〇〇六）である。『仏性論文集』に引用される『一乗要決』の本文は、大文第八「教の権実を弁ずる」を三段に分ける中の第三「余経の一乗を弁ずる」[21]に収められている。

結論から先に述べれば、『一乗要決』における源信の主張は、慈恩大師基は実は一乗義を勝れたものと見、五姓各別と一乗についてどちらか一方に偏執することはなかったというものである。順を追って説明してみよう。

まず『仏性論文集』所引の『一乗要決』には「然るに基公の文」[22]（575）とあるが、これは『一乗要決』の以下の文と関連すると思われる。

問、一師引基師釈云、法華一乗通理智。勝鬘一乗唯理仏性。法華一乗唯摂入。勝鬘等通出生。法華一乗唯有性。勝鬘一乗通無性。法華一乗唯不定性。勝鬘等通定性。法華多説教理。勝鬘等多説行果。法華一乗為実。二乗為権。勝鬘一乗為権四乗為実。又法華一乗唯依摂入。用狭故為方便説。勝鬘一乗出生摂入、二皆周備故是真実。法華一乗唯談有性、為依故是方便。勝鬘一乗亦談無性、為依故是真実。又法華唯談不定性故是方便。勝鬘亦談定性故是真実云云此義云何。

（恵全二・二〇七～二〇八）

冒頭の「問う、一師の基師の釈を引いて云わく」の中の「一師」が誰を指しているのかは不明であるが、[23] これは基撰『法華玄賛』巻四本[24]や基撰『大乗法苑義林章』巻一[25]の内容を背景とした議論と見て差し支えない。というのも、基の『法華玄賛』や『大乗法苑義林章』の当該箇所では、『法華経』の一乗と『勝鬘経』の一乗に関する比較が行なわれており、前掲の『一乗要決』との対応関係が確かめられるからである。『一乗要決』の内容を対照表として図示すれば以下のようになる。

『法華経』の一乗	**『勝鬘経』の一乗**
理（真実を隠説）と智（方便）に通じる	理仏性（真実を顕説）を述べる
摂入（方便）を説く	摂入（方便）・出生（真実）を説く
有性を説く	有性・無性に通じる
不定種姓のみが対象	不定種姓・決定種姓に通じる
教理を説く	行果を説く
一乗を真実、二乗を方便と説く	一乗を方便、四乗を真実と説く
用が狭い摂入であるので方便	摂入も出生もともに備わっているので真実
有性のみを述べ、それを基盤とするので方便	有性も無性も述べて、それを基盤とするので真実
不定種姓のみを述べるので方便	不定種姓も決定種姓も述べるので真実

ここで基の一乗観を端的にあらわす『大乗法苑義林章』巻一の本文を紹介して、対象表に対する理解の一助とし

たい。[26]

又法花一乗唯依摂入、体用狭故為方便説。勝鬘一乗、出生・摂入、二皆周備、故是真実。又法花一乗唯談有性為依、故是方便。勝鬘一乗亦談無姓為依、故是真実。又法花唯談不定性、故是方便。勝鬘亦談決定種姓、故是真実。

（大正四五・二六六中）

これによって、基の一乗観が摂入一乗（方便・法華）と摂入・出生一乗（真実・勝鬘）という構造であることが理解されたであろう。要するに、基にとって『法華経』は不定種姓のみを対象とする方便の一乗であり、『勝鬘経』は五姓の全てを網羅する真実の一乗ということになるのである。

さて、前掲の『一乗要決』の文では、末尾に「此の義云何ん」として、『法華経』の一乗と『勝鬘経』の一乗をどのように考えるのかが問われているが、源信は基が玄奘の上足であること、百部の疏主であることを讃嘆しながらも、基が『法華経』と『勝鬘経』の一乗の相違を述べたことは誤りであり、それは「決定種姓の不成仏〔の義〕に執著しているからに他ならない[27]」との見方を示している。

以上の内容を踏まえてもまだ、蔵俊撰『仏性論文集』所引の『一乗要決』の文に辿り着くことはできない。『一乗要決』では続いて、法相宗が主張する「決定種姓は不成仏である」ということについて改めて『法華経』「方便品」の「一として成仏せざるということ無し[28]」や「譬喩品」の「人として独り滅度を得ること有らしめじ[29]」の経文を挙げて、「どうして決定種姓の不成仏の義が存在しようか、〔また〕もしも『法華経』が不定種姓に対してのみ〈一として成仏せざるということ無し〉と発言したのであれば、決定種姓の中に不成仏の者が存在することになってしまう〔、いや決定種姓も成仏する〕」との主張を展開する。加えて、源信は決定種姓が成仏することについて、『法華経』「方便品」の「声聞、若しは菩薩、我が所説の法を聞くこと、乃至一偈に於いてもせば、皆な成仏せんこと疑い無し(30)」を引用し、菩薩も声聞も必ず成仏することを強調している。最後に源信は、決定種姓も不定種姓も必ず成仏することを『法華経』『無量義経』の引用や『法華経』を中心に据えた教時前後の面から説き示すのである。

以上のような流れから、ようやく蔵俊撰『仏性論文集』所引の本文が登場する。意味が取れずに不明瞭なところも多くあるが、以下に試訳を示しておこう。

そうであるから、慈恩大師基〔の『法華玄賛』巻四本や『大乗法苑義林章』巻一などに説かれる『法華経』の一乗と『勝鬘経』の一乗の相違〕の文は、〔実は〕別の意図があると見なければならない。〔栖復（生没年未詳の）『法華経玄賛要集』第四（出拠不明）に述べている通りである。〔『法華玄賛』巻四本や『大乗法苑義林章』巻一などでは〕『法華経』の意〔の立場〕で一乗をあらわす〔箇所がある〕けれども、先師（基か）の〔『法華玄賛』などの〕疏に多く五姓各別を示す文が引かれている〔という〕ことは、〔これは先師が一乗と五姓の〕一致に帰着させようとしたからに他ならない。ゆえに〔一乗と五姓も〕また両方が存立するのである。この言葉によって〔一乗と五姓のどちらかに〕偏った執著をするべきではない。ゆえに『百法記』（出拠不明、基の『百法明門論解』か）には以下のようにある。「有や無の〔どちらか一方が正しいなどと〕定説するべきではない。決着を仏に推しはかることこそ、善会というのである。これは疏主〔である基の〕深意といえよう」と〈鏡水〔寺の〕沙門、栖復の撰〉。これによって知られよう、慈恩大師基は一乗を勝〔れた義〕としていたとういうことを。しかももとより〔一乗義を〕宗要としているからこそ、すぐさま五姓〔のそれぞれを〕撥ねのけたりしない。それは道理にしたがうから、永く一乗に違背しない。これによって「〔どちらか一方が正しいなどと、〕定説すべきではない」（出拠不明）と唱えるのである。たとえば、世親の『倶舎論』では、〔部派の〕経部と有部が「得〔成就〕」などに関して仮と実の二説を立てて、その後に「このような二途はすべて善説である。どうしてかというと、道理に違背していないからである。我が宗要とするところだからである」と述べる〔。〕[31]したがって、基もまた一乗と五姓の両方を認めていたのである」。

ただし、現行の『法華経玄賛要集』（八七九）に『一乗要決』所引の文章が見当たらないので、これ以上のことは何も言えない。[32]また『法華経玄賛要集』には、「百法記」という文献名が見られるが、これが誰人の著作であるのかについても一切不明である。『法華経玄賛要集』の別の箇所に「百法記、法苑等に破するが如し」[33]とあることよりすれば、ここには天親造・玄奘訳の『大乗百法明門論』（六四八）に注釈を施した基の『百法明門論解』と『大乗法苑義林章』が列ねられていることになるから、『法華経玄賛要集』の「百法記」を基の『百法明門論解』と推定することが可能である。[34]しかし、『法華経玄賛要集』には、他にも「今、先師の百法記及び宗輪論に依れば」[35]とあって、ここに挙げられる「宗輪論」は玄奘訳の『異部宗輪論』と思われるので、この場合、基の注釈書と玄奘の論が並べられていることになるので、「百法記」が基の『百法明門論解』であるとする推測が成り立たなくなる。

よって、前掲の『一乗要決』に対する解釈（試訳）には、いまだ多くの未解決の問題もあるが、それでも全体の論旨がどのようなものであるのかについては理解されたように思う。すなわち、基が提示した『法華経』の一乗義（方便）を誤りと見なす源信は、『法華経』においても決定種姓と不定種姓の成仏が説かれるのであるから、真実の一乗である『勝鬘経』との異なりは解消される。ゆえに栖復によれば、基もまた一乗を真実であると容認しており、基は最後まで一乗と五姓のどちらか一方に偏執しなかったとするのが源信の主張なのであろう。

註

（1）大正九・七上～中。
（2）仏全一・一四三下。
（3）仏全二・二三九下。
（4）教判論については、藤井淳「中国における教判の形成と展開」（『大乗仏教とは何か』所収、春秋社、二〇一一年）が定評である。
（5）無論、第一華厳時などにおいても真実（円教）は説かれるが、本解説では最鈍根の者が五時を経て成仏するという順序次第に重きを置いている。
（6）大正七一・三七中。
（7）伝全二・五一八や五二〇。
（8）「奄含」という語の正確な意味については分からないが、今は基『法華玄賛』巻五之本（大正三四・七四二中、七七六上）の文意にしたがう。これに付随する問題として『法華論』の「根未熟」「根不熟」がある。詳しくは、前掲の基『法華玄賛』および円珍『授決集』巻下「論の未は不なりという決三十八」（仏全二六・三八八下～三八九上）を参照。
（9）大正二六・九上。
（10）詳しくは、田村晃祐『最澄教学の研究』（春秋社、一九九二年）を参照。
（11）伝全の頭注には『法華秀句』に「故名決定。於後根熟菩薩授記」の十二字があることを記す。
（12）伝全三・八八。
（13）大正二六・九上。

(14)『法華論述記』については、前川健一「円珍『法華論記』の引用文献—未詳文献の解明を中心に—」(『インド哲学仏教学研究』三、一九九五年)、Park Kwang Yeon（佐藤厚訳）「新羅義寂の『法華経論述記』の一考察」(『東アジア仏教研究』九、二〇一一年)、金炳坤、桑名法晃「義寂釈義一撰『法華経論述記』の文献学的研究（1）」(『身延山大学仏教学部紀要』一五、二〇一四年)、金炳坤「義寂釈義一撰『法華経論述記』について」(『印度学仏教学研究』六三（一）、二〇一四年)、金炳坤、桑名法晃「義寂釈義一撰『法華経論述記』の文献学的研究（2）」(『身延論叢』二〇、二〇一五年)、金炳坤「義寂釈義一撰『法華経論述記』の文献学的研究（3）」(『法華文化研究』四一、二〇一五年)、金炳坤、桑名法晃「義寂釈義一撰『法華経論述記』の文献学的研究（4）」(『身延山大学仏教学部紀要』一六、二〇一五年)、朴姚娟「義寂と憬興の『法華経』一乗解釈について」(『東洋文化研究所所報』二〇、二〇一六年）などが詳しい。

(15)『法華秀句』では「中巻」(伝全三・八九）とするが、それ以前の『通六九証破比量文』では「下巻」(伝全二・七二七）と書かれる。

(16) 大正三〇・七四四上。

(17) 伝全二・六六四～六六五。

(18) 田村晃祐『最澄教学の研究』(春秋社、一九九二年）の五七一頁。

(19) 前注(10)を参照。

(20) 伝全三・七一～一〇九。

(21) 恵全二・二〇五～。

(22) 恵全二・二〇九。

(23) 推測の域を出ないが、「一師」は栖復（生没念未詳）を指すのではなかろうか。『法華経玄賛要集』巻一九（新纂続蔵三四・六一二下～六一三中）を見れば、「一師」の見解のおおよその文言を拾い集めることが出来る。

(24) 大正三四・七一六下。

(25) 大正二六・六上～中。
(26) 基の一乗に対する理解については、吉津宜英『華厳一乗思想の研究』(大東出版社、一九九一年)、勝呂信静「窺基の法華玄賛における法華経解釈」(坂本幸男編『法華経の中国的展開』所収、平楽寺書店、一九七二年)、橘川智昭「慈恩教学における法華経観」(『仏教学』四四、二〇〇二年)、同「唐初期唯識思想における〈大乗〉の把捉―種性説との関わりから―」(『東洋文化研究』七、二〇〇五年)、伊藤尚徳「唐初仏性論諍の再考察―引用経論の分析から―」(『仏教学』五四、二〇一三年)、吉村誠『中国唯識思想史研究―玄奘と唯識学派―』(大蔵出版、二〇一三年)、師茂樹『論理と歴史―東アジア仏教論理学の形成と展開―』(ナカニシヤ出版、二〇一五年)などが詳しい。
(27) 恵全二・二〇八。
(28) 大正九・九中。
(29) 大正九・一三下。
(30) 大正九・八上。
(31) 「得〔成就〕」については『国訳一切経』(印度撰述部・毘曇部三五、大東出版社、一九三五年、一九五頁)を参照。
(32) 現行『法華経玄賛要集』は巻二二、二三、三〇、三二が欠巻となっている。よって、『一乗要決』所引の文は欠巻部分からの引用の可能性が高い。
(33) 新纂続蔵三四・二五四上。
(34) 『仏書解説大辞典』巻九の「百法論述記」の項目では、『百法明門論解』が「百法論述記」と呼ばれていた可能性を指摘する(大東出版社、一九三五年、一六六c～d)。
(35) 新纂続蔵三四・二七〇中。

(村上明也)

第二節　玄奘の宗を「五姓宗法」とする蔵俊の反論

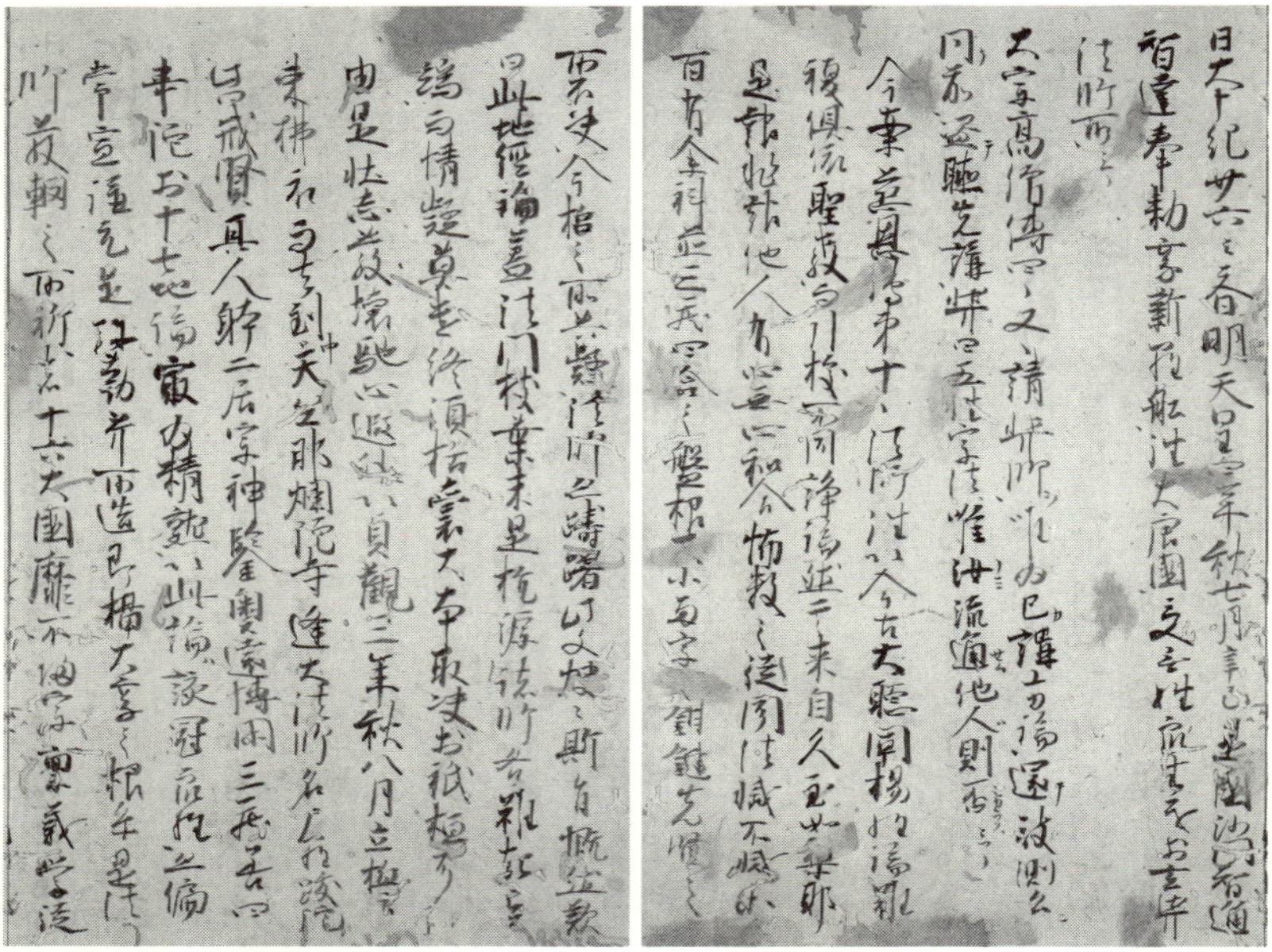

【翻　刻】

〔三十八丁表〕

583 日本紀二十六云斉明天皇四年秋七月辛巳是國沙門智通
584 智達奉勅乗新羅船往大唐國受無性衆生義於玄奘
585 法師所 云々
586 大宋高僧傳四云又云請奘師《ヲ》唯為己《カ》講ユカ論還《タ》被測公《ニ》
587 同前《ク》盗《テ》聴先講奘曰五性宗法唯汝《ノミ》流通《セム》他人《ハ》則否《シカラス》 云々
588 今案慈恩傳第十云法師往以今古大聴闡揚經論雖
589 復倶依聖教而引據不同諍論然其来自久至如梨耶
590 是報非報他人有心無心和合怖数之徒聞法滅不滅等
591 百有余科並三藏四含之盤根大小両宗[之]鉗鍵先賢之

〔三十八丁裏〕

592 所不決今哲之所共疑法師亦躊躇此文怏々斯旨慨然歎
593 曰此地經論蓋法門枝葉未是根源諸師各雖起異
594 端而情疑莫遣終須括嚢大本取決於祇桓耳
595 由是壮志發懐馳心遐外以貞觀三年秋八月立誓
596 東拂衣而去到○《中》天竺那爛陀寺逢大法師名尸羅跋陀
597 此曰戒賢其人躰二居宗神鑒奥遠博閑三藏善四
598 韋陀於十七地論寂為精熟以此論《ハ》該冠衆經亦偏
599 常宣講元是弥勒菩薩所造即攝大乗之根系是法
600 師發軔之所祈者十六大國靡不帰宗稟義学徒

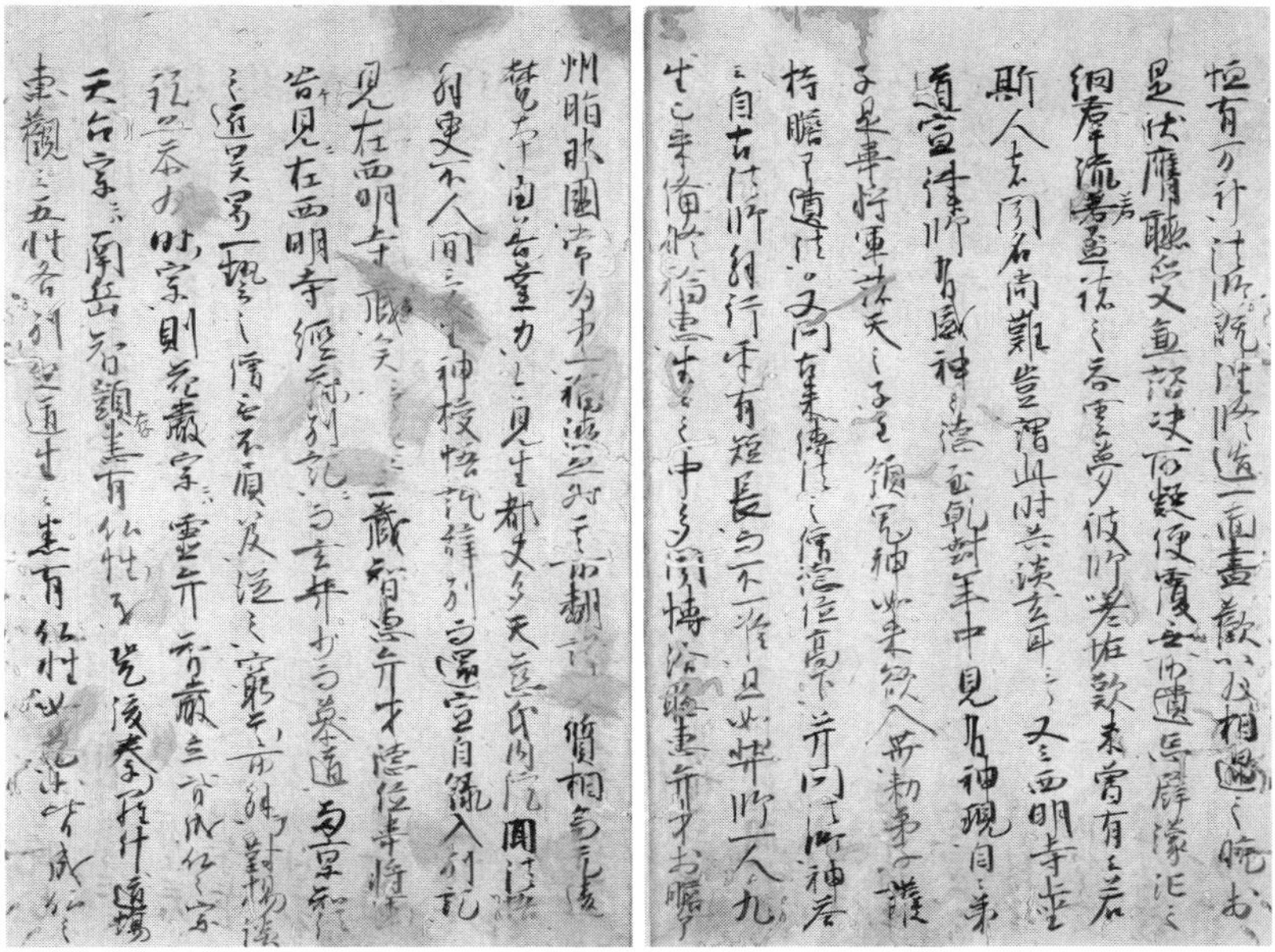

〔三十九丁表〕

601 恒有万計﹁法師既往修造一面盡歡以為相遇之晩於
602 是伏膺聽受兼諮決所疑便覆無所遺忘譬濛汜之
603 納群流者孟《若》諸之呑雲夢彼師嗟怪歎未曾有云若
604 斯人者聞名尚難豈謂此時共談玄耳 云々 又云西明寺上坐
605 道宣律師有感神之徳至乾封年中見有神現﹁自云弟
606 子是韋将軍﹁諸天之子主領鬼神如来欲入涅槃﹁敕弟子﹁護
607 持贍部遺法﹁○又問古来傳法之僧徳位高下﹁幷問法師﹁神答
608 云自古法師解行互有短長﹁而不一准﹁且如奘師一人九
609 生已来備修福恵﹁生々之中多聞博洽聡恵弁才於贍部

〔三十九丁裏〕

610 洲脂那國﹁常為第一﹁福徳亦然其所翻譯﹁文質相兼无違
611 梵本﹁由善業力﹁今見生都史多天慈氏内院聞法悟
612 解更不人間之人生神授悟訖辞別而還宣自録入別記﹁
613 見在西明寺蔵﹁矣 云々已上 三蔵智恵弁才徳位韋将軍
614 告ケ見ニ在西明寺經蔵ノ別記ニ﹁而玄奘少而慕道﹁両京知法
615 之匠呉蜀一藝之僧無不負笈﹁従之﹁窮其所ノ解ヲ﹁對揚談
616 説亦忝為時ノ宗﹁則花嚴宗ニハ 霊弁智厳立皆成仏之宗
617 天台宗ニハ 南岳智顗○《存》悉有仏性ノ義﹁況後秦羅什道場
618 恵観云五性各別竺道生云悉有仏性如是﹁等皆成仏之

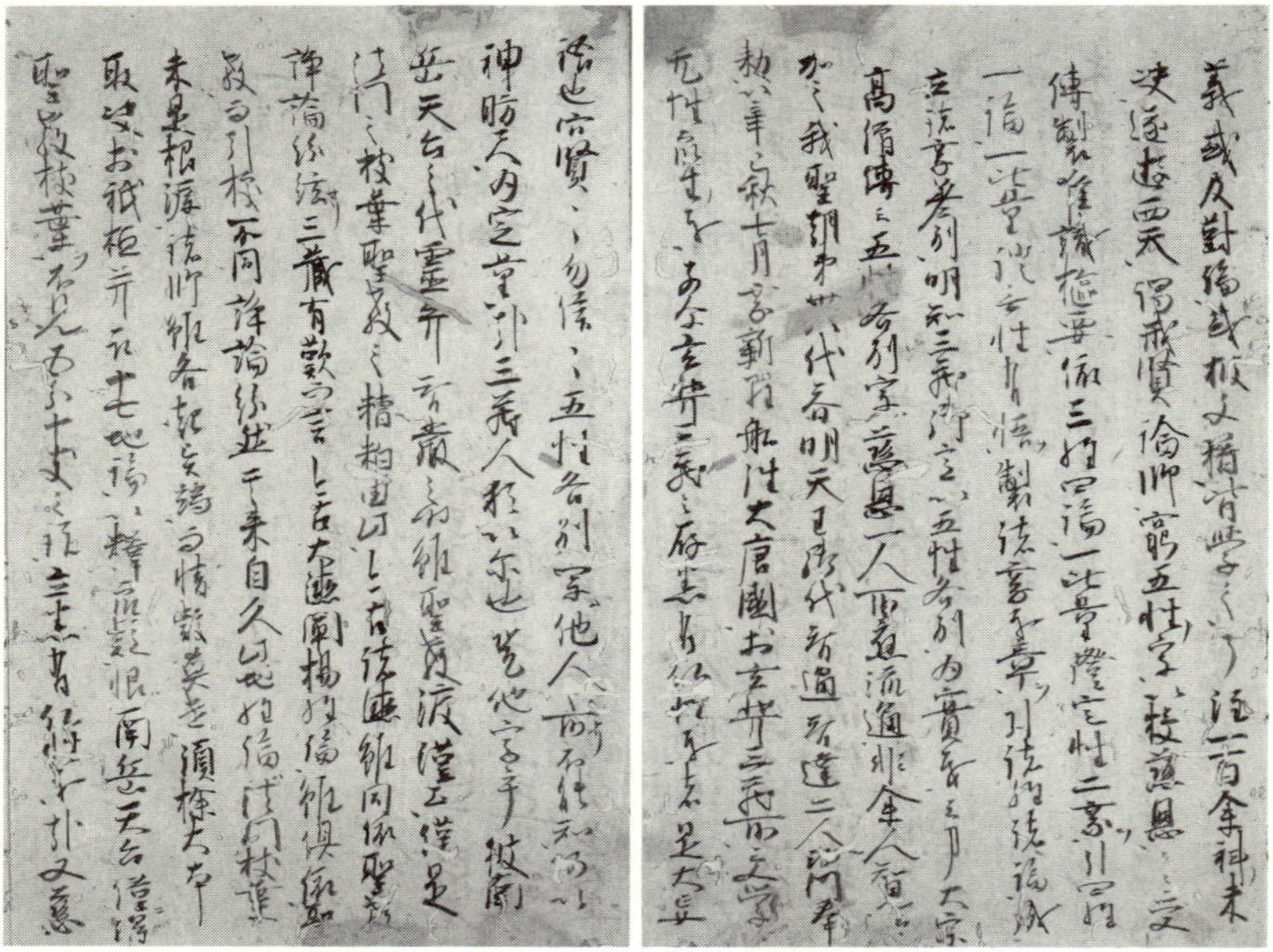

〔四十丁表〕

619 義或及對論、或披文籍、皆學之、耳随一百余科《ノ》未
620 決、遂遊西天、謁戒賢論師、窮五性《ノ》宗、以授慈恩、々受
621 傳製唯識樞要、依三經四論、一比量証定性二乘《ヲ》、引四經
622 一論、一比量証無性有悟《ヲ》、製諸乘義章《ヲ》、引諸經諸論、成
623 立諸乘差別、明知三蔵御意以五性各別、為實義、云事大宋
624 高僧傳云五性各別宗《ハ》慈恩一人所應流通、非余人知見云々
625 加之我聖朝第三十八代斉明天王御代智通智達二人沙門奉
626 勅、以辛巳秋七月乘新羅舩往大唐國、於玄弉三蔵所、受学
627 无性衆生《ノ》義、若爾玄弉三蔵云存悉有仏性義、者是大妄

〔四十丁裏〕

628 語也穴賢々々勿信々々五性各別宗《ハ》他人之所《ナリ》 不能知、何以
629 神肪釈、為定量、哉三蔵人猶以爾也況他宗乎彼南
630 岳天台之代霊弁智厳之時雖聖教渡漢土、僅是
631 法門之枝葉聖教之糟粕由此、今古諸徳雖同依聖教
632 諍論紛紘《セリ》 三蔵有歎而言今古大徳闡揚經論、雖倶依、聖
633 教、而引據不同諍論紛然其来自久此地經論《ハ》法門枝葉
634 未是根源、諸師雖各起異端、而情疑莫遣、須検大本
635 取決於祇桓幷取十七地論、以釋衆疑、恨《ハ》南岳天台僅《ニ》得
636 聖教枝葉《ヲ》、不見五分十支之説、立悉有仏性義、哉又慈

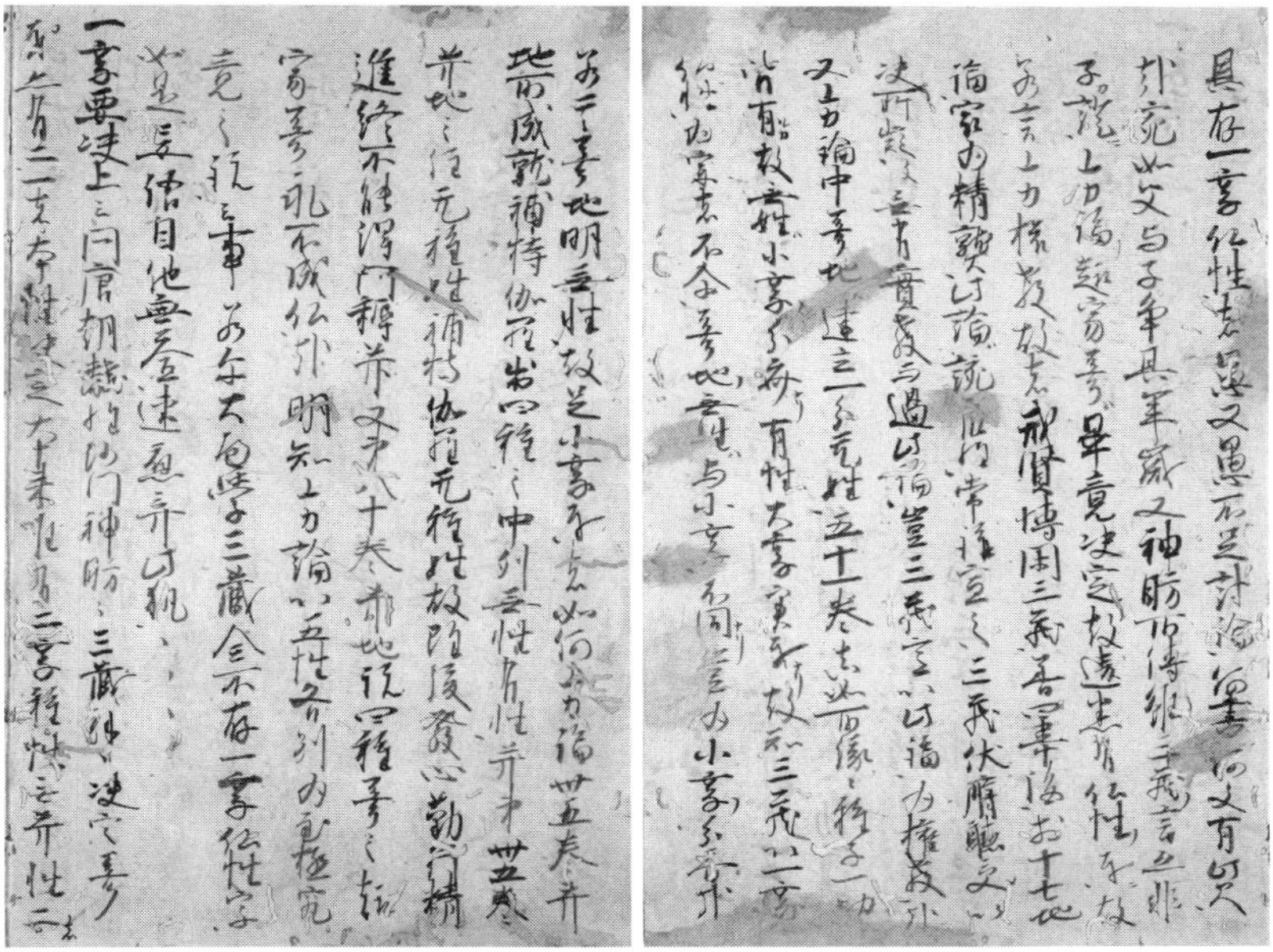

〔四十一丁表〕

637 恩存一乘仏性㆒者愚又愚不足討論㆒何書何文有此釈㆒
638 哉宛如父与子争其年歳又神昉所傳雖三蔵言《ノ》亦非
639 子証《カニ》㆒ユカ論《ノ》趣寂声聞《ハ》畢竟決定故違悉有仏性義《ノニ》㆒故
640 若言ユカ權教故者戒賢博閑三蔵㆒善四韋陀㆒於十七地
641 論㆒寂為精熟㆒此論《ハ》詭衆經㆒常講宣之㆓三蔵伏膺聽受《シテ》以
642 決所疑㆒文 無有實教而過此論㆒豈三蔵意以此論㆒為權教㆒哉
643 又ユカ論中声聞地建立一分无姓㆒五十一巻真如所緣
々種子一切
644 皆有《ルカ》故無姓《ハ》小乘《ノ》分斉《ナリ》有性《ハ》大乘実義《ナリ》故知三蔵以一乘
645 仏性㆒為宗者不爾㆒声聞地《ノ》無姓《ハ》与小乘㆒不同《ナリ》豈為小乘《ノ》
分斉哉

〔四十一丁裏〕

646 若其声聞地明無性㆒故是小乘義㆒者如何ユカ論三十五
巻菩薩
647 地所成就補特伽羅出四種㆒之中列無性有性㆒幷第三十五巻
648 菩薩地之住无種姓補特伽羅无種姓故雖後發心勤行精
649 進終不能得阿耨菩提又第八十巻菩薩地説四種声聞之趣
650 寂声聞永不成仏㆒哉明知ユカ論以五性各別為至極究
651 竟之説㆓云事若爾大遍學三蔵全不存一乘仏性宗㆒
652 如是妄語自他無益。㆒速應弃此執㆒々々々々

【訓　読】

『日本紀』二十六に云わく、「斉明天皇四年秋七月辛巳、是の国の沙門智通・智達、奉勅して新羅の船に乗りて大唐国に往き、無性衆生の義を玄奘法師の所にて受く[1]」と。云々

『大宋高僧伝』四に云わく、「又た云わく、〈奘師に請いて、唯だ己が為に『瑜伽論』を講ぜしめんと。還た測公、前に同じく盗聴先講せらる。奘の曰わく、《五性の宗法、唯だ汝にのみ流通せん。他人は則ち否《しから》ず》と〉と[2]」と。云々

今案ずるに、『慈恩伝』第十に云わく、「法師、往以《さきに》[3]、今古の大徳[4]、経論を闡揚するに、復た倶に聖教に依れりと雖も、引拠不同、諍論紛然[5]として、其の来自するや久しく、梨耶の是報非報、他人の有心無心、和合怖数の徒、聞法の滅不滅等の百有余科の如きに至りては、並びに三蔵四含の盤根《ばんこん》、大小両宗の鉗鍵《かんけん》、先賢の決せざる所、今哲の共に疑う所なり。法師も亦た此の文に躊躇して斯の旨に怏々《ようよう》たり。慨然として歎じて曰く、〈此の地の経論は、蓋し法門の枝葉にして、未だ是れ根源ならず。諸師各おの異端を起こすと雖も、而も情に疑いを遣ること莫し。終に須く嚢を大本に括り、決を祇洹に取るべきのみ[6]〉と。是れに由りて壮志をば、懐《こころ》に発し、心をば遐外に馳せ、以て貞観三年秋八月、誓を立て、衣を束ね払いて去る。中天竺那爛陀寺に到りて大法師に逢う。尸羅跋陀と名づけ、此には戒賢と曰う。其の人、二を体して宗に居り、神鑒《かん》奥遠にして、博く三蔵に閑《なら》い、四韋陀を善くし、『十七地論』に於いて最も精熟たり。此の論の衆経に該冠《がいかん》するを以て、亦た偏えに常に宣講す。元より是れ弥勒菩薩の造する所、即ち『摂大乗』の根系にして、是れ法師の発軔《ほつぼう》の祈る所の者なり。十六大国に帰宗せざるは靡《な》く、義を稟《う》くるの学徒は恒に万許《ばか》り[7]有り。法師既に往きて修し、造《いた》りて一面して歓を尽くし、以て相い遇うをば之れ晩《おそ》しと為す。

是に於いて伏膺《ふくよう》聴受し、兼ねて所疑を諮決し、便ち覆いて遺忘する所無し。濛汜《もうし》の群流を納めるに譬え、孟諸の雲夢を呑むが若し。彼の師嗟怪《さかい》して未曾有なるを歎じて云わく、〈斯くの若き人は名を聞くこと尚お難し。豈に此の時に共に玄を談ずるのみと謂わんや〉と」[8]と。云々又た云わく、「西明寺の上坐道宣律師、感神の徳有り。乾封年中に至りて、神の現ずること有るを見る。自ら云わく、〈弟子は是れ韋将軍なり。諸天の子にして、鬼神を主領す。如来の涅槃に入らんと欲するや、弟子に勅して贍部に遺法を護持せしむ〉と。○又た古来伝法の僧の徳位の高下を問い、并びに法師に問う。神の答えて云わく、〈古より法師の解行は互いに短長有りて一准せず。且く奘師一人の如きは、九生より已来た、備《つぶ》さに福恵を修し、生生の中、多聞博洽《はくごう》にして聡恵弁才、贍部洲の脂那国に於いて、常に第一と為す。福徳も亦た然り。其の翻訳する所は、文質相い兼ねて梵本に違すこと無し。善業力に由りて、今見《げん》に都史多天の慈氏の内院に生じ、法を聞いて悟解し、更に人間に来たらず[9]〉と。神、語を授け訖りて[10]、辞別して還る。宣、自ら別記を録入す。見《げん》に西明寺の蔵に在り」[11]と。云々已上三蔵の智恵弁才と徳位をば、韋将軍に告ぐること、見《げん》に西明寺の経蔵の別記に在り。而も玄奘は「少《わか》くして道を慕い、両京知法の匠、呉蜀一芸の僧の笈を負うて之れに従い、其の解する所を窮めて対揚談説せざるは無し。亦た時の宗と為るを忝《かたじけな》しむ」[12]と。則ち花厳宗には霊弁・智厳ありて、皆成仏の宗を立つ。天台宗には南岳・智顗ありて、悉有仏性の義を存す。況んや、後秦の羅什、道場の恵観の五性各別を云うや。竺道生も悉有仏性と云う。是の如き等は皆成仏の義なり。或いは対論するに及び、或いは文籍を披き、皆な之れを学する耳。一百余科の未決に随いて、遂に西天に遊び、戒賢論師に謁して、五性の宗を窮め、以て慈恩に授く。慈恩、伝を受けて『唯識枢要』を製す。三経四論に依りて[13]、一比量もて定性二乗を証《あか》し、四経一論を引きて[14]、一比量もて無性有情を証《あか》す[15]。『諸乗義章』[16]を製し、諸経諸論を引きて諸乗の差別を成立す。明らかに知んぬ、三蔵の御意は五性各別を以て実義と為すことを。『大宋高僧伝』に云わく、「五性各別の宗は、慈恩一人応に流通する所にして、余の人の知見するところには非ず[17]」と。云々 加之《しかのみならず》、我が聖朝の第三十七代[18]斉明天皇の御代に、智通・智達の二人の沙門、勅を奉り、以て戊午[19]秋の七月、新羅の船に乗りて大唐国へ往き、玄奘三蔵の所に於いて、無性衆生の義を受学す。若し爾らば、玄奘三蔵は悉有仏性の義を存すと云うは、是れ大妄語なり。玄奘三蔵穴賢穴賢、信ずること勿れ、信ずること勿れ。五性各別の宗は、他の人の知ること能わざる所なり。何ぞ神昉の釈を以て定量と為す哉。三蔵の人、猶お以て爾也。況んや他宗を乎。彼の南岳・天台の代、霊弁・智厳の時、聖教漢土に渡ると雖も、僅かにして、是れ法門の枝葉、聖教の糟粕《そうはく》なり。此れに由りて、今古の諸徳、同じく聖教に依ると雖も、諍論紛紜せり。三蔵有りて歎《なげ》いて言わく、「今古の大徳、経論を闡揚するに、倶に聖教に依ると雖も、而も引拠同じからず。諍論紛然として、其の来自するや久し。此の地の経論は、法門の枝葉にして、未だ是れ根源ならず。諸師、各おの異端を起こすと雖も、而も情に疑いを遣ること莫し。須らく大本を検じ、決を祇洹[20]に取るべきのみ。幷びに『十七地論』を取りて、以て衆疑を釈せん[21]」と。恨むらくは、南岳・天台、僅かに聖教の枝葉を得るも、五分・十支《じっし》の説を見ずして、悉有仏性の義を立つる哉。又た、慈恩の一乗仏性を存すというは、愚も又た愚なり。討論するに足らず。何れの書、何れの文に此の釈有る哉。宛も父と子と其の年歳を争うが如し。又た、神昉の所伝は三蔵の言なりと雖も、亦た子が証には非ず。『瑜伽論』の趣寂声聞は畢竟決定なるが故に。悉有仏性の教えに違すが故に。若し『瑜伽』は権教なるが故にと言わば、戒賢は「博く三蔵を閑《なら》い、四韋陀を善くし、『十七地論』に於いて最も精熟たり。此の論、衆経に該冠[22]するに、常に之れを講宣す。三蔵、伏膺聴受し、以て所疑を決す[23]」と。文 実教にして此の論に過ぐるもの有ること無し。豈に三蔵の意は此の論を以て権教と為す哉。又た、『瑜伽論』の中の声聞地には、一分無姓を建立し[24]、五十一巻に「真如所縁縁種子は一切に皆な有るが故に[25]」と。無姓は小乗の分斉なり、有性は大乗の実義なり。故に知んぬ、三蔵は一乗仏性を以て宗と為すというは、爾らず。声聞地の無姓は小乗と不同なり。豈に小乗の分斉と為す哉。若し其の声聞地に無性を明かすが故に是れ小乗の義なりといわば、如何が『瑜伽論』三十五巻の菩薩地に、[26] 所成の補特伽羅に就いて四種を出すの中に無性と有性を列ぬるや。並びに第三十五巻の菩薩地の住に、「無種姓の補特伽羅は無種姓なるが故に、後に発心し勤行精進すと雖も、終に阿耨菩提を得ること能わず[27]」と。又た、第八十巻の菩薩地に、「四種声聞の趣寂声聞は永く成仏せず[28]」と説く哉。明らかに知んぬ、『瑜伽論』は五性各別を以て至極究竟の説と為すと云う事を。若し爾らば、大遍学三蔵は全く一乗仏性を宗と存するにはあらず。是の如き妄語は自他に益無し。速やかに応に此の執を弃《す》つべし、此の執を弃つべし。

【註記】

[1]　『日本書紀』巻二六からの引用。

是月、沙門智通・智達、奉勅、乗新羅船往大唐国、受無性衆生義於玄奘法師所。　（新全集四・二一四頁）

なお、「是月」とは、斉明天皇四年（六五八、戊午）七月のことである。

[2]　賛寧（九一九―一〇〇一）の『宋高僧伝』からの引用。

又云、請奘師唯為己講瑜伽論。還被測公同前盗聴先講。奘曰、五性宗法唯汝流通。他人則否。（大正五〇・七二六上）

[3]　往以《さきに》……これを「さきに」と読むことについては、築島裕『興福寺本大慈恩寺三蔵法師伝古点の国語学的研究』（訳文篇、東京大学出版会、一九六五年、三七二頁）を参照。

[4]　今古の大徳……【翻刻】には「今古大聴」とある。しかし、後注[8]の『大唐大慈恩寺三蔵法師伝』には「今古大徳」（大正五〇・二七八下）とあるので、【訓読】では「今古の大徳」とした。

[5]　諍論紛然……【翻刻】には「諍論然」とある。しかし、後注[8]の『大唐大慈恩寺三蔵法師伝』には「諍論紛然」（大正五〇・二七八下）とあるので、【訓読】では「諍論紛然」とした。

[6]　祇洹……【翻刻】には「祇桓」とある。しかし、後注[8]の『大唐大慈恩寺三蔵法師伝』には「祇洹」（大正五〇・二七八下～二八九上）とあるので、【訓読】では「祇洹」とした。

[7]　万計《ばか》り有り……【翻刻】には「有万計」とある。しかし、後注[8]の『大唐大慈恩寺三蔵法師伝』には「有万許」（大正五〇・二七八下）とあるので、【訓読】では「万許《ばか》り有り」とした。

[8]　慧立本、彦悰箋『大唐大慈恩寺三蔵法師伝』（六八八）巻一〇からの引用。

法師以、今古大徳闡揚経論、雖復倶依聖教、而引拠不同。諍論紛然、其来自久、至如黎耶是報非報、化人有心無心、和合怖数之徒、聞熏滅不滅等百有余科、並三蔵四含之盤根、大小両宗之鉗鍵、先賢之所不決、今哲之所共疑。法師亦躊躕此文、怏怏斯旨、慨然嘆曰、此地経論、蓋法門枝葉、未是根源。諸師雖各起異端、而情疑莫遣、終須括嚢大本、取定於祇洹耳。由是壮志発懐、馳心遐外。以貞観三年秋八月立誓装束、払衣而去。到中天竺那爛陀寺、逢大法師名尸羅跋陀、此曰戒賢。其人体二居宗、神鑒奥遠、博閑三蔵、善四韋陀。於十七地論最為精熟、以此論該冠衆経、亦偏常宣講、元是弥勒菩薩所造、即摂大乗之根系、是法師発軔之所祈者。十六大国靡不帰宗、稟義学徒恒有万許。法師既往修造、一面尽歓、以為相遇之晩。於是伏膺聴受、兼諮決所疑、一遍便覆、無所遺忘。譬濛汜之納群流、若孟諸之呑雲夢。彼師嗟怪、嘆未曾有、云若斯人者、聞名尚難、豈謂此時共談玄耳。（大正五〇・二七八下～二七九上）

[9]　更に人間に来たらず……【翻刻】では「更不人間之人生」となるが、引用元の『大唐大慈恩寺三蔵法師伝』には「更不来人間」（大正五〇・二七七下）とある。したがって、【訓読】では「更に人間に来たらず」とした。

[10]　語を授け訖りて……【翻刻】には「授悟訖」とある。しかし、前掲の『大唐大慈恩寺三蔵法師伝』には「受神語已」（大正五〇・二七七下）とあるので、【訓読】では「語を授け訖りて」とした。

[11]　慧立本、彦悰箋『大唐大慈恩寺三蔵法師伝』巻一〇からの引用。

法師亡後、西明寺上座道宣律師有感神之徳、至乾封年中見有神現、自云弟子是韋将軍諸天之子、主領鬼神。如来欲入涅槃、勅弟子護持贍部遺法、…中略…又問古来伝法之僧徳位高下、幷亦問法師。神答曰、自古諸師解行互有短長而不一準、且如奘師一人、九生已来備修福慧両業、生生之中外聞博洽、聡慧弁才、於贍部洲脂那国常為第一、福徳亦然。

其所翻訳、文質相兼、無違梵本。由善業力、今見生覩史多天慈氏内衆、聞法悟解、更不来人間、既従弥勒問法悟解得聖。宣受神語已、辞別而還。宣因録入着記数巻、見在西明寺蔵矣。

（大正五〇・二七七中～下）

[12] 慧立本、彦悰箋『大唐大慈恩寺三蔵法師伝』巻一からの引用。

法師対曰、奘桑梓洛陽、少而慕道、両京知法之匠、呉蜀一芸之僧、無不負笈従之、窮其所解、対揚談論、亦忝為時宗、欲養己修名、豈劣檀越嶮煌耶。…後略

（大正五〇・二二四上）

[13] 三経四論に依りて……基の『成唯識論掌中枢要』巻上本を意識した表現。すなわち、三経四論とは、『華厳経』『涅槃経』『楞伽経』『荘厳論』『摂大乗論』『法華論』『瑜伽師地論』をいう。

証二乗定性者云、**華厳第四十世間品云**、仏子、菩薩摩訶薩於兜率天、臨命終時有十種果現、第三於右手掌中放大光明、名浄境界、悉能厳浄大千世界、此世界中、若有無漏諸辟支仏覚斯光者、即捨寿命入於涅槃。若不覚者、光明力故、移置他方余世界中。**荘厳論第一巻云**、余人善根、涅槃時尽、菩薩善根不爾。**又云**、三乗衆生由界差別故種性差別。**涅槃経云**、我於経中為諸比丘、説一乗・一道・一行・一縁。如是一乗乃至一縁、能為衆生作大寂静、永断一切繋縛愁苦苦及苦因、令一切衆生至於一有。我諸弟子、聞是説已、不解我意唱言、如来説須陀洹乃至阿羅漢、皆得仏道。**又摂大乗**、為十義故説一乗引摂不定姓故。**又法華論**中四種声聞。不為趣寂受記故。**楞伽**、**瑜伽**五姓差別、如是非一。量云、二乗之果応有定姓、乗所被故、如大乗者。」

（大正四三・六一二上）

[14] 四経一論を引きて……基の『成唯識論掌中枢要』巻上本を意識した表現。すなわち、四経一論とは、『涅槃経』『善戒経』『勝鬘経』『金剛経』『荘厳論』をいう。

無種姓人証者、**涅槃**三十六云、善男子、若説一切衆生定有仏性、是人名為謗仏法僧。若説一切定無仏性、此人亦名謗仏法僧。**又涅槃云**、譬如病人、有其三種。一者若遇良医妙薬及以不遇、必当得差。二者若遇即差、不遇不差。三者遇与不遇要不可差。初是定性大乗、次為不定性、第三即是定性二乗及与無性。**又涅槃云**、善男子、如是諍訟是仏境界、非諸声聞・縁覚所知。若人於此生疑心者、猶能摧壊無量煩悩如須弥山。若於是中生決定者、是名執著。如是執著不名為善。**又**三十六云、善男子、我雖説言一切衆生悉有仏性、衆生不解仏如是等随自意語。善男子、如是語者後身菩薩尚

不能解。況於二乘、其余菩薩。又恒河七人、第七常没。**又善戒経種性品云**、無種性人、雖復発心勤行精進、終不能得無上菩提。**又彼経云**、無種姓人但以人天善根而成就之。**又荘厳論**、無涅槃法有二。一時辺、二畢竟等。如前已説。**又勝鬘云**、離善知識無聞非法衆生、以人天善根而成就之等。**金剛経云**、毛道生。今云愚夫生。梵云婆羅去声、此云愚夫。本錯云縛羅、乃言毛道、無性。量云、所説無性決定応有、有無二性随一摂故、如有性者。或聖所説故、如説有性。

（大正四三・六一二上～中）

[15] 無性有情……【翻刻】には「無性有悟」とあるが、文脈を重視して【訓読】では「無性有情」とした。

[16] 『諸乗義章』……基『大乗法苑義林章』「諸乗義林第四」（大正四五・二六四中～）を指す。

[17] 『大宋高僧伝』……賛寧の『宋高僧伝』からの引用。前注[2]を参照。

[18] 第三十七……【翻刻】には「第三十八」とあるが、斉明天皇は第三十五代および三十七代の天皇であるから、【訓読】では「第三十七」とした。

[19] 戊午……【翻刻】には「辛巳」とあるが、前注[1]を見れば分かるように、「辛巳」では年時が合わないので、【訓読】では「戊午」とした。

[20] 祇洹……【翻刻】には「祇桓」とあるが、文脈を重視して【訓読】では「祇洹」とした。

[21] 慧立本、彦悰箋『大唐大慈恩寺三蔵法師伝』巻一〇からの引用。

法師以、**今古大徳**、**闡揚経論**、**雖復倶依聖教**、**而引拠不同**、**諍論紛然**、**其来自久**、至如黎耶是報非報、化人有心無心、和合怖数之徒、聞熏滅不滅等、百有余科、並三蔵四含之盤根、大小両宗之鈕鍵、先賢之所不決、今哲之所共疑。法師亦躊躕此文、怏怏斯旨、**慨然嘆曰**、**此地経論**、**蓋法門枝葉**、**未是根源**。**諸師雖各起異端**、**而情疑莫遣**、**終須括嚢大本**、**取定於祇垣耳**。

（大正五〇・二七八下）

乃誓遊西方以問所惑、幷**取十七地論以釈衆疑**、即今之瑜伽師地論也。

（大正五〇・二二二下）

[22] 該冠……【翻刻】には「詭」とのみある。しかし、後注[23]の『大唐大慈恩寺三蔵法師伝』には「該冠」（大正五〇・二七八下）とあるので、【訓読】では「該冠」とした。

[23]　慧立本、彦悰箋『大唐大慈恩寺三蔵法師伝』巻一〇からの引用。

以貞観三年秋八月立誓装束、払衣而去。到中天竺那爛陀寺、**逢大法師名戸羅跋陀、此曰戒賢。其人体二居宗、神鑒奥遠、博閑三蔵、善四韋陀。於十七地論最為精熟、以此論該冠衆経、亦偏常宣講**、元是弥勒菩薩所造、即摂大乗之根系、是法師発軔之所祈者。十六大国靡不帰宗、稟義学徒恒有万許。法師既往修造、一面尽歓、以為相遇之晩。**於是伏膺聴受、兼諮決所疑**、一遍便覆、無所遺忘。譬蒙汜之納群流、若孟諸之呑雲夢。彼師嗟怪、嘆未曾有、云若斯人者、聞名尚難、豈謂此時共談玄耳。

（大正五〇・二七八下～二七九上）

[24]　『瑜伽論』の中の声聞地には、一分無性を建立し……玄奘訳『瑜伽師地論』巻二一「本地分中声聞地第十三」の文章を指していると思われる。

無涅槃法補特伽羅住決定聚。彼若遇縁若不遇縁。遍一切種畢竟不能得般涅槃。

（大正三〇・三九六中）

[25]　【翻刻】や【訓読】には「五十一」と表記されているが、ここは『瑜伽師地論』巻五二からの引用と思われる。

復次我当略説安立種子。云何略説安立種子。謂於阿頼耶識中、一切諸法遍計自性妄執習気。是名安立種子。然此習気是実物有。是世俗有。望彼諸法不可定説異不異相。猶如真如。即此亦名遍行麁重。問、若此習気摂一切種子、復名遍行麁重者、諸出世間法従何種子生。若言麁重自性種子為種子生、不応道理。答、諸出世間法、従真如所縁縁種子生。非彼習気積集種子所生。問、若非習気積集種子所生者、何因縁故、建立三種般涅槃法種性差別補特伽羅、及建立不般涅槃法種性補特伽羅。所以者何。**一切皆有真如所縁縁故**。答、**由有障無障差別故。若於通達真如所縁縁中、有畢竟障種子者、建立為不般涅槃法種性補特伽羅。若不爾者、建立為般涅槃法種性補特伽羅。若有畢竟所知障種子布在所依、非煩悩障種子者、於彼一分建立声聞種性補特伽羅、一分建立独覚種性補特伽羅。若不爾者、建立如来種性補特伽羅。是故無過**。若出世間諸法、生已即便随転。当知、由転依力所任持故。然此転依与阿頼耶識、互相違反。対治阿頼耶識、名無漏界離諸戯論。

（大正三〇・五八九上～中）

なお、『仏性論文集』の「又た、『瑜伽論』の中の声聞地には、一分無姓を建立し、五十一巻に「真如所縁縁種子は一切に皆な有るが故に」と。無姓は小乗の分斉なり、有性は大乗の実義なり。故に知んぬ、三蔵は一乗仏性を以て宗と為す」（四十一丁表）という文は、三十二丁表～裏の議論を受けているので注意されたい。

[26]『瑜伽論』三十五巻の菩薩地に……玄奘訳の『瑜伽師地論』巻三五を意識した表現であると思われる。

又諸菩薩雖具種姓、由四因縁不能速証阿耨多羅三藐三菩提。何等為四。謂諸菩薩先未値遇諸仏菩薩、真善知識、為説菩提無顛倒道。**如是名為第一因縁。**又諸菩薩雖遇善友為説正道、而顛倒執於諸菩薩正所学中顛倒修学。**如是名為第二因縁。**又諸菩薩雖遇善友為説正道、於諸菩薩正所学中無倒修学、而於加行方便慢緩懈怠嬾惰不成勇猛熾然精進。**如是名為第三因縁。**又諸菩薩雖遇善友為説正道、於諸菩薩正所学中無倒修学、亦於加行勇猛精進、然諸善根猶未成熟、菩提資糧未得円満、未於長時積習所有菩提分法。**如是名為第四因縁。如是菩薩雖有種姓、因縁闕故不能速証無上菩提。若具因縁便能速証。若無種姓補特伽羅、雖有一切一切一切種、当知決定不証菩提。**」

（大正三〇・四八〇中）

[27] 玄奘訳の『瑜伽師地論』巻三五からの引用。

住無種姓補特伽羅無種姓故、雖有発心及行加行為所依止、定不堪任円満無上正等菩提、由此道理雖未発心、未修菩薩所行加行、若有種姓当知望彼而得名持。

（大正三〇・四七八下）

[28] 玄奘訳の『瑜伽師地論』巻八〇からの引用。

云何名為四種声聞。一者変化声聞、二者増上慢声聞、三者迴向菩提声聞、四者一向趣寂声聞。…中略…**一向趣寂声聞**者、謂従本来是最極微劣慈悲種性故、一向棄背利益衆生事故、於生死苦極怖畏故、唯有安住涅槃意楽、**畢竟不能趣大菩提。**

（大正三〇・七四四上～中）

【解　説】

これまでの天台宗の見解を受けて、ここから蔵俊の反駁が行なわれる。その構成は、第一に『日本書紀』の引用、第二に『宋高僧伝』の引用、第三に蔵俊の見解である。

一　『日本書紀』

ここでは『日本書紀』が引用される。養老四年（七二〇）に成立を見た日本初の正史である『日本書紀』は、成立当初には『日本紀』と呼ばれており、ここから『仏性論文集』の著者である蔵俊が旧来の書名を採用したことが分かる。

一般に、我が国に法相宗を公伝した最初の人物は、白雉四年（六五三）五月に入唐して大慈恩寺の玄奘より受学した道昭（道照とも、六二九―七〇〇）とされる。[1] これが日本への法相宗の初伝である。道昭は、玄奘新訳の経論や禅籍などを請来し、元興寺に禅院を建立した人物としてよく知られている。続く第二伝は、智通（生没年未詳）と智達（生没年未詳）によるものであり、[2] この二人の入唐年時を紹介したのが蔵俊撰『仏性論文集』に引用される『日本書紀』の記事である。『日本書紀』では、斉明天皇三年（六五七）、智通などが新羅の船に同乗して入唐を試みるも、新羅側の認可が下りず、やむなく帰来した旨が伝えられているが、その翌年（六五八）七月、智通と智達の二人は勅を奉じて、新羅の船に乗って無事に唐国に入った。そして、二人は玄奘のもとで「無性衆生の義（五姓各別説のなかの無性有情の義）」を受けたというのである。『日本書紀』の記述に誤りがないことは、中国側の資料である志磐『仏祖統紀』巻三九に、

（顕慶）三年…中略…日本国遣沙門智通入中国求大乗法。　　（大正四九・三六七中）

とあることより明らかであろう。

ところで、『仏性論文集』を書写したと考えられる貞慶は『心要鈔』において、

日本道昭和尚於三蔵所受無性衆生義、並伝禅法帰朝。（新版日蔵六二・一二）

と述べて、『日本書紀』の記事を智通・智達ではなく、道昭の活動として紹介している。いずれにしても、貞慶が「無性衆生の義」という言葉の重要性に注目していたことは疑いない。

なお、『日本書紀』における「無性衆生義」を、印度における瑜伽行学派の系列、すなわち火弁（生没年未詳）―陳那（Dignāga, 四八〇―五四〇）―無性（Asvabhāva, ?―五〇〇―?）、護法（Dharmapāla, 五三〇―五六一）―戒賢（Śīlabhadra, 五二九―六四五）のなかの無性（人名）と捉え、これは「無性の衆生義（摂論学派の教え）」と読むべきであるとする学説をはじめ、第三伝（智鳳、智鸞、智雄）や第四伝（玄昉）の詳細などについては、田村圓澄氏や富貴原章信氏の研究が詳しい(3)。

二　『宋高僧伝』

賛寧（九一九―一〇〇一）編『宋高僧伝』三十巻は、『高僧伝』『続高僧伝』『大明高僧伝』と並んで高僧伝四集と総称され、本伝は、太平興国七年（九八二）、宋の太宗（在位九七六―九九七）の勅命を受けた賛寧が、その六年後の端拱元年（九八八）に完成させた、高僧の事跡に関する資料である。

さて、蔵俊撰『仏性論文集』所引の文章は、『宋高僧伝』巻四「唐京兆大慈恩寺窺基伝」に収められている。そ

の内容は次のようなものである。基が玄奘に対して、自分一人のために『瑜伽師地論』を講義してほしいとの願いを行ない、玄奘の快諾がなされた後、「還た測公、前に同じく盗聴先講」（586〜587）[4]したという事件が起こった。すなわち、玄奘と基の二人だけの『瑜伽師地論』講義の場に円測（六一三―六九六）が紛れ込んで盗聴し、基に先立って『瑜伽師地論』を他の者に講義してしまったというのである。『仏性論文集』のなかに「還た」「前に同じく」とあるのは、以前にも同様の事件があったからに他ならない。『宋高僧伝』「唐京兆大慈恩寺窺基伝」には、玄奘と基が二人のみで『成唯識論』を訳出した際、円測が門番に金を払って潜入し盗聴したことが伝えられている。[5]しかし、この度重なる盗聴事件を受けても、玄奘は基に「五性〔各別〕という〔唯識の〕根本の教えは、おまえ（基）だけしか伝え広めることは出来ない。他人ではそれは無理なのである」[6]と述べて、基に対する信頼を全面に打ち出している。[7]

前の『日本書紀』の「無性衆生の義」、そしてこの「慈恩伝」の「五性の宗法」、これこそが玄奘によって伝えられた宗（宗要・宗趣）なのである。

三　天台宗の見解に対する蔵俊の反論

次に「今案ずるに」として、これまでの引用から導かれる蔵俊の総合的な結論が示される。その構成は大きく二つに分かれる。一つは魏国の沙門慧立が撰述した「伝本五巻」[8]を彦悰が「本文を錯綜し、箋して十巻と為」[9]した『大唐大慈恩寺三蔵法師伝』（六八八、以下『慈恩伝』と略す）の引用からなる部分（『慈恩伝』第十［588］〜時の宗と為るを忝しむ［616］）であり、二つは『慈恩伝』に基づきながら蔵俊が自説を展開する部分（則ち花厳宗には［616］〜此の執を弃つべし［652］）である。

本来ならば、はじめに『仏性論文集』に引用される『慈恩伝』の文章について解説を行なうべきであるが、すでに『慈恩伝』の現代語訳に長澤和俊『玄奘三蔵―大唐大慈恩寺三蔵法師伝―』（光風社出版、一九八八年）があるので、詳しくは長澤氏の研究に譲りたいと思う。(10) なお、『慈恩伝』の成立に関しては、近年、吉村誠氏が「『大唐大慈恩寺三蔵法師伝』の成立について」（『仏教学』三七、一九九五年）という論攷において、興聖寺本『続高僧伝』などを駆使しながら詳細に論じている。注目すべき研究である。(11)

そういうわけで、ここでは『慈恩伝』の引用の後に展開される自説の部分（616～652）についてのみ解説を行ないたい。全文にわたって重要な内容が示されているので、言葉を補いつつ意訳を提示しておこう。(12)

華厳宗には〔北魏の〕霊弁（六世紀はじめ）や智儼（六〇二―六六八）がおり、〔彼らは一切〕皆成仏の宗趣を標榜している。〔同じく、〕天台宗には南岳慧思（五一五―五七七）や天台大師智顗（五三八―五九七）がおり、〔彼らも一切衆生〕悉有仏性の義を打ち立てている。無論、〔玄奘三蔵以前の〕姚秦の鳩摩羅什（三四四―四一三、あるいは三五〇―四〇九）や道場寺の慧観（五世紀頃）が五姓各別に言及するわけがない。〔羅什門下の〕竺道生（三三五頃―四三四）も〔一切衆生〕悉有仏性〔の義〕を唱えている。

以上の人師は、すべて一切衆生がみな成仏するという義を認めている。〔ところが、玄奘三蔵は、〕あるいは〔印度に旅立つ前にあらゆる僧と〕対談・討論し、あるいは〔古今の〕文献を精査して学を積んでいる。〔阿頼耶識の是報非報など、残された〕一百余科の未決〔があることを嘆き、これ〕にしたがい、ついに印度に遊学し、戒賢に師事して、五姓各別の根本を究め、〔帰国後、これを〕基に授けた。基は〔玄奘より教えを〕伝承され、『成唯識論掌中枢要』を著し、〔そのなかで〕決定種姓および無性有情に関する比量を立てている。〔また〕『大乗法苑義林章』「諸乗義林」ではたくさんの経論を引用してそれぞれの乗の差別を示した。明らかに知られよう、玄奘三蔵の御意は、五姓各別を真実の義としているということを。『宋高僧伝』に、「五姓各別の根本は、慈恩大師基ただ一人だけが、世に広めることができる、それは他人では無理なのである」といっている通りである。そればかりか、斉明天皇四年（六五八）七月、我が国の智通と智達の二人が入唐し、玄奘三蔵から直接に「無性衆生の義」を学んでいる。そうであるから、〔一切皆成仏説に立つ者が〕玄奘三蔵も「悉有仏性」の義を否定しなかったと言うのは大妄語である。ゆめゆめ〔そのようなことを〕信じることがないように。〔さらに、〕五姓各別の宗〔趣〕は、他人では知ることができないところである。〔玄奘の訳場に参加した神昉が玄奘から本性決定と方便決定を直接に聞いたからといって、〕神昉の解釈を絶対的に正しいものとしてはならない。〔玄奘の訳場に参加した神昉〕三蔵でさえもそうである。まして他宗ならなおさら〔五姓各別の根本が分かるはずもないの〕である。〔前述した〕慧思や智顗、霊弁や智儼の時代は、聖教が中国に伝わったといっても、〔それは〕僅かな〔分量〕であり、重要な部分でもなく、残りものといってよい。〔にもかかわらず、〕今古の諸徳は、〔この僅かな〕聖教に依拠しながら、諍論し、諸説紛糾とさせている。〔この状況を〕嘆いた玄奘三蔵は「今古の大徳は、経論〔の説〕をはっきりと示して、〔その主張するところが〕聖教に依拠しているというけれども、〔そこで使用される〕出拠は同じではなく、異説が入り乱れ、〔異説が生じた〕そのはじまりも遠いものとなっている。中国〔に伝来するところ〕の経論は、枝葉末節であり、主要な幹（根源）ではない。〔他方、〕たくさんの法師が正統からはずれた説を提出しているけれども、〔今なお〕こころの疑いは晴れない。〔疑いの〕大本〔がどこにあるのか〕を検証し、印度でその解決を図るのみである。〔同時に〕『十七地論』を取得して多くの疑いをなくしたい」といっている。残念なことに、慧思や智顗は、僅かな聖教の枝葉末節を得て〔自らの主張を展開しているけれども〕、〔無著の〕五分論や〔世親の〕十支論の説を見ていないままに、〔一切衆生〕悉有仏性の義を立てている。また、慈恩大師にも一乗仏性〔の義〕があ〔り、しかもそれを容認していたとす〕るのは愚かである。討論するまでもない。どの文献がそれにあたり、どの文章にそれが説かれているというのか。それは父親と子どもの年齢〔について、その数〕を争うようなものである。また、〔これは〕神昉（子ども）の伝えるところが玄奘三蔵（親）より〔直接に聞いたとおり〕の内容であるといっても、子ども〔の言説〕が〔絶対的な〕証明とはならないことを示している。〔なぜならば、〕『瑜伽師地論』の〔一向〕趣寂声聞は畢竟決定であって〔絶対に成仏できないからであり、一切衆生〕悉有仏性の教えと違するものだからである。もし〔教相判釈や教時前後などの視点から〕『瑜伽師地論』は方便の教えであるから〔正しくない〕と言うならば、〔どうして『慈恩伝』に〕戒賢は「広く経律論の三蔵に習熟し、四韋陀に通じ、『十七地論』〔の内容〕に熟練していた。この『十七地論』は多くの経典に広く通じて冠たるものであるので、〔戒賢はこの論を〕常に講じて広めていた。玄奘三蔵は、〔戒賢より『十七地論』の講義を〕聞くに及んで心に記して忘れず、〔かねてより持っていた、自らの〕疑いを解決した」とあるのか。〔『瑜伽師地論』は〕真実の教えであり、この論に勝るものはない。どうして〔玄奘〕三蔵の意と『瑜伽師地論』を権教とするのか〔、いや権教ではない〕。また、〔天台宗の論難（481〜484）には以下のようにあった。すなわち〕「『瑜伽師地論』の「声聞地」には一分無性（絶対に成仏することが出来ない）の者を説き、巻五二には、〈真如所縁縁〔種子〕（真如を対象とする種子）は、一切衆生に〔平等に〕有るが故に〉と説いている。無性〔の者〕は、〔『瑜伽師地論』の「声聞地」に説かれているから〕小乗の分斉であり、有性〔こそ〕が大乗の真実義（至極）である。故に知るべきである、玄奘三蔵は一乗仏性を宗趣としている」と。これが誤りであることは明らかである。〔なぜならば、『瑜伽師地論』の〕「声聞地」〔に説かれる〕無種姓は小乗と同じではない。どうして〔、玄奘が一乗仏性を宗趣としていると主張する者は、無性を〕小乗の分斉とするのか、〔いや無性は小乗の分斉ではない〕。もし『瑜伽師地論』の「声聞地」〔のなか〕に無性が説かれているから〔無性は〕小乗〔であるという〕義〔を唱える〕ならば、どうして『瑜伽師地論』巻三五の「菩薩地」において無性と有性が列ねられているのか〔、「菩薩地」においても無性は説かれているから、「声聞地」の無性は小乗であるという考えは成り立たない〕。同じく〔『瑜伽師地論』巻三五の〕「菩薩地」には、「無種姓に住する者は、種姓が無いから、発心し加行するといっても、ついには究極の菩提を獲得することが出来ない」とある。また〔『瑜伽師地論』の〕巻八〇の「菩薩地」には、四種声聞の中の一向趣寂声聞は、永遠に成仏しないと説かれている。明らかに知られよう、『瑜伽師地論』は五姓各別を究極の教えとするということを。もしそうであれば、玄奘三蔵は〔微塵も〕一乗仏性〔の義〕を根本とはしていなかった〔ことが知られる〕。以上〔、玄奘三蔵や『瑜伽師地論』に対する誤解や〕妄語は自宗や他宗にとっても利益とはならない。早急にこの〔妄説への〕執著を棄捨すべきである。

これによって、天台宗側の見解に対する蔵俊の論難の内容が知られたかと思う。

註

（1）富貴原章信『日本唯識思想史』（富貴原章信仏教学選集第三巻、国書刊行会、一九八九年）を参照。なお、田村圓澄氏は、道昭が将来したのは法相宗ではなく、摂論宗であったことを指摘している。詳しくは、田村圓澄「摂論宗の日本伝来について」（『南都仏教』二五、一九七〇年）、同「摂論宗の日本伝来について（補説）」（『南都仏教』

三二、一九七四年）を参照。
(2) 彼らもまた法相宗ではなく、摂論宗を伝えたことが田村圓澄氏によって指摘されている。前注(1)を参照。
(3) 前注(1)を参照。
(4) 大正五〇・七二六上。
(5) 大正五〇・七二五下。
(6) 大正五〇・七二六上。
(7) 『宋高僧伝』「唐京兆大慈恩寺窺基伝」を中心に基の人物像の変遷などについて述べたものに、林香奈「慈恩大師の伝記の再検討」（『印度学仏教学研究』五九（二）、二〇一〇年）、同「基に関する伝記的記述の変遷について」（『東アジア仏教研究』一〇、二〇一二年）がある。
(8) 大正五〇・二二一上。
(9) 大正五〇・二二一中。
(10) 『仏性論文集』所引の『慈恩伝』の現代語訳は、長澤和俊『玄奘三蔵―大唐大慈恩寺三蔵法師伝―』（光風社出版、一九八八年）の一七～一九頁・三一二～三一四頁・三一七～三一九頁にある。
(11) 併せて、吉村誠「興聖寺『続高僧伝』巻四玄奘伝―翻刻と校訂―」（『駒澤大学仏教学部論集』四四、二〇一三年）を参照されたい。
(12) 直後の意訳を見れば明らかなように、冒頭部分では華厳宗や天台宗などの宗趣が一切皆成仏説の立場であることが示されている。もしかすると、ここは本研究書の第三章第一節で紹介した「未詳の文献（天台宗の文献）」の欠落部分（476以前にあったと想定される問いの部分）の議論を受けている可能性がある。

（村上明也）

第三節　慈恩「観音後身説」に基づく正統性の主張

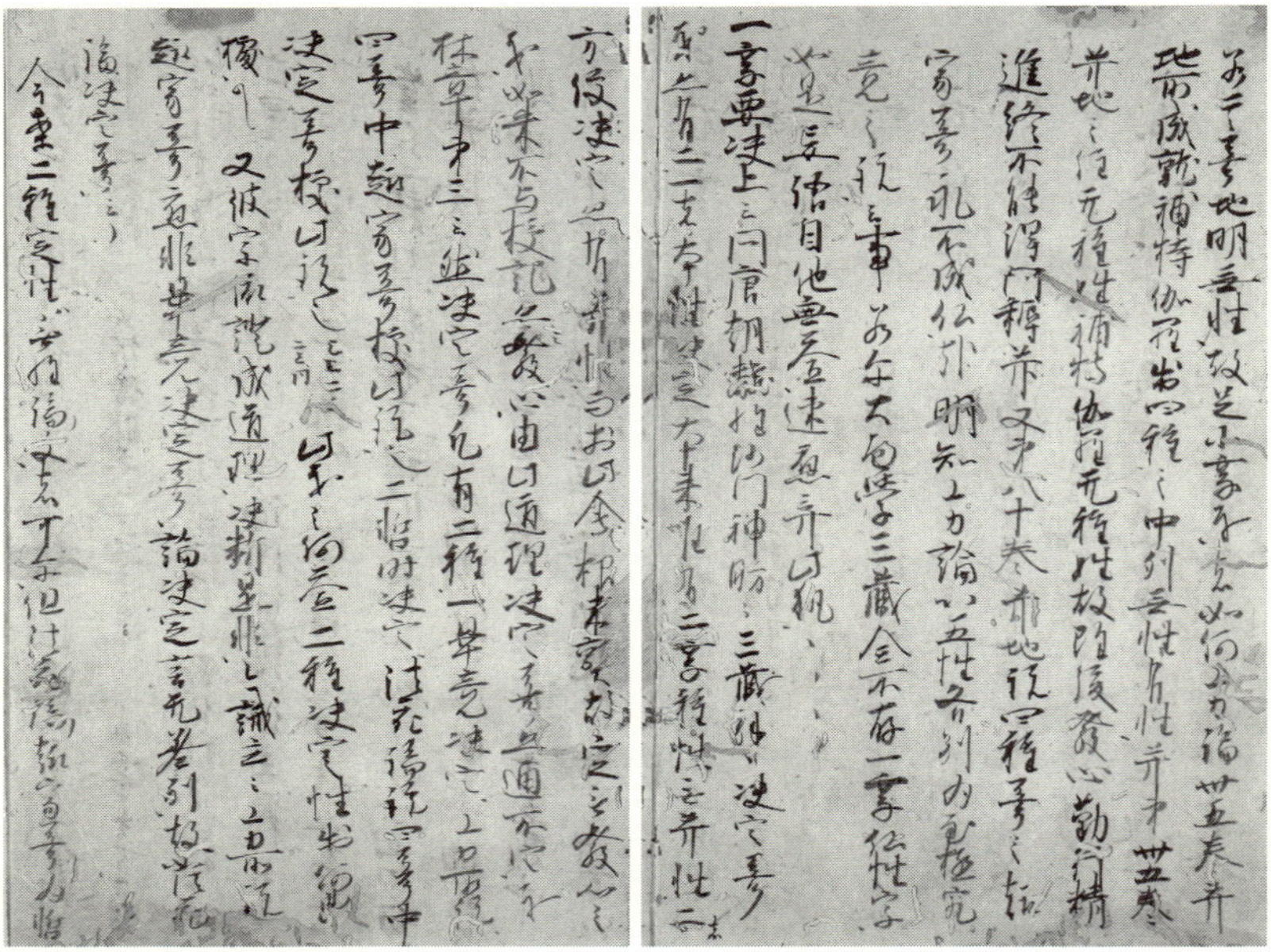

【翻　刻】

〔四十一丁裏〕

653 一乗要決上云問唐朝翻経沙門神昉云三蔵解云決定声聞
654 義亦有二一一者本性決定本来唯有二乗種性無菩薩性一二者

〔四十二表〕

655 方便決定亦有菩薩性一而於此會根未熟故定無發心之
656 義一如来不与授記亦發心由此道理決定声聞亦通不定一義
657 林章第三云然決定声聞凡有二種一一畢竟決定ユカ所説
658 四声聞中趣寂声聞據此説一也二暫時決定法花論説四声聞中
659 決定声聞據此説一也已上二文意同 此義云何答二種決定性出何典
660 據一耶又彼宗依証成道理一決断是非一今誠立云ユカ所説
661 趣寂声聞應非畢竟決定声聞一論決定言无差別一故如法花
662 論決定声聞一 云々
663 今案二種定性ハ無経論文ノ一者可爾一但法花論ノ趣寂声聞為暫

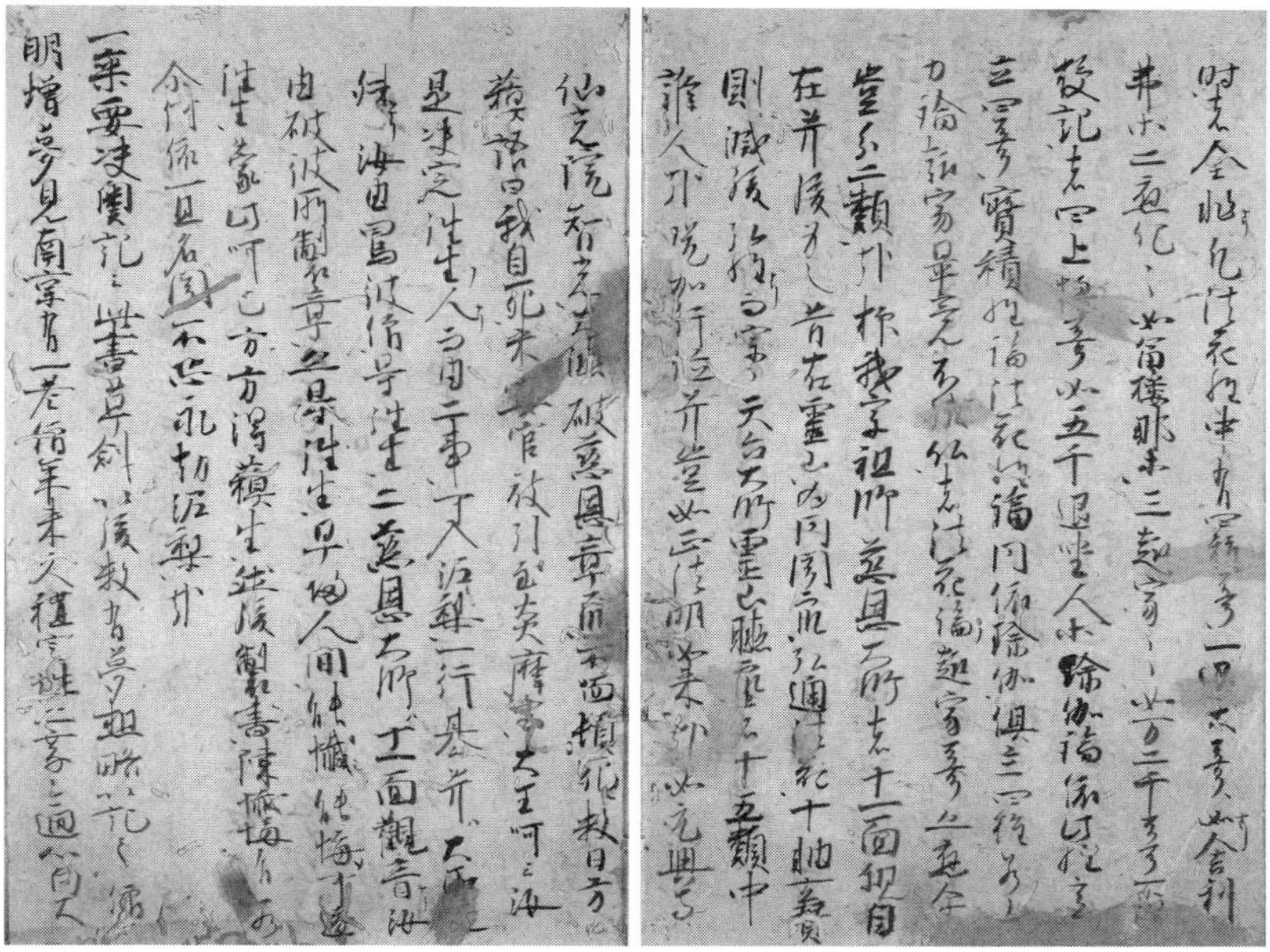

〔四十二裏〕

664 時㆒者全非《ナリ》 凡法花経中有四種声聞㆒一退大声聞如《ナリ》舎利
665 弗等㆒二應化々々如富楼那等㆒三趣寂々々如万二千声聞不得
666 授記㆒者四上慢声聞如五千退坐人等瑜伽論依此経意
667 立四声聞㆒寶積経論法花経論同依瑜伽㆒倶立四種若ユ
668 カ論趣寂畢竟不成仏㆒者法花論《ノ》趣寂声聞亦應爾
669 豈分二類㆒哉抑我宗祖師慈恩大師者十一面観自
670 在菩薩後身也昔在霊山㆒為同聞衆㆒弘通法花㆒十軸玄賛
671 則滅後弘経《ナリ》 而宗云天台大師霊山聴衆者十五類中
672 誰人哉況加行位菩薩豈如正法明如来㆒哉如元興寺

〔四十三表〕

673 仙光院智光大徳破慈恩章疏㆒不面頓死数日方
674 蘓語曰我自死㆒来冥官被引至炎摩宮㆒大王呵云汝
675 是決定往生人《ノ》《ナリ》 而由二事㆒可入泥梨㆒一行基菩薩《ハ》大聖文
676 殊《ナリ》 汝由罵彼僧碍往生㆒二慈恩大師《ハ》十一面観音《ナリ》 汝
677 由破彼所製章㆒亦碍往生㆒早帰人間㆒能懺《シ》能悔《シテ》 可遂
678 往生㆒蒙此呵已方方得蘓生㆒然後製書㆒陳懺悔旨若
679 爾何依一旦名聞㆒不恐永劫泥梨㆒哉

【訓読】

『一乗要決』の上に云わく、「問う。唐朝の翻経の沙門神昉の云わく、〈三蔵の解して云わく、《決定声聞の義に亦た二有り。一つには本性決定。本より来《このか》た唯だ二乗の種性のみ有りて、菩薩の性無し。二つには方便決定。亦た菩薩の性有り。而るに此の会に於いて根未熟なるが故に、定んで発心の義無し。如来は授記を与えざるも亦た発心す。此の道理に由りて、決定声聞も亦た不定に通ず》と〉と。『義林章』の第三に云わく、〈然るに決定声聞に凡そ二種有り。一つには畢竟決定。『瑜伽』に説く所の四声聞の中の趣寂声聞は、此の説に拠る也。二つには暫時決定。『法花論』に四声聞を説く中の決定声聞は、此の説に拠る也〉と。已上、二文の意同じ 此の義、云何んぞ。答う。二種の決定性は、何れの典拠に出づる耶。又た、彼の宗の証成の道理に依りて是非を決断す。今、誠《つつし》んで立てて云わく、〈『瑜伽』の所説の趣寂声聞は、応に畢竟決定の声聞に非ざるべし。『論』の決定の言と差別無きが故なり。『法花論』の決定声聞の如し〉と」[1]と。云々

今案ずるに、二種の定性は経論の文に無しといわば、爾るべし。但だ『法花論』の趣寂声聞を暫時と為すというは、全く非なり。凡そ『法花経』の中に四種の声聞有り。一つには退大声聞。舎利弗等の如し。二つには応化声聞。富楼那等の如し。三つには趣寂声聞。万二千の声聞の授記を得ざる者の如し。四つには上慢声聞。五千の退坐の人等の如し。『瑜伽論』は此の経の意に依りて四の声聞を立つ。『宝積経論』と『法花経論』は、同じく『瑜伽』に依りて倶に四種を立つ。若し『瑜伽論』の趣寂は畢竟不成仏ならば、『法花論』の趣寂声聞も亦た応に爾るべし。豈に二類に分かつ哉。

抑も、我が宗の祖師慈恩大師は、十一面観自在菩薩の後身なり。昔、霊山に在りて同聞の衆と為り、『法花』を

弘通す。十軸の『玄賛』は則ち滅後の弘経なり。而るに宗に云わく「天台大師は霊山の聴衆なり」というは、十五類の中の誰人なるぞ哉。[2] 況んや加行位の菩薩なり。豈に正法明如来の如くならん哉。元興寺の仙光院の智光大徳の如きは、慈恩の章疏を破して、図らずも頓死せり。[3] 数日して方に蘇り語りて曰わく、「我れ死して自り来《このか》た、冥官に引かれて炎摩宮に至る。大王呵して云わく、「汝は是れ決定往生の人なり。而るに二の事に由りて、泥梨に入るべし。一つには行基菩薩は大聖文殊なり。汝、彼の僧正を罵るに由りて往生を碍げたり。二つには慈恩大師は十一面観音なり。汝、彼の所製の章を破するに由りて、亦た往生を碍げたり。早く人間に帰りて、能く懺し能く悔して、往生を遂ぐべし。此の呵を蒙り已《おわ》りて、方に方に蘇生することを得たり」と。然る後に書を製して、懺悔の旨を陳ぶ。若し爾らば、何ぞ一旦の名聞に依り、永劫の泥梨を恐れざらん哉。[4]

【註記】

[1] 源信『一乗要決』（恵全二・四二～四三、大正七四・三三六下）からの引用。

問。唐朝翻経沙門神昉云。三蔵解云。決定声聞義亦有二。一者本姓決定。本来唯有二乗種性。無菩提性。二者方便決定。亦有菩提性。而於此会。根未熟故。定無発心之義。如来不与授記。亦令発心。由此道理。決定声聞。亦通不定。義林章第三云。然決定声聞。凡有二種。一畢竟決定。瑜伽所説四声聞中趣寂声聞。拠此説也。二暫時決定。法華論説。四声聞中決定声聞。拠此説也已上二文意同。此義云何。答。二種決定性。出何典拠耶。又彼宗依証成道理。決断是非。今試立云。瑜伽所説趣寂声聞。応非畢竟決定声聞。論決定言。無差別故。如法華論決定声聞。

大正本との校異は次の通り。

四十一丁裏九行目「性」（654）→「姓」

四十一丁裏九行目「薩」(654) ↓「提」
四十二丁表一行目「菩」(655) ↓「提」
四十二丁表二行目「亦発心」(656) ↓「亦令発心」

[2] 基『法華玄賛』巻一末に、釈迦が霊鷲山において『法華経』を説いた際に集会した十五衆(十五類)についての記述がある。

初有十五衆。一高名大徳衆。二無名大徳衆。三尊重諸尼衆。四内眷諸尼衆。五聖徳難思衆。六帝釈諸天衆。七三光四王衆。八二自在衆。九色界諸天衆。十龍衆。十一緊那羅衆。十二乾闥婆王衆。十三阿修羅衆。十四迦楼羅衆。十五人王衆。(大正三四・六六六中)

[3] 底本は「面」だが、「図」の誤書と判断した。

[4] 日本最古の仏教説話集である薬師寺僧景戒編『日本霊異記』中巻七話「智者、変化の聖人を誹り妬みて、現に閻羅の闕に至り、地獄の苦を受けし縁」に基づく改作。詳しくは【解説】を参照。

【解　説】

一　声聞成仏論(天台)と声聞不成仏論(法相)の対立

冒頭に、恵心僧都源信の『一乗要決』大文第二「余教の二乗作仏の文を引く」から、次のような引用がなされる。すなわち、

『一乗要決』の上に云わく、「問う。唐朝の翻経の沙門神昉の云わく、〈三蔵の解して云わく、《決定声聞の義に亦た二有り。一つには本性決定。本より来《このか》た唯だ二乗の種性のみ有りて、菩薩の性無し。二つには方便決定。亦た菩薩の性有り。而るに此の会に於いて根未熟なるが故に、定んで発心の義無し。如来は授記を与えざるも亦た発心す。此の道理に由りて、決定声聞も亦た不定に通ず》と〉と。『義林章』の第三に云わく、〈然るに決定声聞に凡そ二種有り。一つには畢竟決定。『瑜伽』に説く所の四声聞の中の趣寂声聞は、此の説に拠る也。二つには暫時決定。『法花論』に四声聞を説く中の決定声聞は、此の説に拠る也〉と。已上、二文の意同じ此の義、云何んぞ。答う。二種の決定性は、何れの典拠に出づる耶。又た、彼の宗の証成の道理に依りて是非を決断す。今、誡《つつし》んで立てて云わく、〈『瑜伽』の所説の趣寂声聞は、応に畢竟決定の声聞に非ざるべし。『論』の決定の言と差別無きが故なり。『法花論』の決定声聞の如し〉と」と。云々
（本研究書三四六頁）

と指摘する。これは、内容的には『天台宗要義』（三十二丁裏二行目（485）〜）や『守護国界章』（三十六丁表八行目（554）〜）の議論を引き継いだものである。すなわち、『法華論』所説の四種声聞の中、決定声聞（厳密には増上慢声聞も含む）は、根未熟であるから如来は記別を与えない。ゆえに徳一は決定声聞を不成仏者と見なし、最澄は神昉、基、義寂、義一の所説を最大の論拠として決定声聞も未来には必ず成仏する存在であるとした、前節の展開を受けたものである。

まず、問いの箇所では、神昉撰『種姓差別集』と基撰『大乗法苑義林章』が紹介する本性決定・方便決定（神昉）および畢竟決定・暫時決定（基）が示されている。それぞれの詳しい内容については、すでに第二部第三章第一節の村上明也の論稿において提示されているので、ここでは省略する。

注目したいのは源信の答えである。そもそも、最澄と徳一の論争の段階では、決定声聞に本性決定・方便決定（神昉）および畢竟決定・暫時決定（基、義寂、義一）の二類があるなか、『法華論』所説の決定声聞は方便決定および暫時決定に相当するので、決定声聞も未来には必ず成仏するというものであった。しかし、源信撰『一乗要決』では、さらに踏み込んだ議論を展開している。源信は、『法華論』における決定声聞が成仏するということを大前提として、「神昉や基が紹介する二種の決定性（本性決定および畢竟決定）はどのような経典に出るものであるのか。そもそも法相宗は、自宗が明かすところの道理に依拠して〔本性決定および畢竟決定を決定種姓（定性二乗）として不成仏と見ているが、これは妄りに〕是非（成・不成）を決判しているだけに過ぎない」との批判を行なうのである。最後に源信は、「今、誡《つつし》んで立てて云わく」として、「『瑜伽師地論』に説かれる〔一向〕趣寂声聞は、〔基が述べるような〕畢竟決定の声聞と見るべきではない。〔そもそも、『瑜伽師地論』の「一向趣寂声聞（決定声聞のこと）」の「一向趣寂（決定）」というのは、〕『法華論』に説く「決定声聞」の「決定」と、その言葉（決定声聞 śamaikāyanaḥ [śrāvakaḥ]）の意味に異なりがない。ゆえに、〔『瑜伽師地論』の「一向趣寂声聞」は、〕『法華論』の「決定声聞」のことである」との試論を提示している。

なお、『瑜伽師地論』の四種声聞と『法華論』の四種声聞の出拠は次の通りである。

『瑜伽師地論』巻八〇

云何名為四種声聞。一者変化声聞、二者増上慢声聞、三者迴向菩提声聞、四者一向趣寂声聞。

（大正三〇・七四四上）

『法華論』

言声聞人得授記者、声聞有四種。一者決定声聞、二者増上慢声聞、三者退菩提心声聞、四者応化声聞。
（大正二六・九上）

これをもとに、それぞれの四種声聞を源信の主張に基づいて対応させれば以下のようになるであろう。

『瑜伽師地論』所説の四種声聞	『法華論』所説の四種声聞
変化声聞	応化声聞
増上慢声聞	増上慢声聞
迴向菩提声聞	退菩提心声聞
一向趣寂声聞	決定声聞

その上で源信は、『瑜伽師地論』の「一向趣寂声聞」が究極の仏果を得ることのない決定種姓（定性二乗）とする根拠などどこにも存在せず、それは唯識学派の人師が勝手に設定した道理なのであるから、神昉や基が説く「本性決定」や「畢竟決定」もまた成仏しないという論理は成り立たないというのである。しかも、源信は、『瑜伽師地論』の「一向趣寂声聞」と『法華論』の「決定声聞」は、その言葉や意味が同じであると見て、両者は未来には必ず究極の仏果に至る存在であるとの私見を提示している(1)。

四十二表九行目(663)の「今案ずるに～」以下には、また複数の経論が比較的短く引用されている。奥書直前の本文の末尾までが、全体として蔵俊の自釈（＝蔵俊の言葉）であり、その中に各種の引用が鏤められているものと判断される。天台一乗側の議論・主張を個別に引きつつ、逐次これを批判することで、法相三乗の教義的優位性・正統性の主張を繰り返す形をとって蔵俊は、『一乗要決』の説に反論していくのである。

ただしここからは、それまでと異なる論調が現れることにも注意しなくてはならない。それは蔵俊が、天台一乗から投げかけられる法相三乗への批判に対して、ただひたすら反批判に終始するのではなく、三乗と一乗の会通の道を探ろうとする姿勢を見せている点である。その際、蔵俊は天台が一乗・悉有仏性・一切皆成仏に偏重し、三乗・五姓各別に全く理解を示さない偏向姿勢を批判している。その上で、後述するように蔵俊は、三乗教の否定・排斥にこだわる一乗教に対し、法相宗は法華一乗を和会できることを明示していくのである。この姿勢は、法孫の貞慶等による一乗融会の思想へとつながり、鎌倉時代に展開する法相教学の思想的変革の先駆をなすものであったといってよいであろう。

さて、先述のように『一乗要決』は、掻い摘んで言えば『瑜伽師地論』に説く「一向趣寂声聞」を、成仏不可能な「畢竟声聞」ではなく、『法華論』に説く所のいずれは成仏可能な「決定声聞（神昉が言うところの［方便決定］、基などが言うところの［暫時決定］）」であると、最澄の『守護国界章』以来の議論を受けて主張したわけだが（この議論は三十六丁裏～三十七丁表にも見える）、蔵俊はこれを批判して次のように述べている。すなわち、

今案ずるに、二種の定性は経論の文に無しといわば、爾るべし。但だ『法花論』の趣寂声聞を暫時と為すというは、全く非なり。（中略）『法花経論』は、同じく『瑜伽』に依りて倶に四種を立つ。若し『瑜伽論』の趣寂は畢竟不成仏ならば、『法花論』の趣寂声聞も亦た応に爾るべし。豈に二類に分かつ哉。　（本研究書三四六頁）

と。法相の立場では『瑜伽師地論』の説く「趣寂声聞」は、畢竟不成仏とするのが通説であり、蔵俊はここで世親作と伝わる『法華論』における声聞をめぐる理解も、『瑜伽師地論』に基づくものであるとしている。よって『瑜伽師地論』が「趣寂声聞」を成仏不可能の存在と見る以上、『法華論』でもそうであるはずだとして、蔵俊は「趣寂声聞」が現状では不成仏だが未来世において成仏可能とする天台宗の一乗の立場からの『法華論』解釈を全面的に否定するのである。

三乗教である法相の本来の教学から言えば、声聞は成仏不可能（決定声聞）な存在とされる。その声聞を究極的に成仏できない「本性決定」「畢竟声聞」と、いずれは成仏可能な「方便決定」「暫時声聞」に二分し、さらに法相はレベルの劣る権教であるから、声聞を「本性決定」「畢竟声聞」としか見ないが、天台は実教であるから声聞はあくまでも「暫時声聞」「方便決定」であるに過ぎない（いつか必ず成仏できる）と説く天台宗の教説は、とうてい蔵俊の受け入れる所ではなかったのである。

二　慈恩「観音後身説」と大悲闡提論の展開

次いで、蔵俊は四十二丁裏において、次のような興味深い見解を展開する。すなわち、

抑も、我が宗の祖師慈恩大師は、十一面観自在菩薩の後身なり。昔、霊山に在りて同聞の衆と為り、『法花』を弘通す。十軸の『玄賛』は則ち滅後の弘経なり。而るに宗に云く「天台大師は霊山の聴衆なり」というは、十五類の中の誰人なるぞ哉。況んや加行位の菩薩なり。豈に正法明如来の如くならん哉。

（本研究書三四六〜三四七頁）

というものである。その説くところは、悉有仏性・声聞成仏を批判し、五姓各別を唱える法相宗の開祖である慈恩大師基を十一面観音の「後身」（生まれ変わり）であるとするものである。十一面観音は、かつて釈迦がインドの霊鷲山で『法華経』を説いた時に、その聴聞衆として列しており、『法華経』の教えを弘通するために中国において慈恩大師基として生まれ、『法華玄賛』を著したという。その上で蔵俊は、同じく前世において霊鷲山で釈迦の法華説法に同座していた、後世の天台宗開祖の天台大師智顗（五三八―五九七）は加行位の菩薩にすぎなかったので、正法明如来が再び菩薩となった観音、すなわち慈恩大師とは比較にならないと論じるのである。当時、天台大師の前生を加行位の菩薩とする説があったようであるが、菩薩としては初地以前の低位にある加行位菩薩とされているわけであるから、これは法相側の言説であろう。言うまでもなく、仏教のヒエラルキーでは、如来は最上位にあるから、加行位の菩薩の後身に過ぎない天台大師よりも、本体は如来に他ならない観音の後身である慈恩大師の方が遥かに上位の存在となる。これをもって蔵俊は、三乗の立場から著された注釈書である『法華玄賛』を正法明如来＝十一面観音＝慈恩大師の手になる〈聖典〉として正統化していったのである。

蔵俊と同時代の興福寺には、こうした論理の存在していたことが、別の資料からも確認可能と思われる。承安三年（一一七三）に、興福寺が天台座主明雲（一一一五―一一八四）の配流と延暦寺悪僧の禁獄を朝廷に言上した文書「興福寺僧綱等申状案」には、

凡叡山住侶等、謗慈氏大聖之正説、破観音和光之章疏、焼慈氏常住之精舎、滅観音利生之仁祠、

（『平安遺文』三六三七号文書）

という叡山批判が書き記されている。「慈氏大聖の正説」は、インドにおける唯識思想の元祖たる弥勒の教え、例えば『瑜伽師地論』などを指していよう。それに続いて破斥される「観音和光の章疏」とは何か。和光とは垂迹の別表現であるので、それは唯識思想を中国で流通させるべく観音菩薩が化身した慈恩大師の、『法華玄賛』を始めとする章疏類の意となろう。このように巧みな対句で、インドの弥勒と中国の観音（慈恩）が説いた法相唯識の教義と、その日本における拠点である興福寺を滅ぼそうとする悪徒として、叡山天台を非難しているのである。このような観音・慈恩大師同体説とでもいうべきものは、この権門寺院間の政治的・経済的・思想的対立の過程で発給された訴訟文書にも、レトリックとして応用される程、興福寺内では一般化していたことが知られるのである。

さて、この正法明如来は著名な仏尊ではないが、智顗説・灌頂（五六一―六三二）記の『観音玄義』に次のような『観世音三昧経』からの引用が見える。いわゆる、

若観音三昧経云。先已成仏号正法明如来。釈迦為彼仏作苦行弟子。　　　　（大正三四・八九一下）

というものである。すなわち、中国六朝時代の撰述経典である『観世音三昧経』によれば、実は観音はすでに正法明如来として成仏を遂げており、過去世の釈迦はその弟子とされているのである。そして観音は、現在は衆生済度のために菩薩として顕現していると説かれる(2)。

法相宗でも、慈恩大師の弟子の慧沼撰『十一面神呪心経義疏』にも智顗と同様の引用が確認される他（大正三九・一〇〇六下）、貞慶が弟子の良算に撰集させた『成唯識論本文抄』には(3)、以下の引用がある。

枢要義賓記云。[A]大悲菩薩〇楽往生死〇如観世音菩薩等。而言当来普光功徳山王仏。亦言現在正法明如来等者。[4]依大智門。有成仏時。若拠大悲門。無成仏。明衆生不尽故。又観音三昧経又云。[B]正法明仏者。拠実門故。久已成仏道。普光功徳如来。拠権門 云云
（大正六五・四一六上、傍線は筆者）

と。『成唯識論本文抄』が引く「枢要義賓記」とは、唐代の義賓が著した『成唯識論掌中枢要記』（散逸）である。「枢要義賓記」の引用が末尾の「云云」までであるのか、あるいは「又観音三昧経又云」の直前までであるのか聊か不分明だが、いずれにせよここでは観音菩薩が成仏して如来となるか否かが問題となっている。この引用部分は、大悲闡提の菩薩（一切衆生を救済し尽くすために敢えて成仏しない菩薩）の成仏・不成仏をめぐる論義の中に見えるものであり、中世の法相宗では貞慶らがこの議論を重んじた。[5]観音菩薩はそうした大悲闡提の菩薩の代表格であり、傍線（A）の「大悲菩薩、生死に住するを楽《ねが》う」とは、大悲闡提菩薩が衆生の生死する娑婆世界に自ら留まろうとする意である。観音にはすでに正法明如来として成仏しているとか、未来に普光功徳山王如来として成仏するとかの説もあるが、それは大悲闡提菩薩の成仏を認める大智門の立場であり、一方の大悲門では救済すべき衆生は尽きるときが無いため、観音は成仏することがないとされる。

次に、『観世音三昧経』を引く形で、大智門における観音の過去成仏と未来成仏について判釈し、正法明如来（観音の過去成仏説）を拠実門（真実の立場）、普光功徳山王如来（観音の未来成仏説）を拠権門（方便の立場）と位置づける。厳密にいえば、『観世音三昧経』は過去世における観音の成仏（正法明如来）を説き、未来世における観音の成仏（普光功徳山王如来）を説くのは、『観世音授記経』なのであって、傍線（B）の「観音三昧経又云……」以下の文は、もとより同経に見えないものではあるが、『観世音三昧経』の観音過去成仏説と『観世音授記経』の観

音未来成仏説という、系統の異なる二つの経典の説を融合させようとしているのである。そして観音の過去成仏説は真実として認定するものの、未来成仏説についてはこれを方便としている点が注目される。それは衆生済度のため過去の如来から現在の菩薩へと、いわば〈垂迹〉した観音が、その大慈悲ゆえに闡提の菩薩として未来において改めて成仏することはないと判ずるのであり、これが法相の伝統説の一つとされる。(6)

一方で貞慶は、観音菩薩の徳を讃嘆する『値遇観音講式』の一段に、

又過去成道号正法明如来。当来出世称普光功徳山王仏。

と記し、(7)現在の観音菩薩は、過去も未来も如来であると見ている。良算の編になる『唯識論同学鈔』も、法相における大悲闡提菩薩の不成仏義を述べた後に、

但諸教中。観音文殊等成仏者。更非難。観音過去正法明如来。未来普光功徳山王仏文。

（大正六六・二九上～中）

という、諸経の趣意を引いている。そして、次のように結論付ける。

明知。大悲菩薩為利生。三世中現八相作仏歟。玄賛所釈。且依教施設。云久成仏也。

（大正六六・二九中）

と。すなわち、「大悲闡提菩薩は衆生済度のために過去・現在・未来の三世に亘って成仏の相を示す」として、巧みに成・不成両説の止揚を図っているのである。そして慈恩の『法華玄賛』は、「且《しばら》く」観音菩薩の過去成仏説（のみ）を釈したに留まるものと限定的に見ている。慈恩が『観世音三昧経』の所説を受容していたか否かについては不分明であるが、大悲闡提菩薩を悠久の過去においてすでに成仏した如来であると捉えること自体は、このように宗祖たる慈恩にまで遡及し得るのである。(8) 菩薩が如来より未来における成仏の授記を受けることは一般通途の教説であるが、現在は闡提菩薩である観音が、過去に属する事柄ではあるものの、実は正法明如来であったとする説は、大悲闡提論において重要なポイントとなったはずである。慈恩大師を神聖化するために正法明如来の存在が導き出されてくる背景には、中国以来の法相宗における大悲闡提菩薩を巡る議論展開の中で、観音の過去成仏説が実説であると評価されてきたという教学的伝統が措定されよう。正法明如来＝十一面観音＝慈恩大師という如来・菩薩・人師の同体は、かかる大悲闡提成・不成論から派生的に登場した言説であったといってよいであろう。

さて、ここで慈恩大師の前身が観音（特に十一面観音）とされる背景には、慈恩の師である玄奘がインドへの旅の途上、観音を念じて危難を遁れたこと、そしてまた、

聖教称衆生界中有一分無仏性者。玄奘今自疑不知有不。若有仏性修行可成仏者。願花貫挂尊頸項。語訖以花遙散。咸得如言。既満所求歓喜無量。其傍同礼及守精舎人。見已弾指鳴足言未会有也。当来若成道者。

（大正五〇・二三九下）

とあるように、インドで唯識を学んだ際に観音霊場を巡礼し、自身に仏性の有りや無しやを観音菩薩に問うたこと

など、『大唐大慈恩寺三蔵法師伝』に見える伝承や、帰国後に『十一面観世音神呪心経』を訳出した事実などが介在しているだろう。ましてや日本中世の興福寺僧にとっては、法相擁護の春日大明神の一宮の本地仏が不空羂索観音であり、四宮の本地仏が十一面観音であるなど、観音は縁の深い仏尊であった。実際に、貞慶の七段からなる講式の一種である『観世音菩薩感応抄』にも、

> 昔大遍覚（玄奘）三蔵求大法於西域伝中宗於東反之間、称念観音、感応非一。慈恩大師者、三蔵入室之上足。二明伝灯也。大祖（慈恩）則是十一面観音、竊隠其形。能助彼化也。又春日第一第四宮世称観音現矣。

と記されている通りである。(9)

ただし、十一面観音が『法華経』の会座に列していたというのは恐らく未聞の言説であろう。そしてそこで天台大師の前身である所の加行位の菩薩と同時に聴聞していたというのは、天台教学で重視されたいわゆる「霊山同聴法華」の教説の亜流と言えるが、「霊山同聴法華」説は、過去世において霊鷲山で共に『法華経』の会座に連なったものが、宿縁により時空を超えて転生・再会を果たし師弟となるという因縁説話である。南岳慧思（五一五—五七七）と智顗の師弟関係を特権化するものとして登場し、『隋天台智者大師別伝』には、

> 初獲頂拜。思（慧思）曰。昔霊山同聴法華。宿縁所追今復来矣。即示普賢道場為説四安楽行。（大正五〇・一九一下）

と見える。日本でも平安時代以来、種々の文献に確認され、最澄とその外護者たる桓武天皇は霊山同聴の深い宿縁

関係にあり、日本に転生して衆生を利益するなどと説かるのである。[10] 師弟関係のみならず、共に仏法を興隆するという意味にも展開しているが、本帖では如来の化現としての観音菩薩（慈恩）と、加行位の菩薩（天台）の高下、つまり宗派・教説の優劣や傍正を弁ずるものと化している点に、その変容（換骨奪胎）の特色がよく認められるのである。

三　『日本霊異記』説話の変容

さらに慈恩の聖者性を強調するために、ある著名な説話の変容体を蔵俊は四十三丁表で引用する。すなわち、

元興寺の仙光院の智光大徳の如きは、慈恩の章疏を破して、図らずも頓死せり。数日して方に蘇り語りて曰わく、「我れ死して自り来た、冥官に引かれて炎摩宮に至る。大王呵して云わく、「汝は是れ決定往生の人なり。而るに二の事に由りて、泥梨に入るべし。一つには行基菩薩は大聖文殊なり。汝、彼の僧正を罵るに由りて往生を碍げたり。二つには慈恩大師は十一面観音なり。汝、彼の所製の章を破するに由りて、亦た往生を碍げたり。早く人間に帰りて、能く懺し能く悔して、往生を遂ぐべし。此の呵を蒙り已りて、方に方に蘇生することを得たり」と。然る後に書を製して、懺悔の旨を陳ぶ。（本研究書三四七頁）

と。この文は、平安初期に編纂された日本最古の説話集である『日本霊異記』中巻七話「智者、変化の聖人を誹り妬みて、現に閻羅の闕に至り、地獄の苦を受けし縁」の変容体である。[11]『日本霊異記』の編者は薬師寺僧景戒である。説話の梗概を示すならば、奈良時代の元興寺の学侶であった智光が慢心し、すでに菩薩の位に達しながら外見

は一介の修行者である行基を誹謗した所、その罪によって地獄に堕した。責め苦を受けて現世に蘇生し、悔い改めて行基に謝罪したという。ここでは智光の堕地獄の因は、「慈恩の章疏」を破したためであるとされている。ここまでの文脈からすれば、慈恩の『法華玄賛』を指していようか。もう一つの因は、原話通りに行基を誹謗したこととされている。ここでは行基は文殊菩薩／慈恩は十一面観音として対をなしているが、『日本霊異記』中巻七話では行基は特に文殊菩薩と関係づけられていない。しかし、同じ『日本霊異記』の上巻五話では、すでに明確に「行基菩薩は、文殊師利菩薩の変化なり」とされてもいる。なお、かかる説話の改変がいつなされたかは、現状では不詳と言う他はない。

景戒は薬師寺の官僧の身分を有しているが、実態的には在野の僧（私度僧）に近く、妻子と財産（馬）も有しており、「半僧半俗」とも見える。しかし後年、こうした生活を改め、最終的には「伝灯住位」に登っている。故に景戒は私度僧に強い親近感を抱いており、私度僧達の指導者であった行基が東大寺建立事業に際して大僧正に抜擢されたにもかかわらず、『日本霊異記』では敢えて「沙弥」と称しながら、高く評価しているのである。その反面、根っからの官僧である智光には実に好意的でない[12]。だがそれだけでなく、ここで三論宗を代表する学僧である智光が堕地獄の憂き目を見るのは、景戒の三論宗に対する反感も影響している可能性がある。つまり奈良から平安初期における法相と三論の両宗の角逐、すなわち「空有の諍論」がここに作用しているという指摘が存するのだ[13]。薬師寺は法相宗の中核寺院だが、景戒はただ形ばかりの薬師寺僧であったわけではない。実際の生活形態はともかく、『日本霊異記』から帰納されるその思想性は、やはり法相教学の影響が濃いものと言え、殊に法相教学を応用して自己の夢解きを行なう下巻三十八話に、それが顕著に認められる[14]。

ここで智光が慈恩の章疏を破したことにより地獄に堕ちたというのは、正に両宗間の鋭い対立を浮き彫りにしている。例えば智光は、実際にその著『般若心経述義』において、法相宗の三時教判を批判し、空を説く三論宗の所依の経典である般若経典を、法相宗の正依の経典である『解深密経』よりも上位に位置づけている。[15] 蔵俊の時代には、三論と法相の両宗間で実体的な論争がなされたわけではないが、奈良から平安初期になされた「空有の諍論」には、仏性論争としての一面が隠されており、そこには法相と天台による一三権実論争への連続性を看取することが可能であるという実に興味深い見解もある。[16] 続く四十三丁裏からは、さらに『一乗要決』他の天台教義への批判がなされるが、三論の智光が慈恩を破したというなら、それは声聞の成仏を説いて法相の不成仏義を破し、また一切皆成の立場から法相の五姓各別を破したということを示唆しているであろう（その歴史的な事実関係は別として）。法相からすれば、三論も天台も悉有仏性義を建てる論敵に他ならない。『日本霊異記』の原話が、いつ誰の手で改変されたかはさて置き、この智光堕地獄説話は、平安末期の興福寺に、かつての三論との角逐の記憶が良く伝承されていた消息を窺わせる貴重な言説として、評価に値するものであるといってよいであろう。

註

（1）ここまでは、当初、村上明也の担当箇所であった。村上によって詳細な解説が準備されていたため、それを大いに参考にさせていただいた。記して謝意を表するものである。
（2）『観世音三昧経』については、牧田諦亮『六朝古逸観世音応験記の研究』（平楽寺書店、一九七〇年）を参照。
（3）『成唯識論本文抄』の成立過程に関しては、「共同研究『成唯識論同学鈔』の研究（3）」（『龍谷大学　仏教文化研究所紀要』三九、二〇〇〇年）を参照。
（4）通常は「過去正法明如来」という。
（5）楠淳證「日本唯識思想の研究―大悲闡提成・不成説の展開―」（『仏教学研究』四三、一九八七年）を参照。

（6）新倉和文「貞慶撰「聖徳太子講演式」（五段）について」（『岐阜聖徳学園大学仏教文化研究所紀要』九、二〇〇九年）を参照。
（7）『高野山講式集　DVD―ROM版』所収。
（8）前注（5）の楠論文を参照。
（9）新倉和文「貞慶著『観世音菩薩感応抄』の翻刻並びに作品の意義について―阿弥陀信仰から観音信仰へ―」（『南都仏教』九二、二〇〇八年）。
（10）天台教学における「霊山同聴法華」説については、最近、中世文学研究者によって分析がなされている。大場朗「西行と天台―西行歌と霊山同聴法華―」（『国文学　解釈と鑑賞』七六（三）、二〇一一年）、平間尚子「法然上人絵伝における「霊山同聴法華」について」（『国文学試論』二一、二〇一二年）。
（11）多田一臣『日本霊異記　中』（ちくま学芸文庫、一九九七年）を参照した。
（12）前注（11）を参照。この他『日本霊異記』については、吉田一彦『民衆の古代史―『日本霊異記』に見るもう一つの古代―』（風媒社、二〇〇六年）などを参照。
（13）師茂樹「五姓各別説と観音の夢―『日本霊異記』下巻三十八縁の読解の試み―」（『仏教史学研究』五〇（二）、二〇〇八年）を参照。
（14）むろん景戒の法相教義理解には、不正確な点があることも既に指摘されているし、下巻三十八話をめぐっては、法相のみならず天台思想への傾斜・接近も見られるとするなど諸説ある。
（15）師茂樹『論理と歴史―東アジア仏教論理学の形成と展開―』（ナカニシヤ出版、二〇一五年、二九四～二九五頁）。
（16）前注（13）の師論文を参照。

（舩田淳一）

第四節　唯識正統論と一乗五姓融会論

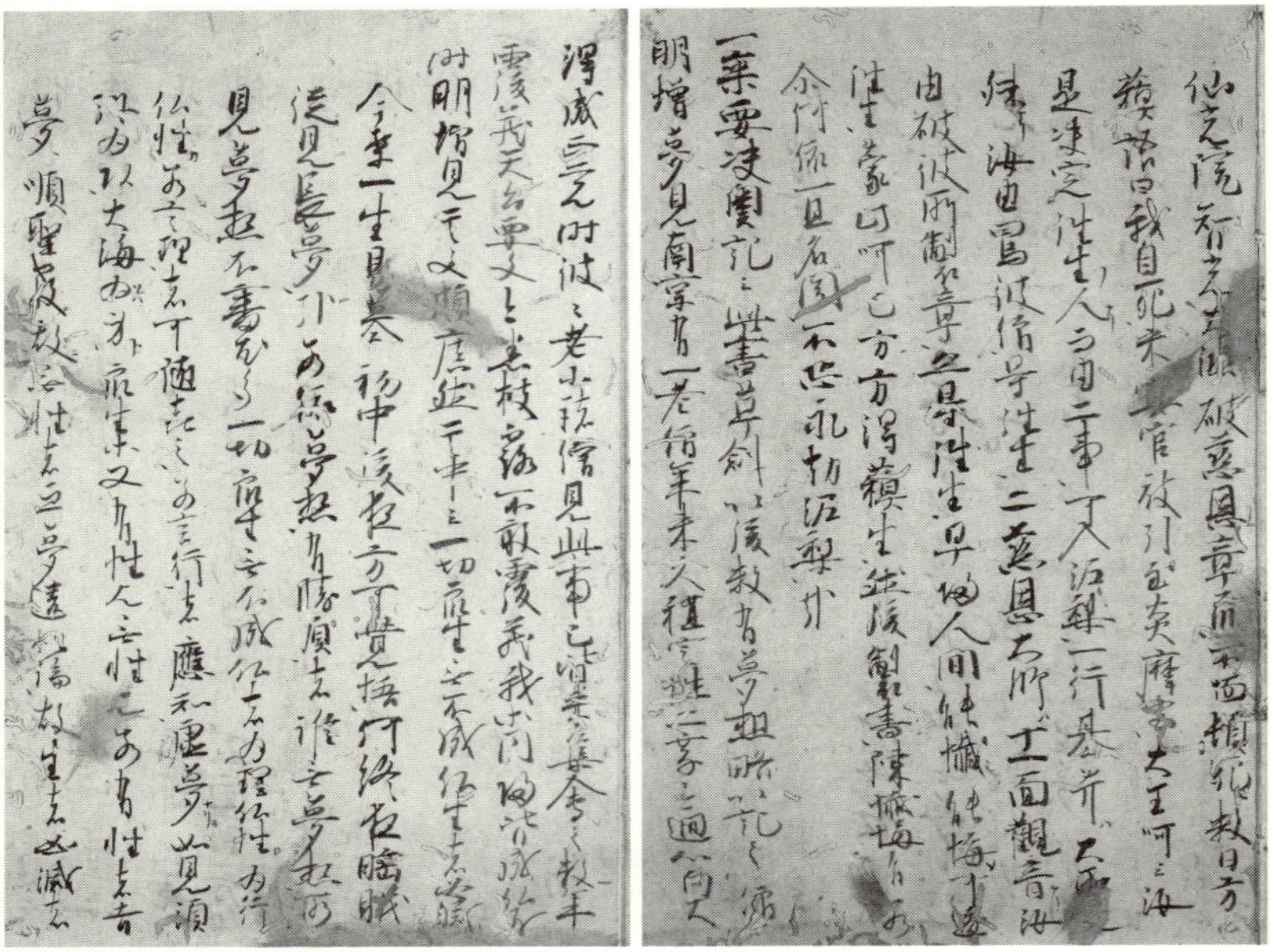

【翻　刻】

〔四十三丁表〕

680 一乗要決奥記云此書草創以後数有夢想略以記之僧
681 明増夢見南京有一老僧年来久稱定性二乗今廻心向大

〔四十三丁裏〕

682 得成正覚時彼々老小諸僧見此事已皆来集會之数成
683 覆蔵天台要文今悉被覆不敢覆義我等同帰皆成仏義
684 時明増見其文頗廣然其中云一切衆生無不成仏生者必滅
685 今案一生見巻初中後執方可覚悟何終執睡眠
686 徒見長夢哉若依夢想有勝戻者誰無夢想所
687 見夢想不審尤多一切衆生無不成仏者為理仏性《カ》為行
689 仏性《カ》若言理者可随喜之若言行者應知虚夢《ナリ》如見須
690 弥為頭大海為《ルハ》身《ト》衆生等又有性歟無性歟若有性者吉
691 夢順聖教《ニ》故無性者悪夢違[経]論故生者必滅者

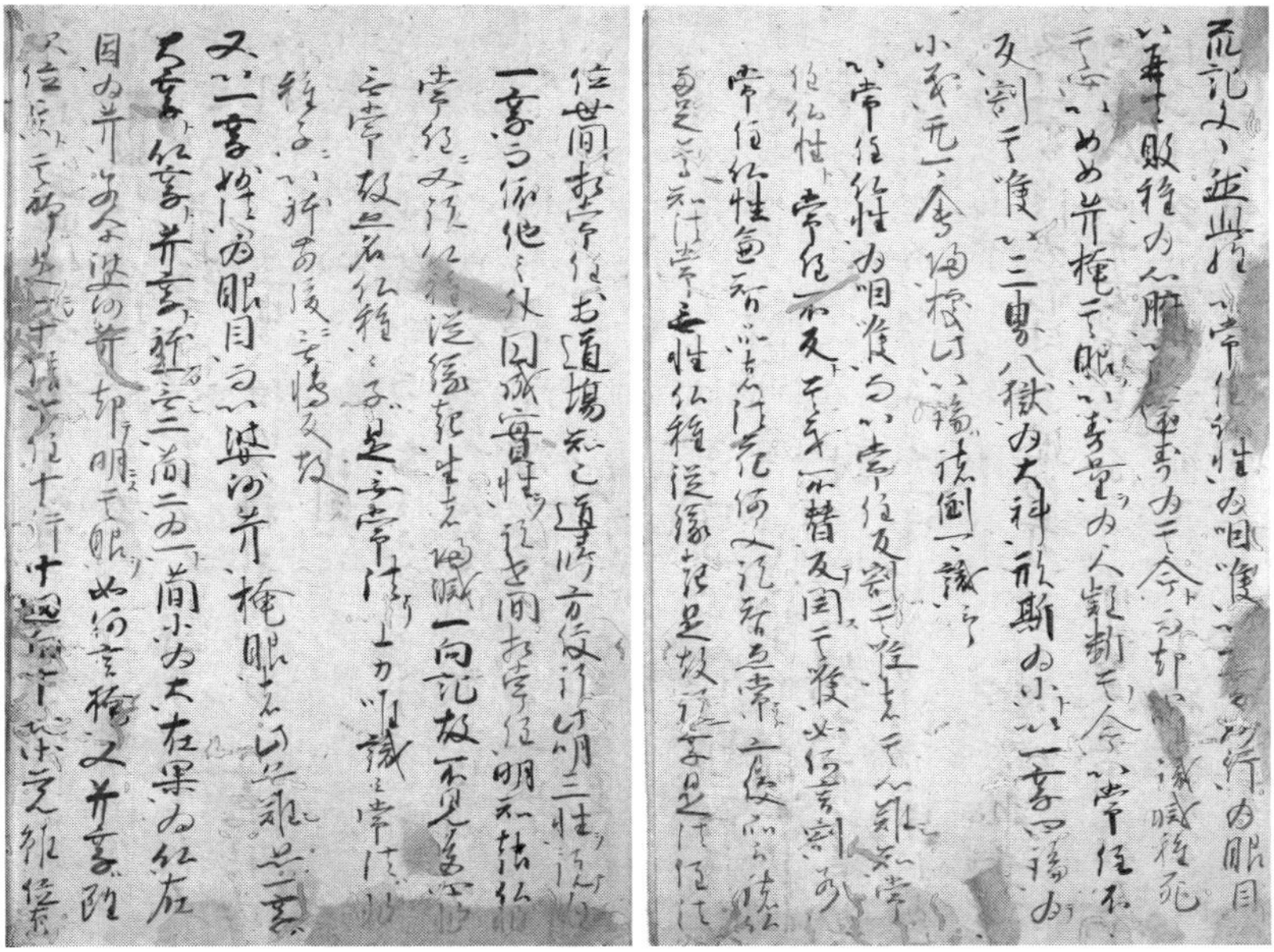

〔四十四丁表〕

692 疏記文云然此経以常住仏性為咽喉以一乗妙行為眼目
693 以再生敗種為心腑《ト》以顕遠寿為其命《ト》而却[以]唯識滅種死
694 其心以婆娑菩薩掩其眼以寿量為釈疑断《ハ》其命以常住不
695 変割其喉以三界八獄為大科形斯為小《ト》以一乗四論為《テ》
696 小義无可會帰據此以論《ハ》諸倒可識云々
697 以常住仏性為咽喉而以常住変割其喉者其心難《シ》知常
698 住仏性《ト》常住不変《ト》其義不替反潤《テス》其喉如何言割若
699 常住仏性兼智品者法花何文説智恵常《ナリト》方便品云諸仏
700 両足尊知法常無性仏種従縁起是故説一乗是法住法

〔四十四丁裏〕

701 位世間相常住於道場知已導師方便行此明三性《ヲ》説《テ》為
702 一乗而依他之外円成實性《ヲ》説世間相常住明知諸仏非
703 常住《ニ》又説仏種従縁起生者帰滅一向記故不見色心非
704 無常故亦名仏種々子《ハ》是無常法《ナリ》ユカ唯識云常法《ハ》非
705 種子《ニ》以躰前後《ニ》無轉変故
706 又以一乗妙法為眼目而以婆沙菩薩掩眼者此亦難《シ》亦一乗《ハ》
707 大乗《ト》仏乗《ト》菩薩乗《ト》躰一《ニシテ》無《シ》二一箇二為一箇小為大在
708 因為菩薩若爾婆娑菩薩却《テ》明《ニス》其眼《ヲ》如何言掩又菩薩
乗《ハ》雖
果為仏在
709 次位異《ス》其躰是一《ニシテ》十信十住十行十廻向十地等覚雖位有

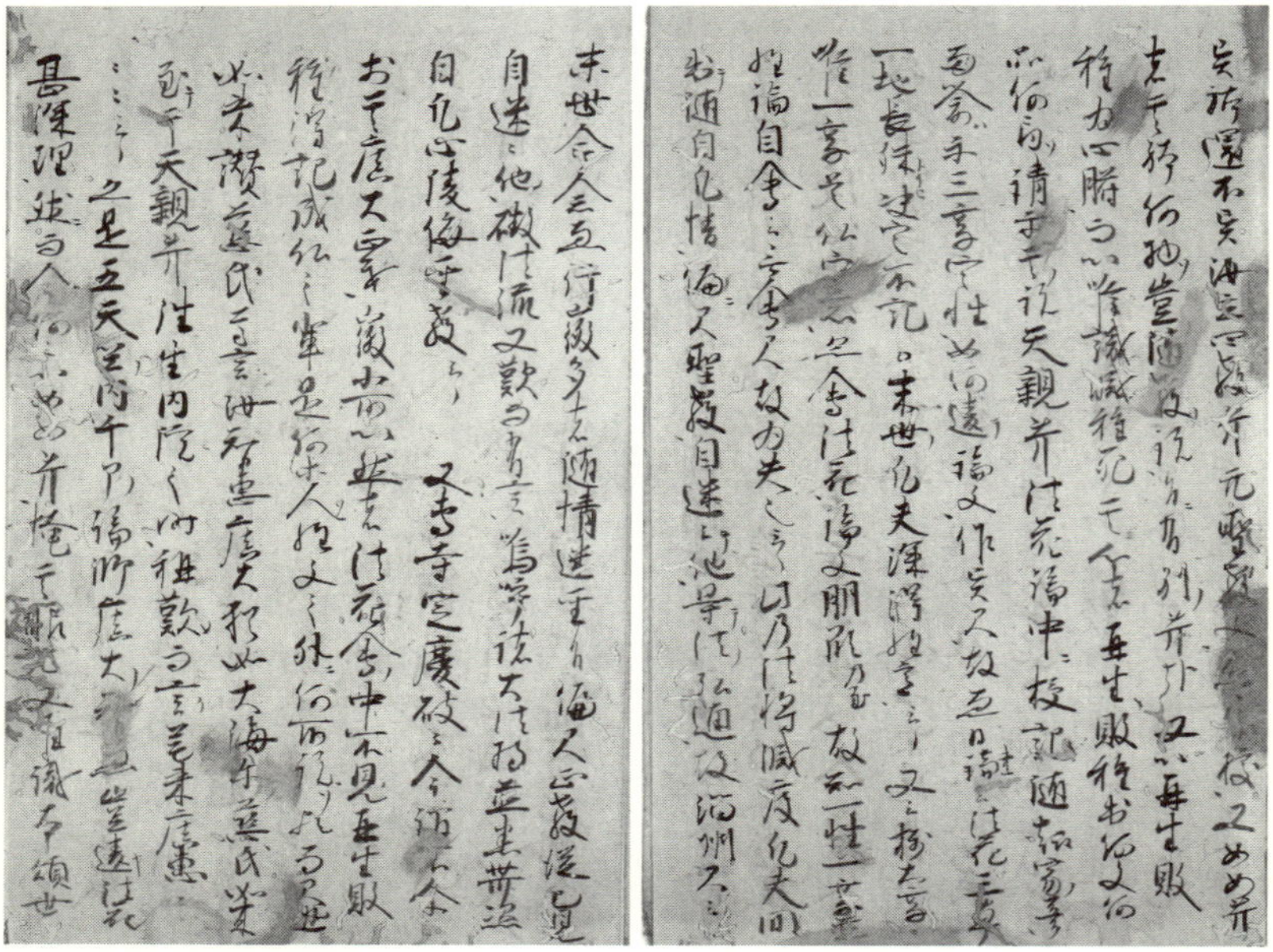

〔四十五丁表〕

710 異躰還不異汝立四教菩薩无聖教文㆒然依據㆓又婆娑菩薩
711 者其躰何物《ソ》豈随四教《ノ》説㆒旨《ニ》有別《ノ》菩薩哉又以再生敗
712 種為心腑㆓而以唯識滅種死其心者再生敗種出何文何
713 品何巻《ソ》請示《ノ》其説天親菩薩法花論中《ニ》授記随趣《ノ》寂声聞㆒
714 両喩《ハ》示三乗定性㆒如何違《テ》論文㆒作異尺㆒故恵日《第一》論云法花三草
715 一地長殊《トイヒ》　決定不記○末世《ノ》凡夫深得経意㆒云々又云摂大乗
716 唯一乗是仏密意㆒亦會法花㆒論文明顕乃至故知一性一乗並
717 経論自會云無會釈故為失也云々此乃法将滅度凡夫間
718 出《テ》随自凡情㆒偏《ニ》釈聖教㆒自迷《テ》云他㆒碍《テノ》法弘通㆒故淄州釈云
719 末世命念恵行微多者随情迷聖旨偏釈正教従己見

〔四十五丁裏〕

720 自迷々他㆒礙法流又歎而有言㆒嗚呼諸大法輪並悉涅槃恣
721 自凡心後侮聖教云々又専寺定慶破云今謂不爾
722 於其廣大正義㆒微小所以然者法花會《ノ》中不見再生敗
723 種得記成仏之輩是何等人《ソ》経文之外《ニ》何所説歟《ソ》而釈迦
724 如来讃慈氏尊言汝智恵廣大猶如大海爾慈氏如来
725 至《テ》于天親菩薩往生内院之時㆒稱歎《シテ》而言《ク》遂来廣恵々々
726 々々云々亦是五天竺《ノ》内千部《ノ》論師廣大《ノ》智恵豈違《キ》法花
727 甚深理㆒然《ニ》而今何云以婆娑菩薩㆒掩其眼光又唯識本頌世

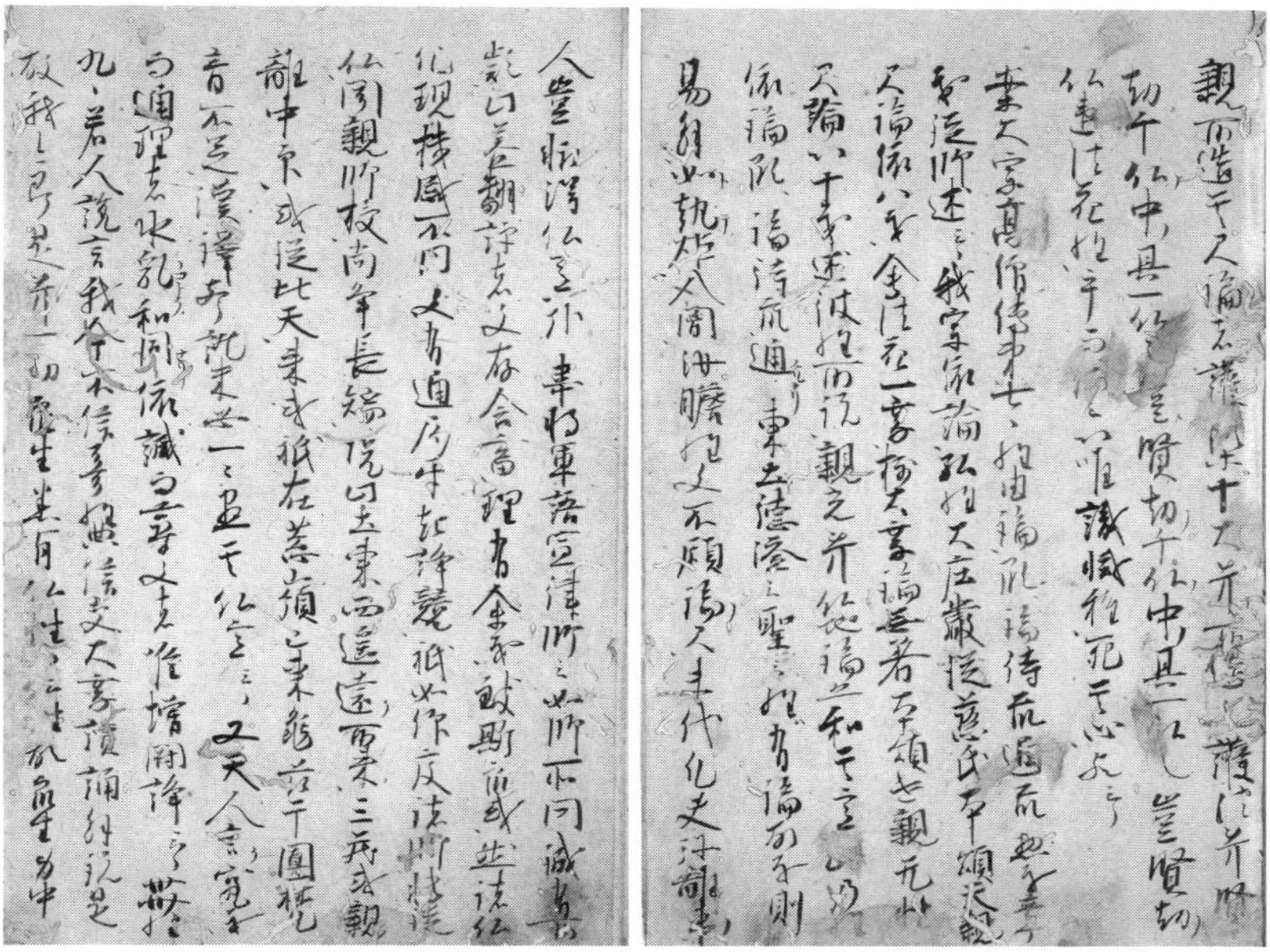

〔四十六丁表〕
728 親所造其釈論者護法等十大菩薩所造也護法菩薩賢
729 劫千仏《ノ》中其一仏也豈賢劫《ノ》千仏《ノ》中其一仏也豈賢劫《ノ》
730 仏違法花経乎而論云以唯識滅種死其心歟云々
731 案大宋高僧傳第七云経由論顕論待疏進疏惣義章
732 義従師述云々我宗依論弘経大荘厳従慈氏本頌天親
733 釈論依八義會法花一乗摂大乗論無著本頌世親无性
734 釈論以十義述彼経所説親光菩薩仏地論亦和其意此乃経
735 依論顕論待疏通《スルナリ》　東土得溢之聖云経《ハ》有論故義則
736 易解如執《トテ》炬入闇汝瞻経文不顧論《ノ》釈末代凡夫弥離車《ノ》

〔四十六丁裏〕
737 人豈輒得仏意哉韋将軍語宣律師云如師所問誠有所
738 疑此巻翻譯者文存含蓄理有余義被斯疏義然諸仏
739 化現機感不同文有通局互起諍競祇如仰度諸師轉従
740 仏聞親師授尚争長短況此土東西遙遠《ク》所来三蔵或親
741 離中印或従北天来或祇在荒嶺已来亀茲于闐梵
742 音不足漢譯聲訛未必一々盡其仏意云々　又天人言《ク》究義
743 而通理者水乳《ノコトクシテ》　和同《セリ》　依誠而尋文者唯増闘諍云々　涅槃経
744 九云若人説言我今不信声聞経典信受大乗讀誦解説是
745 故我今即是菩薩一切衆生悉有仏性以仏性故衆生身中

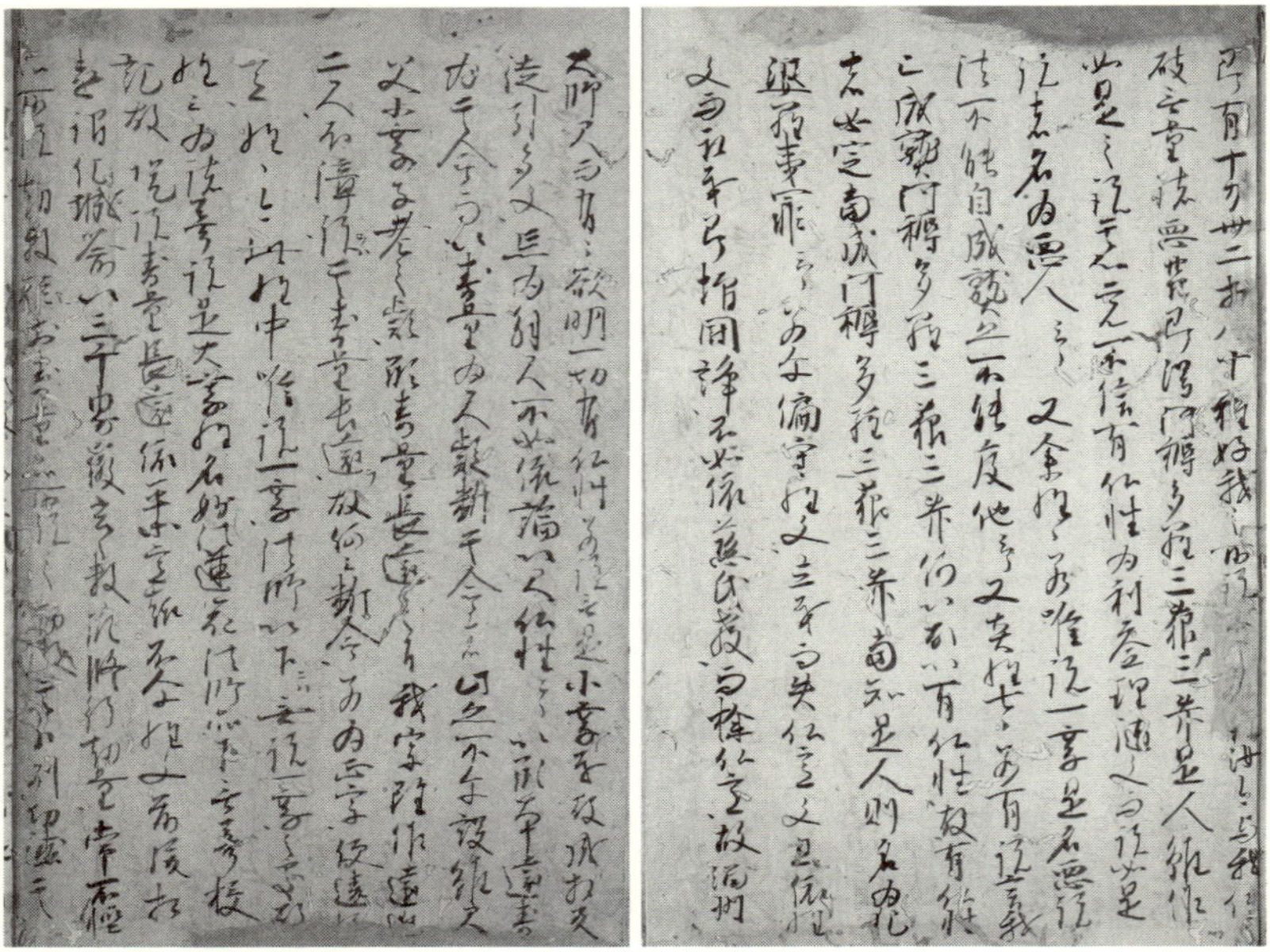

〔四十七丁表〕
746 即有十力三十二相八十種好我之所説不異仏説汝今与我倶
747 破無量諸悪煩悩即得阿耨多羅三藐三菩提是人雖作
748 如是之説其心覚不信有仏性為利益理随文而説如是
749 説者名為悪人 云々 又余経云若唯説一乗是名悪説
750 法不能自成熟亦不能度他 云々 又涅槃経七云若有説言我
751 已成熟阿耨多羅三藐三菩提何以故以有仏性一故有仏性
752 者必定當成阿耨多羅三藐三菩提當知是人則名為犯
753 婆羅夷罪 云々 若爾偏守経文一立義而失仏意文且依経
754 文而取義即増闘諍一不如依慈氏教一而検仏意一故淄州
〔四十七丁裏〕
755 大師釈而有云欲明一切有仏性若説無是小乗義故識相変
756 徒引多文一焉為解釈不如依論以尺仏性 云々 以顕本遠寿
757 為其命而以寿量為釈疑断其命者此亦不爾設雖釈
758 文小乗子老之疑一顕寿量長遠之間我宗雖作遠近
759 二尺二不障説《ヲハ》其寿量長遠《ヲ》一故何云断命一若為正宗一便違経
760 意一経云今此経中唯説一乗一法師以下《ニハ》無説一乗一之処故
761 経云為諸声聞説是大乗経名妙法蓮華法師品下無声聞授
762 記故況説寿量長遠依平等意趣不爾経文前後相
763 違謂化城喩以三千界微玄之数汎修行劫量一常不軽
764 品所説劫数従於寿量品所説之劫数其分別功徳其

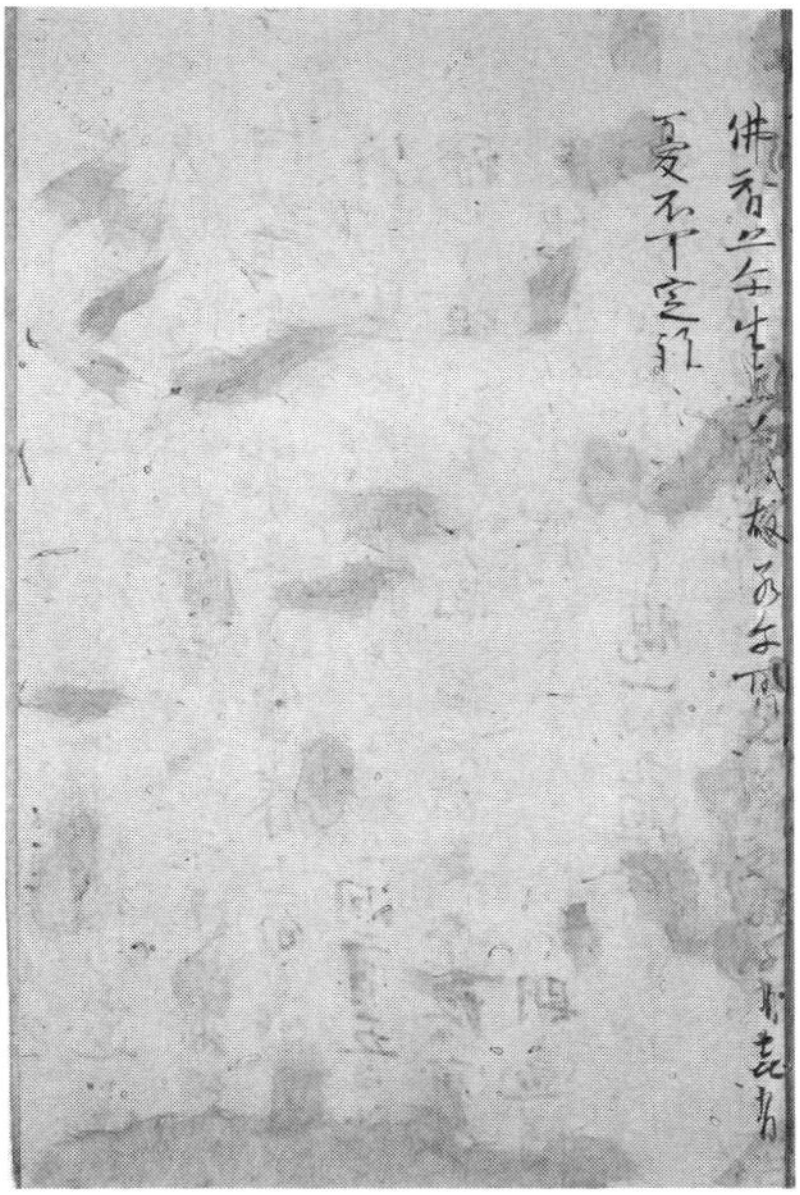

〔四十八丁表〕
765 佛智亦爾生者必滅故若爾所見[redacted]有喜一有
766 憂不可定説々々々

【訓　読】

『一乗要決』の「奥記」に云わく、「此の書をば草し創めて以後、数《あまた》の夢想有り。略して以て之れを記す。僧の明増、夢見らく、〈南京に一老僧有り。年来久しく定性二乗なりと称するも、今、廻心向大して成正覚を得たり。時に彼々の老小の諸僧、此の事を見已りて、皆な来りて集会の数、覆蔵と成る〉と。天台の要文に、〈今は悉く覆せらるとも、覆の義を敢えてせず。我等は同じく皆成仏の義に帰すればなり[1]〉と。時に明増、其の文を見るに、頗《かた》より広し。然して其の中に云わく、〈一切衆生は成仏せざること無く、生ずれば必ず滅す〉と」と。今、一生を案ずるに、巻の初中後を見て執するなり。方に覚悟すべし。何ぞ終に睡眠に執して、徒に長夢を見ん哉。若し夢想に依りて勝戻有らば、誰か夢想すること無きや。見る所の夢想は、審らかならざること尤も多し。「一切衆生は成仏せざること無し」というは、理仏性と為すや、行仏性と為すや。若し理と言わば、之れを随喜すべし。若し行と言わば、応に知るべし、虚夢なりと。須弥をば頭と為し、大海をば身と為すと見るが如し。衆生等も又た有性か無性か。若し有性ならば吉夢なり。聖教に順ずるが故に。無性ならば悪夢なり。経論に違するが故に。

「生ずれば必ず滅す」というは、『疏記』の文に云わく、「然るに此の経は常住の仏性を以て咽喉と為し、一乗の妙行を以て眼目と為し、再生敗種を以て心腑と為し、顕本遠寿を以て其の命と為す。而るに却って唯識滅種を以て其の心を死《ほろ》ぼし、婆娑菩薩を以て其の眼を掩い、寿量を以て釈疑と為して其の命を断ち、常住不変を以て其の喉を割き、三界八獄を以て大科と為す。形は斯れ小と為す。一乗の四徳を以て小義と為す。会して帰すべくも無し。此斯れに拠りて、諸例を論ずるを以て識るべし[2]」と。云々

「常住仏性を以て咽喉と為す。而るに常住（不）変を以て其の喉を割く」というは、其の心知り難し。常住仏性

と常住不変と、其の義替わらず。返って其の喉を潤す。如何《いかん》ぞ割くと言わん。若し常住仏性に智品を兼ぬれば、『法花』の何なる文か智恵常なりと説かん。「方便品」に云わく、「諸仏両足尊は、法は常に無性にして仏種は縁従り起こると知り、是の故に一乗と説く。是れは法の住と法の位にして、世間の相は常住なり。道場に於いて知り已りて、導師は方便して説きたもう[3]」と。此れ三性を明かして、説いて一乗と為す。而るに、依他の外の円成実性をば世間相常住と説く。明らかに知んぬ、諸仏は常住に非ざるなりと。又た、「仏種は縁従り起こる。生ずれば滅に帰するは一向記なるが故に。色心の無常に非ざるを見ざるが故に[4]」と。亦た仏種と名づくるは、種子は是れ無常の法なればなり。『瑜伽』『唯識』に云わく、「諸法は種子に非ず。体を以て前後に転変無き故に[5]」と。

又た、「一乗妙法を以て眼目と為す。而るに婆娑菩薩を以て眼を掩う」というは、此れ亦た難し。亦た一乗は大乗と仏乗と菩薩乗と体一にして二無し。二を简びて一と為し、小を简びて大と為す。果に在りては仏と為し、因に在りては菩薩と為す。若し爾らば婆沙菩薩、却って其の眼を明らかにす。如何ぞ掩うと言わん。又た、菩薩乗は次位異なれりと雖も、其の体は是れ一にして、十信・十住・十行・十廻向・十地・等覚と、位に異なること有りと雖も、体は還って異ならず。汝、四教を立つとも、菩薩は聖教の文に無し。然るに拠に依るという。又た、婆娑菩薩というは其の体何物ぞ。豈に四教の説旨に随い、別に菩薩有りとなす哉。

又た、「再生敗種を以て心腑と為す。而るに唯識滅種を以て其の心を死ぼす」というは、再生敗種は何なる文、何なる品、何なる巻にぞ出づるや。請う、其の説を示せ。天親菩薩の『法花論』の中に、「授記は趣寂の声聞に随う[6]」と。両喩は三乗の定性を示せり。如何《いかん》ぞ『論』の文に違して異釈をなすや。故に『恵日論』（第一）に云わく、「『摂『法花』は三草一地に長殊すといい、決定して記さず〇末世の凡夫深く経意を得たり[7]」と。云々又た云わく、「『大乗』は唯一乗にして是れ仏の密意なり。亦た『法花』を会する『論』の文、明顕なり乃至故に知んぬ、一性一乗なり。並べて経論自ら会す。会釈無しと云うが故に失と為す也[8]」と。云々此れ乃ち法の将に滅度せんとするに、凡夫の間に出でて自らの凡情に随い、偏に聖教を釈して自ら迷い、他に云いて法の弘通を礙たげたり。故に淄洲の釈して云わく、「末世の命念は恵行微《かすか》なり。多くは情に随い聖旨に迷う。偏に正教を釈して、己が見に随いて自ら迷い、他を迷わしめ法流を礙《さま》たぐ[9]」と。又た、歎じて言有り、「嗚呼、諸の大法輪は並べて悉く涅槃せるというに、自らの凡心を恣にし、後に聖教を侮る[10]」と。又た、専寺の定慶[11]の破して云わく、「今、爾らずと謂う。其の広大正義に於いては微小なり。所以に然らば法花会の中に、再生敗種の記を得たる成仏の輩を見ず。是れ何等の人ぞ。経文の外に何れの所に説くぞ歟。而るに釈迦如来、慈氏尊を讃じて言わく、〈汝の智慧は広大にして猶し大海の如し〉と。爾るに慈氏如来、天親菩薩の往生して内院に至るの時、称歎して言わく、〈遂に来るか、広恵なり、広恵なり、広恵なり[12]〉と。云々亦た是れ五天竺の内の千部の論師の広大の智恵なり。豈に『法花』の甚深の理に違すや。然るに今、何ぞ婆娑菩薩を以て眼光を掩うと云わん。又た、『唯識本頌』は世親の所造なり。其の釈論は護法等の十大菩薩の所造也。護法菩薩は、賢劫千仏の中の其の一仏也。（豈に賢劫の千仏の中の其の一仏也[13]）豈に賢劫の仏、『法花経』に違すや。而るに『論』に云わく、〈唯識滅種を以て其の心を死《ほろ》ぼす[14]〉と」と。云々

『大宋高僧伝』の第七を案じて云わく、「経は論に由りて顕わる。論は疏を待ちて進む。疏は義を惣じて章《あき》らかなり。義は師に従いて述ぶ[15]」と。云々我宗は論に依りて経を弘め、大いに荘厳す。慈氏の『本頌』・天親の『釈論』に従い、八義に依りて法花一乗を会す。『摂大乗論』の無着の『本頌』と世親・無性の『釈論』には、十義を以て彼の経の所説を述べたり。親光菩薩の『仏地論』は、亦た其の意を和らぐ。此れ乃ち経は論に依りて顕れ、論は疏を待ちて通ずるなり。東土の徳溢の聖《ひじり》の云わく、「経は論有るが故に、義則ち解し易し。炬《かがり》を執《と》りて闇に入るが如し。汝、経文を瞻て論の釈を顧みず。末代の凡夫、弥離車の人、豈に輒《たやす》く仏意を得んや[16]」と。韋将軍、宣律師に語

りて云わく、「師の所問の如くんば、誠に所疑有り。此の巻の翻訳は文に含蓄在り。理に余義有り。斯の疏の義を被《かぶ》る。然るに、諸仏の化現は機感不同なり。文に通局有り。互いに諍競を起こす。祇《まさ》に仰せの如くに諸師を度せば、転じて仏に従う。親しく師授を聞きて尚お長短を争う。況んや此の土は東西遥かに遠く、来る所の三蔵、或いは親《みずか》ら中印を離れ、或いは北天従り来る。或いは祇《まさ》に荒嶺に在り、已に亀茲・于闐に来る。梵音不足し、漢訳の声訛る。未だ必ずしも一々に其の仏意を尽さず[17]」と。又た天人の言わく、「義を究めて理に通ずれば、水・乳も和同せり。詼《たわむ》れに依りて文を尋ぬれば、唯だ闘諍を増すなり[18]」と。云々

『涅槃経』の九に云わく、「若し人、言を説きて、〈我れ今、声聞の経典を信ぜず。大乗の読誦・解説を信受す。是の故に我れ今、即ち是れ菩薩なり。一切衆生に悉く仏性有り。仏性を以ての故に衆生の身中に即ち十力・三十二相・八十種好有り。我れの所説、仏説に異ならず。汝今、我れと倶に無量の諸悪煩悩を破し、即ち阿耨多羅三藐三菩提を得〉といえり。而るに是の人、是の如き説を作すと雖も、其の心、実には仏性有るを信ぜず。利益せんが為の故に文に随いて説く。是の如くに説く者をば名づけて悪人と為す[19]」と。云々又た『余経』に云わく、「若し唯だ一乗のみを説かば、是れ悪説法と名づく。自ずから成熟すること能わず。又た他を度すること能わず[20]」と。云々又た『涅槃経』の七に云わく、「若しくは我れ已に阿耨多羅三藐三菩提を成熟すとの言を説くこと有るは、何を以ての故に。仏性有るを以ての故に。仏性有りといわば、必ず定んで当に阿耨多羅三藐三菩提を成ずべし。当に知るべし、是の人、則ち名づけて犯波羅夷罪と為す[21]」と。云々若し爾らば、偏に経文を守りて義を立てて仏意の文を失い、且つは経文に依りて義を取り、即ち闘諍を増す。慈氏の教えに依るに如かず。而るに仏意を検ずるが故に、淄洲大師の釈して、「有るが云わく、〈一切有仏性を明らめんと欲するに、若し無と説かば是れ小乗義なり。故に、識相の変じて徒に多文を引く〉と。焉に解釈を為さば、『論』に依りて以て仏性を釈するに如かず[22]」と。云々

顕本遠寿を以て其の命と為して、寿量を以て釈を為す。疑いて其の命を断つとは、此れ又た爾らず。設《たと》い文を釈すと雖も、小乗の子老の疑、寿量長遠なるを顕すの間、我が宗は遠近二釈を作すと雖も、其の寿量長遠を説くをば障げざる故に、何ぞ命を断つと云わん。若し正宗と為せば、便ち経意に違せり。『経』に云わく、「今の此の経中に唯だ一乗のみを説く」[23]と。「法師」の以下には、一乗を説くの所なし。故に『経』に云わく、「諸声聞の為に是の大乗経を説き、『妙法蓮華』と名づく」[24]と。「法師品」の下に、声聞授記無きが故に。況や寿量長遠を説くは、平等の意趣に依る。爾らずんば経文の前後相違す。謂わく、「化城喩」の「三千界微玄の数を以て、修行の劫量を汎《ただよ》う」[25]と謂うは、「常不軽品」に説く所の劫数にして、「寿量品」所説の劫数に従うなり。其の「分別功徳」も、其の仏智も又た爾り。生ずれば必ず滅するが故に。若し爾らば所見の[redacted]に、喜有り憂有り。定説とすべからず。定説とすべからず。

【註　記】

［1］　大正・仏全・恵全に収録される『一乗要決』にこうした奥記は見えない。またこの奥記に見える「天台の要文」なるものも詳細は不明。ただし『山家要略記』には、南都仏教の護法神である春日大明神が『一乗要決』を守護するという夢告が記されている。詳しくは【解説】を参照。

［2］　湛然（七一一―七八二）『法華文句記』（大正三四・三五二中）からの引用。

然此経以常住仏性為咽喉。以一乗妙行為眼目。以再生敗種為心腑。以顕本遠寿為其命。而却以唯識滅種死其心。以婆沙菩薩掩其眼。以寿量為釈疑断其命。以常住不遍割其喉。以三界八獄為大科。形斯為小。以一乗四徳為小義。無可会帰。挹斯以論諸例可識。

大正本との校異は次の通り。

四十四丁表一行目（692）「顕遠寿」→「顕本遠寿」

四十四丁表三行目（694）「沙」→「娑」

四十四丁表四行目（695）「変」→「遍」

四十四丁表四行目（695）「論」→「徳」

四十四丁表五行目（696）「此」→「斯」

四十四丁表五行目（696）「倒」→「例」

［3］鳩摩羅什訳『妙法蓮華経』（大正九・九中）からの引用。

諸仏両足尊　知法常無性　仏種従縁起　是故説一乗　是法住法位　世間相常住　於道場知已　導師方便説

大正本との校異は次の通り。

四十四丁裏一行目（701）「行」→「説」

［4］玄奘訳『成唯識論』（大正三一・五七下、新導本・四六二頁）からの引用。ただし傍線部の文章が聊か異なる。非自性常従因生故。生者帰滅一向記故。不見色心非無常故。

［5］玄奘訳『成唯識論』（大正三一・八下、新導本・七〇頁）からの引用。

非諸法種子。以体前後無転変故。

大正本および新導本との校異は次の通り。

四十四丁裏四行目（704）「常」→「諸」

［6］世親『妙法蓮華経憂波提舎』（大正二六）に当該する文なし。

［7］慧沼『能顕中辺慧日論』（大正四五・四一二上）からの引用。

法華三草一地長殊。**決定不記**。猶存二滅。若言法華許定性趣大。違論釈経。又復経文所記声聞。皆不定性。及以変化。在文具顕。良為此会対。此二類声聞言無一不成仏。不爾。如何論釈但為利益二人恐損驚怖。不為決定。説両譬喩。令知乗別。豈天親菩薩不解法華**末世凡夫深得経意。**

[8] 慧沼『能顕中辺慧日論』（大正四五・四一三下）からの引用。なお「摂大乗等言唯一乗是仏密意」の「等言」の二字が欠字となっている。

摂大乗等言唯一乗是仏密意。亦会法華。論文明顕。涅槃無文。顕説行性一切遍故。言障未来。故名為無性。是暫時故。涅槃三十二云。我雖説言一切衆生悉有仏性。衆生不解仏如是等語。如是語者。後身菩薩尚不能解。而云。若云衆生悉有仏性。是名如来随自意語。如来如是随自意語。衆生云何一向作解。准此文意。若諸衆生皆有仏性。仏顕説有。如何後身菩薩不解。云何不得一向作解。以此故知。有無行性真如理遍。説一切有。此則同許仏性論五義。故説仏性。宝性論三義説遍。約如理故。又云。若無因縁観得成者。闡提之人応有此観。准此即許是無行性。況彼自許如心本有。無漏無。既是先無。無漏無因後従何起。**故知。一性一乗幷経論自会。云無会釈。故為失也。**

[9] 慧沼『能顕中辺慧日論』（大正四五・四〇八中～下）からの引用。

末世命念慧行微　多者随情迷聖旨　偏釈正教従己見　自迷迷他礙法流

大正本との校異は次の通り。

四十五丁裏一行目（719）「恵」→「慧」

四十五丁裏二行目（720）「々」→「迷」

[10] これも慧沼の言葉か。ただし『能顕中辺慧日論』には適文を見ず。

[11] 以下、四十六丁表二行目（729）まで定慶の言葉かと思われる。専寺とあることから、この場合の専寺は興福寺を指す。恐らく蔵俊の『注進法相宗章疏』に、「同経或本異文抄一巻　興福寺定慶撰」とある、『法華経或本異文抄』（散逸）の著者の定慶であろうが、この定慶の詳細は不詳。

[12] 釈迦による弥勒の讃嘆の言葉と、弥勒による世親の讃嘆の言葉については、典拠を確認できていないが、法相宗内にそうした所伝があったのだろう。

[13] この「豈に賢劫の千仏の中の其の一仏也。」の一文は重複。

[14] 前註[2]の湛然『法華文句記』の一文。

[15] 賛寧『宋高僧伝』（大正五〇・七五三下）からの引用。
経由論顕。論待疏通。疏総義章。義従師述。

大正本との校異は次の通り。

四十六丁表四行目（731）「進」→「通」

[16] 得溢（徳一／得一）の言葉だが典拠を確認できていない。興福寺内にそうした所伝があったのだろう。

[17] 韋将軍が道宣律師に語った言葉だが、典拠を確認できていない。なお四十六丁裏五行目（741）の「于嗔」は「于闐」が正しい。

[18] 典拠不明。原文には、「水乳ノゴトクシテ和同セリ」とあるが、「水乳も和同せり」と読んだ。また翻刻では「誠」としたが、「詠」の誤写かと思われるので、訓読では改めた。

[19] 曇無讖訳『大般涅槃経』（大正一二・四一九上）からの引用。
若人説言我今不信声聞経典。信受大乗読誦解説是故我今即是菩薩。一切衆生悉有仏性。以仏性故衆生身中即有十力三十二相八十種好。我之所説不異仏説。汝今与我倶破無量諸悪煩悩如破水瓶。以破結故即得見於阿耨多羅三藐三菩提。**是人雖作如是演説。其心実不信有仏性。為利養故随文而説。如是説者名為悪人。**

大正本との校異は次の通り。

四十七丁表三行目（748）「如是之説」→「如是之演説」

四十七丁表三行目（748）「覚」→「実」

四十七丁表三行目（748）「利益」→「利養」

四十七丁表三行目（748）「理」→「故」

[20] 玄奘訳『大乗大集蔵十輪経』（大正一三・七七三下）からの引用。
若唯説一乗　是名悪説法　不能自成熟　亦不能度他

〔21〕曇無讖訳『大般涅槃経』（大正一二・四〇五中）からの引用。

若有説言我已成就阿耨多羅三藐三菩提。何以故。以有仏性故。有仏性者必定当成阿耨多羅三藐三菩提以是因縁我今已得成就菩提**当知是人則名為犯波羅夷罪**。

大正本との校異は次の通り。

四十七丁表六行目（751）「熟」→「就」

四十七丁表八行目（753）「婆」→「波」

〔22〕典拠不明。

〔23〕鳩摩羅什訳『妙法蓮華経』（大正九・一七下）からの引用。

於此経中唯説一乗。

大正本との校異は次の通り。

四十七丁裏六行目（760）「今此」→「此於」

〔24〕鳩摩羅什訳『妙法蓮華経』（大正九・一一中）からの引用。

為諸声聞説是大乗経。名妙法蓮華教。

大正本との校異は次の通り。

四十七丁裏六行目（760）「妙法蓮華」→「妙法蓮華教」

〔25〕『法華経』「化城喩品」に適文を見ず。

【解　説】

一　夢告による教学の正統化

智光堕地獄説話に次いで蔵俊が引くのは、これまた未聞の言説である。『一乗要決』の「奥記」なるものだが、これは大正・仏全・恵全所収本には確認できない。『一乗要決』の作者たる源信の師は、第十八世天台座主の良源（九一二—九八五）である。良源が南都に対して仕掛けた「応和の宗論」を受けて、弟子の源信は一三権実論争（仏性論争）を天台の立場から総括すべく、『一乗要決』を述作する。すなわち、

此の書をば草し創めて以後、数《あまた》の夢想有り。略して以て之れを記す。僧の明増、夢見らく、

（本研究書三七二頁）

とあるように、この書の誕生には重要な意味があったようで、それは天台僧に多くの夢告がもたらされたと言われている点からも窺える。ここでは明増という僧の夢のみが語られる。「定性二乗」＝二乗不作仏＝三乗を唱える南都（法相宗）の老僧が、一乗に廻心して悟りを得たため、南都の衆僧がこのことを見て集会したという。この夢は、『一乗要決』が法相宗の僧侶を論破し得るものであることを言外に主張している。そして、明増が如何なる天台僧か特定できていないが、

時に明増、其の文を見るに、頗《かた》より広し。其の中に云わく、「一切衆生は成仏せざること無く、生ずれば必ず滅す」と。

（本研究書三七二頁）

とあるように、彼は夢想を契機として天台の要文を広く検索し、重要な一句に行き着いたとされている。前半の句は、むろん一切成仏説であるが、後半の句は中世文学で周知の所である『平家物語』が説くような、いわゆる〈無常観〉なるものの表明ではない。衆生は必ず死すという意味ではなく、ここでの「生者必滅」とは、天台・法相で論争となった「報仏常無常」という、報身仏は常住（永遠存在）なのか、あるいはいずれ寂滅する無常（有限存在）なのかという仏身論に関わる一句に他ならない。これについて法相宗は、玄奘訳の『成唯識論』巻一〇に、

此又是常無尽期故。清浄法界無生無滅性無変易故説為常。四智心品所依常故無断尽故亦説為常。非自性常従因生故。生者帰滅一向記故。不見色心非無常故。然四智品由本願力所化有情無尽期故窮未来際無断無尽。

（大正三一・五七下、新導本・四六二頁、傍線は筆者）

とある「三因」説に基づき、報身仏であっても無常であると判定してきたのである。本帖に引く「生者必滅」という言葉は、この『成唯識論』の傍線部に言う「生ずれば滅に帰すと一向に記したまえる故」を意味することは明らかである（さらに後述する）。よって「生者必滅」は、天台僧にとって余り好ましい句ではないと思われ、ここに一切成仏と共に記される積極的な意義が摑みにくい。

ともあれ、ここから蔵俊の反論が始まる。まず夢想などを根拠に教義の優劣を決定する曖昧で神秘的な態度を退

け、この夢の内容に信を置かない。中世において神秘的な夢は宗教上の啓示であり、回心をもたらすものであったことについては、親鸞（一一七三―一二六二）の「六角堂夢告」の事例が著名であり、また夢の感得が仏道修行でもあったことは、明恵（一一七三―一二三二）が生涯に亘って記録し続けた『夢記』に明らかである。(1)法相宗では本書の書写者である貞慶が、春日神の「冥告」（夢告）によって笠置へ遁世している。(2)蔵俊が夢の宗教的機能を極めて過小に評価していたか否か、これだけでは断言できないものの、教学の優劣を論じる教相判釈のような領域において、教証に基づく論義決択よりも夢を重視するような態度を取らなかったことは確かなのであろう。夢中意識もまた第六意識である以上、夢中に結ぶ影像は遍計所執である。しかし、曖昧模糊としてはたらく夢中意識に仏の加被力がはたらく時には仏の相《すがた》を見ることも可能になる。八地以上の大力菩薩でさえも「土石を転じて金となす」という転換本質の不思議が行なわれるのであるから、如来においてはなおさらである。したがって、この夢が法相に有利な内容の夢であったならば、あるいは蔵俊も退けなかったようにも思われる。(3)

しかし、本帖においては天台側の「夢」なので、「根拠とならない」と斥けた。その上で、ここでいう「一切成仏」は、理仏性について言うのか、行仏性について言うのかと問うたのである。無論、法相では一切衆生が行仏性を有しているという立場を取らないので、行仏性による一切成仏であれば、この夢の内容は虚偽であると断ずる。

以下、四十四丁表からは「生者必滅」をめぐる議論を皮切りに、幾つかの天台への反論がなされる。蔵俊は「生者必滅」（＝報仏は無常である）を含め、法相教学批判を述べる天台の荊渓湛然の『法華文句記』を引き、それに逐条的に反批判していく形で種々の議論を展開し、総じて天台から発せられる法相的『法華経』理解への批判は不当なものであると強調していくのである。なお、四十八丁裏に記された貞慶奥書の直前に当たる四十七丁裏十行目（764）から四十八丁表一～二行目（765～766）にかけて蔵俊はさらに、其の「分別功徳」も、其の仏智も又た爾り。生ずれば必ず滅するが故に。若し爾らば所見の■■■■■に、喜有り憂有り。定説とすべからず。定説とすべからず。

（本研究書三七六頁）

と説く。「生者必滅」の句が見え、かつ虫損によって判読不能だが、仮に「若し爾らば所見の夢■■■■喜有り憂有り。定説とすべからず」と続くと考えれば、全体を通して『一乗要決』「奥記」の夢想を批判していることにもなるが、確言できない。

ともあれ四十三丁表以降、本書の最後に至るまでの蔵俊の議論が、彼の『一乗要決』に対する否定的姿勢に動機づけられていることは明白である。蔵俊ら平安末期以降の中世の法相宗学侶にとって『一乗要決』は等閑に付してはおけない書であったようで、それだけ天台側では法相批判の書としてこれを重んじていたことが、明増の夢想説話からも窺うことができる。例えば、天台の記家を代表する学侶で鎌倉末から南北朝期に活動した義源が実質的に編纂したと考えられている山王神道書の『山家要略記』六巻には「一、春日神一乗要決守護事」という条があって、

大明神霊託曰。吾常出三笠麓登四明峯。且為如法堂番役勤仕。且為守護恵心僧都之一乗決也。口決云。大納言長家卿参詣春日社。于時明神託少女宣此詞云々。仍彼卿。長元元年五月三日。登横川峯相談于覚超僧都。遂如法之十種供養奇瑞多之。同師使長家卿談一乗要決云々。彼長家卿者。御堂関白御息也。

（続天・神道1・八八頁）

と記されている。法相擁護の神として名高い春日神が常に比叡山に登り、恵心の『一乗要決』を守護するなどとい

う言説は、叡山天台の興福寺への対抗意識の所産に他ならず、それは『一乗要決』「奥記」の夢想譚ともども、興福寺僧には受け入れ難いものであるのは無論だが、(4)天台対法相の図式が『一乗要決』という存在によって焦点化される所に、この源信著作の教学上における重みが感じ取れる。

二　蔵俊における天台批判と会通への志向

『一乗要決』「奥記」なるものに記されている夢想に対する蔵俊の批判は、先述のように湛然の『法華文句記』を引用することで、さらなる天台一乗思想への諸批判へと転じていく。すなわち、

『疏記』の文に云わく、「然るに此の経は常住の仏性を以て咽喉と為し、一乗の妙行を以て眼目と為し、再生敗種を以て心腑と為し、顕本遠寿を以て其の命と為す。而るに却って唯識滅種を以て其の心を死《ほろ》ぼし、婆娑菩薩を以て其の眼を掩い、寿量を以て釈疑と為して其の命を断ち、常住不変を以て其の喉を割き、三界八獄を以て大科と為す。形は斷れ小と為す。一乗の四徳を以て小義と為す。会して帰すべくも無し。斯れに拠りて、諸例を論ずるを以て識るべし」と。云々　（本研究書三七二頁）

と、まず湛然の『法華文句記』の文を提示する。これを簡略に説明すると、（1）天台は『法華経』の常住仏性の義を咽喉とする（重んじる）が、法相は「常住不変」と言ってこれを損なっている。（2）天台は『法華経』の一乗の妙行を眼目とする（重んじる）が、法相は婆娑菩薩を以てその目を覆う。（3）天台は『法華経』の「再生敗種」を心腑とする（重んじるが）、法相は「唯識滅種」を以てこれを殺す。（4）天台は『法華経』「如来寿量品」に説く

「久遠実成の釈迦」（寿量長遠＝永遠の生命を有する釈迦）を命とする（重んじる）が、法相はこの説を疑うといい、「法相側とは会帰することができない」と湛然（天台側）は匙を投げているのである。

これに対し蔵俊は、四十四丁表六行目(697)から、(1)に反論していく。まず「常住仏性」と「常住不変」の義は同じであるから天台側の批判は当たらないとする。そして、『法華経』「方便品」に出る著名な、

諸仏両足尊は、法は常に無性にして仏種は縁従り起こると知り、是の故に一乗と説く。是れは法の住と法の位にして、世間の相は常住なり。道場に於いて知り已りて、導師は方便して説きたもう。（大正九・九中）

という一節を引き、そこに法相の根本教義の一つである唯識三性（遍計所執性・依他起性・円成実性）が説かれているものと見て、唯識三性説＝法相教義は天台のように一乗でもあると言えること、天台の真理たる「世間相常住」、すなわち〈現象即永遠〉の観念は、法相の真理たる「円成実性」に当たることなどを論じる。ここでは天台への表立った批判よりも、むしろ会通（和会・融会）にこそ重点が置かれていると見えるが、蔵俊は四十四丁裏二行目(702)の「明らかに知んぬ」に続いて、

諸仏は常住に非ざるなりと。又た、「仏種は縁従り起こる。生ずれば滅に帰するは一向記なるが故に。色心の無常にあらざるを見ざるが故に」と。（本研究書三七三頁）

と述べて、最終的には前掲の『成唯識論』の文を引用しているから、やはり法相宗義に立っていることが知られる。

この点が、慈恩の『成唯識論述記』では、報身仏の無常を説く論拠となっていくのであり、一乗家と三乗家の係争点の一つとなって日本へと波及していくのである。(5) 蔵俊も「諸仏は常住に非ざるなり」ということを、⑴因より生ずること、⑵生者帰滅は一向記であること、⑶色心の無常でないことを見ないことの三因に求めているのである。ここまでが「生者必滅」に関わる議論である。

次に四十四丁裏六行目から（2）の反論に移る。すなわち、

又た、「一乗妙法を以て眼目と為す。而るに婆娑菩薩を以て眼を掩う」というは、此れ亦た難し。亦た一乗は大乗と仏乗と菩薩乗と体一にして二無し。二を箇びて一と為し、小を箇びて大と為す。果に在りては仏と為し、因に在りては菩薩と為す。若し爾らば婆娑菩薩、却って其の眼を明らかにす。如何ぞ掩うと言わん。

（本研究書三七三頁）

と難詰している。法相は婆娑菩薩をもって一乗妙法（行）の目を覆うと天台は批判するが、一乗・大乗・仏乗・菩薩乗の諸乗は言葉こそ違え一体のものであると蔵俊は主張する。そして、果位においては仏と言い、因位においては菩薩というのであるから、婆娑菩薩がどうして一乗妙法を掩い隠すことになるのかと難じているのである。すでに蔵俊は、天台の法華一乗説と法相の唯識三性説を会通しているので、おそらく三乗の婆娑菩薩も法華一乗の意を損なうことはなく「却って其の眼を明らかにす」る助顕の立場にある、と言いたいのであろう。

次いで、四十五丁表二行目（711）からは（3）への反論となる。いわゆる、天台の「再生敗種」と法相の「唯識滅種」の問題であるが、再生敗種は現今では不成仏でも未来世において成仏可能となる者を言う。唯識滅種とはそ

の対概念で究極的に成仏不可能な者を指すものと考えられるが、いずれも湛然の造語である。再生敗種は日本中世でも日蓮などの一部にしか用いられておらず、唯識滅種については『法華文句記』以外、殆どその用例を見ないようである。よって蔵俊も、

又た、「再生敗種を以て心腑と為す。而るに唯識滅種を以て其の心を死ぼす」というは、再生敗種は、何なる文、何なる品、何なる巻にぞ出づるや。請う、其の説を示せ。（本研究書三七三頁）

と疑問視している。そして、

「『摂大乗』は唯一乗にして是れ仏の密意なり。亦た『法花』を会する『論』の文、明顕なり乃至故に知んぬ、一性一乗なり。並べて経論自ずから会す。会釈無しと云うが故に失と為す也」と。云々（本研究書三七三～三七四頁）

というように、慧沼の『能顕中辺慧日論』の文を大胆に略して結論的な引用形態にすることで、法相宗の所依の論典の一つである『摂大乗論』が仏の密意としての一乗を説くものであるとして、『法華経』と『摂大乗論』とは自ずから融会している、と印象づけていくのである。そのことによって、「会して帰すべくも無し」と述べて、法相・天台の融会の方向性を始めから放棄している『法華文句記』の過失を批判するのである。(6) さらに、自己の宗派的・教学的立場に固執して、聖教を恣意的に解し、唯識滅種などという名辞を立て法相批判を行なう天台に対して

蔵俊は、同じく『能顕中辺慧日論』に出る、

末世の命念は恵行微《かすか》なり。多くは情に随い聖旨に迷う。偏に正教を釈して、己が見に随いて自ら迷い、他を迷わしめ法流を礙《さま》たぐ。（本研究書三七四頁）

という一節を引いて、厳しく難じるのである。

三　護法菩薩の神聖性と法相の正統化

続けて蔵俊は、興福寺（専寺）の定慶の説を引く。すなわち、

又た、専寺の定慶の破して云わく、「今、爾らずと謂う。其の広大正義に於いては微小なり。所以に然らば法花会の中に、再生敗種の、記を得たる成仏の輩を見ず。是れ何等の人ぞ。経文の外に何れの所に説くぞ歟。而るに釈迦如来、慈氏尊を讃じて言わく、〈汝の智慧は広大にして猶し大海の如し〉と。爾るに慈氏如来、天親菩薩の往生して内院に至るの時、称歎して言わく、〈遂に来るか、広恵なり、広恵なり、広恵なり〉と。云々亦た是れ五天竺の内の千部の論師の広大の智恵なり。豈に『法花』の甚深の理に違すや。然るに今、何ぞ婆娑菩薩を以て眼光を掩うと云わん。亦た、『唯識本頌』は世親の所造なり。其の釈論は護法等の十大菩薩の所造也。護法菩薩は、賢劫千仏の中の其の一仏也。（豈に賢劫の千仏の中の其の一仏也）豈に賢劫の仏、『法花経』に違すや。而るに『論』に云わく、〈唯識滅種を以て其の心を死《ほろ》ぼす〉と」と。云々（本研究書三七四頁）

という。定慶は、『法華経』の中には再生敗種の者が授記を得て未来世において成仏したなどという記述は見られない、と指摘する。そして、釈迦如来は弥勒菩薩を讃嘆しており、弥勒菩薩は世親菩薩を讃嘆したという伝承を語るのである。弥勒・世親は法相宗では唯識説の大成者と位置づけられる人物である。仏教の開祖たる釈迦が弥勒を讃嘆評価し、その弥勒が世親を讃嘆評価したことをもって、唯識思想の正統性を明らかにし、さらにインドにおいて弥勒・世親の唯識思想を継承した十大論師の一人が他ならぬ護法菩薩であると説く。この護法系統の唯識思想が玄奘によって中国にもたらされ法相宗が誕生するのであるが、定慶はこの護法菩薩を賢劫（現在の一大劫）の千仏の一尊であるとして神聖化する。その上で、賢劫の千仏の一人ともあろうものが、『法華経』の思想を誤解したりするはずがないと論ずるのである。要するに、法相宗における『法華経』解釈にこそ正統性があると主張していることが知られる。定慶には『法華経或本異文抄』『法華経属累品問答』『法華経異本集』といった散逸した著作の存在が確認されるが、ここで蔵俊が引用しているものが、その逸文であるか否かまでは不明である。

四　漢訳の問題点と論・疏の意義

蔵俊はさらに周到に『大宋高僧伝』をも引いて、根本となる経典のみならず、それを釈した論や疏の重要性を説く。特に法相宗では、

論に依りて経を弘め、大いに荘厳す。慈氏の『本頌』・天親の『釈論』に従い、八義に依りて法花一乗を会す。『摂大乗論』の無着の『本頌』と世親・無性の『釈論』には、十義を以て彼の経の所説を述べたり。親光菩薩の『仏地論』は、亦た其の意を和らぐ。此れ乃ち経は論に依りて顕れ、論は疏を待ちて通ずるなり。

（本研究書三七四頁）

とあるように、疏によって論を学び、論によって経の意を明らめるという学究態度であり、そのようにして法華一乗の思想も会通して来たのだという。そして「東土の徳溢の聖云わく」として、徳一の言葉を続ける。むろん典拠は未詳ながら、

汝、経文を瞻て論の釈を顧みず。末代の凡夫、弥離車の人、豈に輒《たやす》く仏意を得んや。

（本研究書三七四頁）

とは、末学者＝最澄に対する発言であろう。『法華経』という経典に依って立つ経宗としての天台に対して、『成唯識論』という論典に依って立つ論宗としての法相の立場を闡明している。これに韋将軍（韋駄天）が道宣に告げたという言葉が続き、

況んや此の土は東西遥かに遠く、来る所の三蔵、或いは親《みずか》ら中印を離れ、或いは北天従り来る。或いは祇に荒嶺に在り、已に亀茲・于闐に来る。梵音不足し、漢訳の声訛る。未だ必ずしも一々に其の仏意を尽さず。

（本研究書三七五頁）

といい、梵語の仏典を漢訳すると、仏意が充分に尽くされないという問題点が指摘される。これは末代・辺境の凡夫が正確に仏意を得ることの困難を語った徳一の意を受けた引用であり、さらに続く、

義を究めて理に通ずれば、水・乳も和同せり。詃《たわむ》れに依りて文を尋ぬれば、唯だ闘諍を増すなり。

（本研究書三七五頁）

という天人の言葉は、経典の義理を究めれば思想対立はなくなるが、経典の文章に固執すると対立が深まるという警告を示したものである。要するに、これは経の文に固執して融会の方向性を放棄した天台宗を批判したものといってよいであろう。

さらに蔵俊は、天台の姿勢を狭隘なものと解して批判を続け、「大乗主義に固執し小乗教を信じない者が、いくら一切衆生に仏性ありと高らかに説いた所で、それは真の意味で悉有仏性を信じる態度ではない」と難じる『涅槃経』を引き、また、

是の人、是の如き説を作すと雖も、其の心、実には仏性有るを信ぜず。利益せんが為の故に文に随いて説く。是の如くに説く者をば名づけて悪人と為す。

（本研究書三七五頁）

といって、むしろ「悪人」であるとまで説く『涅槃経』の文を紹介するのである。そして、『大乗大集蔵十輪経』を引いて、

若し唯だ一乗のみを説かば、是れ悪説法と名づく。自ら成熟すること能わず。又た他を度すること能わず。

（本研究書三七五頁）

と、一乗教以外を説こうとしない姿勢は「悪説法」だとする文をも示す。要するに蔵俊は、天台の偏向姿勢を徹底的に批判するのである。経文に執われて仏意を失い、論争ばかりを加速させる天台に対して、仏意を明らめる弥勒の教え＝法相宗こそが最上であると結論づけるのである。そして、慧沼の『能顕中辺慧日論』を引用し、

淄洲大師の釈して、「有るが云わく、〈一切有仏性を明らめんと欲するに、若し無と説かば是れ小乗義なり。故に、識相の変じて徒に多文を引く〉と。焉に解釈を為さば、『論』に依りて以て仏性を釈するに如かず」と。

（本研究書三七五頁）

と述べ、悉有仏性を強調しようとして小乗を否定する天台が、そのため返って義論に迷うことを指摘し、経（『法華経』）よりも論（『瑜伽師地論』）によって仏性義を釈すべきことを主張していくのである。

最後に四十七丁裏二行目（756）から（4）への反駁が綴られる。すなわち、

顕本遠寿を以て其の命と為して、寿量を以て人の為に疑を断つ。其の命は、此れ又た爾からず。設《たと》い文を釈すと雖も、小乗の子老の疑、寿量長遠なるを顕すの間、我が宗は遠近二釈を作すと雖も、其の寿量長遠を説くをば障げざる故に、何ぞ命を断つと云わん。若し正宗と為せば、便ち経意に違せり。

（本研究書三七六頁）

と述べるのである。理と事の不即不離（不一不異）を説く法相宗は「不滅の遠寿」「化現の近寿」のいずれをも説いている。如来にも寿命に限りのある一面があると共に、その本質をいえば無量寿なのであり、その点では法相宗

もまた、寿量長遠（永遠の釈迦）を説く。どうして「命を絶つ」などと批判されることがあろうかとの反論を展開するのである。

五　次世代教学の萌芽

以上の蔵俊の議論の特色は、法相批判に明け暮れる天台に対し、法相における『法華経』解釈の正統性を主張しつつも、それが天台からの批判に対する単純な反批判に終始するのではなく、天台が切って捨てた「会通」「和会」「融会」の可能性を示すことで、むしろ天台のその狭隘な態度（蔵俊の天台に対するネガティブなイメージと言えようが）への根本的批判となっている点にこそ存するのである。

このことは、いずれ蔵俊の次世代である貞慶や、さらにその法脈を継ぐ良遍らによる、法相（三乗）・天台（一乗）を、事理の不一不異説によって正に文字通り融会させるという、新時代の教学形成の在り方を示唆するものとして、高く評価できるのではないか。なお、これを法相宗が天台化したとか、三乗の宗義を法相が自己否定したなどと理解してはならない。これは一乗・三乗／悉有仏性・五姓各別が共に成り立つことを弁証し、もって論や疏を軽んじ経（『法華経』）にのみ依託して一乗に固執する天台に対して、法相が一乗をも包含する「法相中宗」であることの、高らかな自己主張に他ならないのである。

また、蔵俊は『法華玄賛文集』でも、『法華経』をも包摂する『瑜伽師地論』という位置づけを構想しており(7)、そこでは次のように語っている。すなわち、

瑜伽は実教の中の実教、了義の中の了義なりと謂ふべし。謂く大遍覚三蔵（玄奘）、十有余廻、両京の知法

の名匠に逢ひて、笈を負い其の所の所解を窮め、呉蜀の一芸の高僧に謁し、執巻し其の所説を尽くす。九代の所疑を尋ね、百科の未決を注す。皆成仏等、皆その中に在り。志を一生の域に決し、身を投げて万死の地に入れ、遠く中印度の境、那爛陀寺に至り、戒賢論師に逢ひ、瑜伽を聞くこと三遍、深く十七地を窮む。寒暑を送りて五年、善く百余科を決す。慈恩の尺に云く、「諸経の未決も此の論を読めば、決せざるは無し」と云々。勝鬘・涅槃の意、法華一乗・深密十法、知んぬ、妙経の所説、慈氏・天親の八義、此より起り、阿僧・無性の十因、之より来たるなりと。此らの意は、諸経の一乗仏性、今の瑜伽の五姓各別に叶ふなり(8)。

と。天台が依託する所の『法華経』を始めとする一乗の諸経典と、三乗法相の『瑜伽師地論』との一致が、玄奘・慈恩の師弟に託して表明されている。『法華玄賛文集』の成立期は詳らかにし得ないが、この『仏性論文集』が、それに発展してゆくという見通しは立ちそうである。実際に先述した如く蔵俊は、インドの霊鷲山で法華の説法に連なった十一面観音が、中国で慈恩大師として化現し著した聖典が『法華玄賛』であると見ていた。『法華玄賛文集』は、九十巻余に及ぶ大部の書であるが（金沢文庫・東大寺・法隆寺にごく一部のみが伝来する）、その作成のモチベーションは、『仏性論文集』の内に、すでに萌していたように思われる。

註

（1）中世宗教思想史における夢の意義については、佐藤弘夫『偽書の精神史―神仏・異界と交換する中世―』（講談社メチエ二四二、講談社、二〇〇二年）を参照。

（2）貞慶と春日の冥告については、舩田淳一「『春日権現験記絵』の貞慶・明恵説話とシャーマニズム―憑依託宣儀礼から講式儀礼へ―」（『神仏と儀礼の中世』、法藏館、二〇一一年）を参照。

（3）これについては、丸山顕徳「景戒における唯識と菩薩」（『花園大学国文学論究』二二、一九九四年）、西山良慶「論義「転換本質」の研究」（『仏教学研究』七四、二〇一八年）を参照。

（4）高橋悠介「光明山での山王託宣譚と南都―神宮文庫本『発心集』第三十六話をめぐって―」（『文学』一一（二）、二〇一〇年）が、この問題に触れている。

（5）吉田慈順「最澄・玄叡の因明理解とその背景―平安時代初期における報仏常無常の論争を通して―」（『龍谷大学アジア仏教文化研究センター　ワーキングペーパー』、二〇一六年）に詳しい。なお当論文は、ウェブ上の「龍谷大学学術機関リポジトリ」にて公開されている（http://repo.lib.ryukoku.ac.jp/jspui/handle/10519/6864）。

（6）全面的に展開されているとは言えないが、法相の側から天台を会通するという重要な教学的作業の過程で蔵俊は慧沼の『能顕中辺慧日論』に注目している。『能顕中辺慧日論』は、法宝の『一乗仏性究竟論』を批判した書として知られる。先行研究として、間中潤「『能顕中辺慧日論』の研究―「一乗仏性究竟論」に対する反論をめぐって―」（『仏教学研究』四三、一九八七年）、伊藤尚徳「慧沼『能顕中辺慧日論』にみる法宝批判」（『大正大学大学院研究論集』三一、二〇〇七年）を挙げておく。伊藤論文は、法宝の『解深密経』と『法華経』の峻別に対して、『解深密経』の一乗義解釈によって、『法華経』の一乗義を会通できることを示すという意図が慧沼にあったことを指摘する。蔵俊もそこに着目し、湛然の説を批判しつつ会通の可能性を示したのである。

（7）新倉和文「蔵俊による天台一乗批判の展開」（『南都仏教』九五、二〇一〇年）を参照。

（8）前注（7）の一六五頁の訓読文より引用。一部、訓読を修正した。

（船田淳一）

結　章（奥書）

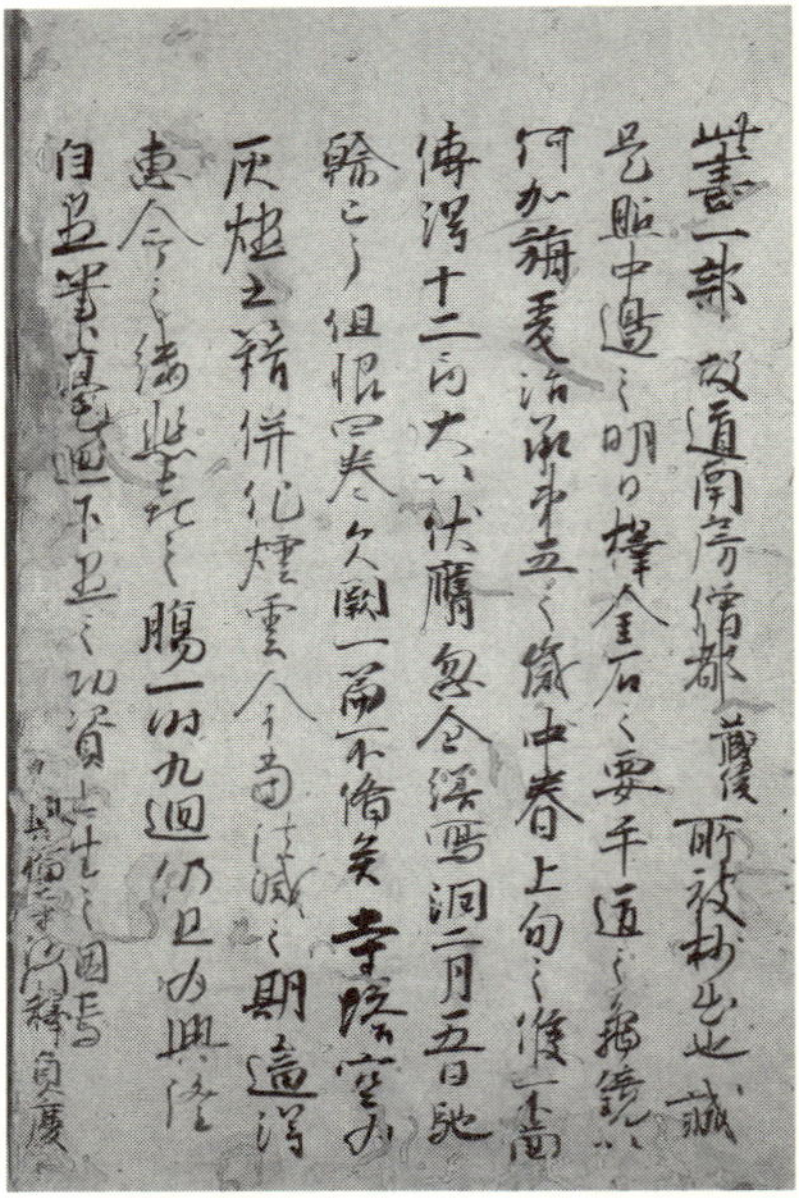

【翻　刻】

〔四十八丁裏〕

767 此書一部故道南房僧都蔵俊所被抄書也誠
768 是照中邊之明日擇金石之要示道之亀鏡以
769 何加旃変治承第五之歳中春上旬之候不面
770 傳得十二巻大以伏膺忽企繕寫潤二月五日馳
771 翰已了但恨四巻欠闕一篇不備矣寺塔空為
772 灰煙之藉併化煙雲今當法滅之期適得
773 恵命之縷悲喜之腸一時九廻仍且為興隆
774 自盡筆毫廻下盡之功資上生之因焉
775 興福寺沙門　釋貞慶

【訓　読】

此の書一部は、故道南房僧都蔵俊の抄書せ被らるる所也。[1] 誠に是れ中辺を照らす明日、金石を択ぶの要、道を示すの亀鏡なり。何を以てか旃変を加えん。治承第五の歳、中春上旬の候、[2] 図らずも十二巻を伝得す。大いに以て伏膺し、忽ちに繕写せんと企つ。閏二月五日、馳幹已に了わる。但、惜しむらくは四巻欠闕して一篇の備わらざることを。[3] 寺塔は空しく灰煙の藉と為り、併《しかしながら》煙雲と化す。今、法滅の期に当たり、適《たまたま》恵命の縷を得、悲喜の腸、一時に九廻す。仍て且つは興隆の為、自ずから筆毫を尽くし、[4] 下尽の功を廻らして、上生の因に資せんのみ。[5]

興福寺沙門　釈貞慶

【注　記】

[1] 蔵俊は通常、住所の名をもって「菩提院蔵俊」と称されるのであり、蔵俊に「道南房」を冠することは未見である。

[2] 治承五年（一一八一）の二月。

[3] 十二巻中の第四巻のみが欠落していたのか四巻分が欠落し、八巻を残すのみであったのかは不詳。

[4] 貞慶作と考えられる追善諷誦文『敬白　請諷誦事　三宝衆僧御布施上紙十五帖』も治承五年五月のものであり、「法滅之期已当于此時、興隆之期非今又何日」と、この奥書に通じる表現が見える。詳しくは、本研究書第一部第一章（舩田論稿）を参照。

[5] この興福寺時代の弥勒信仰が、後に弥勒霊場であった笠置寺への遁世に繋がる。

【解　説】

平家による南都焼き討ち直後の、正に余燼くすぶる「法滅」的な状況の中、仏法再興を強く志向する貞慶によって書写されたものであることが記される。よって、この奥書は生々しいドキュメントと言えよう。ただし、この奥書の解釈は大変に難しい。『仏性論文集』は一部十二巻とされており、しかも第四巻ないし全十二巻の内の四巻分が欠落しているとのことである。一部十二巻となれば、仮に四巻分が欠落しても八巻分が残ることになる。単純に考えれば、全四十八丁一冊からなる『仏性論文集』の現存形態とは大きく齟齬するのである。恐らく全体の一部のみを書写したものが、この本帖であったと判断するしかないであろう。この詳細は、すでに本研究書第一部第一章（船田論稿）において、南都焼き討ちの問題も含めて詳細に論じているので、そちらを参照されたい。

（船田淳一）

編集後記

ようやく『仏性論文集』を世に出すことができた。本研究書の序辞に記されている通り、本帖に初めて目を留められたのは、貞慶の講式研究で広く知られるニールス・グュルベルク先生であった。以前、立命館大学アートリサーチセンター展示室で幾つかの古典籍が公開されたことがあった。「貞慶」の名が記された後補外題を持つ本帖もガラスケースの片隅に、その他の古典籍・仏書に交じって何ら注目された様子もなく、ただ陳列されていたのだ。グュルベルク先生からの一報を受けて、立命館大学へと急行した私は、その場で先生より本帖を世に出すようにと強く逍遥された。

すぐに同センターより原本調査の許可が下りた。写真撮影も同センターが行なって、即座にホームページのデジタルアーカイブに精度の高い全帖の画像データが掲載された。それを基に読解作業に入ったのだが、これが何とも難物であった。貞慶関係の研究を行なってきた私ではあったが、講式や説話を儀礼的な視点から論じたまでであり、硬質な教義書に真正面から取り組んだ経験がなく、とたんに途方に暮れる始末となった。一向に作業が進捗しないなか、光陰矢の如く時間のみが過ぎ、日に日に焦燥感に駆られていった。さらに本帖のデータは、既にインターネットを介して全世界の研究者がアクセス可能なオープンな状況に置かれている。いつ誰がこれを発見し、先に世に出してもおかしくない。実際には、現在に至るまで、本帖に言及した研究を寡聞にして知らない。「ネットの膨大なコンテンツの中に埋もれてゆく」とは、蓋しこのような状態を言うのであろう。誰にも本帖をサルベージされなかったのは、牛歩の如き私の研究にとって僥倖であったと言えようか。

ともあれ、「事ここに至ってはプロの仏教学者に助けを要請する他に道は無い」と考えた私は、自身が龍谷大学の史学科（現・歴史学科）の出身であったため、その縁を頼りに意を決して法相教学研究で知られる同大学教授の楠淳證先生の研究室を訪ねた。大学の要職にあって多忙を極めておられたにもかかわらず、楠先生は私の不躾なお願いをお聞き届け下さった。その結果、途中までご縁のあった師茂樹氏と大谷由香氏にはご参加いただけなかったものの、新進気鋭の仏教学者である野呂靖氏・村上明也氏・小野嶋祥雄氏・吉田慈順氏のご協力が得られることとなり、ここに「仏性論研究会」が成立することとなった。楠先生をはじめ本研究書の共著者になって下さった諸氏の献身的なご協力なしに、独力で本研究書を完成させることなど不可能であった。誠に感謝の念に堪えない。

近年、寺社所蔵資料や特殊文庫の資料を対象とする研究の進展には瞠目すべきものがある。殊に中世に関しては、実に多くの新資料の発掘・紹介がなされ、それらの分析研究は、既翻刻の資料集をベースに構築された中世思想世界のイメージを相対化し、或いは組み換えつつある。そしてデジタル技術の飛躍的進歩は、こうした近代以前の仏書・古典籍等をオープンアクセス可能な、〈新たなる文化遺産の形〉へと導いている。本研究書も正にこうした研究状況の裡より誕生した成果に他ならない。編者の一人として、この『仏性論文集』という新出資料を通して、中世法相教学研究は無論のこと、中世思想史といったより広い文脈においても、議論が喚起されることを切に願っている。

平成三十一年二月二十五日

舩田　淳一　識す

担当一覧

楠　淳證……第一部第二章、第二部序章、第二部第一章第一節・第二節
舩田淳一……第一部第一章、第二部第三章第三節・第四節、第二部結章
野呂　靖……第二部第二章第三節・第四節
村上明也……第二部第三章第一節・第二節
小野嶋祥雄……第二部第二章第一節・第二節
吉田慈順……第二部第一章第三節・第四節

執筆者紹介

【編　者】

楠　淳證（くすのき　じゅんしょう）
一九五六年生まれ。兵庫県出身。龍谷大学文学部仏教学科卒業、龍谷大学大学院文学研究科博士後期課程単位取得満期退学、龍谷大学専任講師、助教授を経て、現在、龍谷大学文学部教授、アジア仏教文化研究センター長。専門は仏教学、特に唯識教学。
主要著書に、『日本中世の唯識思想』（共著、永田文昌堂、一九九七年）、『心要鈔講読』（単著、永田文昌堂、二〇一〇年）、『南都学・北嶺学の世界―法会と仏道―』（編著、法藏館、二〇一八年）など多数。

舩田淳一（ふなた　じゅんいち）
一九七七年生まれ。鳥取県出身。龍谷大学文学部史学科卒業、佛教大学大学院文学研究科博士後期課程修了、博士（文学）。

現在、金城学院大学文学部教授。専門は日本中世宗教思想史。
主要著書・論文に、『神仏と儀礼の中世』（単著、法藏館、二〇一一年）、「南都の中世神話・中世神道説をめぐって―春日社・興福寺・貞慶を中心に―」（『中世神話と神祇・神道世界』、竹林舎、二〇一一年）、「中世の神祇・神道説と東アジア」（『説話から世界をどう解き明かすのか』、笠間書院、二〇一三年）など多数。

【分担執筆者】（五十音順）

野呂　靖（のろ　せい）
一九七九年生まれ。大阪府出身。龍谷大学文学部仏教学科卒業、龍谷大学大学院文学研究科博士後期課程修了、博士（文学）。花園大学非常勤講師、浄土真宗本願寺派総合研究所研究員、龍谷大学専任講師等を経て、現在、龍谷大学文学部准教授。専門は仏教学、特に日本中世の華厳教学。
主要著書・論文に、『明恵上人夢記訳注』（共著、勉誠出版、二〇一五年）、『華厳―無礙なる世界を生きる―』（共著、自照社出版、二〇一六年）、『東大寺の思想と文化　東大寺の新研究3』（共著、法藏館、二〇一八年）、「普一国師志玉の華厳学―『五教章視聴記』を中心に―」（『印度学仏教学研究』六四（二）、二〇一五年）など多数。

村上明也（むらかみ　あきや）
一九八二年生まれ。京都府出身。龍谷大学文学部仏教学科卒業、龍谷大学大学院文学研究科博士後期課程修了、博士（文学）。現在、四天王寺大学非常勤講師、浄土真宗本願寺派中央仏教学院講師、龍谷大学アジア仏教文化研究センターＲＡなど。専門は仏教学、特に天台教学。
主要著書・論文に、『戒律を知るための小辞典』（共著、永田文昌堂、二〇一四年）、「法宝の著作に関する基礎的研究」（『仏教学研究』七二、二〇一六年）、「智顗説灌頂記『菩薩戒義疏』の成立に関する研究」（『法華仏教研究』二五、二〇一七年）、「「仏性論争」という呼称が持つ意味の範囲―「成唯識家」が定性二乗の回心向大を承認した事例から―」（『印度学仏教学研究』六六（二）、二〇一八年）など多数。

小野嶋祥雄（おのしま　さちお）

一九八一年生まれ。大阪府出身。龍谷大学文学部仏教学科卒業、龍谷大学大学院文学研究科博士後期課程修了、博士（文学）。現在、龍谷大学非常勤講師、浄土真宗本願寺派中央仏教学院講師、浄土真宗本願寺派総合研究所研究助手。専門は仏教学、特に一三権実論争。

主要著書・論文に、『戒律を知るための小辞典』（共著、永田文昌堂、二〇一四年）、「唐初期三一権実論争の起因に対する論争当事者の認識」（『印度学仏教学研究』六三（二）、二〇一五年）、「「真諦系一乗家の著作」としての『一乗仏性究竟論』」（『印度学仏教学研究』六一（一）、二〇一二年）など多数。

吉田慈順（よしだ　じじゅん）

一九八三年生まれ。滋賀県出身。龍谷大学文学部仏教学科卒業、龍谷大学大学院文学研究科博士後期課程修了、博士（文学）。現在、天台宗典編纂所編輯員、龍谷大学非常勤講師。専門は仏教学、特に天台教学。

主要著書・論文に、『戒律を知るための小辞典』（共著、永田文昌堂、二〇一四年）、「最澄の因明批判―思想的背景の検討―」（『天台学報』五六、二〇一四年）、「初期日本天台における因明研究について―『愍諭弁惑章』の検討を通して―」（『仏教学研究』七一、二〇一五年）、「中国諸師の因明理解」（『印度学仏教学研究』六五（一）、二〇一六年）など多数。

「龍谷大学アジア仏教文化研究叢書」刊行について

龍谷大学は、寛永十六年（一六三九）に西本願寺の阿弥陀堂北側に創設された「学寮」を淵源とする大学です。その後、明治維新を迎えると学制の改革が行なわれ、学寮も大教校と名を変え、さらに真宗学庠、大学林、仏教専門学校、仏教大学と名称を変更し、大正十一年（一九二二）に今の「龍谷大学」となりました。

その間、三百七十有余年もの長きにわたって仏教の研鑽が進められ、龍谷大学は高い評価を得てまいりました。そして平成二十七年（二〇一五）四月、本学の有する最新の研究成果を国内外に発信するとともに、仏教研究の国際交流の拠点となるべき新たな機関として、本学に「世界仏教文化研究センター」が設立されました。アジア仏教文化研究センターは、そのような意図のもと設立された世界仏教文化研究センターの傘下にある研究機関です。

世界仏教文化研究センターが設立されるにあたって、その傘下にあるアジア仏教文化研究センターは、文部科学省の推進する「私立大学戦略的研究基盤形成支援事業」に、「日本仏教の通時的・共時的研究―多文化共生社会における課題と展望―」と題する研究プロジェクト（平成二十七年度～平成三十一年度）を申請し、採択されました。

本研究プロジェクトは、龍谷大学が三百八十年にわたって研鑽し続けてきた日本仏教の成果を踏まえ、これをさらに推進し、日本仏教を世界的視野から通時的共時的にとらえるとともに、日本仏教が直面する諸課題を多文化共生の文脈で学際的に追究し、今後の日本仏教の持つ意義を展望するものです。このような研究のあり方を有機的に進めるため、本研究プロジェクトでは通時的研究グループ（ユニットA「日本仏教の形成と展開」、ユニットB「近代日本仏教と国際社会」）と共時的研究グループ（ユニットA「現代日本仏教の社会性・公益性」、ユニットB「多文化共生社会における日本仏教の課題と展望」）の二つに分け、基礎研究等に基づく書籍の刊行や講演会等による研究成果の公開などの諸事業を推進していくことになりました。

このたび刊行される『蔵俊撰『仏性論文集』の研究』は、世界仏教文化研究センターの助成も受けて刊行される初めての書籍であり、「龍谷大学アジア仏教文化研究叢書」の第七号となります。今後とも、世界仏教文化研究センターの傘下にあるアジア仏教文化研究センターが、日本仏教をテーマとして国内外に発信する諸成果に、ご期待いただければ幸いです。

平成三十一年二月二十五日

アジア仏教文化研究センター
センター長　楠　淳證

龍谷大学アジア仏教文化研究叢書7

蔵俊撰『仏性論文集』の研究

二〇一九年二月二十五日　初版第一刷発行

編著者　楠　淳證
　　　　舩田淳一

発行者　西村明高

発行所　株式会社　法藏館
京都市下京区正面通烏丸東入
郵便番号　六〇〇-八一五三
電話　〇七五-三四三-〇〇三〇（編集）
　　　〇七五-三四三-五六五六（営業）

装幀者　上野かおる
印刷・製本　中村印刷株式会社

ISBN978-4-8318-6375-1 C3015

索　　引

凡例

語句の採録に当たっては次のような方針をとった。

1　【翻刻】【訓読】からは採録しない。
2　人名は、近現代の研究者も採録した。
3　文献名は、経典・論書・仏教者の撰述文献（近現代の研究書を除く）に限って採録する。
4　術語や寺院名などは採録しない。

人　　名

あ行

か行

さ行

た行

な行

は行

ま行

や行

ら行

わ行

文献名

あ行

か行

さ行

た行

な行

は行

ま行

や行

ら行